贵州省交通建设系列科技专著

公路瓦斯隧道施工及安全技术

（第二版）

贵州省交通运输厅　组织编写
贵州路桥集团有限公司　编　　著

内 容 提 要

本书为贵州省交通建设系列科技专著中的一本。全书以公路瓦斯隧道瓦斯治理技术为中心，总结和借鉴国内公路瓦斯隧道施工的成果，如贵州水盘高速发耳隧道、四川都汶高速公路龙溪隧道、四川渝邻高速公路华蓥山隧道、重庆成渝高速公路中梁山隧道、重庆黔彭高速公路武陵山及肖家坡隧道等，全面介绍公路瓦斯隧道施工涉及的主要技术及管理，形成了一套较为完整的公路瓦斯隧道瓦斯治理体系。以便将现有成熟技术及成功经验转化为现实生产力，使其在更大范围内得到应用，更好地为公路瓦斯隧道施工服务。

本书适合从事瓦斯隧道及地下工程施工的工程技术人员、管理人员、操作人员阅读使用。

图书在版编目(CIP)数据

公路瓦斯隧道施工及安全技术 / 贵州路桥集团有限公司主编 ；贵州省交通运输厅组织编写. — 2版. — 北京 ：人民交通出版社股份有限公司，2015.11
(贵州省交通建设系列科技专著)
ISBN 978-7-114-12579-9

Ⅰ. ①公… Ⅱ. ①贵… ②贵… Ⅲ. ①公路隧道—瓦斯隧道—隧道工程—工程施工②公路隧道—瓦斯隧道—隧道工程—安全技术 Ⅳ. ①U459.2

中国版本图书馆CIP数据核字(2015)第255408号

贵州省交通建设系列科技专著
书　　名：公路瓦斯隧道施工及安全技术(第二版)
著 作 者：贵州路桥集团有限公司
责任编辑：周　宇　牛家鸣
出版发行：人民交通出版社股份有限公司
地　　址：(100011)北京市朝阳区安定门外外馆斜街3号
网　　址：http://www.ccpress.com.cn
销售电话：(010)59757973
总 经 销：人民交通出版社股份有限公司发行部
经　　销：各地新华书店
印　　刷：北京市密东印刷有限公司
开　　本：787×1092　1/16
印　　张：20.5
字　　数：478千
版　　次：2015年11月　第2版
印　　次：2015年11月　第1次印刷
书　　号：ISBN 978-7-114-12579-9
定　　价：75.00元

贵州省交通建设系列科技专著

编审委员会

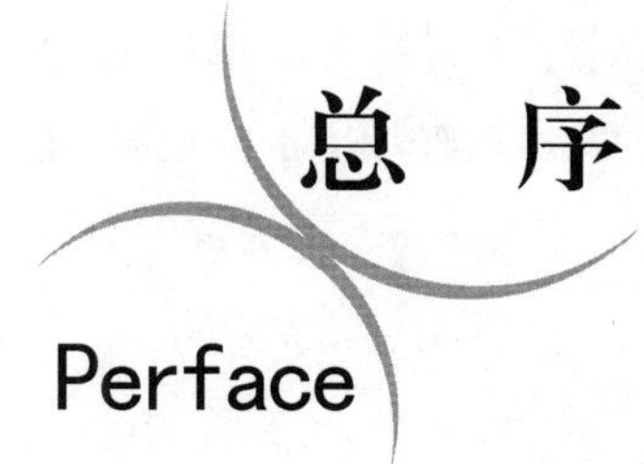

总 序

Perface

古往今来，独特的地形地貌赋予贵州重峦叠嶂山高谷深的隽秀之美，但山阻水隔也桎梏着贵州经济社会发展的步伐。打破交通运输瓶颈，建设内捷外畅的现代综合交通运输体系，与全国同步迈向小康，一直是贵州人的夙愿。

改革开放特别是进入“十二五”以来，党中央、国务院及交通运输部等国家部委高度重视贵州经济社会发展。2012年年初，国务院出台支持贵州发展的国发2号文件，将贵州省经济社会发展的战略规划上升到国家层面。贵州省委、省政府立足当前、着眼长远，提出坚持把交通作为优先发展的重大战略，举全省之力加快交通基础设施建设。2012年以来，贵州省先后启动了高速公路建设、水运建设三年会战，普通国省干线公路建设攻坚，“四在农家·美丽乡村”小康路行动计划，“多彩贵州·最美高速”和“多彩贵州·平安高速”创建等一系列行动，志在“十二五”末，通过交通大建设一举打破大山的束缚，畅通经济发展的交通网络。

广大交通建设者紧紧抓住发展的历史机遇，凝心聚智，在广袤的黔山秀水之间，用光阴和汗水构筑贵州面向未来的交通新格局。“十二五”期间，全省交通基础设施建设将完成投资4 500亿元，新建成高速公路3 600公里，高速公路通车总里程将突破5 100公里，全省88个县(市、区)将全部通高速公路。乌江、赤水河建成四级航道700公里，改写了贵州无高等级航道的历史。建成构皮滩水电站翻坝枢纽工程，实现乌江航道全线通航。曾经的黔道天堑正变成康庄大道，一张以高速公路为骨架、国省干线公路为支撑、县乡公路为脉络、小康路为基础的四级公路路网正在形成，“扬帆赴江海”指日可待。

围绕贵州交通发展中出现的科技需求，贵州省交通运输厅组织开展了一批省部级重大科研项目攻关，重点突破一批关键、共性技术难题，在支撑工程建设、引领行业创新发展方面成效显著。在山区复杂条件下大型桥梁建设技术方面，形成了千米级悬索桥、高墩大跨刚构桥和钢管混凝土拱桥等设计施工成套技术，有力支撑了坝陵河大桥、清水河大桥、鸭池河大桥、赫章大桥、木蓬大桥等一批世界级桥梁建设工程，实现了我省桥梁建设技术的大跨越；针对西部山区复杂地质地形条件，从勘察设计、建设施工、养护管理和生态环保等方面系统开展基础研究和技术开发，形成一批山区高速公路修筑技术，其成果居国内先进水平，有力支撑了复杂山区环境下高速公路项目建设；在山区航道整治、船型标准、通航枢纽建设等方面取得的创新性成果，促进了贵州航运工程的发展；完成了“贵州乌蒙山区毕都高速公路安全保障科技示范工程”等交通运输部科技示范项目，有力推动了交通科技成果推广应用；以“互联网＋便捷交通”推进智慧交通建设，率先开展智能交通云的建设和应用。交通运输科技成果连续3年获得贵州省科技进步和成果推广一等奖。

为展现在公路、水路和交通安全、信息化建设等方面取得的技术成就，促进技术交流，加大推广应用，贵州省交通运输厅组织编写了“贵州省交通建设系列科技专著”。这套科技专著的出版，对传承科技创新文化，提升交通科技水平，深入实施科技兴省战略，促进贵州经济社会快速发展，意义重大、影响深远。

交通成就千秋梦，东西南北贯黔中。编撰这套系列科技专著，付出的是艰辛、凝结的是智慧、反映的是成绩，折射了交通改变地理劣势、奋斗推动跨越的创新精神，存史价值较高，是一笔当代贵州的可贵财富。

2015年10月

第二版前言

Foreword

贵州是成渝和西北南下出海、云南连接全国大部的咽喉要道，是连接中东部至云南的桥头堡、打通缅甸等东南亚国家的陆路通道、破解马六甲困局的关键枢纽节点，区位优势明显。如果有发达的高速公路网络作为支撑，独特的区位优势就会迅速转化成对外开放、投资环境和经济发展优势。自2012年12月16日贵州省启动全省高速公路三年建设会战以来，随着贵州公路建设力度的不断加大，相应的瓦斯隧道在公路建设中频繁出现。

本书第一版出版以来，广大读者也提出了不少宝贵意见，编者在此表示衷心的感谢。根据读者所提意见并结合实际施工情况，对本书“公路瓦斯隧道施工防灭火技术”“公路瓦斯隧道瓦斯治理费用计算”这两章内容作了一定修改，其中“公路瓦斯隧道施工防灭火技术”一章新增“隧道的火灾特点”“煤层自燃发火危险因素”及“煤的自燃因素分析”，新增内容更有利于大家认识瓦斯隧道火灾的危害及有效防止煤层自燃；“公路瓦斯隧道瓦斯治理费用计算”对瓦斯治理费用构成、计算依据及费用编制办法均作了修改，本次修改更接近于实际施工中所产生的瓦斯治理费用，也能为后续公路瓦斯隧道施工提供依据；根据公路瓦斯隧道施工特点，为有效预防和控制可能发生的各类事故，最大程度减少事故及其产生的损害，本书新增章节“瓦斯隧道施工事故应急救援预案”。

作　者

2015年9月

第一版前言

Foreword

随着我国经济的持续高速发展及西部大开发的不断深入，我国将进一步加快基础设施的建设，特别是公路运输系统的建设。根据《交通运输“十二五”发展规划》，“十二五”期间，我国交通基本建设投资总规模约6.2万亿元，其中大部分的资金将用于公路建设。到2015年，公路总里程达到450万公里，其中高速公路总里程达到10.5万公里，覆盖90%以上的20万以上城镇人口城市，二级及以上公路里程达到65万公里，国省道总体技术状况达到良等水平，农村公路总里程达到390万公里。五年内，计划新增高速公路约2.3万公里。我国公路建设已经进入一个快速发展的时期，也为公路施工相关技术的发展提供了良好的机遇。

我国是世界上煤炭资源和煤层气储量最丰富，同时也是瓦斯灾害最为严重的国家之一。随着国家公路建设力度的不断加大，相应的瓦斯隧道在公路建设中频繁出现，特别是在煤炭富集且埋藏较浅的中西部地区，一些公路隧道频繁穿越煤系地层，加之公路隧道开挖断面大，开挖工序相对复杂。在开挖过程中，煤炭中的瓦斯大量涌入工作面，很容易造成人员窒息、瓦斯燃烧或瓦斯爆炸，且具有突出危险性的煤层还易发生煤与瓦斯突出事故，给隧道的安全施工带来严重威胁；同时，在瓦斯治理过程中，若治理措施不当，很容易导致隧道施工进度延缓，制约公路隧道的安全快速掘进。

近年来，瓦斯隧道的安全工作问题受到了党和政府的高度重视。国内高等院校、科研院所以及施工单位在瓦斯隧道方面开展了一系列的试验研究，并初步取得了一些的科研成果，如用概率统计的方法对通风巷道瓦斯积聚危险性进行评估、灰色关联分析法评估、基于集对理论(SPA)模型对煤矿瓦斯危险评估、基于模糊神经网络对瓦斯爆炸危险性评估模型、模糊综合评估方法等。此外，在不断的工程实践中，工程技术人员也总结出了一些宝贵经验。但到目前为止，我国公路隧道瓦斯治理未形成一套完整的、系统的技术体系。目前，公路隧道瓦斯治理主要参照铁路瓦斯隧道有关技术标准、规范执行，而这些标准、规范主要依据我国原《煤矿安全规程》、原《防治煤与瓦斯突出细则》等旧的煤矿法规制定。需注意的是，公路隧道在施工的工艺技术、通风技术、开挖方式、瓦斯涌出规律等方面与煤矿和铁路隧道有较大的差异，其相应的瓦斯治理有所不同；其次，煤矿原执行的《煤矿安全规程》已修改多次，原《防治煤与瓦斯突出细则》已修改并更名为《防治煤与瓦斯突出规定》，相应的标准、规范已建立健全，因而，公路瓦斯隧道瓦斯治理技术随着我国瓦斯治理技术的进步而提高。

公路瓦斯隧道瓦斯治理关键在于突出危险性预测技术、隧道独立通风技术、瓦斯涌出预测技术、瓦斯监测技术与管理、防爆(燃烧)技术与防灭火技术、揭煤突出危险性预测技术、突出危险性防治技术与效果评价(检验)方法、安全防护技术、钻爆技术等方面。本书在编制过程中，大量地总结和借鉴了国内公路瓦斯隧道施工的成果经验及成熟技术，如贵州水盘高速发耳隧道、四川都汶高速公路龙溪隧道、四川渝邻高速公路华蓥山隧道、重庆成渝高速公路中梁山隧道、重庆黔彭高速公路武陵山及肖家坡隧道等，并依据煤炭行业、铁路行业、交通行业现行瓦斯治理方面的规程、规定、标准及规范、部门规章制度等编制而成。

本书共十四章，其中第一章和第二章主要介绍了瓦斯的基础知识及瓦斯防治的一般规定；第三章至第五章主要介绍了公路瓦斯隧道的施工准备、电气及机械配置；第六章至第十三章主要介绍了公路瓦斯隧道揭煤瓦斯治理技术，安全防护技术，监测监控技术，钻爆技术，防尘、放灭火及防治水技术；第十四章主要介绍了公路瓦斯隧道瓦斯治理费用编制技术。全书以公路瓦斯隧道瓦斯治理技术为中心，全面介绍公路瓦斯隧道施工涉及的主要技术及管理，形成了一套较为完整的公路瓦斯隧道瓦斯治理体系。其目的是将现有成熟技术及成功经验转化为现实生产力，在更大范围内得到应用，更好地为公路瓦斯隧道施工服务。

在本书编写过程中，得到了中煤科工集团重庆研究院相关科研人员的大力支持，在此表示衷心感谢。由于时间仓促，编者水平有限，书中难免有不妥或错误之处，敬请广大读者批评指正。

本书供从事瓦斯隧道及地下工程施工的工程技术人员、管理人员、操作人员使用，也可供科研院所、工程监理等相关单位以及项目监察监管部门参考。

作　者

2013 年 4 月

目 录

Contents

第1章

煤层瓦斯基础知识

1.1 煤层瓦斯来源与性质

1.1.1 瓦斯的定义

广义的瓦斯，是指从煤(岩)涌入隧道的有毒有害气体，包括隧道开挖过程中形成的气体、空气与有用矿物、围岩、支架和其他材料之间的化学反应、生物化学反应所形成气体的总称。各种类型的瓦斯具有不同的成因和性质，其中一部分(甲烷及其同系物、H_2、CO、H_2S)是可燃的，与空气混合可形成爆炸混合物；另一部分(CO、NO、H_2S、NH_3、含硫的气体、乙醛、汽油蒸气、汞和砷的蒸气)是有毒的，对人体有危害；其他部分(CO_2、N_2、Ar 及其同系物)属于惰性气体，只有当其浓度大大超过空气中的正常含量时才对人体有害。

1.1.2 隧道瓦斯的来源及性质

1)甲烷

甲烷是腐殖型有机物在成煤过程中产生的。在漫长的地质年代中，煤中的瓦斯大部分逸散和释放，据试验室测定，能保存至今的煤层瓦斯含量最高值不超过 $60m^3/t$。隧道内的甲烷一般主要来自煤层和顶底板的邻近煤层和煤线，少量来自岩层。

2)重烃

重烃是煤变质过程中的伴生气体，煤的变质程度不同，其重烃含量亦有差异，以中等变质煤的含量为最多；同时，重烃在煤中的分布不是均匀的。在煤的开采过程中，部分重烃气体能够解吸并从煤体释放出来进入隧道开挖空间。

3)二氧化碳

二氧化碳也是成煤过程的伴生气体，有些煤层中甲烷与二氧化碳混生，赋存较深的煤层，有时甲烷与二氧化碳赋存量均很大；地表生物圈内生物化学氧化反应产生二氧化碳，溶解于地下水中并携带至煤系地层；岩浆与火山气中有大量的二氧化碳，当岩浆沿断裂构造流动和上升时，因温度下降而析出二氧化碳，储存于煤系地层中；碳酸岩在高温下(如火成岩侵入)分解出二氧化碳。煤、岩层中赋存的二氧化碳，在开挖过程中向隧道涌出，污染隧道空气。此外，有机物(坑木等)的氧化、碳酸岩的水解、内因和外因火灾，以及瓦斯和煤尘爆炸等均能产生二氧化碳。二氧化碳的次要来源有：人员呼吸，人均 1h 呼出 50L 二氧化碳；爆破工作，1kg 硝铵炸药爆炸时,产生 150L 二氧化碳。

4)一氧化碳

通常认为,成煤过程中不产生一氧化碳,但在个别煤层已发现有微量的一氧化碳。隧道内一氧化碳的主要来源是爆破工作与隧道内火灾,1kg 炸药爆炸后约生成 100L 一氧化碳;其次是瓦斯、煤尘爆炸以及支架、坑木燃烧,当 $1m^3$ 木材不完全燃烧时,能生成 $500m^3$ 的一氧化碳。

5)二氧化硫

在个别煤层中,二氧化硫以巢状聚集的形式存在,并能泄入隧道空间。二氧化硫的来源,还有含硫矿物氧化与自燃及其矿尘的爆炸等。

6)硫化氢

隧道内硫化氢的来源为:有机物的腐烂;硫化矿物的水解;含硫矿物的氧化、燃烧;在含硫矿体中爆破以及从含硫矿层中涌出等。

7)二氧化氮

煤层瓦斯组分中不含二氧化氮。炸药爆破时产生一系列的氮氧化物,如 NO、NO_2 等;NO 遇空气中的氧,即氧化为 NO_2。

8)氢

煤层中含有少量氢,亦为有机质的变质过程产物;煤受热变质时,在高温下热分解能产生氢。隧道内发生火灾或爆炸事故时,可能产生氢;蓄电池充电时也有氢气泄出。

9)氮

煤、岩和地下水释放的瓦斯组分中,往往含有氮。煤层接近露头及瓦斯风化带内,由于生物化学作用,产生大量氮气。爆破作业时,1kg 硝化甘油炸药产生 135L 氮气。有机质的腐烂也是氮气的一种来源。

矿井瓦斯的主要性质参见表 1.1。

井下常见有害气体的一些物理性质 表 1.1

性质	甲烷 CH_4	二氧化碳 CO_2	一氧化碳 CO	硫化氢 H_2S	乙烷 C_2H_6	丙烷 C_3H_8	氢 H_2
分子量	16.042	44.01	28.01	34.08	30.07	44.09	2.016
密度(kg/m^3)	0.716	1.98	1.25	1.54	1.36	2	0.09
相对密度	0.554	1.53	0.97	1.17	1.05	1.55	0.07
沸点 K(101.3kPa)	111.3	194.5	83	211.2	184.7	230.8	20.2
爆炸下限(%)(293K,101.3Pa)	5	—	12.5	4.3	3	2.1	4
爆炸上限(%)(293K,101.3Pa)	15	—	74.2	45.5	12.7	9.35	74.2
发热量(MJ/m^3,288K)							
最高值	37.11	—	11.86	23.50	64.53	96.61	11.94
最低值	33.38	—	21.86	21.63	58.93	88.96	10.07

1.2　煤层瓦斯成因

煤层瓦斯是腐殖型有机物在成煤过程中的伴生产物。煤的原始母质——腐殖质沉积以后，煤层瓦斯的生成过程，一般经历以下两个成气时期。

1.2.1　生物化学成气时期

从植物遗骸到形成泥炭属于生物化学成气时期。这一时期是从腐殖型有机物堆积在沼泽相和三角洲相环境中开始的，在温度不超过 65℃的条件下，腐殖体经厌氧微生物分解成甲烷和二氧化碳。由于在这个阶段生成的泥炭层埋深浅，上覆岩层的胶结固化不好，而生成的瓦斯通过渗滤和扩散很容易排放到大气中去，因此生化作用生成的瓦斯，一般不会保留在现有煤层中。随着泥炭层的下沉，上覆岩层越来越厚，温度压力随之增高，泥炭逐渐转化成褐煤，生物化学作用成气过程也逐渐减弱直至结束。

1.2.2　变质作用成气时期

从褐煤到烟煤直到无烟煤属于煤化变质作用成气时期，随着褐煤进一步沉降，当埋深超过 1 000m 时，地温升至 50～160℃，由温度产生的热分解起决定作用。这时煤化作用处于长焰煤到瘦煤的阶段，以甲烷为主的烃类物质大量产生，在焦煤和部分肥煤阶段，是重烃产率最高的时期。当埋深达 6 000～7 000m 时，地温超过 150～200℃，贫煤转变为无烟煤，这阶段生成的气体中，绝大多数为甲烷。

根据计算和试验模拟，在褐煤形成阶段，即生物化学成气时期，累计产气量约为 $68m^3/t$。从长焰煤到无烟煤形成阶段，即煤化作用成气时期，累计产气量则高达 $300\sim400m^3/t$（表 1.2），而煤矿开采的实践表明，煤层瓦斯含量最大不超过 $40\sim50m^3/t$。由此看来，成煤过程中生成的瓦斯绝大部分已散入大气中或扩散到煤层围岩及运移至储气构造，形成煤层气田。

成煤过程甲烷生成量（单位：m^3/t）　　表 1.2

煤阶	褐煤	长焰煤	气煤	肥煤	焦煤	瘦煤	贫煤	无烟煤
累计产气量	68	168	212	229	270	287	333	419
阶段产气量	100	44	17	41	17	46	86	—

1.3　煤层瓦斯组分及沿深度的分带

1.3.1　煤层瓦斯组分

煤层瓦斯是多种气体的混合物，其成分是很复杂的。国内外对煤层瓦斯组分的大量测定表明，煤层瓦斯有约 20 种组分，如甲烷及其同系烃类气体（乙烷、丙烷、丁烷、戊烷、己烷等）、二氧化碳、氮、二氧化硫、硫化氢、一氧化碳和稀有气体（氦、氖、氩、氪、氙）等。其中甲烷及其同系物和二氧化碳是成煤过程的主要产物，当煤层赋存深度大于瓦斯风化带深度时，煤层瓦斯的主要组分(>80%)是甲烷，因此，习惯上提到的煤层瓦斯往往就是仅指甲烷而言。

表1.3～表1.5分别为国内外矿井瓦斯组分的一些测定结果。

我国部分煤矿煤层瓦斯组分测定结果 表1.3

采样地点	煤层	煤质	煤层瓦斯组分(体积%)					
			N_2	CO_2	CH_4	C_2H_6	C_3H_8	$i-C_4H_{10}$
北票台吉矿－550m水平	4	气、肥	7.10	0.39	92.03	0.090 8	0.007 9	0.018 7
北票台吉矿－550m水平，东三石门	5A	气、肥	1.42	1.60	73.07	16.18	5.49	0.713 0
北票冠山矿－580水平	5C	气、肥	7.28	0.93	91.57	0.070 4	0.001 8	0.005 2
铁法大隆矿西翼南二区	7	气	12.27	1.08	84.92	1.686 8	0.006 0	0.000 3
鸡西滴道立井二路	18	焦	12.85	1.07	85.87	0.045 3	0.004 2	0.000 4
中梁山北井2443采面	K4	焦	4.61	3.33	91.35	0.670 8	0.013 5	0.002 0
天府南井六石门	K9	焦	5.05	2.95	91.92	0.034 4	0.026 0	0.002 6
天府南井北段＋110m	K2	焦	2.98	2.64	93.78	0.547 7	0.004 3	0.000 6
南桐直属二井2504采面	5	瘦	2.96	1.97	87.44	6.271 1	1.312 1	0.005 0
沈阳红阳三井860孔	7	瘦	5.45	5.50	87.58	1.314 3	0.088 8	0.003 1
沈阳红阳三井895孔	13	瘦	3.73	2.02	92.79	1.377 7	0.060 7	0.002 5
阳泉一矿北头嘴井	3	无烟	0.93	2.29	96.72	0.050 0	0.003 6	0.002
松藻＋430m，1356采面	K3	无烟	14.17	0.32	84.84	0.548 5	0.006 0	0.002 7
白沙红卫坦家冲井	6	无烟	9.07	12.14	73.72	4.12	0.034 8	0.000 1
焦作李封大井	2	无烟	9.15	9.14	77.82	2.97	0.020 5	—

原苏联、比利时、英国煤层瓦斯组分(体积%) 表1.4

国别	矿区或矿井	CH_4	N_2	CO_2	H_2	O_2	其他烷烃
原苏联	顿巴斯	91.56～98.4	0.71～7.97	0～0.47	—	—	—
比利时	60个矿井统计	92.9～99.6	0～6.27	0.03～3.38	0～0.24	—	0.02～2.79
英国	鲍尔兹	95.8	3.07	0.68	0.20	0.25	—

美国煤层瓦斯组分(体积%) 表1.5

气体组分	最大(%)	最小(%)	平均(%)	气体组分	最大(%)	最小(%)	平均(%)
CH_4	99.22	63.1	91.89	CO_2	14.75	0.06	3.58
C_2H_6	0	0.48	—	N_2	35.96	0.05	4.017
C_3H_8	1.59	0	0.001 49	O_2	0.5	0	0.148
C_4H_{10}	0.010 9	0	0.000 33	H_2	0.02	0	0.002
C_6H_{12}	0.002 2	0	0	He	0.27	0	0.03

1.3.2 煤层瓦斯沿深度的带状分布

当煤层有露头或在冲积层下有含煤地层时，煤化过程生成的瓦斯经煤层、上覆岩层和断层不断由煤层深部向地表运移；而地表的空气和生物化学生成的气体，则由地表向煤层深部渗透和扩散。由于这两种反向运移的结果，造成了煤层瓦斯组分沿赋存深度的带状分布。原苏联矿业研究院格·德·李金通过对顿巴斯和库兹巴斯等煤田大量的煤层瓦斯组分和含量的测定，将煤层瓦斯组分按赋存深度自上而下分为4个瓦斯带，即氮气—二氧化碳带、氮气带、氮气—甲烷带和甲烷带。各带的煤层瓦斯组分和含量见表1.6。

各瓦斯带的煤层瓦斯组分及含量　　表1.6

瓦斯带名称	CO_2		N_2		CH_4	
	%	m^3/t	%	m^3/t	%	m^3/t
氮气—二氧化碳	20～80	0.19～2.24	20～80	0.15～1.42	0～10	0～0.16
氮气	0～20	0～0.27	80～100	0.22～1.86	0～20	0～0.22
氮气—甲烷	0～20	0～0.39	20～80	0.25～1.78	20～80	0.61～10.5
甲烷	0～10	0～0.37	0～20	0～1.93	80～100	0.61～10.5

随着深度的增大，煤层瓦斯组分由以 CO_2 为主逐渐转化为以 N_2 为主，最后到深部转化为以 CH_4 为主。瓦斯带的前三带统称为瓦斯风化带。

瓦斯风化带下部边界煤层中甲烷组分含量为80%，煤层瓦斯压力为0.1～0.15MPa，煤的瓦斯含量为2～3m^3/t。瓦斯风化带的深度取决于井田地质和煤层赋存条件，如围岩性质、煤层有无露头、断层发育情况、煤层倾角、地下水活动情况等。围岩透气性越大，煤层倾角越大，开放性断层越发育，地下水活动越剧烈，则瓦斯风化带深度就越大。表1.7列出了我国部分高瓦斯矿井煤层瓦斯风化带深度的实测结果。

我国部分高瓦斯矿井煤层瓦斯风化带深度　　表1.7

局	矿	煤层	瓦斯风化带深度(m)	局	矿	煤层	瓦斯风化带深度(m)
抚顺	龙凤	本层	250	南桐	南桐	4	30～50
抚顺	老虎台	本层	300	天府	磨心坡	9	50
北票	台吉	4	115	六枝	地宗	7	70
北票	三宝	9B	110	六枝	四角田	7	60
焦作	焦西	大煤	180～200	六枝	木岗	7	100
焦作	李封	大煤	80	淮北	芦岭	8	240～260
焦作	演马庄	大煤	100	淮北	朱仙庄	8	320
白沙	红卫	6	15	淮南	谢家集	C_{13}	45
涟邵	洪山殿	4	30～50	淮南	谢家集	B_{11b}	35
南桐	东林	4	30～50	淮南	李呈孜	C_{13}	428
南桐	鱼田堡	4	30～70	淮南	李呈孜	B_{11b}	420

1.4 煤层的基本含气特征

1.4.1 煤的孔隙性及吸附性

1)煤的孔隙构成及类别

煤是一种多孔性固体,多孔性固体通常分为高分散性固体和发达孔隙系统固体,煤属于后者。煤的孔隙性决定着煤吸附瓦斯的能力、煤的渗透性和强度。研究证实,煤中具有孔隙直径小至 5Å、大至数百万埃的不同数量级的孔隙系统。

按煤的组成及其结构性质,煤中孔隙可分为三种,即宏观孔隙、显微孔隙和分子孔隙。

2)煤体孔隙率

煤体孔隙率的性质和数量直接关系到瓦斯的赋存和瓦斯突出,计算公式如下:

$$K_{空} = \frac{d-s}{d} - \frac{W}{100-d_{水}} - \frac{F}{100s} \tag{1.1}$$

式中:$K_{空}$——煤的孔隙率,%;

d——煤的真密度,$d=(1.69-0.08H_2)\frac{100}{100-A^f}$;

H_2——氢含量,%;

A^f——煤的灰分,%;

s——煤的视密度,$s=(1.33-0.0055V^r)\frac{100}{100A^f-W^f}$;

V^r、A^f、W^f——煤的挥发分、灰分、水分,%;

W——煤的总水分,%;

$d_{水}$——水的密度,g/ml,一般取 1;

F——在静压力作用下每单位体积煤压缩百分数,%,$F=0.005\times0.25H$;

H——计算地点的深度。

煤的孔隙率的大小与煤的变质程度有关,煤的孔隙率随挥发分的变化,遵循同一规律。即在某一挥发分值的情况下,孔隙率最小,挥发分大于此值时,孔隙率随挥发分的增加而增加,小于此值时,孔隙率随挥发份的减少而增加。孔隙率最小的挥发分数值,对抚顺煤田为 $V_r=32\%$,对原苏联不同煤田为 18.1%~25.9%。

3)煤的吸附性

固体物质都具有或大或小的,能把周围介质中的分子、原子或离子吸附到自己表面的能力,称为该物质的吸附性能。煤就是一种很好的吸附剂。

研究表明,煤对瓦斯的吸附作用,在一定的瓦斯压力下,属于物理吸附。煤表面的原子(它们的价力尚未达到完全饱和程度)在其表面层产生一种力场,在这种力场影响下,周围的瓦斯分子比无力场存在时更易凝结,瓦斯的凝结能力便决定着它的被吸附能力。根据分子运动学说,可以把吸附作用看作是瓦斯分子在煤表面上凝结与蒸发的可逆过程,当煤全部表面均被单层瓦斯分子膜覆盖时，吸附量便达到了饱和值。

如上所述，煤是一种多孔介质，其中直径在 100Å 以下的微孔，由于其内表面积高达 $200m^2/g$，而决定了煤的吸附容积。

煤吸附的瓦斯量不但取决于煤的变质程度，而且取决于瓦斯压力、煤体温度、煤中内在水分及煤的岩相成分。

煤的变质程度是决定煤的瓦斯吸附量的重要因素。根据中国煤炭科工集团重庆研究院的测定，每克干燥纯煤（可燃基）可能吸附的最大值 a（m^3/t 纯煤），将随煤的变质程度增高而增大。在 30℃时，无烟煤的 a 值平均为 $30m^3/t$ 纯煤左右，最大为 $48m^3/t$ 纯煤；焦煤的 a 值为 $15\sim25m^3/t$纯煤，气煤的 a 值低于 $20m^3/t$ 纯煤，长焰煤的 a 值只为 $12\sim16m^3/t$。

煤的瓦斯吸附量随变质程度增高而增大的规律，是由煤的天然活化作用所决定的，随着煤变质程度增大、挥发分减少，煤的微孔容积（吸附容积）增加。然而，随着无烟煤的进一步石墨化，煤分子的排列由紊乱到整齐，各分子环彼此接近，煤的微孔隙容积和吸附瓦斯量又急剧减少。

1.4.2 煤层透气性

煤是一种多孔介质，在一定压力梯度下，气体和液体可以在煤体内流动。煤层透气性是煤层对于瓦斯流动的阻力，通常用透气性系数表示，透气性系数越大，瓦斯在煤层中流动越容易。煤层透气性系数在我国普遍用的单位是 $m^2/(MPa^2 \cdot d)$，其物理意义是在 1m 长煤体上，当压力平方差为 $1MPa^2$ 时，通过 $1m^2$ 煤层断面，每日流过的瓦斯立方米数，$1m^2/(MPa^2 \cdot d)$相当于 0.025mD（毫达西）。

在试验室测定煤的透气性是在单向稳定流动条件下进行的，试验室可测定煤样的渗透性系数，按式（1.2）确定：

$$k = \frac{0.2\mu PQL}{F(p_1^2 - p_2^2)} \tag{1.2}$$

式中：k ——煤样渗透性系数，D（达西）；

μ ——在试验温度条件下瓦斯的绝对黏度，$10^{-3}Pa \cdot S$；

p_1、p_2 ——煤样瓦斯入口和出口端的瓦斯压力，MPa；

P ——大气压力，0.1MPa；

Q ——瓦斯流量，cm^3/s；

L ——煤样的长度，cm；

F ——煤样的断面积，cm^2。

试验室试验表明，煤样的渗透性系数不仅与气体的种类有关，而且与煤样水分、渗透时的瓦斯压力以及煤样承受的机械荷载有密切关系。同一煤层煤样的渗透性系数的测定结果有很大的差别。表 1.8 列出了阳泉矿务局和红卫煤矿两层煤干湿煤样渗透性系数的测定结果。

由表 1.8 中可以看出，无论干或湿煤样，其渗透性系数皆有较大范围的波动，但从平均值来看，干煤样的渗透性系数比湿煤样大 8～9 倍。

阳泉与红卫煤矿干、湿煤样渗透性系数测定结果　　表 1.8

采样地点	煤层	干煤样渗透性系数(mD)				湿煤样渗透性系数(mD)			
		煤样数量(个)	最大	最小	平均	煤样数量(个)	最大	最小	平均
红卫煤矿	6	35	60.6	5.6	12.6	11	10.9	0.004	1.4
阳泉矿务局	3	6	15.9	0.6	4.7	7	1.3	0.12	0.41

煤样的渗透性系数与煤样所受压力的关系可用经验公式(1.3)表示：

$$k = k_0 e^{-b\sigma} \tag{1.3}$$

式中：k——承压煤样的渗透性系数，mD；

k_0——煤样不承压时的渗透性系数，mD；

σ——煤样承受的机械压力，MPa；

b——经验常数，MPa^{-1}。

试验室测定的煤样渗透性无法代替煤层透气性，因为后者除了与煤的孔隙结构有关外，还与煤层中大裂隙的发育程度密切相关，这种大裂隙在煤样制备过程中是无法保留的。煤层深埋于地下，煤层的透气性与地应力、煤层水分以及在应力作用下煤中裂隙的闭合程度皆有关系，因此，我国皆采用现场实测的方法来确定煤层的透气性大小。

表 1.9 列出了我国部分矿井煤层实测的透气性系数值。由表中可以看出，煤层透气性系数的变化范围很大，最大可达数个毫达西，最小的在千分毫达西以下。

部分矿井煤层实测的透气性系数值　　表 1.9

矿井	煤层	透气性系数 λ		矿井	煤层	透气性系数 λ	
		$m^2/(MPa^2 \cdot d)$	mD			$m^2/(MPa^2 \cdot d)$	mD
抚顺龙凤煤矿	本层	140～150	3.5～3.75	红卫矿里王庙井	6	0.12～0.32	$(0.3 \sim 0.8) \times 10^{-2}$
抚顺胜利煤矿	本层	29.6～36.8	0.74～0.92	红卫矿坦家冲井	6	0.24～0.47	$(0.6 \sim 1.18) \times 10^{-2}$
北票三宝煤矿	9B	0.039	0.975×10^{-3}	天府磨心坡煤矿	9	0.042～0.14	$(1.06 \sim 3.5) \times 10^{-3}$
北票台吉煤矿	10	0.002 8～0.004	$(0.07 \sim 0.1) \times 10^{-3}$	中梁山北井	K_1	0.64～0.68	$(1.61 \sim 1.70) \times 10^{-2}$
北票台古煤矿	4	0.006	0.16×10^{-3}	六枝化处煤矿	7	0.017 8	0.445×10^{-3}
北票台古煤矿	3	0.014 4	0.36×10^{-3}	六枝大用煤矿	7	0.086 2	2.15×10^{-3}
包头河滩沟煤矿	G	11.3～17.4	0.28～0.44	涟邵洪山殿立新井	4	1.10	0.027 5
鹤壁六矿	大煤	1.2～1.8	0.03～0.045	焦作朱村煤矿	大煤	0.55～3.6	0.013～0.09

1.5　瓦斯在煤中的赋存状态

煤体中之所以能够保存一定数量的瓦斯，主要与煤的结构状态有密切关系。煤是一种复杂的孔隙介质，有着十分发达、大小不等的微孔、孔隙和裂隙，具有很大的自由空间和孔隙内表面积（每克煤体孔隙的内表面积可达 150～200m^2），因此成煤过程中生成的瓦斯就能以不同状态存在于这些孔隙和裂隙内。

瓦斯在煤层中的赋存形式主要有以下两种状态。

1.5.1　游离状态

游离状态，也称自由状态，这种瓦斯以完全自由的气体状态存在于煤层中较大的裂缝、孔隙或空洞之中，如图 1.1 所示。游离瓦斯可以在其中自由运动，并表现出一定的压力，煤层中游离瓦斯的多少取决于储存空间的容积、瓦斯压力及围岩温度等因素，通常只占现有瓦斯含量的 10%～20%。

图 1.1　煤内瓦斯的存在状态示意图
1-游离瓦斯；2-吸附瓦斯；3-吸收瓦斯；4-煤；5-孔隙

1.5.2　吸附状态

由于瓦斯分子和煤固体颗粒之间的分子引力作用，瓦斯分子被吸附在煤的微孔隙表面，形成一层瓦斯薄膜。因此吸附瓦斯就是滞留在煤体微孔隙表面的瓦斯，它不服从气体定律，瓦斯分子不能像游离瓦斯那样自由运动，吸附瓦斯量的多少取决于煤的结构特点、炭化程度等。在现有瓦斯含量中的绝大部分（80%～90%）都是吸附瓦斯。

游离状态与吸附状态的瓦斯处于不断交换的动平衡状态，当外部条件发生变化时，这一平衡状态就会遭到破坏。在压力降低、温度升高或煤体结构受到破坏时，部分吸附状态的瓦斯就转化为游离瓦斯，这种现象称为解吸；反之，当压力增大或温度降低时，部分游离瓦斯也会转变为吸附状态，这种现象叫作吸附。

此外，在煤层中尚有极少数的瓦斯分子会进入煤的分子团中，被煤分子所吸收，类似于气体溶解于液体中而呈现一种结合状态，称为吸收状态。这种状态的瓦斯因其含量少，自由度极低，通常可以忽略不计。

1.6　煤层瓦斯含量

1.6.1　煤层瓦斯含量的表示

瓦斯含量是指煤层在天然条件下含有瓦斯数量的多少，一般用 1t 煤中所含瓦斯的立方米数表示，其单位为 m^3/t。煤层瓦斯包括游离瓦斯和吸附瓦斯两部分，其中游离瓦斯占 10%～

20%,吸附瓦斯占80%~90%。

1.6.2 影响煤层瓦斯含量的主要因素

煤层瓦斯含量是一定量煤中所含有的瓦斯量,它是煤层的基本瓦斯参数,是计算瓦斯蕴藏量、预测瓦斯涌出量的重要依据。国内外大量测定结果表明,煤层原始瓦斯含量不超过30~40m^3/t,仅为成煤过程生成瓦斯量的1/5~1/10或更少。影响煤层瓦斯含量的因素很多、很复杂,其主要因素有以下几个。

1)煤层的埋藏深度

一般说来,煤的变质程度越高,成煤过程中生成并保存下来的瓦斯量越大,因而煤层瓦斯含量也越大。煤层埋藏深度的增加不仅加大了地应力,使煤层与岩层的透气性变差,而且加大了瓦斯向地表运移的距离,有利于瓦斯的储存。在不受地质构造影响的区域,当深度不大时,煤层的瓦斯含量随深度呈线性增加;当深度很大时,瓦斯含量趋于常量。

2)煤层与围岩的透气性

对煤层瓦斯含量有很大影响,其围岩的透气性越大、煤层瓦斯越易流失、瓦斯含量小;反之,瓦斯易于保存,煤层瓦斯含量大。通常泥岩、页岩、砂页岩、粉砂岩和致密的灰岩等透气性差,易于形成高瓦斯压力,瓦斯含量大;若地层中岩石以中砂岩、粗砂岩、砾岩和裂隙或溶洞发育的灰岩为主时,其透气性好,煤层瓦斯含量小。

3)煤层倾角和露头

煤层倾角大时,瓦斯可沿着一些透气性好的地层向上运移和排放,瓦斯含量低;反之,煤层倾角小时,一些透气性差的地层就起到了封存瓦斯的作用,使煤层瓦斯含量升高。煤层露头是瓦斯向地面排放的出口,露头存在时间越长,瓦斯排放越多;反之,地表无露头时,瓦斯含量较高。

4)地质构造

地质构造是影响瓦斯储存的重要条件。煤系地层为沉积地层,各种岩石的透气性有很大差别,在地层与地质构造的共同作用下,可能形成封闭型地质构造或开放型地质构造。

封闭型地质构造有利于瓦斯储存,开放型地质构造有利于瓦斯排放。闭合而完整的背斜或穹窿,又覆盖有不透气的地层是良好的储存瓦斯构造,其轴部煤层内往往积存高压瓦斯。在倾伏背斜的轴部,瓦斯浓度通常也高于翼部,但是当背斜轴顶部因张力形成连通地表的裂隙时,瓦斯易于流失,轴部瓦斯含量反而低于翼部。向斜构造存在两种情况:一种情况下,因轴部受到强力挤压,透气性差,使轴部的瓦斯含量高于翼部;另一种情况,由于向斜轴部瓦斯补给区域缩小,当轴部裂隙发育,透气性好时,有利于瓦斯流失,开采至向斜轴部时,相对瓦斯涌出量反而减少。断层对瓦斯含量的影响,一方面要看断层的封闭性,另一方面要看与煤层接触的对盘岩层的透气性。

不论开放性断层(张性、张扭性、导水性)是否与地表直接相通,都会引起附近煤层瓦斯含量的降低;封闭性断层(压性、压扭性、不导水性)与煤层接触的对盘岩层透气性差时,可以阻止瓦斯的排放,可能形成高瓦斯区域。

5)煤变质程度

煤是天然的吸附体,其煤化程度越高,存储瓦斯的能力越强。在其他条件相同时,煤的变质程度越高，煤层瓦斯含量就越大。在同一煤田，煤吸附瓦斯的能力随煤的变质程度的提高而增大，故在同一瓦斯压力和温度条件下，变质程度高的煤层往往能保存更多的瓦斯，但由无烟煤向超级无烟煤过渡，煤的吸附能力急剧减小，煤层瓦斯含量也大大减少。

6)地层的地质史

成煤有机物沉积以后直到现今经历了漫长的地质年代。其间地层多次下降或上升，覆盖层加厚或受剥蚀，陆相与海相交替变化，遭受地质构造运动破坏等，这些地质过程的不同使瓦斯流失排放的过程也不同，对现今的煤层瓦斯含量有巨大影响。从沉积环境看，海陆交替相含煤系，往往岩性与岩相在横向上比较稳定，沉积物粒度细，煤系地层的透气性差，这种煤层的瓦斯含量可能很高；陆相沉积与此相反，煤层瓦斯含量一般较低。

7)水文地质条件

煤层和岩层的水文地质条件是影响瓦斯排放的另一个重要因素。地下水活跃的地区通常瓦斯含量小，一方面是因为这些地区的天然裂隙比较发育，煤、岩层有较好的透气性，瓦斯易于排放；另一方面是因为煤层中有较大的含水缝隙或有地下水通过时，尽管瓦斯在水中的溶解度很小，但在长期的作用下，水仍能从煤层中带走大量瓦斯，从而降低煤层的瓦斯含量。

1.6.3　瓦斯含量测定

煤层瓦斯含量可以进行测定，采用方法分为直接法和间接法。测定方法见附录6。

1.7　煤层瓦斯压力

1.7.1　煤层瓦斯压力的一般规律

煤层瓦斯压力是指煤孔隙中所含游离瓦斯的气体压力，即气体作用于孔隙壁的压力。煤层瓦斯压力是决定煤层瓦斯含量的一个主要因素，当煤吸附瓦斯的能力相同时，煤层瓦斯压力越高，煤中所含瓦斯量也就越大。在煤与瓦斯突出发生、发展过程中，瓦斯压力起着重大的作用。

我国许多突出和高瓦斯矿井中开展了较为广泛的煤层瓦斯压力测定工作。研究表明，在同一距地表垂深上，不同矿区煤层的瓦斯压力值有很大的差别，但同一矿区中煤层瓦斯压力随深度的增加而增大，这一特点反映了煤层瓦斯由地层深处向地表流动的总规律。

煤层瓦斯压力的大小取决于煤生成后，煤层瓦斯的排放条件。在漫长的地质年代中，煤层瓦斯排放是一个极其复杂的问题，它除与覆盖层厚度、透气性能、地质构造条件有关外，还与覆盖层的含水率密切相关。当覆盖层中充满水时，煤层瓦斯压力最大，这时瓦斯压力等于同水平的静水压力；当煤层瓦斯压力大于同水平静水压力时，在漫长的地质年代中，瓦斯将冲破水的阻力向地表逸散；当覆盖层未充满水时，煤层瓦斯压力将小于同水平的静水压力。因此绝大多数煤层的瓦斯压力小于或等于同水平静水压力，如图1.2所示，可以看出，有少部分煤层的瓦斯压力实测值大于同水平的静水压力，这种煤层瓦斯压力异常现象可能与局部地应力增大有关。国内外的实践表明，当煤层的测压地点处于采动影响的集中应力带时，由于煤体中孔隙压

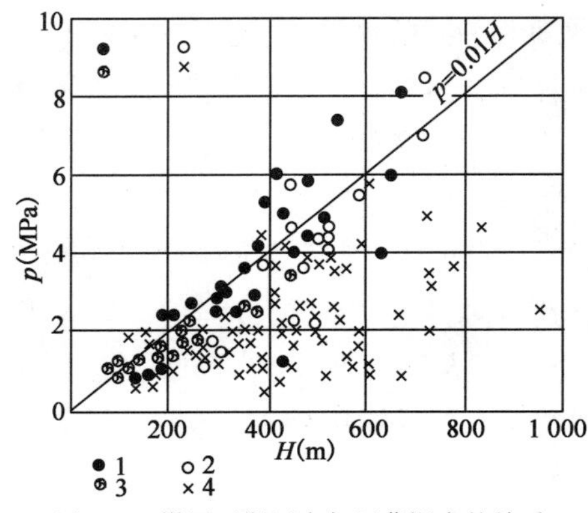

图 1.2 煤层瓦斯压力与埋藏深度的关系

缩能明显提高瓦斯压力值,因此煤层瓦斯压力实测值偏高。在煤层赋存条件和地质构造条件变化不大时,同一深度各煤层或同一煤层在同一深度的各个地点,煤层瓦斯压力是相近的。

根据我国各煤矿瓦斯压力随深度变化的实测数据,瓦斯压力梯度 m 一般在 0.007～0.012MPa/m 间变化,而瓦斯风化带深度则在几十米至数百米间变化。

1.7.2 煤层瓦斯压力的测定

煤层瓦斯压力可以进行测定(算),采用方法分为直接测定法和间接测算法。

测定方法见附录 5。

1.8 隧道瓦斯涌出

1.8.1 隧道瓦斯涌出的形式

煤层(煤线)被揭露时,储存在煤体内的部分瓦斯就会离开煤体而涌入隧道空间,这种现象称为瓦斯涌出。

瓦斯涌出可分为普通涌出和特殊涌出两种形式。

1)普通涌出(正常涌出)

瓦斯从崩落的煤炭及隧道帮壁、岩层的暴露面上,通过细小的孔隙缓慢而长时间地放出,称为普通涌出。首先是游离瓦斯,而后是部分解吸吸附瓦斯。普通涌出是隧道瓦斯涌出的主要形式,涌出范围广,时间持续长,数量相对稳定。

2)特殊涌出

当煤层或岩层中含有大量瓦斯,隧道揭露时,这些瓦斯在一定条件下可能会在短时间内突然地大量涌出,称为瓦斯喷出;如果喷出的瓦斯中还伴有煤粉、煤块或岩石,则称为煤(岩)与瓦斯突出。瓦斯喷出和煤与瓦斯突出都是瓦斯涌出的特殊形式,并伴有明显的动力效应。瓦斯特殊涌出的范围是局部的,时间过程一般也比较短,但瓦斯涌出的数量可能很大,而且由于其发生的突然性,往往造成极大危害。

1.8.2 影响隧道瓦斯涌出量的主要因素

影响隧道瓦斯涌出量的因素主要有以下几个方面:

(1)煤层瓦斯含量。这是影响矿井瓦斯涌出量的决定因素。被揭露煤层的原始瓦斯含量越高,瓦斯涌出量就越大。

(2)隧道埋深与煤层暴露面积。其主要指隧道与地面距离、隧道断面大小与过煤层长短,开采深度越深,煤层瓦斯含量越高,瓦斯涌出量越大;隧道断面越大,过煤层长度越长,则煤

(岩)暴露的面积越大,其瓦斯涌出量也越大;其他条件相当时,破碎煤炭中涌出的瓦斯较多。

(3)生产工序。从煤体暴露面和崩落的煤炭中涌出的瓦斯量,将随着时间的延长而下降。因此,落煤时的瓦斯涌出量要大于其他工序的涌出量。

(4)地面大气压力的变化。当大气压力突然降低时,煤中瓦斯涌出的压力就会高于井下空间风流的压力,破坏了原有的相对平衡状态,瓦斯涌出量就会增大;反之,瓦斯涌出量将会减小。

(5)通风压力。采用负压通风(抽出式)的隧道,负压越高,瓦斯涌出量就越大;而采用正压通风(压入式)的隧道,风压越高,瓦斯涌出量就越小。这主要是通风压力与瓦斯涌出压力相互作用的结果。

(6)采空区。一般说来,采空区都积存有大量瓦斯,如果隧道穿过煤矿采空区或距采空区较近时,采空区瓦斯向隧道涌出,从而导致隧道瓦斯涌出增大。

1.9 隧道瓦斯涌出预测

隧道瓦斯涌出量由煤壁瓦斯涌出量和落煤瓦斯涌出量两部分组成。

1.9.1 隧道煤壁瓦斯涌出量计算

煤壁在暴露后瓦斯开始涌出,且瓦斯涌出量随煤壁暴露时间的延长而衰减,通常以单位时间内单位面积煤壁涌出的瓦斯量表示煤壁瓦斯涌出强度,或称之为煤壁瓦斯涌出系数。煤壁瓦斯涌出强度取决于煤层瓦斯含量、瓦斯压力、煤的透气性、空间条件及煤壁暴露时间,当其他条件固定时,煤壁瓦斯涌出强度是暴露时间的函数。煤壁瓦斯涌出量 q_3 可用式(1.4)计算:

$$q_3 = n \cdot m \cdot v \cdot Q_0 \left[\frac{\left(\frac{L}{v}\right)^{(1-\beta)}}{1-\beta} - 1 \right] \tag{1.4}$$

式中:q_3——隧道煤壁瓦斯涌出量,m^3/min;

n——煤壁暴露面数;

m——煤层厚度,m;

L——隧道过煤长度,m;

v——隧道过煤平均掘进速度,m/min;

Q_0——煤壁暴露初始瓦斯涌出强度,$m^3/(m^2 \cdot d)$,与煤层瓦斯含量、煤的变质程度有关,其计算式为:

对于低变质煤

$$Q_0 = 0.026(0.004V_r^2 + 0.16) \cdot X_0$$

对于高变质煤

$$Q_0 = 0.59X_0$$

V_r——煤的挥发分,%;

X_0——煤层原始瓦斯含量,m^3/t;

β——煤壁瓦斯涌出速度衰减系数。

由于煤壁瓦斯涌出强度与煤壁暴露时间呈双曲线关系,故 β 值可由计算式(1.5)求出:

$$Q_t = Q_0(1+t)\beta \tag{1.5}$$

式中:Q_t——暴露时间(1+t)时煤壁瓦斯涌出强度,$m^3/(m^2 \cdot min)$;

Q_0——暴露时间 $t=0$ 时煤壁瓦斯涌出强度,$m^3/(m^2 \cdot min)$。

1.9.2 隧道落煤瓦斯涌出量计算

隧道落煤瓦斯涌出量主要取决于落煤量以及煤层瓦斯含量与煤炭运至地表的残存瓦斯含量之差,单位时间内掘进落煤瓦斯涌出量计算式为:

$$q_4 = S \cdot v \cdot \gamma(X_0 - X_c) \tag{1.6}$$

式中:q_4——隧道落煤瓦斯涌出量,m^3/min;

S——隧道断面积,m^2;

v——隧道过煤平均掘进速度,m/min;

γ——煤的重度,t/m^3;

X_0——煤层原始瓦斯含量,m^3/t;

X_c——采落煤运至地表的残存瓦斯含量,m^3/t。

1.9.3 隧道瓦斯涌出量预测

隧道瓦斯涌出量由隧道煤壁瓦斯涌出量 q_3 和隧道落煤瓦斯涌出量 q_4 两部分组成,由式(1.7)计算:

$$q_{掘} = q_3 + q_4 \tag{1.7}$$

第2章 公路瓦斯隧道施工中防治瓦斯一般规定

2.1 瓦斯等级鉴定

2.1.1 隧道瓦斯等级划分

(1)对于公路隧道,在勘探、施工过程中,通过地质勘查及施工过程中的检测,表明隧道内存在瓦斯,该隧道确定为瓦斯隧道。

(2)公路瓦斯隧道施工期间,当发现有瓦斯涌出或瓦斯等级与原设计不相符时,可委托具有相关资质单位进行测定或鉴定,经上级主管单位批准后,由原设计单位修改设计。

(3)公路瓦斯隧道等级类型依据瓦斯涌出量的大小分为低瓦斯隧道、高瓦斯隧道、煤与瓦斯突出(简称突出)隧道三级。瓦斯隧道等级类型按隧道内瓦斯等级最高的区段(工区)确定。

(4)瓦斯隧道分为无瓦斯区段和有瓦斯区段,有瓦斯区段依据绝对瓦斯涌出量大小分为低瓦斯区段、高瓦斯区段、煤与瓦斯突出区段三级。

①低瓦斯区段和高瓦斯区段可按绝对瓦斯涌出量进行判定。

a. 当区段的绝对瓦斯涌出量小于 $0.5m^3/min$ 时,为低瓦斯区段。

b. 当区段的绝对瓦斯涌出量大于或等于 $0.5m^3/min$ 时,为高瓦斯区段。

②瓦斯隧道中,只要有一处煤层存在突出危险(钻孔过程中发生喷孔、顶钻等异常现象)或煤层经鉴定、评估、预测具有煤与瓦斯突出危险性,则该处所在的区段即为煤与瓦斯突出区段。

2.1.2 隧道煤层突出危险性评估、鉴定和预测

煤层和隧道煤与瓦斯突出危险性鉴定、评估、预测应由具有煤炭行业突出鉴定资质单位承担。

1)煤层突出危险性评估

(1)煤层突出危险性评估在勘测阶段结束后完成,评估结果作为指导隧道立项、可行性研究、设计等隧道施工前准备工作的依据。

(2)对隧道可能揭露的所有厚度不小于 0.3m 的煤层均进行评估。

(3)评估方法及指标主要有:

①瓦斯压力 $P \geqslant 0.74MPa$。

②瓦斯放散初速度 $\Delta P \geqslant 10$。

③煤的坚固性系数 $f \leqslant 0.5$。

④煤的破坏类型为Ⅲ类及以上。

煤层突出危险性指标未完全达到上述指标的,煤层突出危险性由鉴定机构根据实际情况,采用综合分析方法确定;但 $f \leqslant 0.3$、$p \geqslant 0.74$MPa,或 $0.3 < f \leqslant 0.5$、$p \geqslant 1.0$MPa,或 $0.5 < f \leqslant 0.8$、$p \geqslant 1.50$MPa,或 $p \geqslant 2.0$MPa 的,一般确定为突出煤层。

(4)隧道掘进过程中,应对评估结果按预测方法和指标进行验证(预测)。以验证(预测)结果指导隧道施工。

2)煤层突出危险性鉴定

(1)隧道揭煤和沿煤层掘进发生瓦斯动力现象的,项目部、施工队应当保留发生瓦斯动力现象的现场,及时检测瓦斯动力现象影响区域的瓦斯浓度、风量及其变化等情况,并委托鉴定机构开展鉴定工作。

(2)发生瓦斯动力现象的煤层以瓦斯动力现象特征为主要依据进行鉴定的,应当将现场勘测情况与煤与瓦斯突出的基本特征进行对比,当瓦斯动力现象特征基本符合附录中的特征时,该瓦斯动力现象为煤与瓦斯突出。

(3)钻孔施工过程中发生喷孔、顶钻等突出预兆的,确定为突出煤层。

3)煤层突出危险性预测

依据瓦斯动力现象特征不能确定为煤与瓦斯突出或未发生过煤与瓦斯突出时,则在隧道施工过程中,进行煤层突出危险性预测。

预测方法分为单项指标法和综合指标法。

预测隧道揭煤掌子面(工作面、作业面)突出危险性时,应当由隧道工作面向煤层的适当位置至少打 3 个钻孔测定煤层瓦斯压力 P(或瓦斯含量 W);近距离煤层群的层间距小于 5m 或层间岩石破碎时,应当测定各煤层的综合瓦斯压力(或瓦斯含量 W)。

(1)单项指标法。

煤层突出危险性预测方法采用现场实测瓦斯参数(瓦斯压力或瓦斯含量),并结合瓦斯地质分析方法进行预测。

瓦斯参数临界值取值见表 2.1。

瓦斯参数进行预测的临界值 表 2.1

瓦斯压力 P(MPa)	瓦斯含量 W(m^3/t)	类　别
$P<0.74$	$W<8$	无突出危险
除上述情况以外的其他情况		有突出危险

(2)综合指标法(D、K 指标)。

测压(含量)钻孔在每米煤孔采一个煤样测定煤的坚固性系数 f,把每个钻孔中坚固性系数最小的煤样混合后测定煤的瓦斯放散初速度 Δp,则此值及所有钻孔中测定的最小坚固性系数 f 值作为软分层煤的瓦斯放散初速度和坚固性系数参数值。

综合指标 D、K 的计算公式为:

$$D=\left(\frac{0.0075H}{f}-3\right)\times(P-0.74) \tag{2.1}$$

$$K=\frac{\Delta p}{f} \tag{2.2}$$

式中：D——突出危险性的 D 综合指标；

K——突出危险性的 K 综合指标；

H——煤层埋藏深度(埋深)，m；

P——煤层瓦斯压力，取各个测压钻孔实测瓦斯压力的最大值，MPa；

Δp——软分层煤的瓦斯放散初速度；

f——软分层煤的坚固性系数。

隧道揭煤突出预测综合指标 D、K 的临界值见表 2.2。

石门揭煤工作面突出危险性预测综合指标 D、K 参考临界值　　表 2.2

综合指标D	综合指标K	
	无烟煤	其他煤种
0.25	20	15

当测定的综合指标 D、K 都小于临界值，或者指标 K 小于临界值且式(2.1)中两括号内的计算值都为负值时，若未发现其他异常情况，该煤层即为无突出危险；否则，判定为突出危险工作面。

鉴定机构也可以探索适合公路隧道特点的煤与瓦斯突出危险性预测的新方法、新指标。

(3)当出现如下情况，则可判断为具有突出危险性：

①煤层的构造破坏带，包括断层、剧烈褶曲、火成岩侵入等。

②煤层赋存条件急剧变化。

③钻孔施工时出现喷孔、顶钻等动力现象。

④出现明显的突出预兆。

2.2　勘查及设计

对瓦斯隧道的勘查与设计，有如下规定：

(1)确定隧道位置时，应经过技术经济比较，绕避煤系地层及其他含瓦斯地层；难以绕避时，宜以较短距离、较浅埋深通过。

(2)瓦斯隧道勘测时，应调查、收集邻近煤矿和油气田的既有资料，其内容主要包括：

①区域性地质、矿产地质、水文地质、有害气体的实测资料，油气田、气井资料及有关瓦斯赋存、突出的其他地质资料(含地质平面图、剖面图、煤系柱状图、煤层对比图、钻孔资料、井田勘察报告、各阶段地质报告等)。

②相邻矿井分布、开采水平、通风方式、瓦斯等级、采空区范围、采煤及顶板管理办法、接替采区和规划采区的位置及范围等资料。

③相邻矿井通风和煤与瓦斯突出的历史记载和实测资料。

④勘探过程中钻孔穿过煤层时的瓦斯涌出情况。

⑤瓦斯隧道除应按一般隧道布置勘探工作外,尚应适当增加钻孔,采取煤样和气样进行成分分析,并在现场进行瓦斯及天然气含量、涌出量、压力等测试工作。

(3)瓦斯隧道的地质工作除查明一般地形、地貌、工程地质、水文地质条件外,应着重调查和确定以下内容:

①隧道的瓦斯来源。

②隧道通过的地层层序、年代、岩层种类及含煤地层的分布,煤层数及顶底板特征和位置,煤层厚度、倾角,隧道穿煤里程及长度。

③煤层的主要物理性质、指标以及工业成分分析,包括颜色、光泽、重度、硬度、水分、挥发分、固定碳、灰分、瓦斯含量及成分、瓦斯压力、瓦斯放散初速度、煤的坚固性系数等。

④煤的自燃及煤尘爆炸性判断,煤与瓦斯突出危险性判断。

⑤采空区形态,接替和规划采区位置及压煤量。

⑥煤层的瓦斯带和瓦斯风化带位置。

⑦查明形成瓦斯的地质构造,包括煤层、油页岩层所处的构造部位,天然气的生成、运移、储集、封闭条件及影响因素,地下水对天然气运移、储存的影响。

⑧工程地质报告应有专门篇章评述煤层、瓦斯和天然气的情况,以及瓦斯地质分析、采空区及压煤量、邻近的煤矿和油气田、气井情况、隧道瓦斯严重程度预测及对工程的影响、建议技术措施等。

(4)瓦斯隧道设计阶段应符合下列要求:

①设计前应根据煤体结构及有关瓦斯地质参数,进行煤层突出危险性评估和瓦斯隧道的瓦斯区段瓦斯等级初步划分。

②设计阶段应根据煤与瓦斯参数,结合施工方案、进度安排,分段分煤层预测隧道及辅助巷道的绝对瓦斯涌出量。

③设计阶段应编制指导性施工组织设计,内容包括施工通风系统及设备选型、通风及防尘设施和必要的技术装备、地质探煤、揭煤和防突的方法及措施以及施工阶段的瓦斯检测、煤与瓦斯突出参考指标及要求、防治煤与瓦斯突出、防治瓦斯燃烧与爆炸、防治隧道火灾、防治突水等措施与预案。

④设计中应针对瓦斯隧道不同区段的瓦斯等级,采用不同的衬砌结构,并符合下列要求:

a. 高瓦斯、煤与瓦斯突出区段应采用复合式衬砌,其初期支护和二次衬砌应根据埋置的深度、围岩级别、工程地质和水文地质条件、瓦斯严重程度按全封闭原则进行设计。

b. 瓦斯隧道的衬砌结构应有防瓦斯措施,确定防瓦斯处理范围时,瓦斯较重、等级较高地段应向瓦斯较轻、等级较低地段适当延长,如表 2.3 所示。

c. 含瓦斯区段的喷射混凝土厚度不应小于 15cm,模筑混凝土衬砌厚度不应小于 40cm。

d. 喷射混凝土中掺用气密剂后,透气系数不应大于 10^{-10}cm/s;模筑混凝土中掺用气密剂后,透气系数不应大于 10^{-11}cm/s。模筑混凝土衬砌施工缝应进行气密处理,其封闭瓦斯性能不应小于衬砌本体。

衬砌防瓦斯措施　　表2.3

封闭措施	瓦斯区段等级		
	低瓦斯区段	高瓦斯区段	突出区段
围岩注浆	—	—	选用
喷射混凝土中掺气密剂	—	选用	采用
设置瓦斯隔离层	—	采用	采用
模筑混凝土中掺气密剂	采用	采用	采用
模筑混凝土中掺钢纤维	—	—	选用
施工缝气密处理	采用	采用	采用

e. 掺气密剂的混凝土施工材料应符合下列规定：

(a)水泥宜选用强度等级为32.5的硅酸盐和普通硅酸盐水泥，不得采用其他水泥。

(b)砂的细度模数$M_x \geq 2.7$，含泥量不大于3%，不得使用细砂。

(c)石子的最大粒径$D_{max} \leq 40$mm，级配宜为2～3级，含泥量不大于1%，不得有泥土块或泥土包裹石子表面，针片状颗粒含量不大于15%。

(d)气密剂宜选用FS-KQ型，掺量应符合设计要求，气密剂为硅灰、粉煤灰及高效减水剂的复合剂。

f. 掺气密剂的混凝土施工应符合下列要求：

(a)C20混凝土配合比宜为1∶2.5∶3.5，水灰比宜取0.48。

(b)原材料应按以上配合比进行称量，水的允许偏差为±1%，水泥及气密剂的允许偏差为±2%，砂石允许偏差为±3%。

(c)原材料应按采用强制式搅拌机搅拌，不得采用人工拌和；水泥、气密剂及砂应先干拌1～1.5min，达到颜色均匀后，再加入石子及水搅拌1.5～2.0min，形成均匀的拌和物。

(d)混凝土拌和物从搅拌机卸出至灌注完毕，所需时间宜为40～60min。

(e)应采用机械振捣，不得用人工振捣。

(f)连续养护时间不得少于28d，并应避免在5℃以下施工。

g. 当衬砌内设置瓦斯隔离层时，其垫层应采用闭孔型泡沫塑料，厚度不应小于4mm。

h. 全封闭防瓦斯地段有地下水时，宜采取在左右边墙下部外侧铺设纵向透水管，将地下水引离含瓦斯地段的排水措施。透水管终点宜设置气水分离装置，分离出的瓦斯气体可用管道引出洞外在高处放散。

i. 在煤与瓦斯突出区段，宜在衬砌背后预埋通向大气的降压管；有联络巷时，可从联络巷向正洞施钻瓦斯降压孔，防止隧道建成后瓦斯压力回升。

(5)瓦斯隧道施工期间，应进行瓦斯地质复查工作。对于揭露的煤层，应取样复测煤层的瓦斯含量和其他有关参数，必要时应钻孔实测瓦斯压力，以及通过通风和瓦斯检测计算隧道的瓦斯涌出量，根据检测结果核对施工工区和煤系地层的瓦斯等级，必要时应进行修正，同时应相应修改设计。

(6)隧道需设置辅助巷道时,应符合下列要求:

①隧道之间的联络巷、紧急停车道及斜井、竖井、横洞位置时,应避免通过或靠近煤层;不能避免时,宜减少通过或靠近煤层的长度,但距煤层法向距离不小于10m。

②隧道的斜(竖)井作为抽出式通风井时,不得兼作提升井。井内应设方便检修人员工作及避难行走的人行台阶(竖井为梯子间)。

③瓦斯隧道的辅助巷道,当在运营期间予以利用时,应设置永久性支护。

④隧道竣工交付运营前,在辅助巷道洞口及与正洞相交处、含瓦斯区段两端等位置,宜修建永久性防瓦斯密闭门和采取其他防瓦斯措施,并应定期维修。

⑤隧道竣工后,必要时应在辅助巷道内设置专供运营期间使用的瓦斯检测仪表和通风设备,保障辅助巷道维修管理工作的安全。

2.3 通风与瓦斯防治

瓦斯隧道通风与瓦斯防治有如下规定:

(1)高瓦斯隧道、煤与瓦斯突出隧道必须编制瓦斯抽放(采)设计方案,安设满足瓦斯抽放的地面瓦斯抽放泵及其抽采系统、抽采参数自动检测装置及附属设施,对煤层及瓦斯涌出地点进行瓦斯抽放。

瓦斯泵房距隧道进、回风口50m以上,抽放泵房周围50m范围内无其他主要建筑物、民房、架空高压电线,在泵房周围20m设立围墙或栅栏,严禁明火,不得有易燃、易爆物品,并安装4只干粉灭火器和不少于0.5m^3的黄沙。泵站周围设置消火栓。

从隧道内引出瓦斯的金属管,其上端管口距地面不应小于10m,并应妥善接地,防止雷击。瓦斯放空管的接地电阻不得大于5Ω。

抽放设计应包括隧道瓦斯涌出量预测、抽放量预计、抽放方法与工艺、抽放泵及管路选型、抽放附属设施、抽放泵房、抽放监测监控、概算、机构及人员配备、管理制度及操作规范等内容。

(2)煤与瓦斯突出隧道必须编制隧道防突专项设计,遇突出煤层前,必须制定揭煤专项设计及防突措施。

①隧道防突专项设计应包括如下内容:符合防突要求的隧道开挖方式方法、隧道通风方式方法、通风系统及构筑物、区域综合防突措施和局部综合防突措施、安全防护措施、防突设施(设备)及概算、防突机构及人员配备、管理制度及操作规范等。

②隧道揭煤专项设计及防突措施应包括以下内容:

a. 探明揭煤掌子面和煤层的相对位置。

b. 在与煤层保持适当距离的位置进行区域预测。

c. 采用区域预测有突出危险时,采取区域防突措施。

d. 实施区域措施效果检验。

e. 检验无效,则执行局部综合防突措施;若有效,则掘进至远距离爆破揭穿煤层前的掌子面位置,采用局部预测或措施效果检验的方法进行最后验证。

f. 采取安全防护措施并用远距离爆破揭开或穿过煤层。

g. 在岩石与煤层连接处加强支护。

(3)瓦斯隧道在高、突出瓦斯区段掘进时，不宜采用综合机械化掘进工艺，宜采用爆破掘进，放炮地点位于隧道外，隧道内撤出全部作业人员和可移动机械，切断隧道内电源，爆破等候时间为炮烟完全吹出地面为止，先由瓦斯检查工、班组长、爆破员进入隧道内检查需检地点瓦斯浓度等，无异常后，作业人员方可进入隧道内作业。

(4)瓦斯隧道双向掘进时，宜将贯通地点设在无瓦斯区段。相距 100m 前，采用单向掘进，停止一个掌子面掘进，并保持正常通风，且在爆破时对面掌子面不得有人。

(5)隧道通风机应为双风机、双电源，确保不间断供风。矿井必须有因停电和检修造成通风机停止运转以后恢复通风、排除瓦斯和送电的安全措施。

恢复正常通风后，所有受到停风影响的地点，所有安装电动机及其开关的地点附近 20m 的巷道内，都必须经过通风、瓦斯检查人员检查，证实无危险后，方可恢复工作。

隧道临时停工，不得停风，否则必须隧道内切断电源，禁止人员进入。恢复通风前，必须制定专门排放隧道内瓦斯的安全技术措施。

(6)瓦斯隧道的通风系统应符合下列要求：

①采用压入式通风，不宜采用抽出式通风；特长瓦斯隧道需采用综合通风方式时，必须在进、回风流之间设置风门。

②高瓦斯、煤与瓦斯突出隧道采用各自独立的通风系统，严禁工作面之间串联通风(包括共用一段回风系统)。

③低瓦斯隧道内可安设一台辅助局部通风机通风，但必须有专人管理，保持常开状态(爆破除外)，并制定专门管理措施。

④辅助局部通风机执行“三专两闭锁”(专用电缆、专用开关、专用变压器，风电闭锁、瓦斯闭锁)。

⑤瓦斯隧道应采用抗静电、阻燃的风管(风筒)。风管口到开挖工作面的距离应小于 5m，风管百米漏风率不应大于 2%。

(7)瓦斯隧道内瓦斯管理应符合下列要求：

①隧道内瓦斯监测监控采用自动监测与人工检测同时进行。

②瓦斯检测监控参数除甲烷外，同时检测一氧化碳、氧气、氧气、温度等气体浓度和隧道风速传感器；特殊地段施工，可增加针对性气体浓度检测。

③在高瓦斯区段、煤与瓦斯突出区段掘进时，每一个掌子面每班设置专门瓦斯检查工并随时检测各处作业地点瓦斯、二氧化碳浓度及温度；在低瓦斯区段掘进时，每班设置瓦斯检查工，巡回检查不超过 2 个工作面作业地点瓦斯、二氧化碳浓度及温度。

④瓦斯检查工发现瓦斯超标及其他异常情况时，有权停止作业，并协助班组长立即组织人员撤出隧道至地面。

⑤项目部管理人员、技术人员、跟班队长、班组长、操作机械和电气设备司机、电工、钳工必须随身携带便携式瓦检报警仪；瓦斯检查工、爆破工必须随身携带光学瓦检仪。

⑥有必要检查其他气体浓度时，需随身携带多参数瓦检仪。

(8)在高瓦斯区段和煤与瓦斯突出区段，专职爆破工应固定在同一掌子面。

2.4 防火、防爆与防治水

瓦斯隧道防火、防爆与防治水具有以下要求：

(1)瓦斯隧道机械及电气设备应符合下列要求：

①低瓦斯隧道的电气设备与作业机械可使用矿用防爆型或一般型；高瓦斯和煤与瓦斯突出隧道的电气设备与作业机械必须使用防爆型。

②瓦斯隧道内固定敷设的照明、通信、信号和控制用的电缆应采用铠装电缆、不延燃橡套电缆或矿用塑料电缆。电缆必须采用铜芯，电缆的敷设应符合下列规定：

a. 电缆应悬挂。悬挂点间的距离，在竖井内不得大于 6m，在正洞、平行导坑和斜井内不得大于 3m。

b. 电缆不应与风、水管敷设在同一侧，当受条件限制需敷设在同一侧时，必须敷设在管子的上方，其间距应大于 0.3m。

c. 高、低压电力电缆敷设在同一侧时，其间距应大于 0.1m。高压与高压电缆、低压与低压电缆间的距离不得小于 0.05m。

d. 电缆与电气设备连接，必须使用与电气设备的防爆性能相符合的接线盒。电缆芯线必须使用齿形压线板或线鼻子与电气设备连接。

e. 在高瓦斯隧道和突出隧道内，电缆之间若采用接线盒连接时，其接线盒必须是防爆型的。

③瓦斯隧道照明灯具的选用，应符合下列规定：

a. 已衬砌地段的固定照明灯具，可采用 ExdII 型防爆照明灯。

b. 开挖工作面附近的固定照明灯具，必须采用 ExdⅠ型矿用防爆照明灯。

c. 移动照明必须使用矿灯。

④经由地面架空线路引入隧道内的供电线路、管路、铁轨，必须在隧道洞口处装设防、避雷装置。

⑤瓦斯隧道内进行电焊(割)、气焊(割)、喷灯焊接时，必须停止工作面掘进、打钻及对煤层的扰动作业，并制定专门的安全技术措施。

(2)瓦斯隧道若遇有自燃发火倾向性煤层，应提前采取防灭火预防措施。

(3)瓦斯隧道若遇煤尘爆炸性危险煤层，应采用综合防尘措施及隔(抑)爆措施。

(4)瓦斯隧道过煤层期间，应采用超前支护措施；过煤系地层及软岩时，应随掘随支，必要时，采用煤岩固化措施。

(5)瓦斯隧道施工必须遵循“逢掘必探、先探后掘”的施工原则。应采用地质分析、专业人员观测、物探和钻探相结合的方法进行超前探测工作，如超前探测水、煤层赋存、地层、地质构造、瓦斯赋存、老窑采空区等。

(6)入井人员必须戴安全帽和防爆矿灯，严禁携带烟草和点火物品、非防爆通信工具、非防爆照明器具，严禁穿戴产生静电的衣物(包括化纤衣服)，入井前严禁喝酒；建立入井检身制度和出入井人员清点制度。

2.5　人员配备及机构设置

高瓦斯隧道人员配备及机构设置具有以下要求：

(1)瓦斯隧道应根据不同瓦斯等级，建立相应瓦斯防治机构并制定相关职责。

①低瓦斯隧道应建立专门通防部，下设通风队、瓦斯监测中心(可与项目部调度室合并，下同)，至少配备2名技术人员，有足够的通风工、瓦斯检查工、爆破工、防尘工和监测工。

②高瓦斯隧道应建立专门通防部，下设通风队、瓦斯监测中心、瓦斯抽采队，至少配备2名技术人员，有足够的通风工、瓦斯检查工、爆破工、防尘工、监测工和钻探工。

③突出隧道应建立专门通防部，下设通风队、瓦斯监测中心、瓦斯抽放队、防突队，至少配备3名技术人员；有足够的通风工、瓦斯检查工、爆破工、防尘工、监测工、钻探工和防突工。

④对有煤层自燃倾向的隧道，还应有防灭火队伍或并入通防部。

(2)各机构主要岗位职责。

①通风队主要职责为：通风、防尘、防火设施的安装、检查、维护；日常瓦斯检查、处理；瓦斯检查仪器仪表的维修、发放等。

②瓦斯监测中心主要职责为：瓦斯监测系统安装、观测、维护等，确保瓦斯监测系统正常运行。

③瓦斯抽放队主要职责为：钻探及抽采系统设备设施安装、使用、维修(护)；各类钻孔施工等。

④防突队主要职责为：防突措施或设计的制定、突出预测和检测检验指标的测定、抽采参数检测、资料收集等。

⑤通防部门(科)主要职责为：负责项目部所辖隧道的通风、瓦斯防治、防尘、防灭火管理工作，制定相关规章制度和管理办法、指导施工队及相关专业队伍按章作业；负责相关工作的日常检查、监督、管理、事故处理、瓦斯事故应急预案等。

(3)人员配备如表2.4所示(以一个掌子面、三八作业制为例)。

瓦斯隧道瓦斯防治相关人员配备　　表2.4

瓦斯等级	行政管理员(人)	技术管理员(人)	操作工(人)	合计(人)	备　注
低瓦斯隧道	1	1	9	11	管理2人，瓦检工4人、监测工2人、通风工1人、爆破工1人，防尘工1人
高瓦斯隧道	1	2	18	21	在低瓦斯隧道基础上，增加钻探工9人，技术人员1人
突出隧道	1	3	21	25	在高瓦斯隧道基础上，增加防突工3人，技术人员1人

(4)瓦斯隧道施工期间，应建立各级、各类人员瓦斯防治岗位责任制，各工种操作规程，各工序安全技术措施及贯彻落实制度，瓦斯巡回检查制度，特种作业人员培训制度，瓦斯防治监督检查制度，瓦斯隐患排查制度，瓦斯防治工程月度、季度、年度计划和人员、资金落实计划，制定瓦斯事故应急预案等。

(5)各项安全技术措施按照下列要求贯彻实施：

①施工队负责向本队职工贯彻并严格组织实施安全技术措施。

②措施执行过程中,应当严格执行措施的规定并有详细准确的记录。由于地质条件或者其他原因不能执行所规定的措施的,施工队必须立即停止作业并报告项目部,经项目部技术负责人组织有关人员到现场调查后,由原措施编制部门提出修改或补充措施,并按原措施的审批程序重新审批后方可继续施工;其他部门或者个人不得改变已批准的措施。

③项目部主要负责人、技术负责人、安全监管负责人应当每月至少一次到现场检查各项安全技术措施的落实情况;并及时将检查结果分别向业主单位、监理单位、上级主管部门汇报,有关负责人应当对发现的问题立即组织解决。

④隧道业主单位、监理单位、上级主管部门进行安全检查时,重点检查瓦斯防治措施的编制、审批和贯彻执行情况。

(6)应及时填绘反映瓦斯隧道实际情况的下列基本图纸:

①隧道地质图和水文地质图。

②隧道上、下对照图。

③隧道工程巷帮素描图。

④隧道工程平面图、剖面图及进度图。

⑤隧道通风系统图。

⑥隧道安全监测系统布置图。

⑦隧道排水、防尘、防火注浆、压风、充填、抽放瓦斯等管路系统图。

⑧隧道通信系统图。

⑨隧道内、外配电系统图和井下电气设备布置图。

⑩避灾路线图。

2.6 培训

高瓦斯隧道作业人员培训具有以下要求:

(1)瓦斯隧道施工前,应对进入隧道作业人员进行不少于3d的瓦斯基础知识和规章制度培训;特种作业人员应进行不少于7d的相关专业知识和技能培训;管理人员应进行不少于10d的专业知识和法律法规培训。以上人员需在煤矿三级及其以上安全培训机构接受培训并考试合格,方可上岗。

(2)特种作业人员(如瓦检工、爆破工、防突工、电钳工、司机等)须持证上岗。

第3章

公路瓦斯隧道施工准备

俗话说“磨刀不费砍柴工”,要做好瓦斯隧道的施工管理,施工准备是极为重要的一步。除了具备常规隧道施工组织所涉及的内容外,还需增加普通隧道不需要的内容,同时在普通隧道所涉及的内容中,也有诸多细节需要注意和改进。本章从临时设施布置、技术准备、管理机构设置及人员配置、机具配置和材料准备五个方面进行阐述。

3.1 临时设施布置

一般情况下,隧道进出口的条件相对较差,场坪难度较大,可利用的场地有限。如何充分利用既定地形,全面考虑瓦斯隧道不同于普通隧道的特点和施工需要布置临时设施至关重要。

瓦斯隧道洞外临时设施布置含普通隧道所需的“五通一平”,即水、电、路、通信、通讯、场地平整。临建设施包括常规设施管理人员驻地、作业人员驻地、办公驻地、拌和站、材料库房、配电房、空压机房、加工房,另需增设瓦斯监控室、瓦斯抽放泵房,重点考虑施工用水、施工用电、风机安装选址、变压器安装选址、弃土场选址等。

瓦斯隧道临时设施及建设总体原则满足“远离洞口、严禁正对、瓦斯优先、永临结合”。由此可见,瓦斯隧道施工现场洞外布置十分关键,需改变管理理念,处处区别于普通隧道,稍有不慎直接关系到开工后安全生产问题,甚至出现严重的事故或工程返工,从而增大施工成本、浪费工期。

3.1.1 常规临时设施

管理人员驻地、办公驻地、作业人员驻地、混凝土拌和站、材料库房、空压机房、加工房等常规设置在平面,布设按照远离洞口原则,水平距离尽量大于200m,且不得布置在隧道洞口正对方向,不得设置在洞身垂直上方的影响范围内。

3.1.2 施工用水

普通隧道施工过程中的用水主要包括混凝土拌和、开挖钻爆、空压机循环用水,瓦斯隧道特别需要降温除尘、防治煤与瓦斯突出、瓦斯燃烧处治、煤层燃烧处治、煤矸石自燃等应急水用量较大、压力要求较高。所以尽量能永临结合,修建 200～500m^3 的高压水池,确保压力和应急用水容量。在水管的布设上,尽量采用两路,一路为施工用水,一路为洞内救生用水,救生用水必须为可饮用水;若饮用水资源丰富,可两路合一。特别要保障后勤用水,所有管理人员、作业人员每班洗澡、洗涤,对水的需求量远超普通隧道需要。

3.1.3 施工用电

根据《煤矿安全规程》规定,矿井应有双回路电源线路,当一路电源发生故障停止供电时,另一回路仍能满足隧道施工用电全部负荷。

一般地,施工单位作为短期施工,电力线路服务周期短,很难按照煤矿企业一样建立双回路电源。鉴于瓦斯隧道施工与煤矿生产用电设备、负荷、施工生产组织方式的不同,瓦斯隧道在地面设置除引入一路外接电源外,采用柴油发电机组作为备用电源,实现另一回路连续供电。

施工用电的地面布设,除考虑双回路外,在用电量计算上要增加瓦斯抽放、超前地质钻探、瓦斯抽(排)放孔钻探、备用风机等负荷所需用电功率;同时要结合施工组织方案保证隧道单洞建立独立控制系统,符合“三专两闭锁”中的“三专”,即专用变压器、专用线路、专业开关。

因此在变压器的配置上要考虑独立供电,除地面办公、拌和站、一般照明可以共用变压器外,每个独立洞的风机、洞内动力、洞内照明、瓦斯抽放必须考虑专门变压器、专门的线路、专门的开关。

3.1.4 风机选址及安装

建立可靠的通风系统,选择合理的通风方式,保持良好的通风状态,提供足够的风量,将瓦斯稀释至安全浓度范围之内,是施工安全的关键。

常见的普通隧道施工根据通风方式的不同对风机位置的选择相对灵活,但瓦斯隧道除考虑通风方式外,对风机的要求、位置选择要求相对较高。采用压入式通风施工的隧道,风机距洞口距离不少于50m,在隧道口轴线45°线外,风机至洞口之间采用脚手架架立或型钢支架吊挂。压入式通风的回风断面最终在隧道口,洞内排出的除了常规隧道所涉及的污浊气体、粉尘外,最重要的是含有瓦斯,瓦斯必须远离火源,及时得到稀释,风机远离洞口能保证吸入的空气新鲜成分,避免排出的废气和瓦斯被重新吸入洞内。

洞内局部风机安装根据需要制订专门的局部风机安装方案,一般安装在瓦斯容易聚集的部位,如二衬台车、塌方部位、上隅角、横洞等位置。风机选型、开关设置、安装等要求见本书通风系统设计。

3.1.5 变压器安装

瓦斯隧道变压器安装要综合考虑变压器数量,距离空压机房、配电房、风机等因素,严禁安装在地质不稳定位置、天然冲沟岸边、洞顶、高压线路正下方、树木遮蔽、灌木茂密等容易出现险情的位置。能够分别左右洞独立安装的尽量独立安装,便于电力线路的布设。

3.1.6 弃土场选址

瓦斯隧道弃土场的选择较为重要,因为瓦斯隧道开挖出来的弃渣一般不是纯净的岩石,而是煤、煤与矸石的混合物。首先，弃土场的煤、矸石暴露空气中加快了煤体、煤矸石内瓦斯的释放，若距离隧道洞口过近，风向的改变会致使污浊空气被倒吸入洞内，致使风机效益降低，同时加大洞内危害和危险程度；其次，大量岩石、煤、煤矸石的堆积堆压、暴露，会造成矸石堆加快氧化，雨水冲刷产生大量的热能，热量不能及时释放而引发自燃，自燃将产生大量的污染空气的废气，同时自燃后弃渣堆松散，容易诱发崩坍、流失；若弃土场矸石堆自燃排放的废气被吸入洞内，危害更大，同时对现场临时驻地、周边社区环境影响极大，对周边生态植被破坏严重；最后，弃土场不能按照传统观念设置在低洼、冲沟、深沟中，天然水源或雨水将加速矸石堆的氧化反应，同时若在自然冲沟中设置弃渣场，水流进过弃渣堆后将严重变质，水流所到之处将破坏土地、植被、地下水资源，危害更大。

因此，弃土场的选址应尽可能避开水源点、低洼地带、自然深沟、河流、湖泊等位置，宜选择在开阔无水源、远离洞口的地带，同时弃渣之前充分考虑和制订治理方案，否则弃渣后的环境影响因素增多，治理难度和费用加大。

3.1.7　安全监控值班室

瓦斯隧道施工管理过程中，安全自动监控系统的建立和运行是安全生产的必备条件，这是有别于普通隧道安全管理的一方面。由于安全监控系统所用的仪器安装环境要求较高，既要做好防尘、防潮，还要做好防振，同时监控室室值班人员试行工作时轮班。若长期处在噪声轰鸣大、振动频繁的环境，对仪器的寿命和检测敏感度均有影响，因此安全监控值班室的选址尤为重要。

3.2　技术准备

通过学习设计文件、地质补充勘察、物探、钻探及坑探、调查分析等手段，查明隧道煤层分布、瓦斯情况和影响瓦斯赋存的地质条件以及各煤层特征、煤尘成分、瓦斯含量、瓦斯涌出量预测、煤尘爆炸危险性、煤层自然倾向性等指标，做出隧道瓦斯治理、防治煤与瓦斯突出危险性、防治水、防治坍塌沉陷等的综合评述，这是技术准备的必备条件，也是判定瓦斯隧道施工管理难度、投入准备的必备条件。

(1)认真学习、研究设计文件。设计文件包括一阶段施工图设计、两阶段施工图设计、地质勘探报告、瓦斯勘探报告。

(2)认真组织现场勘测，对照地质勘探资料进行现场比对，详细向当地居民调查是否存在采空区、是否曾发生过瓦斯事故。

(3)详细调查附近矿区，尽可能从当地地质部门、片区矿区管理部门、煤矿企业收集地勘资料、地质分析报告，与设计文件预测煤层的位置、产状、厚度、瓦斯的储存状态以及采空区的分布情况相比较。

(4)瓦斯隧道除设计提供的地质勘探资料外，一般应进行隧道补充勘探工作，应适当增加钻孔，采取煤样和气样进行成分分析，并在现场进行瓦斯及天然气含量、涌出量、压力等测试工作。根据勘测获得煤体结构情况及有关参数，进行煤层突出危险性预测和瓦斯隧道的瓦斯工区、含瓦斯地段的等级划分。

(5)瓦斯隧道必须编制专项施工组织设计,除常规项目施工工艺外,应包含瓦斯隧道风险评估、瓦斯监控方案、采空区处治方案、防治煤与瓦斯突出方案、防治水、防治煤层自燃、防治瓦斯、防治煤尘爆炸、机电系统布置、通风系统布置、安全技术保障措施、应急预案等。

(6)根据调查,结合设计、实施性施工组织设计,为瓦斯隧道施工,提供现场规划平面布置图、隧道地质水文地质图、设计地质与实际地质剖面对照图、施工进度图、洞外洞内电气系统布置图、通风系统图、安全监控装置布置图、通信系统图。

3.3 管理机构及人员准备配置

根据《煤矿安全规程》第六条"煤矿企业必须设置安全生产机构,配备适应工作需要的安全生产人员及装备"规定,若瓦斯隧道有突出,还需根据《防治煤与瓦斯突出规定》第四条设置防突机构。因此,瓦斯隧道的安全顺利实施,必须建立健全管理机构。

由于隧道工程建设不同于煤矿建设,隧道施工参建单位较多,管理层面较复杂,因此组织机构的设计需包括参建各方,即业主单位、监理单位、施工单位、技术咨询单位、行政主管部门等单位。

监理单位应根据监理计划大纲配置专业监理工程师,施工单位需根据瓦斯隧道施工管理增加配置不同于普通情况下的管理人员、专业工程师、专业技术员、特种作业人员、普通作业人员。

业主单位人员配置:成立专门的领导机构,明确一名领导具体牵头分管负责。

监理单位人员配置:配备从事过煤矿井下工作经验的专业工程师,保证24h有人值守。

施工单位管理人员配置:成立专门专职的瓦斯隧道安全管理机构,设立专职办公室,负责人由有隧道施工经验且参加过瓦斯治理培训的工程师负责,配备通风专业工程师、监测监控专业工程师、机电专业工程师、地质专业工程师、井下安全工程师、技术员,根据具体需要配备,保证24h作业面有技术员,技术员需懂得隧道施工,参加过瓦斯治理培训。

施工单位专业工程师的配备目的是分专业进行把关,分工明确,独立完成本系统的监管,形成完成可靠的有机整体。专职工程地质工程师和技术人员,做好煤层对比,控制见煤距离,配合开展施工中的瓦斯突出的日常预测工作,并根据揭煤的实际情况,重新验证煤与瓦斯的突出危险性。机电专业工程师的配备可弥补公路工程机电人员在防爆电气方面的不足,强化电气系统的监督、检查及专业维护,保证洞外电力系统正常,洞内机电设备不因失爆而导致安全事故。通风专业工程师的配备可更专业地解决通风对瓦斯的治理。通风直接关系到瓦斯浓度问题,搞好瓦斯的稀释就是牵住了瓦斯的"牛鼻子",就可以解决普通隧道施工通风管理的随意性,解决普通通风系统管理的不足。系统安全管理必须配备井下安全工程师,以全面掌控系统的安全状态、人的不安全行为、安全管理制度的贯彻落实情况及效果,组织应急预案演练,检验应急抢险自救互救的能力。

对瓦斯隧道施工单位人员,必须逐级组织瓦斯隧道安全交底。施工单位直接从事施工一线工作,应组织施工技术人员、操作人员、特殊工种进行交底,学习瓦斯方面的知识。由项目总工程师负责对管理人员、技术人员、工班长进行交底，由现场技术员组织工班长、作业人员进行二级交底，由工班组织作业人员进行三级交底。

瓦斯隧道特殊工种要求、人数、类别不同于普通隧道，例如，一般隧道施工的电工不能从事瓦斯隧道施工，通风检测必须是通风工、瓦斯检测必须是瓦斯检查工等。从事瓦斯隧道地面施工的特殊工种需接受瓦斯治理安全教育，避免工作不当影响洞内施工，包括普通隧道所需的开挖工人、钢筋工、混凝土工、电焊工、电工等。洞内特殊工种包括瓦斯检查工、通风监控工、测风测尘工、井下电工、井下电钳工、瓦斯抽放工、钻工、防突工，必须接受井下施工安全教育培训并取得井下作业特殊工种证。

3.4　机具准备

在公路瓦斯隧道施工中，需准备的机具主要有：

(1)瓦斯隧道采用的各类机电设备、器材均采用防爆型。

(2)地质超前预报设备：地质雷达、矿用坑道钻机。

(3)钻孔设备：风动凿岩机、防爆型煤电钻。

(4)出渣运输设备(防爆型)：出渣车、挖掘机、装载机。

(5)供风、供水、照明设备：防爆型轴流风机、阻燃型防静电通风管、抽水机、高压水箱、发电机、变压器、防爆灯、矿灯等。

(6)瓦斯检测设备：光学瓦检仪、便携式瓦斯检测报警仪、瓦斯自动检测报警断电装置、多参数检测报警仪等。

①建立和配备一套瓦斯检测仪表和控制装备，随时掌握瓦斯涌出变化和分布的动态，出现问题，及时处理。

②制订瓦斯突发事件的预警措施方案，标牌设置在工地醒目处。

3.5　材料准备

在公路瓦斯隧道施工中，需准备的材料主要有：

(1)建筑原材料：钢材、水泥、砂石料、减水剂、气密剂等。

(2)爆破材料：煤矿安全炸药和煤矿许用雷管。

(3)防水材料：按设计要求准备。

(4)安全防护装备：矿用安全帽、矿用阻燃纯棉服装、救生管(应急通道)、防粉尘口罩、压风自救装置、隔离式自救器。

(5)应急物资：防爆抽水泵、排水钢管、抗静电阻燃风管。

第4章 公路瓦斯隧道机械配置

4.1 一般原则

公路瓦斯隧道机械配置时，遵循的一般原则如下：

(1)隧道施工机械选型配套应坚持“技术先进，减少污染、合理配套”的原则，应考虑隧道长度、断面大小、辅助坑道设置、地质条件、施工方法、工期要求，同时考虑操作者劳动安全、劳动强度和劳动条件的改善，减少作业场所环境污染等因素综合配置。施工机械的配置应注重科学发挥机械的总体效率。

(2)只要隧道存在有瓦斯工区，隧道所有工区就必须按照瓦斯工区进行配备机械设备，只要隧道存在一个工区瓦斯浓度大于0.3%，该隧道所有工区就必须配备防爆设备。

(3)隧道施工按有轨、无轨两种运输模式分别配置，组成开挖、装运、初期支护、防排水、衬砌、辅助作业等机械化作业线。

(4)施工机械配置应与施工方法相配套，与施工工期相适应。

(5)施工机械配置的生产能力应大于均衡施工能力，均衡生产能力应大于施工进度指标要求。

(6)施工机械需有备用设备，对混凝土拌和设备、运输设备、混凝土喷射机、混凝土运输泵、通风机、抽水机等应备有备用设备。

4.2 钻爆作业设备

钻爆作业设备基本要求如下：

(1)岩石隧道开挖作业主要采用液压凿岩台车、风动凿岩机等钻孔机械。

(2)钻眼机械按现场情况和施工方法进行选型：

①全断面开挖：钻眼宜采用液压凿岩台车或台架配合风动凿岩机。单线隧道钻眼可采用门架式凿岩台车或台车配合风动凿岩机，中长和短隧道可采用多功能台架配合风动凿岩机钻眼。清底及开挖仰拱可用反铲挖掘机。

②台阶法开挖：上部宜用风动凿岩机钻眼，下部视现场情况选用液压凿岩台车或台架配合风动凿岩机开挖。

③分部开挖视现场情况选用钻眼机械。

④平行导坑和横洞断面较小时，宜用风动凿岩机钻孔；断面较大时，宜选用液压凿岩台车钻孔。

(3)炮眼装药作业可采用自动装药和自动堵塞机具。

4.3　装渣与运输作业设备

装渣与运输作业设备基本要求如下：

(1)装渣与运输机械选型应遵循挖、装、运机械能力协调配套的原则，其运输机械配置能力不应小于挖装能力的1.2倍。

(2)为减少隧道内污染气体排放深度，改善洞内空气质量，双线隧道独头掘进长度在3 000m以上时宜采用有轨运输；单线隧道独头掘进长度在1 500m以上时宜采用有轨运输。装运作业可有采用轮式(或履带)装载机和轨道运输组成的混合装运模式。

4.4　洞外主要设备

瓦斯隧道洞外设备除常规隧道所需设备外，主要考虑通风设备、变压器和备用发电机。

瓦斯隧道洞外主要设备见表4.1。

瓦斯隧道洞外主要设备　　表4.1

序　号	机械名称	规　格	备　注
1	空压机	18～25m^3/min	
2	挖掘机	0.5～1.2m^3	
3	装载机	3m^3	
4	履带式露天潜孔钻	SKL型	洞外超前支护
5	配料机	30～60m^3/h	
6	搅拌机	500～1 000L	
7	空压机	18～25m^3/min	
8	交流焊接机	BX1型	
9	工字钢弯曲机	5kW	
10	变压器	315～1 000kVA	中性不接地
11	隧道射流式风机	SDF(C)型	根据风量计算
12	瓦斯抽放泵站	BWY型	根据瓦斯抽放方案选择

4.5　洞内主要机械设备

瓦斯隧道洞内主要设备须考虑防爆的要求及瓦斯治理工程需要。

瓦斯隧道洞内主要设备见表4.2。

瓦斯隧道洞内主要设备　表4.2

序　号	机械名称	规　格	备　注
1	防爆改装钻爆台车	长6～8m	
2	防爆改装防水作业台车	长6～8m	
3	防爆改装二衬钢模台车	长9～12m	
4	防爆改装挖掘机	0.2～1.2m^3	
5	防爆改装装载机	2～6m^3	
6	防爆改装自卸汽车	15～25t	
7	防爆改装混凝土运输车	3～8m^3	
8	矿用液压坑道钻机	ZDY750	配液压泵站
9	矿用液压坑道钻机	ZDY1250	
10	矿用液压坑道钻机	ZDY2300	
11	矿用电煤钻	ZLJ-360	
12	电动封孔泵	BFK-10型	
13	防爆压入轴流局部风机	YBT-1.1-18.5	根据风量选型
14	防爆注浆机	单双液	
15	防爆喷射混凝土	10～30m^3/min	
16	防爆混凝土运输泵	≥40m^3/h	
17	防爆抽水机		根据涌水量

4.6　机械设备防爆改装及注意事项

机械设备防爆改装及注意事项如下。

(1)所有作业机械设备进场前，对所有容易引起火花、高温等可能诱发瓦斯燃烧和爆炸的部件全部进行防爆改装或更换，防爆改装主要从动力系统和电力系统两方面着手，其主要目标是：

①机械排气温度不超过70℃。

②水箱水冷却温度95℃。

③机体表面温度不超过150℃。

④电气系统采用防爆装置。

⑤启动系统采用防爆装置。

⑥以上各项设定值是光指标、声报警，延时60s自动停车。

⑦防爆柴油机采用低水位和温度过高报警。

⑧排气系统中一氧化碳、氮气化物含量不超过国家设定排放标准。

⑨改装柴油机防爆系列符合国家柴油机的技术规范和要求标准。

(2)为了防止隧道内施工机械摩擦火花和机械摩擦、撞击热源引起瓦斯隐患,洞内机械应采取以下措施:

①在机械摩擦发热部件上安设过热保护装置和温度检测报警装置。

②对机械动力传动部位或机构可能产生摩擦热处,要及时润滑、保养、清除污泥,严防异物进入。

③在机械摩擦部件金属表面,溶敷活性低的金属层,使之表面形成的摩擦火花难以引燃瓦斯。

④在铝合金表面涂丙烯酸甲酯等涂料,以防摩擦产生火花。

公路瓦斯隧道电气系统

5.1 供配电系统

瓦斯隧道施工用电包括通风、照明、动力、监控、通信，每类必须建立独立的供电线路，各路电源线上不得分接其他的任何负载；同时，根据施工组织安排，同时掘进两个或多个洞身时，不得双洞或多洞共用同一供电线路和供电源，即供电专线专用，严禁混合。根据《煤矿安全规程》规定和实际隧道施工，严禁隧道内配电变压器中性点直接接地；严禁由地面中性点直接接地的变压器或发电机直接向井下供电。

隧道内电气设备选型按表5.1确定。

井下电气设备选用规定　　表5.1

类别 \ 使用场所	突出隧道	低瓦斯隧道	高瓦斯隧道	瓦斯隧道总回风斜井或总回风平巷
高低压电机和电气设备	矿用防爆型（矿用增安型除外）	矿用一般型	矿用一般型	矿用防爆型（矿用增安型除外）
照明灯具	矿用防爆型（矿用增安型除外）	矿用一般型	矿用防爆型	矿用防爆型（矿用增安型除外）
通信、自动化装置和仪表、仪器	矿用防爆型（矿用增安型除外）	矿用一般型	矿用防爆型	矿用防爆型（矿用增安型除外）

须在隧道洞口外安设避雷装置，每月必须测定一次接地电阻值。

备用电源：瓦斯隧道主扇供电应配置两套电源，其电源上不得分接隧道以外的任何负载。为保证隧道通风、照明及检测系统等一级负荷供电，在公司电网停电10min内，启动两台发电机组供给一级负荷用电。

5.2 电气系统组成

瓦斯隧道电气的选择不同于普通隧道，洞内电器、配件必须防爆，需单独设置动力、照明、通信与监控设施。电气系统有如下组成部分：

(1)动力线路。
(2)照明。
(3)通信。
(4)监控。
(5)测量检测仪器。
(6)照相、录像。

5.3　电器控制与保护

在公路瓦斯隧道施工中，要注意电器控制与保护。

(1)瓦斯隧道内坚持煤矿井下安全用电“十不准”原则。即：不准带电检修和搬迁电气设备；不准甩掉无压释放装置和过流保护装置；不准甩掉检漏电器，煤电钻综合保护和局部通风机电甲烷电闭锁装置；不准明火操作、明火打点、明火放炮；不准用铜、铝、铁丝代替熔断丝；停风停电工作面，未检查瓦斯或瓦斯浓度超限时不准送电；失爆电气设备和电器不准送电；不准在井下敲打、撞击和拆卸矿灯；有故障的电缆线路不准强行送电；保护失灵的电气设备不准送电。

(2)供电系统与隧道瓦斯监控系统连锁控制。瓦斯隧道用电洞内供电必须做到“三专”“两闭锁”，即：专用变压器、专用开关、专用供电线路；瓦斯浓度超标时与供电的闭锁及压入式通风的风机与洞内供电的闭锁。因此，高瓦斯工区与瓦斯突出工区内的主通风机、局部通风机、射流风机和洞内与之相应的工作面的电器设备，必须与瓦斯监控系统进行风电、瓦电闭锁，当通风机停止运转时，应能立即自动切断局部通风机供电区段的一切电源。

(3)接地保护系统。隧道内的配电变压器严禁中性点直接接地，严禁由洞外中性点直接接地的变压器或发电机直接向瓦斯隧道供电，瓦斯隧道必须采用独立的接地保护系统。

(4)设置检漏继电器。低压馈电线路上，必须装设能自动切断漏电线路的检漏装置。

①施工现场的总隔爆开关至分路隔爆开关设置两级检漏继电器，两级检漏继电器的额定漏电动作电流和额定漏电动作时间应合理配合，使之具有分级保护的功能。

②检漏继电器应装设在总电源隔爆断路器的负荷侧和分路隔爆开关的负荷侧。

③检漏继电器的选择应符合先行国家标准《剩余电流动作保护器的一般要求》(GB/Z 6829—2008)和《漏电保护器安全和运行的要求》(GB 13955—2005)的规定，额定漏电动作电流应不大于15mA，额定漏电动作时间应小于0.1s。

④与总电源隔爆断路器配合的检漏继电器的额定漏电动作电流应大于30mA，额定漏电动作时间应大于0.1s，但其额定漏电动作电流与额定漏电动作时间的乘积应不大于30mA·s。

5.4　检修系统及照明

公路瓦斯隧道施工中，检修系统及照明基本要求如下：

(1)不准在隧道内拆卸和修理设备。

(2)电气设备必须经常检查,坚持班检、日检、旬检制度,并做好检查记录。检修电气设备时必须坚持验放电制度,且必须按先停电后验电、再放电的顺序进行,不完好的机电设备必须及时更换,严禁带故障运行。

(3)隧道内的电器设备必须做到"三无"(无鸡爪子、无明接头、无羊尾巴),"四有"(有过电流和漏电保护、有螺钉和弹簧垫、有密封圈和挡板、有接地装置),"两齐"(电缆吊挂整齐、设备洞室清洁整齐),"三全"(防护装置全、绝缘用具全、图纸资料全),"三坚持"(坚持使用检漏继电器、坚持使用煤电钻综合保护、坚持使用局部风机风电瓦斯电闭锁)。

(4)固定设备及移动电器设备完好率必须达到100%。

(5)隧道内的电器设备杜绝失爆,设备打扫干净,开关上架挂牌管理。

(6)机电设备重点检查专用供电线、专用变压器、专用开关、瓦斯浓度超限与供电的闭锁情况。供电线路应无明接头,接头连接应牢固、紧密不松散,有漏电保护和接地装置,电缆悬挂整齐,防护装置齐全。

(7)施工期间,揭煤领导小组每周至少牵头组织一次机电设备、设施完好检查。

(8)施工期间,机电工每班必须对变频器进行一次切换试验。

(9)所有洞内照明一律采用防爆型照明灯具。

5.5 接地防雷系统

为了防止雷电波及隧道内引起瓦斯事故,所有进洞线路,包括动力电缆、照明电缆、瓦斯检控系统电缆及通信电缆均需在洞口安装避雷器,因此,在各种电缆向洞内敷设时,必须严格执行本规定,安装与其相配套的氧化锌避雷器,洞内的防雷接地电阻不得超过2Ω且定期检查测试。进洞的其他风、水、瓦斯抽放管道也必须在洞口处与专用保护接地极进行连接,以防雷电和静电传入隧道。

5.6 通信系统

在掌子面和洞口及值班室设置防爆应急电话,确保信息安全通畅。

隧道内固定敷设的通信、信号和控制电缆全部采用铠装电缆、不延燃橡套电缆或矿用塑料电缆。

为防止雷电波及隧道内引起瓦斯事故,通信线路在隧道洞口处装设熔断器和避雷装置。

5.7 电气设备布置

为了防止煤尘或者瓦斯发生爆炸,瓦斯隧道内,所有电气设备必须防爆,瓦斯隧道电气设备见表5.2。

防爆电气设备　　表5.2

序号	项目名称	规格型号	功率	备注
1	矿用隔爆型综合保护装置	ZBZ-400/660(380)M	400A	
2	矿用隔爆型动力综合保护装置	ZBZ-4.0/660(380)M	4.0kVA	
3	矿用隔爆型照明信号综合装置	ZBZ-4.0/660(380)原BZX	4.0kVA	
4	矿用隔爆型煤电钻综合装置	ZBZ-4.0/660(380)Z		
5	矿用隔爆型电磁启动器	QBC-60/660(380)	60A	
6	矿用隔爆型真空电磁起动器	QBZ-80/660(380)	80A	
7	矿用隔爆型真空电磁起动器	QBZ-120/660(380)	120A	
8	矿用隔爆馈电开关	KBJ(DW80)-400	400A	
9	矿用隔爆馈电开关	KBJ(DW80)-350	350A	
10	防爆转换开关	HBZ51-60W		
11	防爆镇流器	BDH-400		
12	防爆配电箱	800A、400A、200A		
13	矿用隔爆型检漏继电器	JJB1-660/380	660(380)V	
14	矿用隔爆型干式变压器	KSG-2.5	2.5kVA	
15	矿用低压电缆	3×95+1×25		
16	矿用低压电缆	3×35+1×15		
17	矿用低压电缆	3×25+1×15		
18	矿用低压电缆	3×10+1×5		
19	矿用低压电缆	3×6+1×2.5		
20	矿用低压电缆	3×4+1×2.5		
21	矿用低压电缆	3×2.5+1×2.5		
22	矿用防爆两通防爆接线盒	AH-A2		
23	矿用防爆三通防爆接线盒	BHD2-100/2(3)4	100A	
24	矿用防爆四通防爆接线盒	BHD2-400/2(3)4	400A	
25	矿用通信设施			
26	防爆照明灯	60W/127V		
27	矿用隔爆型投光灯	DGC175/127V		
28	防爆喷浆机	矿用防爆喷浆机ZP-9		

第6章 公路瓦斯隧道施工通风技术

6.1 隧道施工通风方式

通风是隧道施工的重要工序之一，是瓦斯隧道安全施工的关键。合理的通风系统、理想的通风效果是实现隧道快速施工、保障施工安全和施工人员身心健康的重要保证。根据主要通风机工作方法的不同，通风方式可以分为压入式、抽出式和压抽混合式；根据风道类型和通风机安装位置的不同，可以分为风管(风筒)式、巷道式和风墙式三种。其中隧道施工通风方式常用的是风管压入式、巷道抽出式、辅助巷道式等。

6.1.1 风管压入式通风

压入式通风一般是由风机把新鲜空气通过风管压入掌子面，以稀释并排出开挖工作面的有毒、有害气体和粉尘，而污浊空气流经整个隧道由隧道口排出，如图 6.1 所示。新鲜风流从风管口流出以后，由于空气扩散的径向运动，在风流面上与瓦斯、炮烟等污浊气体相互掺混，使风速逐渐降低，而射流断面逐渐扩大，到一定程度后反向流离掌子面，如图 6.2 所示。

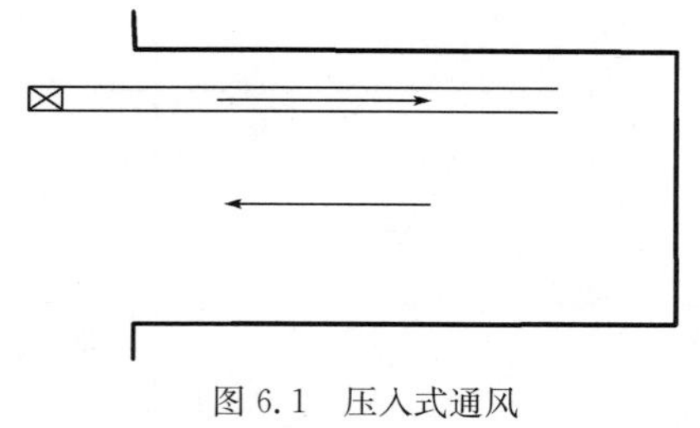

图 6.1 压入式通风

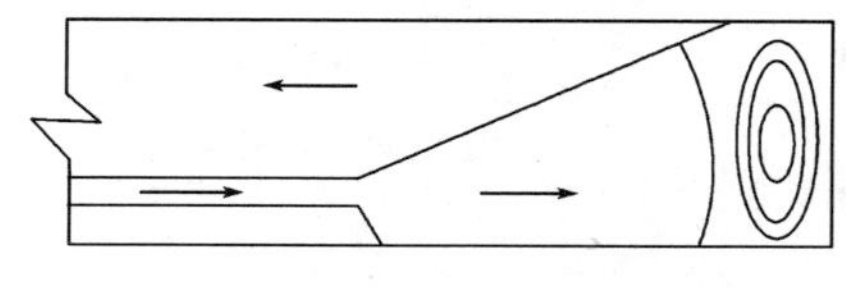

图 6.2 压入式通风风流射程

从风管口到风流反向点的距离称为有效射程，有效射程以外的瓦斯、炮烟及废气等，呈涡流状，不能迅速排出，故风管口距离开挖掌子面的长度必须小于有效射程。

有效射程按式(6.1)计算：

$$l_1 = (4 \sim 5) \cdot \sqrt{A} \tag{6.1}$$

式中：l_1——有效射程，m；

A——隧道断面积，m^2。

风管压入式通风是目前较常用的通风方式，其有效射程大，能充分稀释、排出炮烟及有毒有害气体，工作面回风不通过风机和通风管，可以有效提高回风系统的安全性；工作间污浊空气沿隧道流出，沿途带走隧道内的瓦斯、粉尘及施工机械尾气，有效改善工作面环境，降低瓦斯等有害气体浓度。

风管压入式通风的缺点是当掘进工作面距离隧道口较长时，通风线路过长，导致风流阻力增大，并且通风排烟时间增加，不仅影响掘进效率，并且回风流污染整条隧道。

应用风管压入式通风的注意事项如下：

(1)通风机安装位置应与隧道口保持一定距离，一般应大于30m。

(2)风筒出风口应与工作面保持一定距离，对于小断面、小直径、小风量风管，该距离控制在15mm以内；对于大断面、大直径风管，该距离可控制在60m以内。

6.1.2　风管抽出式通风

风管抽出式通风方式是由通风机通过风管将工作面的污浊空气抽出，新鲜风流在负压推动下沿隧道流入，抽出式通风如图6.3所示。这种通风方式就其通风管理材料的不同，可以分为两种，一种采用硬质风管，另一种采用柔性风管。

由于抽出式通风，随着距离风管口距离的增加，风速急剧下降，故吸风的有效作用距离很小，风流沿隧道流至工作面，再反向进入风管。风流的有效作用范围称为有效吸程，有效吸程以外的瓦斯、炮烟及废气等呈涡流状态，排出困难，故在风机外置式布置中，风管口距离开挖工作面的长度必须小于有效吸程。

有效吸程按照式(6.2)计算：

$$l_2 = 1.5 \cdot \sqrt{A} \tag{6.2}$$

式中：l_2——有效吸程，m；

A——隧道断面面积，m^2。

由于通风机的摆放影响掘进工作面其他设备，风机内置方式通常很少采用。

风管抽出式的最大优点是排出瓦斯和污染气体的效率高，所需风量小，并且回风流不会污染整个隧道，适用于采用有轨运输的隧道施工。

6.1.3　混合式通风

混合式通风系统如图6.4所示，抽出式(在柔性风管系统中作压出式布置)风机的效率较大，是主风机；压入式风机是辅助风机，它的作用是利用有效射程长的特点，把炮烟搅混均匀并排离工作面，然后由抽出式(压入式)风机吸走。这种方式综合了前两种方式的优点，适合于大断面长距离隧道通风，在机械化作业时更为有利，尤其在采用锚喷作业的隧道，喷浆地点的粉尘浓度很高，采用混合式通风，降尘效果十分明显。

图6.3　风管抽出方式　　　　图6.4　混合式通风方式

在大型隧道施工中可采用单机混合式通风,爆破后风机先压入式工作,把炮烟搅匀并排至风筒口附近,然后反转风机,将炮烟沿风筒抽出,待装渣时,风机又作压入式运行。为了避免循环风,混合式通风方式中压入式风机进风口距抽出式风筒吸风口的重合距离不得小于 10m,两风筒重合段内隧道平均风速不得小于该隧道的最低允许风速,吸风口距工作面的距离应大于炮烟抛掷长度,一般为 30～50m 以上。

6.1.4 辅助巷道通风

在开挖长隧道时,为了缩短通风距离,常利用平行导坑、竖井、斜井等作为辅助通风设施,形成一个循环的风流系统,具体布置方式可有以下两种。

1)双巷通风

在两条平行隧道之间,每隔一段距离用联络横洞贯通,然后在两边工作面采用压入式通风。压入式风机安装在进风隧道内,污浊空气沿另一条平行隧道流出。为避免循环风,必须在靠近洞口一端的联络眼打好密闭,具体布置方式如图 6.5 所示。

2)其他通风形式

当不具备双巷通风条件时,可以在斜井、竖井或钻孔中安装抽出式风机,使污浊空气沿斜井、竖井或钻孔流出。当隧道于地面的高差较大时,也可以利用自然风压,不用抽出式风机,但由于自然风压随季节和地面气候变化较大,因此,大多数情况下必须安装抽出式风机,且其风量应大于压入式风机的风量,如图 6.6 所示。

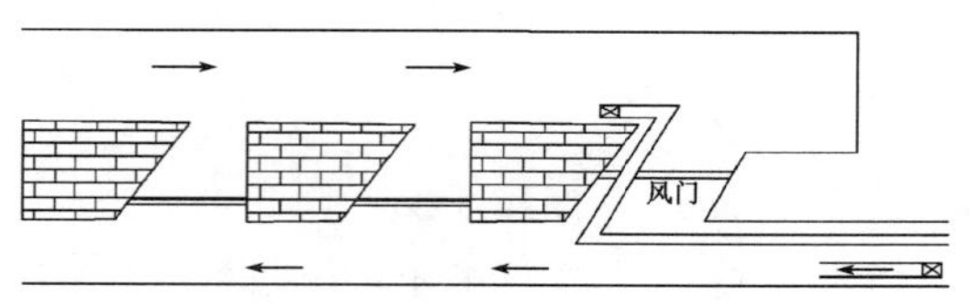

图 6.5 巷道通风方式

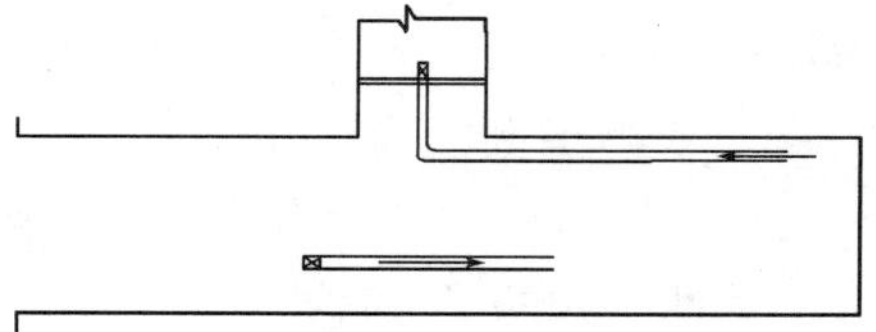

图 6.6 竖井通风方式

车行、人行横洞的通风一般采用扩散通风方式,不需要专门的通风设备,利用新鲜风流的扩散作用与硐室内的空气掺混,逐渐使洞内的污浊空气排出,从而达到通风换气的目的。当扩散通风不能解决时,也可以通过设置风障、导风板、三通风管等方式进行横洞内的通风,风障和三通风管的具体设置方式如图 6.7 所示。

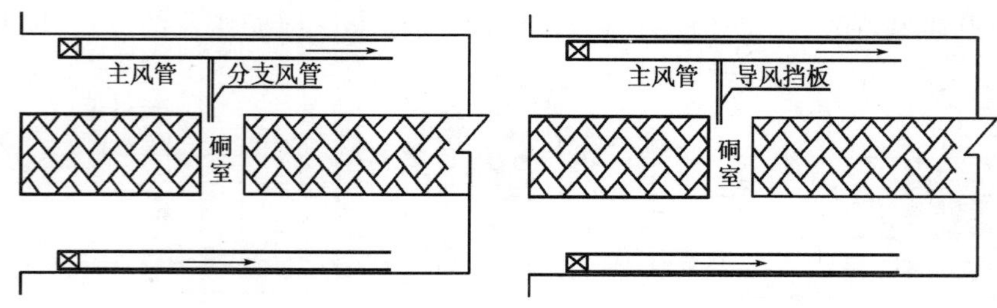

图 6.7 三通风管和导风挡板设置方式

6.2 隧道施工通风系统设计

6.2.1 设计原则与依据

1)施工通风设计原则

(1)安全第一,预防为主的原则。根据可能产生的安全隐患,有针对性地配备设备设施,把隐患消灭在萌芽状态,使整个施工过程有序、可控。

(2)经济适用原则。充分利用现有设备,在满足通风要求的前提下,进行合理调配,减少新购风机的数量。在净空允许的情况下,采用大直径风管,减少能耗损失。通过适当增加一次性投入,减少通风系统的长期运行成本。

2)设计依据

(1)相关法律法规。国家和地方对环境治理和职业健康危害等方面的法律法规主要有《中华人民共和国劳动法》《中华人民共和国矿山安全法》《中华人民共和国消防法》《国务院关于特大安全事故行政责任追究的规定》《特种设备质量监督与安全监察规定》《作业场所职业健康监督管理暂行规定》以及《防治煤与瓦斯突出规定》等。

(2)相关规范和行业标准。主要规范有《公路隧道施工技术规范》(JTG F60—2009)、《铁路瓦斯隧道技术规范》(TB 10120—2002)、《煤矿安全规程》(2011 版)、《公路隧道通风照明设计规范》(JTJ 026.1—1999)等。

(3)图纸和现场调查资料。图纸和现场调查提供的内容主要有地质水文情况、气温气压、作业面位置和面积、爆破作业相关参数、作业人数、作业机械以及现有的风机性能等。

6.2.2 确定通风方式和方法

确定通风方式、方法需要综合考虑开挖和运输的方式、方法,机动车影响,场地限制,设备条件等因素。

(1)开挖的方式、方法。隧道开挖根据隧道结构类型及地质条件不同,可分别采取全断面法、台阶法、中导洞法、侧壁导洞法等开挖方法;开挖方式分为人工开挖、机械开挖、钻爆、盾构作业等。

(2)运输的方式、方法。根据采取的运输方式、方法,考虑供风位置、供风量等因素综合确定。

(3)场地限制。如果设有可以利用的辅助巷道,确定通风方式、方法要充分考虑辅助巷道的供风需要。

(4)柴油汽车排放废气影响部位及影响范围。隧道内机车定点作业或移动作业,产生的尾气影响范围不同,选择通风方式时要根据机车作业尾气排放量及其影响部位和影响范围来确定。

(5)设备条件。充分考虑利用现有的通风设备来选择通风方式和方法。

6.2.3 风量计算

隧道施工中,掌子面(工作面)所需的风量与施工方法、施工作业的机械配套条件关系很大,且在一个作业循环中,不同作业工序对风量的要求也有较大差别。进行风量计算的目的是为正确选择通风设备和设计通风系统提供依据,通风系统的供风能力应能满足工作面对风量的最大需求。

掌子面所需风量可分别按下列方法计算,并取其最大者作为供风标准。

1)按排出炮烟所需风量计算

按排出炮烟计算风量的公式甚多,这些公式虽然都有其理论基础,但公式中不可避免带有各种系数,而且系数的变动幅度很大,使得这些公式仍然带有经验公式的特点,在用这些公式的时候需要考虑其局限性,并在实践中予以修正。

(1)压入式通风的风量计算

$$Q = \frac{2.25}{t}\sqrt[3]{\frac{G(AL)^2\varphi b}{P^2}} \tag{6.3}$$

式中:Q——掌子面风量,m^3/min;

t——通风时间,min;

G——同时爆破的炸药量,kg;

A——掘进隧道的断面积,m^2;

L——隧道全长或临界长度,m;

φ——淋水系数,按照表6.1取值;

b——炸药爆炸时的有害气体生成量,煤层中爆破取100,岩层中爆破取40;

P——风筒漏风系数。

淋水系数的确定 表6.1

隧道潮湿情况	φ	隧道潮湿情况	φ
沿干燥岩层掘进隧道	0.8	岩层含水或使用水幕	0.3
潮湿的隧道	0.6		

长距离隧道掘进时,炮烟在沿巷道流动过程中与巷道内的空气混合,在未到达巷道出口时已被稀释到允许浓度,从工作至炮烟已稀释到允许浓度处的距离称为临界长度,其中临界长度用式(6.4)确定:

$$L = 12.5\frac{GbK}{AP^2} \tag{6.4}$$

式中:L——临界长度,m;

K——紊流扩散系数,由表6.2查取;

G、b、A、P 意义与式(6.3)相同。

紊流扩散系数 表6.2

$L/2D$	K	$L/2D$	K	$L/2D$	K
6.35	0.40	9.60	0.53	15.8	0.67
7.72	0.46	12.10	0.60	21.85	0.74

注:L-风筒口距工作面距离,m;D-风筒直径,m。

(2)抽出式通风的风量计算

抽出式通风风量的计算有两种方法,分别如式(6.5)、式(6.6)所示。

$$Q = \frac{2.13}{t}\sqrt{GbA\left(15 + \frac{G}{5}\right)} \tag{6.5}$$

$$Q = \frac{18}{t}\sqrt{GAl_0} \tag{6.6}$$

式中:Q——所需风量,m^3/min;

l_0——炮烟抛掷距离,m;

2)按排出粉尘所需风量计算

(1)按照排尘风速计算

$$Q = v \cdot A \tag{6.7}$$

式中:v——排尘风速,m/min;

A——隧道开挖断面积,m^2。

(2)按照排尘风量定额计算

排尘风量定额是根据设备及作业过程的产尘强度(mg/s),在稳定的通风过程中保持工作面粉尘浓度不超过许可范围时的统计平均风量值。

$$Q = \frac{I}{c - c_0} \tag{6.8}$$

式中:I——掘进面产尘强度,mg/s;

c、c_0——允许和进风的粉尘浓度,mg/m^3。

3)按工作面同时工作的最多人数计算

根据《煤矿安全规程》和《铁路隧道工程施工安全技术规程》(TB 10304—2009)相关规定,每人应供应新鲜空气 $4m^3/min$,则:

$$Q = 4N \tag{6.9}$$

式中:N——隧道内最多工作人数。

4)按最低允许风速计算

《铁路隧道工程施工安全技术规程》(TB 10304—2009)规定:风速在全断面开挖时不小于0.15m/s,坑道内不应小于0.25m/s,但最大风速均不应大于6m/s。《煤矿安全规程》(2011年版)规定:掘进中的煤巷和半煤岩巷允许最低风速为0.25m/s,掘进中的岩巷的最低允许风速为0.15m/s。根据上述要求,隧道掌子面风量按照式(6.10)计算:

$$Q = v \cdot A \tag{6.10}$$

式中:v——允许最低风速,m/s。

5)按瓦斯涌出量计算

瓦斯涌出量计算,见附录6。

若隧道掘进掌子面有瓦斯涌出,必须供给工作面充足的风量,冲淡瓦斯,保证空气中瓦斯浓度在1%以下,即:

$$Q = \frac{Q_1}{B_1 - B_2} \cdot k \tag{6.11}$$

式中:Q——掌子面风量,m^3/min;

Q_1——掌子面瓦斯涌出量,m^3/min;

B_1——允许瓦斯浓度,取1%;

B_2——进风中瓦斯浓度;

k——瓦斯涌出不均衡系数,取1.5~2。

6)按稀释和排出内燃机废气所需风量计算

使用内燃机动力设备时,隧道的通风量应足够将设备所排出的废气全面稀释和排出,使隧道内各主要作业地点空气中有毒、有害气体的浓度降至允许浓度以下,用公式(6.12)计算:

$$Q \geqslant 4.5P \tag{6.12}$$

式中:P——内燃机功率,kW。

把以上6种计算方法中的最大者作为设计风量,同时考虑漏风影响系数和通风阻力,计算出通风量。

7)对计算所得的风量进行最高允许风速校核

隧道施工通风应能提供洞内各项作业所需要的最小风量。每人应供应新鲜空气3m^3/min,采用内燃机械作业时,供风量不宜小于4.5$m^3/(min \cdot kW)$。全断面开挖时风速不应小于0.15m/s,导洞内不应小于0.25m/s,但最高风速均不应大于6m/s。

因此采用以上6种计算方法中的最大者作为设计风量时,必须同时采用风量转化为风速进行校核计算。

6.2.4 风压计算

从理论上讲,系统所需风压最小能克服通风阻力,所以计算出通风阻力就可知系统风压,系统通风阻力包括摩擦阻力和局部阻力。摩擦阻力在风流的全流程内存在,局部阻力发生在流道断面发生变化处,如拐弯、分支及风流受到其他阻碍的地方。

$$h = \sum h_f + \sum h_z \tag{6.13}$$

式中:h_f——摩擦阻力;

h_z——局部阻力。

1)摩擦阻力

通风中摩擦阻力的计算公式由流体力学的圆形管道摩擦阻力公式(达西公式)转换而来,达西公式如下:

$$h_f = \lambda \cdot \frac{L}{D} \cdot \frac{\rho}{2} \cdot v^2 \tag{6.14}$$

式中:h_f——摩擦阻力;

λ——达西系数(按照表6.3取值),无因次;

L——管道长度,m;

D——管道直径,mm;

ρ——流体密度,kg/m^3;

v——管内平均流速,kg/m^3。

各类巷道摩擦阻力系数如表 6.3 所示。

各类巷道摩擦阻力系数　　表 6.3

巷道种类与衬砌材料	阻力系数取值范围($N \cdot S^2/m^4$)$\times 10^{-4}$	备　注
锚喷巷道支护	78.5～118	
混凝土衬砌隧道	29.4～39.2	壁面光滑
料石衬砌隧道	39.2～58.7	光料石
裸巷道(隧道)	58.9～147	

2)局部阻力

局部阻力计算如下：

$$h_z = \xi \cdot \frac{\rho v^2}{2} \tag{6.15}$$

式中：ξ——局部阻力系数(按表 6.4 取值)；其余符号意义同前。

各类局部阻力系数如表 6.4 所示。

各类局部阻力系数　　表 6.4

类　型	阻力系数计算式	计算参数			
(图：v，θ)	$\xi = 0.57 \cdot \left(\frac{\pi \cdot \theta}{180°}\right)^2$	θ	60°	90°	120°
		ξ	0.62	1.4	2.5
(图：A_1，A_2，v)	$\xi = \left(1 - \frac{A_1}{A_2}\right)^2$	$\frac{A_1}{A_2}$	0.8	0.5	0.4
		ξ	0.04	0.16	0.64
(图：A_1，A_2，v)	$\xi = 0.5 \cdot \left(1 - \frac{A_2}{A_1}\right)^2$	$\frac{A_2}{A_1}$	0.8	0.6	0.4
		ξ	0.10	0.20	0.30
(图：v_1，v_2，v_3)	$\xi = 1.0$	$v_1 = v_3$			

6.3　隧道施工通风设备选择

6.3.1　风机参数计算

选择施工通风设备的程序是：确定通风方式→计算风量→选择风管→计算通风阻力→选择通风机。

确定通风方式是与确定施工方案一起进行的，在确定了施工方案以后，才能确定独头掘进的长度和通风长度，然后计算工作面风量。风筒的选择：选择风管直径的主要依据是送风量与通风距离，送风量大、通风距离长，风管直径就应增加，除此之外，还要考虑隧道断面大小及安装难度。除考虑技术上可行外，还要考虑在经济上是否合理。风筒直径小，成本低，但耗电量比较大；风管直径大，成本高，但单机送风距离长，耗电量少。除此之外，瓦斯隧道的风筒应满足抗静电和阻燃性能，风管百米漏风率不应大于2%。

通风机的选择：通风机型号的选择按以下三个条件选定：通风机产生的风量不能小于理论计算风量；通风机直径不能与选取通风管直径相差过大；风机全风压值应略大于理论计算的总通风阻力。

我们以有瓦斯涌出的某煤矿巷道掘进的通风系统设计为例，说明隧道施工通风系统设计和通风设备选择的步骤，可以从中得到启示。

【例】 某巷道长2 100m，断面积$A=19m^2$，一次爆破炸药量$G=36kg$，瓦斯涌出量$Q_{CH4}=1.7m^3/min$，巷道内的最多人数$N=35$人，选用直径为1m的胶皮风管，压入式通风，爆破后通风时间$t=20min$，选择风机。

解：

1)风量计算

(1)按人数计算：

$$Q=4N=4\times35=140(m^3/min)$$

(2)按瓦斯涌出量计算：

$$Q=\frac{Q_{CH_4}}{B_1-B_2}\cdot K$$

因进风流中无瓦斯，$B_2=0$；取$K=1.5$；B_1为允许瓦斯浓度，取1%，代入可得：

$$Q=100\times1.7\times1.5=255(m^3/min)$$

(3)按允许最低风速计算：

$$Q=A\cdot v$$

掘进岩巷最低允许风速为0.15m/s，代入可得：

$$Q=60\times19\times0.15=171(m^3/min)$$

(4)按排出炮烟计算：

取百米漏风率$P_{100}=2\%$，计算漏风系数得：

$$P=\frac{1}{1-\frac{L}{100}\cdot P_{100}}=\frac{1}{1-\frac{2\,100}{100}\times\frac{2}{100}}=1.72$$

取风筒口距工作面的距离等于风流有效射程，即：

$$l=4\sqrt{A}=4\cdot\sqrt{19}\approx18m;\frac{l}{2D}=\frac{18}{2\times1}=9$$

取紊流扩散系数$K=0.53$，可知临界长度为：

$$L=12.5\cdot\frac{GbK}{AP^2}=170(m)$$

取淋水系数$\varphi=0.8$，通风时间$t=20min$，可知工作面风量为：

$$Q = \frac{2.25}{t} \cdot \sqrt[3]{\frac{G(AL)^2 \varphi b}{P^2}} = 180(\mathrm{m}^3/\mathrm{min})$$

根据以上计算结果，取计算的最大风量为 255m³/min。

2)计算通风机风量

$$Q_m = PQ = 1.72 \times 255 = 439(\mathrm{m}^3/\mathrm{min})$$

3)计算通风阻力

取 a=0.002 94kg/m³，可得摩擦阻力为：

$$R_\mathrm{f} = 6.5\frac{aL}{D^5} = 40(\mathrm{N} \cdot \mathrm{s}^2/\mathrm{m}^3)$$

假设风筒无分岔、拐弯等局部阻力，则风筒阻力为：

$$h_\mathrm{L} = (R_\mathrm{f} + R_\mathrm{z}) \cdot Q_m \cdot Q = 1\ 244(\mathrm{Pa})$$

风筒出口局部阻力系数为 1，则由下式计算：

$$h_{x0} = \xi \cdot \frac{Q^2}{D^4} = \left(\frac{255}{60}\right)^2 = 18(\mathrm{Pa})$$

可得通风机的全风压为：

$$h_\mathrm{mt} = h_\mathrm{L} + h_{x0} = 1\ 262(\mathrm{Pa})$$

4)通风机选型

通风机的工作风阻为：

$$R_\mathrm{mt} = \frac{h_\mathrm{mt}}{Q_m^2} = 23.6(\mathrm{N} \cdot \mathrm{s}^2/\mathrm{m}^3)$$

根据上述计算参数，对比相关通风机的工况参数可以选择适合的通风机。

6.3.2 隧道常用通风机

长大高瓦斯隧道的通风技术水平，将直接影响隧道掘进速度与施工工期，这不仅取决于合理布置通风方式，还取决于风管和风机合理选型和配套程度。

根据风机构造，可分为离心式通风机、轴流式通风机和射流风机三类。

1)轴流式通风机

轴流式通风机构造如图 6.8 所示。

轴流式风机一般由进风口(包括集风器和整流罩)、叶轮(由圆柱形轮毂与等距离的机翼型叶片构成)、导叶、风筒和环形扩散器组成。

集风器和整流罩的作用是使空气均匀地沿轴向流入风筒内，导叶的作用是改变气流从叶轮流出之后的速度方向，以保证气流从风机流出的绝对速度的方向与转轴平行，减少气流的能量损失。扩散器和扩压锥装在风机的出口端，其作用是将叶轮流出气流的部分动压转变为静压，以提高风机的静压效率。

叶轮由轮毂和轮毂上径向布置的叶片构成。叶片的剖面一般采用机翼形，为了在各种不同流量下都能达到较高的效率，其叶片安装的角度可以调节。

轴流式通风机的工作原理是让气流通过叶轮时，靠叶轮旋转时斜向装置的叶片推动气流前进，气流在叶轮内做轴向流动，获得能量。轴流式风机的叶轮旋转时，叶片的正面(工作面)形成正压，叶片的背面(非工作面)形成负压，由于叶片剖面的形状为机翼形，有效增加了叶片工作面和非工作面之间的压差。根据机翼理论,当气流平顺绕流过机翼形的叶片时,气流正好在机翼的前端点分开,在尖尾的角点汇合,沿机翼弓背面流动的气体速度必然比沿机翼平底面流动的气体速度大,机翼前方具有相同能量的气流质点,沿弓背面流动者速度较大即动能增大,因而压力能减小,即压强较低;相反,沿平底面流动的气流质点速度较小,压强就较高。

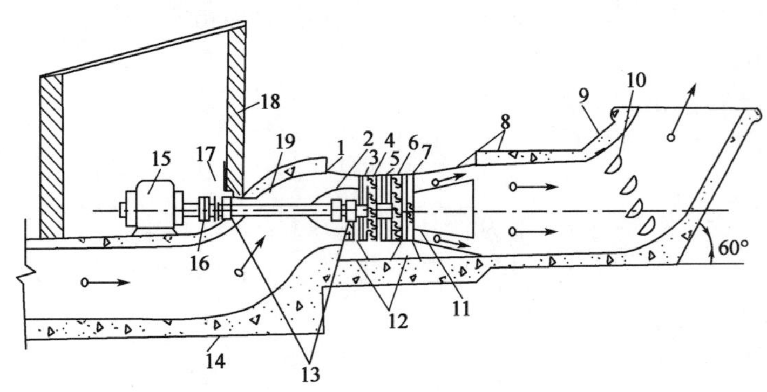

图 6.8　轴流式通风机的构造

1-集风器;2-前流线体;3-前导器;4-第一级工作轮;5-中间整流器;6-第二级工作轮;7-后整流器;8-环行或水泥扩散器;9-扩散器;10-导流板;11-止推轴承;12-机架;13-径向轴承;14-基础;15-电动机;16-齿轮联轴节;17-制动器;18-通风机房;19-风硐

以机翼的平底面作为轴流式通风机叶片的工作面,向着通风机的出口,以弓背面作为非工作面,背着风机的出口。当叶轮片旋转时气体绕流过叶片,在叶片正面和背面形成的压力差是气流对叶片的作用力,其反作用力则是叶片对气流的作用力。

轴流式风机的轴功率按式(6.16)计算:

$$S_{kw} = \frac{Q_a \cdot P_{tot}}{1\,000\eta} \cdot \left(\frac{273 + t_0}{273 + t_1}\right) \cdot \frac{P_1}{P_0} \tag{6.16}$$

式中:S_{kw}——轴流风机的轴功率;

Q_a——轴流风机的风量;

P_{tot}——轴流风机的全风压,Pa;

η——风机效率;

t_0——标准温度,℃;

t_1——风机环境温度,℃;

P_0——标准大气压,Pa;

P_1——风机环境大气压,Pa。

轴流式风机所需配用的电动机电机功率按式(6.17)计算:

$$M_1 = \frac{S_{kw}}{\eta_m} \cdot k \tag{6.17}$$

式中:M_1——电机功率;

η_m——电机效率,可取 90%~95%;

k——电机容量安全系数,可取 1.15。

目前,我国常用的轴流式通风机有 K、2K、GAF 和 BD 或 BDK(对旋式)等系列轴流式通风机。近年来又出现了一批新型高效节能的轴流式通风机,如轴流式大、中、小型 FCZ(原 K)系列对旋式通风机,FBCDZ(原 BDK)系列对旋式主扇风机,下面简单介绍几种常用的型号。

(1)FBCZ 型煤矿地面用防爆抽出式轴流通风机。

FBCZ 型煤矿地面用防爆抽出式轴流通风机具有结构简单、紧凑、安装、维护方便等特点，电动机与叶轮直接连接，通风机可直接安放于矿井风井口，接通电源，即可长期稳定运行，除电动机需定期加油外，不需要维护。本产品属节能产品，其效率高，机翼型叶片安装角可以根据矿井所需风量、风压来调整，使通风机能适应管网阻力的变化。FBCZ 型煤矿地面用防爆抽出式轴流通风机主要技术参数如表 6.5 所示，外观如图 6.9 所示。

FBCZ 型通风机主要技术参数 表 6.5

型号	FBCZN08		FBCZN010		FBCZN011		FBCZN012		FBCZN013	
电机型号	YBF	YBF	YBF	YBF	YBF	YBF	YBF	YBF	YBF	YBF
	132	132	160	160	180	180	200	225	225	280
	S-4	M-4	M-4	L-4	M-4	L-4	L-4	S-4	S-4	M-4
功率(kW)	5.5	7.5	11	15	18.5	22	30	37	45	55
转速(r/min)	1 440		1 460		1 470		1 470		1 480	980
风量(m^3/min)	450	480	800	850	950	1 000	1 250	1 350	1 500	1 800
	250	300	500	55	600	700	700	700	800	300
静压(Pa)	250	270	320	400	480	310	650	700	750	870
	650	680	650	700	750	930	1 100	1 200	1 250	1 500
最高静压效率	≥70%		≥70%		≥70%		≥75%		≥75%	≥75%
D	805	805	995	995	1 100	1 100	1 206	1 206	1 306	1 400
D_1	1 190	1 190	1 340	1 340	1 440	1 440	1 640	1 640	1 790	1 820
D_2	1 100	1 100	1 250	1 250	1 348	1 348	1 530	1 530	1 700	1 720
L	650	650	740	740	800	800	900	900	940	950
L_1	2 060	2 060	2 510	2 510	2 580	2 580	3 100	3 100	3 306	3 870
L_2	225	225	340	340	350	350	480	480	469	590
L_3	520	520	520	520	600	600	680	680	750	820
L_4	470	570	700	700	780	780	870	870	960	1 020
4-φ	φ20	φ20	φ22	φ22	φ22	φ22	φ24	φ24	φ24	φ24
质量(kg)	445	460	680	700	860	884	1 220	1 260	1 350	1 450

(2)FBDCZ 型煤矿用防爆对旋轴流通风机。

FBDCZ 型煤矿用防爆对旋轴流通风机具有结构紧凑、噪声小、流量大、风压高、效率高、反风性能好等特点，而且不需要建反风系统，通风机可直接反风，反风量可达正常风量的 60%以上，风机为整体结构，叶轮与电机直联，两极叶轮相互对旋。扩散锥筒带消声结构，安装使用极为方便。

FBDCZ 型煤矿用防爆对旋轴流通风机外观如图 6.10 所示，其主要技术参数见表 6.6。

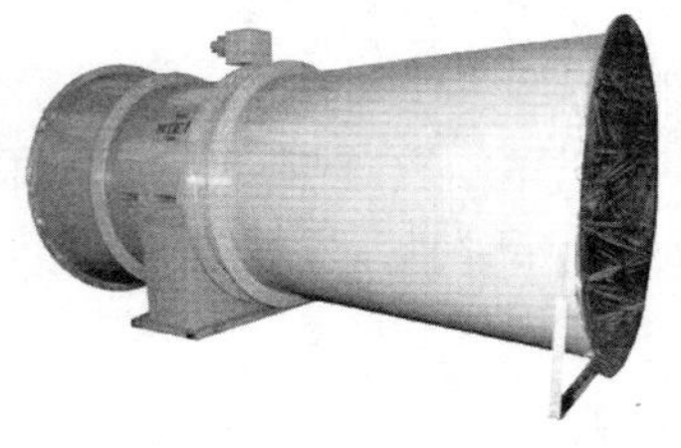

图 6.9　FBCZ 型通风机外观图

图 6.10　FBDCZ 型防爆对旋轴流通风机外观图

FBDCZ 型对旋风机主要技术参数　　表 6.6

规格型号	转速(r/min)	风量(m^3/min)	风压(Pa)	功率(kW)	效率(%)	噪声(dB)
FBDCZN011/2×1.85	1 470	9～21	550～2 150	2×1.85	≥80	≤38
FBDCZN011/2×30	1 470	13～27	650～2 600	2×30	≥80	≤38
FBDCZN012/2×30	980	9～27.5	500～2 100	2×30	≥80	≤38
FBDCZN011/2×37	1 470	15～31	660～2 800	2×37	≥80	≤38
FBDCZN013/2×30	980	21～35	463～1 750	2×30	≥80	≤38
FBDCZN013/2×45	1 470	16～38	740～3 000	2×45	≥80	≤38
FBDCZN014/2×45	980	25.5～51.5	500～2 030	2×45	≥80	≤38
FBDCZN015/2×45	980	18～53	500～2 350	2×45	≥80	≤38
FBDCZN015/2×55	980	29～54.5	630～2 600	2×55	≥80	≤38
FBDCZN016/2×75	980	28～64	700～2 650	2×75	≥80	≤38
FBDCZN018/2×75	740	47～71.5	570～2 000	2×75	≥83	≤38
FBDCZN018/2×90	980	45～74.2	750～2 600	2×90	≥80	≤38
FBDCZN018/2×132	980	40.2～89.4	888～3 354	2×132	≥80	≤38
FBDCZN020/2×110	740	55～97	600～2 400	2×110	≥83	≤38
FBDCZN020/2×22	980	65～119	1 050～4 000	2×220	≥80	≤38
FBDCZN022/2×160	740	69～119	640～2 800	2×160	≥83	≤38
FBDCZN024/2×132	590	79～121	750～2 100	2×132	≥85	≤38
FBDCZN024/2×250	740	89～153	1 060～3 400	2×250	≥85	≤38
FBDCZN025/2×160	590	88～139	790～2 310	2×160	≥85	≤38
FBDCZN025/2×280	740	87～172	1 000～2 310	2×280	≥85	≤38
FBDCZN026/2×185	590	90～154	790～2 490	2×185	≥85	≤38
FBDCZN026/2×315	740	105～183	1 120～4 000	2×315	≥85	≤38
FBDCZN028/2×450	740	113～237	1 260～4 500	2×450	≥85	≤38

2)离心式通风机

离心式通风机构造如图 6.11 所示。

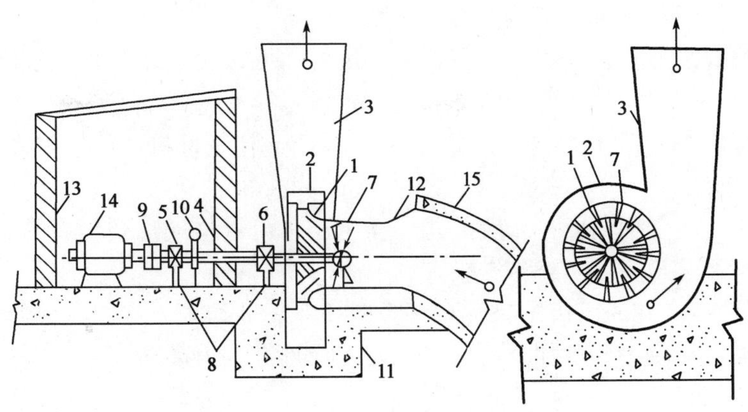

图 6.11　离心式通风机的构造

1-工作轮；2-蜗壳体；3-扩散器；4-主轴；5-止推轴承；6-径向轴承；7-前导器；8-机架；9-联轴节；10-制动器；11-机座；12-吸风口；13-通风机房；14-电动机；15-风硐

离心式通风机主要由动轮(工作轮)、蜗壳体、主轴锥形扩散器和电动机等部件组成。工作轮是在两个圆盘间装有若干个叶片构成，由主轴带动旋转，主轴两端分别由止推轴承和径向轴承支撑，这两个轴承由机架支撑并和机座固定。离心式通风机的原理是：风流沿叶片间流道流动，在流道出口处，风流相对速度 ω 的方向和圆周速度 μ_2 的反方向夹角称为叶片出口的构造角。根据出口构造角 β_2 的大小，离心式通风机分为前倾式($\beta_2>90°$)、径向式($\beta_2=90°$)和后倾式($\beta_2<90°$)，β_2 不同，通风机的性能也不同，如图 6.12 所示。

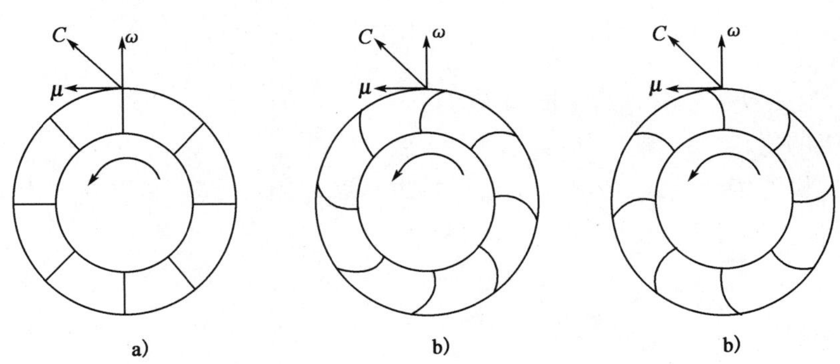

图 6.12　离心式通风机叶轮

a)径向式；b)后倾式；c)前倾式

ω-空气沿叶片出口的相对速度；μ-动轮外缘圆周速度；C-合速度

前倾式的特点是风量小，而风压较大；后倾式的特点是风量大，而风压小；径向式的风机风量和风压都居中，所以离心式通风机多为后倾式。

离心式通风机有如下特点：

(1)适用压力范围宽、流量大。

(2)在风机的特性曲线内无失速点。

(3)通过内置调节器可在线控制风量。

(4)翼面枫叶设计,机械效率一般为82%~85%。

(5)在高压运行条件下仍维护量低、运行可靠。风机轴承和气流调节轴通常安装在回风流外,方便操作。

(6)全钢结构,强度高。由于离心力的作用,采用低合金叶轮材料可用于较高的转速而且还有较大的设计安全应力。

(7)可选卧式、垂直或任何角度的布置方式。噪声通常可直排或加装消音器,较大的叶轮至机壳运行间隙和翼型叶片降低了噪声等级。

目前,我国常用的离心式通风机主要有G4-73型和K4-73型等。这些品种的通风机具有规格齐全,效率高,运行噪声小,特性曲线较平缓、无驼峰且具有启动功率较小等特点,型号参数的含义举例说明如下:

G——代表鼓风机;

4——表示通风机在最高效率点时全压系数10倍化整数;

73——表示通风机在最高效率点时的比转数(n_s)化整数;

1——表示进风口,1表示单吸,0表示双吸;

1——表示设计序号(1表示第一次设计);

25——表示通风机叶轮直径(25dm);

D——表示传动方式。

说明:比转数(n_s)是反映通风机 Q、H 和 n 等之间关系的综合特性参数,计算公式为:

$$n_s = n \cdot \frac{Q^{\frac{1}{2}}}{\left(\frac{H}{\rho}\right)^{\frac{3}{4}}} \tag{6.18}$$

式中:Q、H——全压效率最高时的流量和压力。

相似通风机的比转数相同。

离心式通风机的传动方式:A表示无轴承电机直联传动;B表示悬臂支承皮带轮在中间;C表示悬臂支承皮带轮在轴承外侧;D表示悬臂支承。

6.4 通风参数测定

6.4.1 通风压力测定

空气受到重力作用,而且空气能流动,因此空气内部向各个方向都有压强(单位面积上的压力),这个压强在矿井通风中习惯称为压力,也称为静压,用符号 P 表示,它是空气分子热运动对器壁碰撞的宏观表现,其大小取决于在重力场中的位置(相对高度)、空气温度、湿度(相对湿度)和气体成分等参数。

风流的点压力是指在井巷和通风管道风流中某个点的压力,就其形成的特征来说,可分为静压、动压和全压(风流中某一点的静压和动压之和称为全压)。根据压力的两种计算基准,某点 i 的静压又分为绝对静压(P_i)和相对静压(h_i),同理,全压也可分绝对全压(P_{ti})和相对全压(h_{ti})。

在压入式通风时，风筒中任一点 i 的相对全压 h_{ti} 恒为正值，所以称之为正压通风；在抽出式通风时，除风筒的风流入口断面的相对全压为零外，风筒内任一点 i 的相对全压 h_{ti} 恒为负值，故又称为负压通风。

在风筒中，断面上的风速分布是不均匀的，一般中心风速大，随着距中心距离增大而减小。因此，在断面上相对全压 h_{ti} 是变化的。

无论是压入式还是抽出式，其绝对全压均可用式(6.19)表示：

$$P_{ti} = P_i + h_{vi} \tag{6.19}$$

式中：P_{ti} ——风流中 i 点的绝对全压，Pa；

P_i ——风流中 i 点的绝对静压，Pa；

h_{vi} ——风流中 i 点的动压，Pa。

由于 $h_{vi} > 0$ ，故由式(6.19)可得，风流中任一点(无论是压入式还是抽出式)的绝对全压恒大于其绝对静压：

$$P_{ti} > P_i \tag{6.20}$$

风流中任一点的相对全压为：

$$h_{ti} = P_{ti} - P_{oi} \tag{6.21}$$

式中：P_{oi} ——当时当地与风道中 i 点同高程的大气压，Pa。

在压入式风道中($P_{ti} > P_{oi}$)：

$$h_{ti} = P_{ti} - P_{oi} > 0 \tag{6.22}$$

在抽出式风道中($P_{ti} < P_{oi}$)：

$$h_{ti} = P_{ti} - P_{oi} < 0 \tag{6.23}$$

测定风流点压力的常用仪器是压差计和皮托管。

压差计是度量压力差或相对压力的仪器。在矿井通风中测定较大压差时，常用U形水柱计；测值较小或要求测定精度较高时，则用各种倾斜压差计或补偿式微压计；现在，一些先进的电子微压计正在进入通风测定中。

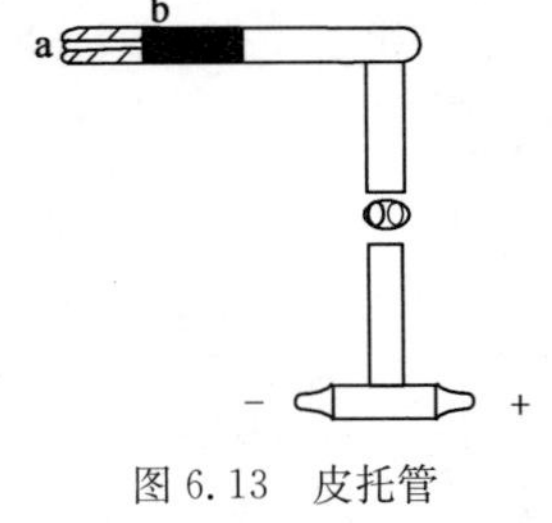

图 6.13 皮托管

皮托管是一种测压管，它是承受和传递压力的工具。它由两个同心管(一般为圆形)组成，其结构如图 6.13 所示。尖端孔口 a 与标着(+)号的接头相通，侧壁小孔 b 与标着(−)号的接头相通。

测压时，将皮托管插入风筒，如图 6.14 所示。将皮托管尖端孔口 a 在 i 点正对风流，侧壁孔口 b 平行于风流方向，只感受 i 点的绝对静压 P_i，故称为静压孔；端孔 a 除了感受 P_i 的作用外，还受该点的动压 h_{vi} 的作用，即感受 i 点的全压 P_i，因此称之为全压孔。用胶皮管分别将皮托管的(+)、(−)接头连至压差计上，即可测定 i 点的点压力。如图 6.14 所示的连接，测定的是 i 点的动压；如果将皮托管(+)接头与压差计断开，这时测定的是 i 点的相对静压(图 6.15)；如果将皮托管(−)接头与压差计断开，这时测定的是 i 点的相对全压。

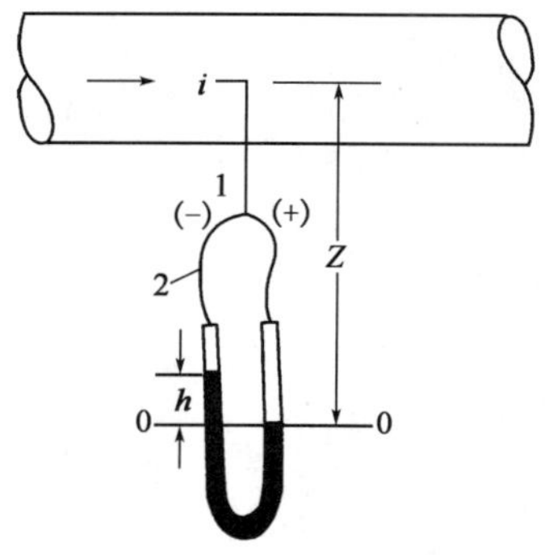

图 6.14 点压力测定

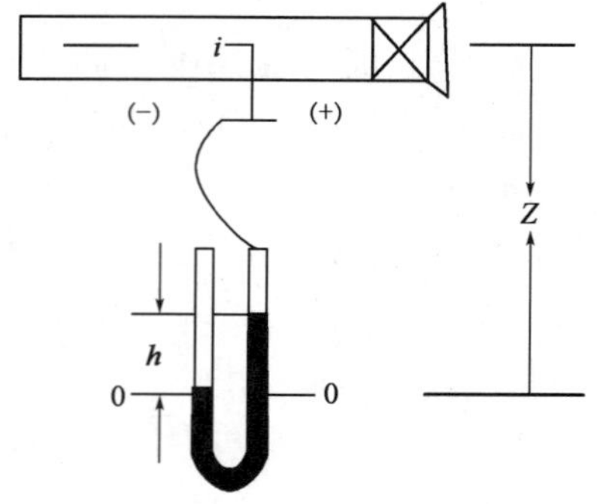

图 6.15 抽出式通风的相对静压测定

6.4.2 风速测定

测量隧道中任一断面上各点风速的平均值,常用风速仪(又名风表)测得。只要测出隧道断面上各点风速的平均值,就可算得风量。风量是通风管理中经常性监测项目之一。

常用的风表按迎风转动部件的形式大致分为叶式和杯式两种,如图 6.16 所示。杯式风表适用于测量 5～25m/s 的较高风速,它的惯性和机械强度较大,开始转动的最低风速为 1.0～1.5m/s。叶式风表其中的一种用于测量 0.5～10m/s 的中等风速,一种用于测量 0.3～0.5m/s 的低风速,叶式风表转轮由 8 块铝质叶片组成,杯式风表的转轮由 4 个杯状铝勺组成,能被风流吹转,如图 6.16 所示。

a)

b)

图 6.16 风表外形图

a)叶式风表;b)杯式风表

风表有一小杆,专作开关之用。打开开关,指针随叶轮转动;关闭开关,叶轮虽仍转动,但指针不动。有些风表还有回零装置,不论指针在何位置,只要一按回零装置,指针便回到零位;有的风表还附有计时装置,称为自动风表,用这种风表测风,不必另带秒表,测风时只要打开开关,秒表就自动记录,1min 或 100s 后自动关闭,此时指针不再随叶轮而转动。

空气在隧道内流动时,由于受到内外摩擦的影响,风速在巷道断面内的部分是不均匀的,一般来说,在巷道的轴心部分风速最大,而靠近巷道周壁风速最小,通常所谓巷道内风流的速度是指平均风速而言。因此,测量风速时,风表不能只停留在巷道断面的某部位,而应把风表正迎风流,在整个断面内均匀移动。

其移动路线有如图 6.17 所示的三种形式，根据巷道断面的大小和测风时间的长短选用。

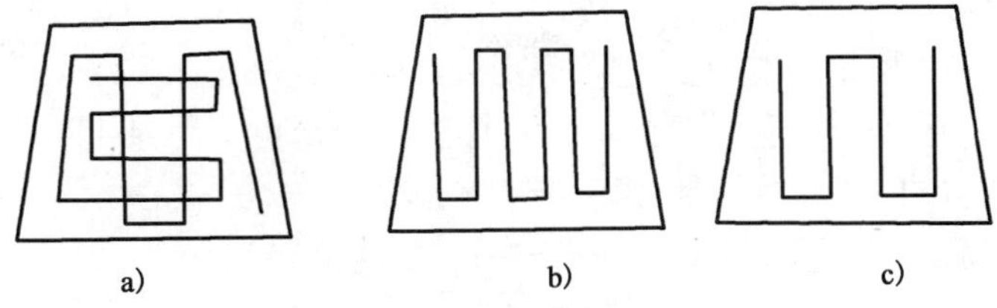

图 6.17 风表移动路线

为了保证测风精度，使用风表时应注意下列几点：

(1)风表度盘那一面背着风流，即测风员能看到度盘；否则风表指针会发生倒转。

(2)风表不能距人体太近，以免引起较大的误差。

(3)风表按上述路线移动时，速度要均匀，如果风表在巷道中心部分停留的时间长，则测量结果较实际风速大；反之，若风表在巷道四壁停留时间长，则测量结果偏小。

(4)叶式风表一定要与风流垂直，尤其在倾斜巷道测风时更应注意此点。

(5)在同一断面的测风次数不应小于三次，每次测量结果的误差不应超过 5%左右。

(6)所使用的风表应和测定的风速相适应，风速大于 10m/s，应选用高速风表；风速为 0.5～10m/s，选用中速风表；风速小于 0.5m/s，要选用低速风表，否则，将损坏风表或测量不准确，甚至吹不动叶轮。

(7)为了减少测量误差，一般要求在 1min 内刚好从移动路线的起点移到终点。

目前，国内已有电子式风量检测仪器。

6.5 通风管理

以“合理布局，优化匹配，防漏降阻，严格管理，确保效果”二十字方针，作为隧道施工通风管理的指导原则，强化通风管理。

6.5.1 组织管理

1)通风安全组织机构

瓦斯隧道施工项目部必须建立以项目经理为第一责任人的安全生产管理机构，建立瓦斯监控、检测组织系统，测定气象参数、瓦斯浓度、风速、风量等参数。低瓦斯工区可用便携式瓦检仪，高瓦斯工区和瓦斯突出工区除便携式瓦检仪外，尚应配置高浓度瓦检仪和瓦斯自动检测报警断电装置，建立以岗位责任制和奖惩制为核心的通风管理制度和组建专业通风班组，通风班组全面负责风机、风管的安装、管理、检查和维修，严格按照通风管理规程及操作细则组织实施。项目部定期根据通风质量给予通风班组兑现奖惩办法。

2)主要岗位管理措施

(1)测风员：岗位职责是根据风速的大小选择相应量程的风表进行测风。

隧道每 10d 至少进行 1 次全面测风，测风地点、位置、测风周期必须符合有关规定，测风应在专门的测风站进行，在无测风站的地点测风时，要选择测风断面规整、无片帮、空顶、无障碍物、无淋水和前后10m内无拐弯的巷道，测风员在同一地点测风时要测量3次，每次测量结果误差不超过5%，否则加测一次，结果取平均值。每次测量结束，测风人员必须将测量数据准确地填写在测风记录手册和记录牌板上，并编制通风旬报，每次测量结束，测风员、瓦检员必须将测量数据及时填写在记录手册上并汇报。具体管理规定可见附录11。

(2)通风机司机：岗位职责是按照规定开停通风机。

通风机司机必须经过培训并考试合格持证上岗，熟悉通风机结构性能、工作原理、技术特征、供电系统和控制回路，以及通风系统和各风门的用途等情况，能独立操作。

作业前必须进行本岗位危险源辨识。遵守劳动纪律，认真填写工作日志，不做与本职工作无关的事情，当主要通风机发生故障停机时，备用通风机必须在15min内启动，并正常运转。

6.5.2 技术管理

1)风机的安装

(1)风机支架应稳固结实，避免运行中振动，风机出口处设置加强型柔性管与风管连接，风机与柔性管结合处应多道绑扎，减少漏风。

(2)通风机前后5m范围内不得堆放杂物，通风机进气口应设置铁箅，并应装有保险装置。

(3)当巷道内的风速小于通风要求最小风速时，可布设射流风机来卷吸升压，提高风速。

(4)洞内风机的移动，采用小平板车移动，移动前，提前做好风机支座或支架。射流风机应逐个移动，以保证洞内不间断的空气循环。

(5)通风机应有适当的备用数量，根据煤炭行业相关标准，备用通风机必须在10min内开动。

2)风筒的悬挂

对于采用风管通风的长大隧道施工而言，风管性能的优劣和制造、安装及维护的质量对通风效果有着直接的影响。目前，很多隧道施工通风管理较差，风管布置扭曲、破损严重，导致风量和风压随流程迅速衰减，开挖工作面处基本无风或微风，空气污染严重。对于瓦斯隧道施工而言，如果不能保障风速和风量，会形成巨大的安全隐患。如何采取有效措施降低风管风阻，保障通风质量，是通风管理的主要内容。

通风安全技术措施包括以下几个方面。

(1)管道式通风的通风阻力包括摩擦阻力和局部阻力，摩擦阻力和风管的直径有关，直径越大，表面相对粗糙度越小，摩擦阻力系数和摩擦风阻也相应越小。从上述风管阻力的分析，可以得到相应降低风阻的技术措施，以确保风管百米漏风率控制在2%以下。

①由于风管风阻与直径的5次方成反比，要降低摩擦阻力，延长送风距离，最有效的方法是增大风管的直径，即增大过流断面积。

②长距离通风中，由于风压高，摩擦风阻降低而接头风阻增高，使得接头风阻在总风阻中的比例增加，减少接头对于降低总风阻效果明显。风管的节长应增大到50m以上，并尽可能采用带内外封帘的拉链等密封性能好、坚固耐用的连接方式以减少接头漏风，降低局部阻力。

③柔性风管发生破损会大量漏风，漏风量与破损面积和通风内外压差有关，破损处越大，压差越高，漏风量也就增大，所以减少靠近风机一端的高压差区段的漏风尤为重要。一旦局部破损，要及时修补。

(2)风管的吊挂质量对风管风阻和供风长度影响很大，为了减少风管弯曲、褶皱产生的局部风阻，应注意以下几点：

①风管吊挂必须做到平、直、稳、紧，即在水平面上无起伏，垂直面上无弯曲，风管无褶皱、无扭曲。

②尽量避免直角拐弯，拐角要圆滑，尽量增大拐弯的曲率半径，在拐角大、风量大的拐角处最好设置导向叶片。

③风管断面应尽量避免突然变化，断面扩大或缩小要逐渐过渡，不同直径的风管连接采用过渡接头。试验证明，最有利的扩张中心角是 8°，最好不超过 20°。

④由于温度变化，风流中水蒸气凝结成水，积存在风管内，使风管变形，还可能坠坏吊环，故风管上每隔一定距离要设置防水孔，及时防水。

3)风门的设置

在人员和车辆可以通行、风流不能通过的巷道中，至少要建立两道风门，其间距要大于运输工具长度，以便一道风门开启时，另一道风门是关闭的。风门分为普通风门和自动风门。以行人为主、车辆运行不频繁的地点，可用普通木制风门(图 6.18)。

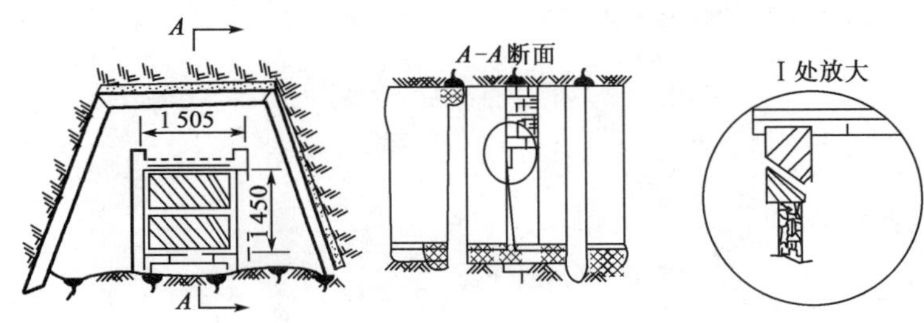

图 6.18　普通木质风门结构图(尺寸单位：mm)

这种风门的结构特点是门扇与门框呈斜面接触，接触处有可缩性衬垫，比较严密、结实，一般可使用 1.5～2 年。迎着风流方向用人力开启，靠门内外的压力差把门关紧；门框和门轴都要向关闭的方向斜 80°～85°，使风门能靠自重关闭，门框下设门槛，过车的门槛要留有轨道穿过的槽缝；门墙两帮和相顶底都要掏槽，在煤中掏槽深度不小于 0.3m，在岩石中不小于0.2m，槽中要填实。门墙厚度不小于 0.3m，门板要错口接缝，木板厚不小于 30mm，铁板厚不小于 2mm，通车巷道的门槛下部设挡风帘，通过电缆、水管或风管的孔口要堵严；风门前后 5m 内的巷道要支护好，无空帮和空顶；漏风率不大于 2%，风筒过风门时应采用铁质套筒。

自动风门是借助各种动力实现开启与关闭的一种风门，目前国内的自动风门常采用的动力驱动系统有三种方式，即压气驱动、液压驱动和电力驱动。

(1)压气驱动系统。压气驱动装置是用矿井空压站为掘进提供的压缩空气作为风门的驱动力，只要给压气电磁阀通电，使电磁阀开启，压气即可进入压气缸推动活塞往复运动，从而带动风门启闭。

(2)液压驱动系统。液压驱动是用静水压力作为驱动风门动力，静水压是靠垂直高差形成位能，通过管路和液压元件转换为机械能推动风门，动作原理与压气驱动相似。

(3)电动推杆驱动系统。当驱动电机通电旋转，通过减速，带动丝杠螺母，把电机的圆周运动变为直线运动,利用电机的正、反旋转完成推拉动作。电动推杆驱动系统与液(气)驱动系统相比,可省去复杂的管路,阀和液(气)压源。电动推杆具有系列防爆产品,可供煤矿选择使用。

三种风门动力源的性能比较见表 6.7。

风门驱动方式的比较　　表 6.7

比较项目 \ 风门驱动方式	液压驱动	气压驱动	电机驱动
驱动能力	受静水压力的限制	受压缩空气压力的限制	与电机功率及特性有关,受限制较小
安全性	①平稳均匀,无冲击; ②过载无危险; ③可用小功率电源触发控制	①平稳均匀,运行卡阻时,有冲击; ②过载无危险; ③可用小功率电源触发控制	①无延时控制器时,限位开关要可靠; ②过载有危险; ③电源功率大; ④防潮、防水性差
可靠性	①水源压力不能低于额定压力; ②工作介质要清洁,否则阀门易阻塞; ③管路连接需严格密封,否则影响工作压力	①气压生产时有波动,影响输出力; ②小型矿井不一定全天供应压气; ③管路连接要求严格密封,否则影响工作压力	①停电时无法运行; ②电机要有足够的功率
耐用性	耐用不易损	耐用不易损	硬连接时,不耐冲击
安装的复杂性	①需敷设管路,保证连接的密封性; ②需要解决水压力问题; ③需解决排水问题	①需敷设管路,保证连接的密封性; ②需要解决气压力问题	①不需敷设管路; ②需拉动力线; ③电气安装较复杂
管理维护	①密封件易老化,需经常更换; ②维修简单方便; ③系统宜经常动作	①密封件易老化,需经常更换; ②维修简单方便; ③系统宜经常动作	①防潮防水能力差; ②检修复杂; ③冲击损坏需更换元件; ④系统宜经常动作
适用条件	适宜高瓦斯和低瓦斯、有水源的矿井	适宜高瓦斯和低瓦斯、有压气源全天不停的矿井	适宜低瓦斯矿、大巷或主要进风巷、无淋水的地点

近年来,自动风门技术发展迅速,各类产品不断在煤矿井下得到应用,具体内容可参考相关文献。

6.5.3　通风系统的日常管理与维护

(1)通风机应有专人值守,按规程要求操作风机,如实填写各种记录。

(2)通风机使用前应卸去废油,换注新油,以后每半月加注一次。

(3)风机应尽量减少停机次数,发挥风机连续运转性能。需停机或开启时,根据洞内调度通知进行。为减少风机启动时的气锤效应对风管的冲击破坏,应采用分级启动,分级间隔时间为 3min。

(4)开启轴流风机前，射流风机必须开启运转，以控制风流方向，防止污浊空气形成小循环。

(5)综合保障班组中应设专职风管维修工，每班必须对全部风管进行检查，发现破损等情况及时处理。对于轻微破损的管节，采用快干胶水粘补:先将破损部位清洁打毛后，再行粘补；破损口小于 15cm 时，直接粘补；破损口大于 15cm 时，先将破口缝合后再行粘补，粘补面积应大于破损面积的 30%，粘补后 10min 内不能送风。对于严重破损的管节，必须及时更换。

(6)因洞内渗水和温度变化的影响，风管内会积水，故应定期排水，以减少风管承重和阻力。

第7章 公路瓦斯隧道施工安全检测监控系统

从无数次瓦斯隧道重大灾害事故历史教训和长期生产实践总结得出，当前瓦斯灾害事故频发很大程度上是由于瓦斯信息漏检漏测，以致不能及时全面掌握隧道内瓦斯情况，或现场技术人员对施工中瓦斯监测数据所显现的大量无序信息分析不清，因而采取的防治措施针对性不强或严重滞后。目前在对瓦斯灾害认识的基础上，通过构建覆盖全隧道危险部位的瓦斯实时监测网络，并及时、系统地掌握隧道内瓦斯信息，在可能发生灾害突变之前实施有效的预测、预警，并采取相应的防治措施。

7.1 隧道瓦斯检测监控基本知识

7.1.1 检测的依据和标准

隧道内进行瓦斯检测的目的有：

(1)防止在施工过程中，有害气体浓度超限造成灾害，以确保施工安全和施工的正常进行。

(2)根据监测到的隧道内的有害气体的浓度大小，及时采取相应的技术措施。

(3)检验防排瓦斯技术措施效果，正确指导隧道施工，为科学组织施工提供依据。

检测依据和执行标准：监测依据主要有《煤矿安全规程》、《铁路瓦斯隧道技术规范》(TB 10120—2002)、《公路隧道施工技术规范》(JTG F60—2009)、《防治煤与瓦斯突出规定》、《煤矿安全监控系统及监测仪器使用管理规范》(AQ 1029—2007)，根据上述法规、规范进行有害气体的监测、监控。

传感器的类型和布设方式可按表7.1推荐的方式选择。

隧道内自动监控系统传感器布设　　表7.1

布设地点	监控内容	数量	作用	布设条件
开挖工作面	瓦斯	1	检测掌子面瓦斯浓度	瓦斯隧道
	氧气	1	检测掌子面氧气浓度	所有隧道
二衬工作面	瓦斯	1	检测瓦斯浓度	瓦斯隧道

续上表

布设地点	监控内容	数量	作用	布设条件
加宽带	瓦斯	1	检测瓦斯浓度	瓦斯隧道
自燃煤层监测点或掌子面	一氧化碳	1～2	检测一氧化碳浓度	所有隧道
油气地层附近或掌子面	硫化物	1～2	检测硫化氢或二氧化硫	油气地层隧道
掌子面	二氧化碳	1	检测二氧化碳浓度	所有隧道
隧道中部	瓦斯	1～2	检测瓦斯浓度	瓦斯隧道
开挖工作面	氮氧化物	1～2	检测氮氧化物浓度	柴油机车运输
回风流中	风速	1	检测风速	所有隧道
主通风机位置	风机状态	1	监测风机开停状态	所有隧道

检测监控体系：为了安全起见，隧道施工监测采取人工与自动相结合的监测方式，两者监测的数据相互印证，避免误报现象。

7.1.2 检测频率及测点布置

1)检测频率

检测频率要求能代表全部可能存在瓦斯灾害的时间段。人工监测时检测频率有下列要求：

(1)检测段内瓦斯浓度在0.5%以下时，每隔0.5～1h检查一次；在0.5%以上时，应随时检查，不得离开掌子面，发现异常及时报告，并采取有效措施保证施工过程安全。

(2)适当增加对洞内死角，尤其是对隧道上部、坍塌孔穴等各种通风不良、容易导致瓦斯积聚的地点增加检查频率；当班未作业的工作面，每班至少检查一次瓦斯情况。

(3)掌子面装药前、爆破前、爆破后均必须单独增加检测。根据检测结果判断是否：放炮点附近20m以内风流中的瓦斯浓度达到1%时，严禁放炮；放炮后必须待工作面及回风中瓦斯浓度降到1%以下时，方可进入工作面，无瓦检员在场时不得装药放炮。

2)测点布置

根据煤炭行业《煤矿安全监控系统及检测仪器使用管理规范》(AQ 1029—2007)中的相关规定，瓦斯隧道内甲烷传感器的设置应符合以下标准。

(1)甲烷传感器的设置。

①甲烷传感器应垂直悬挂，距隧道顶部(巷顶、地面建筑物屋顶)不得大于300mm，距隧道侧壁(巷帮、地面建筑物墙壁)不得小于200mm，并应安装维护方便，不得影响行人和行车。

②在距掌子面平行距离不大于5m处设置甲烷传感器 T_1，在掌子面回风流中距隧道口10～15m位置设置甲烷传感器 T_2；采用串联通风的掌子面，必须在被串通风机前设置甲烷传感器 T_3，具体如图7.1所示。

③在采用辅助巷道通风方式时，除设置甲烷传感器 T_1、T_2 和 T_3 外，还需另外在辅助巷道联通位置设置 T_4，如图7.2所示。

④《煤矿安全监控系统及检测仪器使用管理规范》中规定："高瓦斯和煤与瓦斯突出矿井的掘进工作面长度大于1 000m时，必须在掘进巷道中部增设甲烷传感器。"因此，当瓦斯隧道长

度大于 1 000m 时,应根据实际情况在隧道中部增加传感器数量,建议每增加 500m 增加一个甲烷传感器。

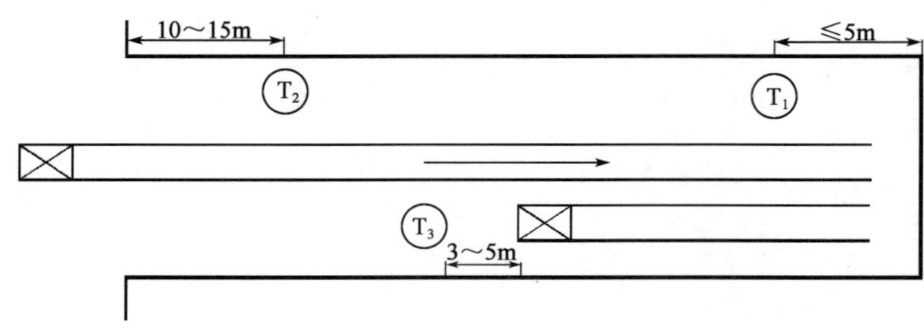

图 7.1　甲烷传感器布置图

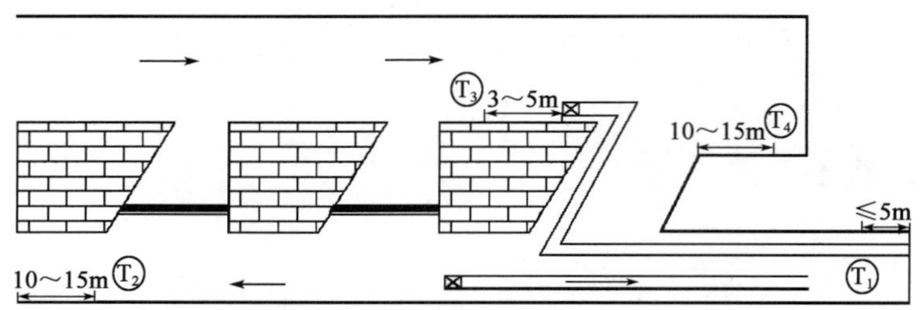

图 7.2　辅助巷道通风方式下甲烷传感器设置

⑤施工隧道内有临时或永久的人行横洞或车行横洞等硐室时,必须在硐室内设置甲烷传感器,硐室内的传感器应设在瓦斯较大的地方,并按照图 7.3 设置。

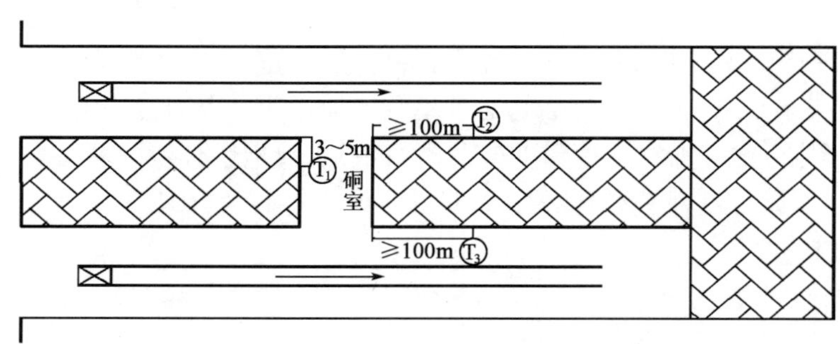

图 7.3　硐室或人行横洞甲烷传感器设置

⑥隧道施工过程中,运输采用矿用防爆特殊型蓄电池电机车时,必须设置车载式甲烷断电仪或便携式甲烷检测报警仪,矿用防爆型柴油机车必须设置便携式甲烷检测报警仪。

⑦瓦斯抽放泵站传感器的设置:瓦斯隧道的地面瓦斯抽放泵站内,应在距泵站房顶0.3m处安设瓦斯传感器,当空气中瓦斯浓度超过 0.5%时,发出声光报警信号,抽放泵输入管路中应安设高浓度瓦斯、流量、压力、温度传感器,采用干式泵抽放时,输入管路中的瓦斯浓度低于25%时,应发出声、光报警信号。

(2)便携式瓦斯检测仪的设置。

①隧道内前探钻孔、抽放钻孔等的施工地点应设置便携式瓦斯检测仪。

②隧道内大型固定的机电设备迎风方向应设置便携式瓦斯检测仪,并与瓦斯浓度—电闭

锁相连接。

③人行或车行横洞内应设置便携式瓦斯检测仪。

④项目部施工现场管理人员应每人配备便携式瓦斯检测仪。

(3)其他传感器的设置。

①一氧化碳传感器应垂直悬挂,距巷顶不得大于300mm,距巷道壁不得小于200mm,并应安装维护方便,不影响行人和行车。

②二氧化碳传感器应设置在隧道底部和离地面1.5m高的位置,在风速较小的人行硐室内也应设置相应的二氧化碳传感器。

③隧道施工范围内有容易自燃煤层、自燃煤层时,隧道内必须至少设置一个一氧化碳传感器,地点可设置在掌子面、自燃煤层附近或回风流中。

④隧道内自然发火观测点、封闭火区防火墙栅栏外应设置一氧化碳传感器。

⑤隧道施工范围需要穿过含硫化物的油气地层时,隧道内应设置硫化氢、二氧化硫等有毒有害气体传感器,硫化物气体传感器的设置部位应为隧道底部和离地面1.5m高的位置(因为相对于其他地方,这两个部位硫化物气体的浓度最高)。

⑥当隧道内运输设备采用柴油机车时,应在掌子面设置氮氧化物(NO、NO_2)传感器。

⑦隧道回风流中设置风速传感器,风速传感器设置位置前后10m内无分支风流、无拐弯、无障碍、断面无变化。当风速低于或超过相关规定值时,应发出声、光报警信号。

⑧温度传感器应垂直悬挂,距巷顶不得大于300mm,距隧道壁不得小于200mm,并应安装维护方便,不影响行人和行车。

⑨隧道主要通风机应设置设备开停传感器。

⑩隧道揭露有自燃煤层及地温高区域时,应设置温度传感器。温度传感器应垂直悬挂,距巷顶不得大于300mm,距巷壁不得小于200mm,并应安装维护方便,不影响行人和行车。温度传感器的报警值一般为30℃。

⑪有风门设施时,应在风门处设置风门开关传感器。

7.2　有毒有害气体

7.2.1　隧道内有毒有害气体

(1)一氧化碳(CO)。一氧化碳是无色、无臭、无味的气体,对空气的相对密度为0.97,故能均匀地散布在空气中,不用特殊仪器不易察觉。一氧化碳微溶于水,一般化学性不活泼,但浓度在13%～15%时能引起爆炸。

一氧化碳是剧毒性气体,当空气中的一氧化碳浓度为0.4%时,在很短的时间内人就会失去知觉,抢救不及时就会中毒死亡。

日常生活中所说的“煤气中毒”就是一氧化碳中毒。人体血液中的血红素专门在肺部吸收空气中的氧气以维持人体的需要,而血红素的另一种特性是它与一氧化碳的亲和力超过它与氧的亲和力的250～300倍。由此,当人体吸入含一氧化碳的空气后,就大大降低了血红素携氧的能力,使人体各部分组织和细胞产生缺氧现象,引起窒息和血液中毒,严重时造成死亡。

根据《煤矿安全规程》和《铁路隧道施工技术规范》规定,空气中 CO 浓度不得超过 0.002 4%(按照体积计算,即 24×10^{-6}m),按照重量计算不得超过 0.03mg/L。爆破后,通风机运转条件下,CO 浓度降至 0.02%时,才可进入掌子面。

(2)氮氧化物(NO_2)。炸药爆炸和柴油燃烧产生大量的一氧化氮和二氧化氮。一氧化氮极不稳定,遇空气中的氧即转化为二氧化氮;二氧化氮是一种褐红色的有强烈窒息性的气体,对空气的相对密度为 1.57,易溶于水而生成腐蚀性极强的硝酸,所以对人的眼、鼻及呼吸道组织有强烈腐蚀破坏作用,对人体破坏作用最大的是破坏肺部组织,引起肺水肿。二氧化氮中毒后有较长的潜伏期,初期没有什么感觉,即使在危险的浓度下,初期也只是感觉呼吸道受刺激,开始咳嗽吐黄痰,呼吸困难以致很快死亡。

当空气中的二氧化氮浓度为 0.006%时,就会引起咳嗽,胸部发痛等症状。当浓度为 0.01%时,短时间内呼吸器官就有很强烈的刺激作用,咳嗽、呕吐、神经麻木。当浓度为 0.025%时,很快使人中毒死亡。我国《煤矿安全规程》及《铁路隧道施工技术规范》规定,氮氧化合物不得超过 0.000 25%,质量浓度不超过 5mg/m^3。

(3)硫化氢气体(H_2S)。硫化氢气体是在开挖经过硫化矿床的隧道时,硫化矿物缓慢氧化和水解后产生的,某些有机物的腐败和高硫柴油的燃烧也产生硫化氢气体。硫化氢气体具有强烈毒性,刺激人的眼、鼻、咽喉和上呼吸道的黏膜,干扰中枢神经系统,引起急性中毒;浓度达到 0.000 1%时,能闻到气味;0.001%时,轻度中毒,流鼻涕、头晕、呼吸困难;0.05%~0.1%时,严重中毒,痉挛、失去知觉、死亡。

(4)二氧化硫(SO_2)。有剧毒,强烈刺激人的眼睛,腐蚀呼吸器官,导致呼吸麻痹和支气管炎、肺水肿。浓度为 0.002%时,流泪、咳嗽、头疼;0.05%时,急性支气管炎、肺水肿、短时间死亡。

(5)氨(NH_3)。具有浓烈臭味的有毒气体,具有爆炸性(爆炸界限 16%~27%)。对人的皮肤和呼吸器官有刺激作用,能引起咳嗽、流泪、头晕、声带水肿,重者会昏迷、痉挛、心力衰竭以致死亡。主要来源为炸药爆炸、有机物腐烂等。

根据《煤矿安全规程》的规定,矿井有害气体最高允许浓度见表 7.2。

有害气体最高允许浓度　　表 7.2

名　　称	最高允许浓度(%)
一氧化碳(CO)	0.002 4
氧化氮(换算成二氧化氮 NO_2)	0.000 25
二氧化硫 SO_2	0.000 5
硫化氢 H_2S	0.000 66
氨 NH_3	0.004

7.2.2 易燃易爆气体(粉尘)

1)甲烷(CH_4)

无色、无味、无毒的气体,在 1 个标准大气压和温度 20℃时,溶解度为 3.5%。甲烷虽无毒，但当空气中的 CH_4 浓度大于 50%时，能使人缺氧而窒息死亡，甲烷不助燃，但有爆炸性，一般认为在空气中的爆炸限位 5%～15%。

2)煤尘(粉尘)

煤尘或粉尘时在隧道施工过程中产生并能长时间悬浮于空气中的各种岩土的微细颗粒，粉尘的大小称为粒度，常用微米(μm)表示。在发生瓦斯爆炸中，煤尘参与会极大地影响瓦斯爆炸过程，使爆炸灾害的影响范围和程度更为广泛。

7.3　检测仪器及监控系统

7.3.1　便携式检测仪器

我国使用的便携式瓦斯检测仪分为个人携带式、半固定悬挂式、组合式和智能式多种类型。根据《煤矿安全规程》及有关规定，专职瓦斯检查员必须使用光干涉式甲烷测定器检查瓦斯，同时监测 CH_4(甲烷)、CO_2(二氧化碳)两种气体浓度。

1)光干涉式甲烷测定器

光学瓦斯监测器是根据光的干涉原理制成的，如图 7.4 所示。光通过不同浓度的气室时，气体介质的折射率与气体的密度有关，通过一系列光的反射和折射，由于光程差的结果，在物镜的焦平面上产生明暗相间的干涉条纹，根据干涉条纹的位移量与瓦斯浓度的关系，就可以通过目镜观察测得瓦斯的浓度。

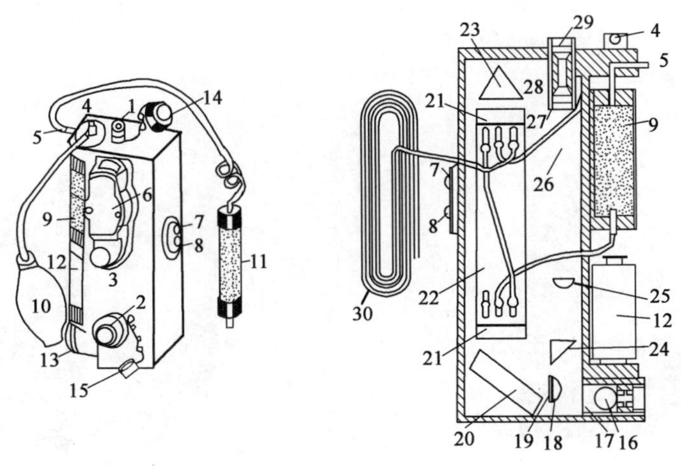

图 7.4　光干涉式甲烷测定器结构图

1-目镜；2-主调螺旋；3-微调螺旋；4-吸气孔；5-进气孔；6-微读数观测窗；7-微读数电门；8-光源电门；9-水分吸收管；10-吸气橡皮球；11-二氧化碳吸收管；12-干电池；13-光源盖；14-目镜盖；15-主调螺旋盖；16-灯泡；17-光栅；18-聚光镜；19-光屏；20-平行平面镜；21-平面玻璃；22-气室；23-反射棱镜；24-折射棱镜；25-物镜；26-测微玻璃；27-分划板；28-物镜；29-目镜保护玻璃；30-毛细管

整个检测器的构造可以分为目镜、主调手轮、微调手轮、吸气孔、进气孔、微调读数观测窗、微读数按钮、光源按钮、水分吸收管、吸气橡皮球、二氧化碳吸收管、干电池、光源盖、目镜盖、主调手轮盖、灯泡、光栅、聚光镜、光屏、平行平面镜、平行玻璃、气室、反射棱镜和折射棱镜等，具体实物如图 7.5 所示。

光干涉式甲烷测定仪是我国煤矿井下普遍使用的一种测定甲烷浓度的便携式仪器。目前主要有抚顺、重庆煤矿安全仪器厂联合成功研制了 AQG-2 型瓦斯测定器。该测定器采用了新型的光源结构，便于调整，增大了条纹的视见度，能方便地读取整数和小数。

光干涉甲烷测定仪除了能检查 CH_4 浓度外，还可以检查 CO_2 浓度，瓦斯浓度在 10%以下，使用低浓度光干涉甲烷测定器，瓦斯浓度在 10%以上，使用高浓度光干涉式甲烷测定器。光干涉式甲烷测定器属机械式瓦斯检测仪器，具有仪器使用寿命长、经久耐用的特点。

检测要求：隧道中的各测点使用光干涉甲烷测定器时，采用五点法检测，即对巷道的顶部、腰部两侧、底部两侧距隧道周边 200mm 处检测，取五点中最大浓度为该处瓦斯(含二氧化碳)浓度，进行日常管理；硐室内瓦斯检测应在硐室最里处监测，衬砌断面变化处在断面变化最高处检测；掌子面监测应在掌子面 0.5～1m 处断面中监测，回风检测应在距回风口往掌子面 15m 断面中检测，进风检测应在压入式扇风机入口处检测，高冒区检测应采用五点法在高冒区检测，总回风应在抽出式主要扇风机入口前平直巷道中检测。

2)热催化式甲烷检测报警仪

空气中的甲烷气体以自然扩散方式进入仪器的热催化元件气室中，利用惠斯顿电桥电路将甲烷气体浓度转换为相应的电信号，在经信号放大电路做放大处理后送入微处理器，通过微处理器完成信号采集、A/D 转换、分析、计算、校正、编码、输出等，完成检测报警功能，如图 7.6 所示。在甲烷浓度低于 4%的情况下，电桥输出的电压与瓦斯浓度基本上呈直线关系，因此可以根据测量电桥输出电压的大小测算出瓦斯浓度的数值；当瓦斯浓度超过 4%时，输出电压就不再与瓦斯浓度成正比关系，所以按照这种原理做成的甲烷检测报警仪只能测定浓度低于 4%的瓦斯。

图 7.5 光干涉式甲烷测定仪

图 7.6 热催化式甲烷测定仪

3)热导式甲烷检测仪

如图 7.7 所示，热导式甲烷检测仪的基本原理和热催化式相似，其主要差别是热导式甲烷检测仪的反应元件为热敏元件如热敏电阻、铂丝、钨丝等。当反应室中充以含有甲烷的空气时，由于甲烷比空气的热导率大 1.296 倍，因而能降低热敏元件的温度，并导致其电阻发生变化，从而破坏电桥平衡。

4)红外甲烷检测仪

如图7.8所示,红外甲烷检测仪是根据通过检测不同波长的红外辐射经气体吸收后的辐射强度,计算出被测气体的浓度。其具有测量范围宽、灵敏度高、测量精度高、响应速度快、便于操作维护和使用寿命长等优点。

图7.7　热导式甲烷传感器(KJ101-45HB)

图7.8　红外甲烷传感器

5)多参数气体测定仪器

多参数气体检测仪器可以检测甲烷(CH_4)、一氧化碳(CO)、氧气(O_2)等气体。其中一氧化碳的检测采用定电位电解法原理,用三电极固体电解质电化学敏感元件,甲烷的检测采用热催化原理,氧气的检测采用定电位电解原理,用固体电解质的三极电化学元件。敏感元件输出与相对应气体浓度的信号电流,通过各自的监测、补偿、放大、报警设定等电路处理后,再由智能微处理器自动补偿因温度变化引起的3种气体参数的检测值的零点、温度及灵敏度的非线性漂移值,再循环显示各参数的正确值。

国内目前有中国煤炭科工集团重庆研究院生产的CZ(Z)型多参数测定器,测定范围:甲烷为0～4%,一氧化碳为0～1 000×10^{-6}m,氧气为0～25%。

7.3.2　综合监控系统

1)监控系统的组成

监控技术是一门融通信技术、控制技术、计算机技术和电子技术为一体的综合性很强的学科。各瓦斯检测、监控系统产品千差万别,但就系统的整体结构和技术特征而言大体相同,主要由四部分组成:监控主机、计算机网络及监控软件;传输接口和传输通道;井下数据采集分站;各种传感器及执行器。如图7.9所示。

(1)系统监控中心站。

中心站系统硬件包括监控主机工控服务器、系统监控软件、网络附件系统、电源系统、网络打印机、中心监控大屏幕系统、大屏幕控制软件、大屏幕控制开关电源等。

监控主机可设置瓦斯和各种有害气体数据监视大屏幕,对各分站进行监测监控,地面可对分站、传感器的数量、类型、参数、安装地点等进行设置;各种瓦斯监测数据动态图形、柱状图、实时曲线、历史曲线显示;软件可自动生成报表,报表内容、起止时间可由用户设定;各类数据、曲线查看、存储和打印;实时数据超限时的声光报警及断电等。

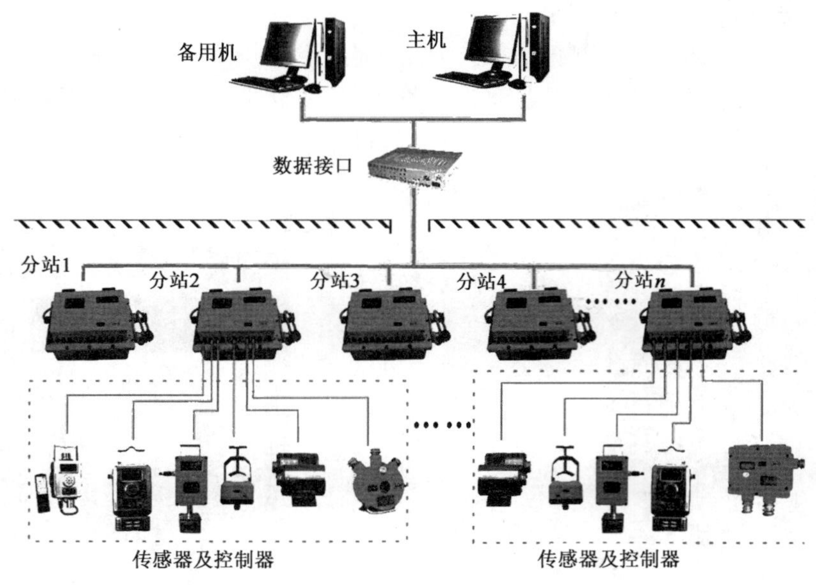

图 7.9 监控系统组成图

(2)隧道内分站功能。

分站具有如下功能:开机自检和本机初始化;通信测试;分站设程控功能(实现断电仪功能、风电、瓦电闭锁功能和一般的环境监测功能);分站自动识别配接传感器类型;超限报警;接受中心站对本分站制定通道输出控制和异地断电。

(3)通信接口。

井下监控分站和地面监控中心站的信息传输采用分时多路复用技术。信息的传输主要表现为:信息上传,包括信息的采集、交换、处理;信息下发,由地面主机产生并传输到井下的监控仪执行各种反馈任务。

隧道内、隧道外信息传输设备接口通常采用 RS485 通信协议和 CAN 总线通信。

(4)系统配送的传感器。

传感器的稳定性和可靠性是瓦斯监控系统能正确反映被测环境和设备参数的关键要素。催化燃烧性瓦斯传感器是当前使用最广泛、最普遍的瓦斯传感器,从报警矿灯、便携式瓦斯报警仪到安全监控系统中的低瓦斯传感器,现已占据瓦斯检测的主导地位,对煤矿安全生产和隧道安全施工起着至关重要的作用。

2)隧道常用的监控系统

(1)TF-200 瓦斯监控系统。

TF-200 型监控系统是微型计算机控制的音频信息传输系统,能集中、连续地监测隧道内的环境和工况情况。主要监测隧道内进、回风的相关参数及通风系统的主要机电设备的工作状况。本系统除具有遥测、遥信功能外,还具有控制量输出的功能,巡检周期为 10s,最大传输距离为 18~42km,目前能配接 20 种环境和工况传感器。

系统具有以下主要功能:汉字菜单提示操作,汉字显示和汉字报表打印,随时设定和修改系统工作参数,随时绘制和修改传感器安装位置示意图,显示各通道的频率输入信号,按分站检索的数据显示，按传感器类型检索的条形图数据显示，制定通道的过去 40min 的实时值曲线图数据显示，指定通道的过去 10d 内的分钟平均值和小时平均值曲线图数据显示，报警通道的集中显示，故障通道的集中显示，传感器安装位置示意图上的实时数据显示和图形的移动，定时打印班统计报表和日统计报表，实时数据超限时的声光报警等，其主要技术参数见表 7.3。

TF-200 基本技术参数　　表 7.3

中心站容量	输入、输出无限，144 个电流型输出，288 个脉冲输出
全传输模拟量	16 路
全传输开关量输入、输出	32 路
全传输指令量输出	80 路
传输距离(km)	18～24
巡检周期(s)	10

(2)KJ-90 瓦斯监控系统。

KJ-90 型瓦斯监控系统是由中国煤炭科工集团重庆研究院研发的一套集安全、生产、网络管理为一体的大型综合安全监控系统，能实时监测矿井和隧道内的瓦斯、风速、一氧化碳、温度、湿度、氧气、二氧化碳、风门开闭、馈电状态、机电设备开停等参数和状态，具备瓦电闭锁和风电闭锁功能。

能对各种监测参数进行信息采集、数据存储处理、实时显示、屏幕拷贝及中西文色彩字符、图形显示。可在地面中心站向井下分站发送控制命令，由键盘手动控制井下设备断电(复位)，启动区域声光报警(解除报警)灯功能。

系统采用先进的分布式处理模式，能充分发挥各部分设备的性能优势，结构简洁，可操作性强，便于系统的日常维护及管理，KJ-90 型监控系统的基本技术参数如表 7.4 所示。

KJ-90 型监控系统目前在瓦斯隧道中应用较多，在合武铁路红石岩隧道、都汶高速紫坪铺隧道、龙溪隧道、发耳隧道、重庆地区等多个瓦斯隧道施工工程中应用效果良好。

此外，其他国产监测系统也较为成熟且使用量较大，表 7.5 列出了部分监测系统主要技术参数。这些系统特点是操作方便，系统主计算机均采用微机，功能都较齐全，容量大，软件丰富。

KJ-90 型监控系统基本技术参数　　表 7.4

项　　目	参　　数
容量	64 个分站(可扩展为 128 个)
模拟量输入	512 个点(可扩展为 1 024 个)
开关量输入	512 个点(可扩展为 1 024 个)
控制量输入	384 个点(可扩展为 768 个)
传输距离	中心站至分站>15km　分站至传感器>2km
传输速度	1 200bps
巡检周期	每个分站<0.5s
遥测误差	<1%

续上表

传感器配置		
低浓度瓦斯传感器	KG3003 型	0～4%CH_4
高浓度瓦斯传感器	KG9001 型	0～100%CH_4
风速传感器	CW-1 型	0.3～15m/s
湿度传感器	KG3004A 型	0～40℃
组合传感器	KG9301 型	0～40℃　20～100%RH
设备开停传感器	KTC-90 型	3A 以上
CO 传感器	KG9201 型	$0\sim50\times10^{-6}$
O_2 传感器	KG8903 型	0～25%O_2
温度传感器	KG9301A 型	0～50℃
风门开闭传感器	KG92-Ⅰ型	380V/5A
声光报警器	AGS 型	—
断电控制器	KYD-Ⅰ/Ⅱ型	—

部分监测系统主要技术参数　表 7.5

系统技术参数	KJ4 系统	A-1 系统	TF-200 系统	AU-1 (CMM-20)系统	KJ90 系统	A-2 系统
系统容量	64 个工作站，可扩至 128 个	128 个检测点，可扩至 $N\times128$	输入，输出可无限，每个中心柜有 144 个电流型模输出，288 个脉冲型和开关型输出	20 个点	64 个分站，可扩至 128 个	单屏型(台)，3～5(工作站)；双屏型(台)，3～5(工作站)
检测周期	每个分站 1s	每点 0.2s	传输系统：一对一实时显示；计算机系统约 10s	每点检测周期 4s	每个分站 0.5s	可自行设置，正常 20
传输距离(km)	～25	>25	18～24	10	≥15	≥10
传输速率(b/s)	600	—	—	—	1 200	200
分站容量	8 个模量，8 个开关量，8 个控量	—	16 路，32 路	无分站	16 路，8 路模量，8 路数量	8 路模量，8 路开关量，2 路控制量
供电电源(V)	660/380/270	660/380	660/380/127	220	380/220/127	660/380/270
使用条件	0～40℃ ≤98RH	0～40℃ ≤98RH	−20～40℃ ≤90±3RH	5～40℃ ≤95RH	—	0～40℃ ≤98RH
传输方式	十分制	基带信息	频分制	空分制	十分制基带传输	调制频率(kHz)
传感器响应时间	—	<6s	—	—	—	<6s
系统巡检时间	≤30s	—	<27s	—	≤25s	≤30s

7.4　监控管理

7.4.1　瓦斯检测管理机构

全面准确地掌握隧道内的瓦斯信息，必须依靠切实可行的监测技术措施和科学严密的检测管理制度。提高瓦斯检测技术水平，加强监测管理，是瓦斯隧道施工安全的重要保障。

为及时、准确地了解和掌握隧道中瓦斯及气体有害气体的分布情况，项目部应成立瓦斯检测监控中心(单立或与调度室合并)，并设置相应瓦斯检测、监控小组，形成完整的瓦斯监测体系。

瓦斯检测监控中心组长一般由项目经理担任，副组长分别为项目副经理、总工程师，组员主要有安全质量部长、工程部长、安全员、工区长。

瓦斯检测小组由瓦检负责人及瓦检员组成，瓦检员数量必须确保满足各工作面瓦斯检测三班制轮流值班要求。

监控系统小组由经过培训、学习并考核合格的技术人员组成。

瓦斯检测体系岗位职责如下：

(1)组长、副组长的主要职责是全面负责小组内管理工作，制定并贯彻各项瓦斯管理制度，遇到危险情况采取应急措施。

(2)安全员的主要职责是检查监控系统小组人员的日常工作，指导监控小组成员进行瓦斯监控，负责检查瓦斯检测小组的交接记录及瓦斯检测日志，制订并执行奖罚措施。

(3)工区长主要监督、评核瓦斯检测小组的工作绩效、到岗情况、检测频率、检查范围等。

瓦斯检测小组 24h 洞内值班，进行瓦斯检测及“一炮三检”制度，做好瓦斯检查日常记录。当瓦斯浓度超过限定时，严格按照瓦斯隧道的施工要求执行命令，做好隧道内风速检测，保证隧道内空气清新。

监控系统小组按照三班制轮流值班，值班人员每小时填写一次瓦斯监测记录，一旦发现瓦斯超限或风机运转不畅的情况，及时向分管领导汇报，并随时与施工现场保持联系。

7.4.2　瓦斯检测管理制度

瓦斯隧道施工必须建立瓦斯管理机构，配足专业检测人员和监测设备，并健全瓦斯检测管理制度，满足如下要求：

(1)每月根据隧道生产部署，按照《铁路瓦斯隧道技术规范》(TB 10120—2002)、《公路隧道通风设计细则》(JTG/T D70/2-02—2014)《公路隧道照明设计细则》(JTG/T D70/2-01—2014)的要求编制隧道瓦斯检测计划图表，其内容应包括瓦斯检测地点、检测次数、巡回检测路线、巡回检测时间、检测人员的安排等。计划图表报总工程师批准后实施。瓦检员的配备符合《铁路瓦斯隧道技术规范》(TB 10120—2002)、《公路隧道通风设计细则》(JTG/T D70/2-02—2014)《公路隧道通风照明设计细则》(JTG/T D70/2-01—2014)中有关规定和安全生产的需要。

(2)瓦检员必须具有实践经验，掌握一定的通风、瓦斯知识和技能，经过专门培训、考核合格、持证上岗。在岗的瓦检员要参加定期培训，每次培训后进行考核、考试，不合格者不能上岗。瓦检员进入隧道必须携带便携式瓦检仪,要求一起完好,精度符合要求。

(3)瓦检员必须严格执行瓦斯检查计划图表的要求。每次检测的结果必须认真准确地记入瓦斯检测手册和记录牌上,并通知现场作业人员。瓦斯浓度超过规定时,瓦检员有权责令现场人员停止作业,撤离到安全地点,并采取措施进行处理。不能处理或超过处理权限时,应在瓦斯超限地点的通道入口处设置栅栏、揭示警标,并及时向隧道口值班室报告。

(4)瓦检员不得发生空班、漏检(瓦检员没执行巡回检测规定,造成分工区域应检测的地点一处或多处当班未检测瓦斯,或瓦检员没按规定次数检测,造成分工区域一处或多处检测点的检测次数少于规定次数)、假检;并做到隧道内相应记录牌板、检测手册、瓦斯台账“三对口”,即必须做到隧道检查地点的记录板、瓦检员随身携带的检测手册和瓦斯台账的数据完全一致。“三对口”主要包括检测地点、检测人姓名、检测日期、班次、检测时间、检测结果、瓦斯浓度等。

(5)瓦检员每班向通风值班室汇报检测情况,汇报的次数由总工程师根据隧道生产、安全状况、隧道环境条件的实际情况确定,瓦检员发现问题或安全隐患时及时汇报。洞口值班人员必须审阅瓦斯班报,掌握瓦斯变化情况,发现问题及时处理并向现场施工生产负责人汇报。瓦斯日报表由现场施工生产负责人审阅。

(6)建立瓦检员洞内手上交接班制度,严格执行。专职瓦检员在其负责检测的开挖工作面处交接班,交接班时间由工程师根据施工管理制度等因素确定,瓦检员不得提早离开检测地点到交接班地点等候交班,应避免分工区域长时间无人检测瓦斯等有害气体。交接班内容应包括分工区域内的通风、瓦斯、煤尘、防火、爆破和生产情况有无异常,是否需要下一班处理及应采取的措施;分工区域内的各种通风安全设施、装备的运行情况,是否需要维修、增加或拆除;分工区域内发现的各种“一通三防”隐患,当班处理的情况和需要继续处理的事项;相关工作的落实情况和需要请示的问题等。

7.4.3 设备维护与校检

(1)安全监控设备必须按照产品使用说明书的要求定期调校。

(2)安全监控设备使用前和大修后,必须按照产品说明书的要求测试、调校合格,并在地面试运行 24～48h 方能正式投入使用。

(3)每隔 10d 应对甲烷超限断电闭锁和甲烷风电闭锁功能进行测试。

(4)安全监测工必须 24h 值班,每天检查安全监控系统及电缆的运行情况,使用便携式甲烷检测报警仪与甲烷传感器进行对照,并将记录和检查结果报中心站值班室,当两者读数误差大于允许误差时,必须在 8h 内将两种仪器调准。

(5)安装在掌子面的甲烷传感器在爆破前应移动到安全位置,爆破后及时恢复设置到正确位置。对需要经常移动的传感器、声光报警器、断电控制器和电缆等,由班组长负责按规定移动,严禁擅自停用。

(6)传感器经过调校检测误差仍超过规定值时,必须立即更换;安全监控设备发生故障时,必须及时处理,在更换和故障处理期间必须采用人工监测等安全措施,并填写故障记录。

(7)安全监控系统的主机及系统联网主机必须双机或多机备份,24h 不间断运行。当工作主机发生故障时,备份主机应在 5min 内投入工作。中心站应双回路供电并配备不小于 2h 在线式不间断电源。中心站设备应有可靠的接地装置和防雷装置,联网主机应装备防火墙等网络安全设备。

(8)安全监控日报应包括表头、打印日期和时间、传感器设置地点、所测物理量名称、平均值、最大值及时刻、报警次数、累计报警时间、断电次数、累计断电时间、馈电异常次数及时刻和馈电异常累计时间等。

(9)隧道项目部必须绘制隧道施工安全监控布置图和断电控制图,并根据施工区域的变化情况及时修改。布置图应标明传感器、声光报警器、断电控制器、分站、电源、中心站等设备的位置、接线、断电范围、报警值、断电值、复电值、传输电缆、供电电缆等;断电控制图应标明甲烷传感器、馈电传感器和分站的位置、断电范围、被控开关的名称和编号、被控开关的断电接点和编号。

(10)项目部应建立安全监控设备检修室,负责本项目安全监控设备的安装、调校、维护和简单维修工作。未建立检修室的项目部应将安全监控仪器送到有资质的检修中心进行调校和维修。

(11)安全监控设备检修室应配备甲烷传感器和测定器校验装置、稳压电源、示波器、频率计等,具备条件的还应配备甲烷校准气体配气装置、气相色谱仪或红外线分析仪等。

第8章 公路瓦斯隧道施工瓦斯涌出治理技术

《铁路瓦斯隧道技术规范》(TB 10120—2002)3.1.1条规定:"确定隧道位置时,应经过技术经济比较,绕避煤系地层及其他含瓦斯底层,难以绕避时,宜以较短距离通过。""隧道穿越或邻近煤系地层和其他含瓦斯地层时,应开展瓦斯隧道的地质工作,其范围应较一般隧道适当扩大,内容适当加深,其成果应满足隧道设计和施工的需要。"3.2.1条规定:"瓦斯隧道勘测时,应调查、收集邻近煤矿和油气田的既有资料,包括区域性地质、矿产地质、水文地质、有害气体的实测资料,油气田、气井资料及有关瓦斯赋存、突出的其他地质资料,包括地质平面图、剖面图、煤系柱状图、煤层对比图、钻孔资料、井田勘察报告及各阶段地质报告等。"应对区域内有关瓦斯矿井通风和煤与瓦斯突出的历史记载和实测资料进行核实,瓦斯隧道的地质工作除查明一般地形、地貌、工程地质、水文地质条件外,应着重调查和确定隧道的瓦斯来源,隧道通过的地层层序、年代、岩层种类及含煤地层的分布,煤层数及顶底板特征和位置,煤层厚度、倾角,隧道穿煤里程及长度。煤层的主要物理性质和指标以及工业成分分析,包括颜色、光泽、重度、硬度、水分、挥发分、固定碳、瓦斯含量、瓦斯压力及瓦斯放散初速度等。煤的自燃及煤尘爆炸性判断,煤与瓦斯突出危险性判断。煤层的瓦斯带和瓦斯风化带位置,查明形成瓦斯的地质构造,包括煤层、油页岩层所处的构造部位,天然气的生成、运移、储集、封闭条件及影响因素,地下水对天然气运移、储存的影响。

瓦斯隧道除应按一般隧道布置勘探工作外,尚应适当增加钻孔密度,采取煤样和气样进行成分分析,并在现场进行瓦斯及天然气含量、涌出量、压力等的测试工作。工程地质报告应有专门篇章评述煤层、瓦斯和天然气的情况,以及瓦斯地质分析、采空区及压煤量、邻近的煤矿和油气田、气井情况、隧道瓦斯严重程度预测及对工程的影响。

瓦斯隧道施工期间,应进行瓦斯赋存复查工作。对于揭露的煤层,应取样复测煤层的瓦斯含量,具体勘测方法见总则中相关论述。

8.1 概述

8.1.1 瓦斯涌出的形式

隧道揭露含瓦斯煤层或地层时均有瓦斯涌出,一般认为瓦斯涌出有如下三种形式:

(1)正常涌出。瓦斯从煤层、岩层以及采落的煤(矸石)中比较均匀地释放出瓦斯的现象即为正常式涌出瓦斯,是瓦斯涌出的主要形式。

(2)喷出式瓦斯涌出。大量瓦斯在压力状态下,从肉眼可见的煤、岩裂缝及空洞中集中涌出即为喷出式瓦斯涌出。一般都伴随有声响效应,如吱吱声、哨声、水的沸腾声等。目前还缺乏鉴别瓦斯喷出的定量标准,一般认为,在正常通风的条件下,短时间内使巷道瓦斯浓度严重超限,并持续一定时间(少则几十分钟,多则几年)的瓦斯涌出属于瓦斯喷出。

(3)突出式瓦斯涌出。煤(岩)与瓦斯(甲烷或二氧化碳)突出是含瓦斯的煤、岩体,在压力(地层应力、重力、瓦斯压力等)作用下,破碎的煤解吸的瓦斯从煤体内部突然向采掘空间大量喷出的一种动力现象。突出过程中,瞬间瓦斯涌出量及瓦斯涌出总量是非常惊人的。

8.1.2　瓦斯涌出治理的目的和意义

瓦斯涌出治理的目的主要是防止隧道回风流中瓦斯超限、瓦斯窒息、煤与瓦斯突出以及瓦斯喷出等重大瓦斯事故的发生,加强对隧道内瓦斯涌出的控制与管理,其次是改善隧道内作业环境,降低工作场所内有毒有害气体所占比重。

8.1.3　瓦斯涌出治理的基本方法

1)加强瓦斯涌出量预测及超前探测

隧道所穿越煤系地层的瓦斯参数主要来源于地勘期间对煤层或煤系地层瓦斯含量的测定,测定方法可以根据地质勘探行业标准《地勘时期煤层瓦斯含量测定方法》(AQ 1046—2007),同时可以结合周围地质情况相似的同一煤层邻近矿井的实测资料进行综合分析,得到不同埋藏深度条件下的煤层瓦斯含量及瓦斯赋存规律,对隧道施工范围内最高瓦斯含量和瓦斯压力进行测算,瓦斯涌出量预测等。其次在揭露含瓦斯煤层或地层前应加强超强钻孔探测,及时掌握隧道前方未揭露区域的瓦斯赋存情况和地质构造的赋存等。

2)风排瓦斯

瓦斯隧道的通风必须做到,根据隧道揭露的地层含瓦斯等有害气体的情况,准确计算供风量、用机械通风,风流要连续稳定,通风系统尽可能简单,便于调节风量。还要有足够的风量和风速,避免循环风,减少漏风,局部通风风筒末端要靠近工作面,放炮时间内也不能中断通风等。

3)瓦斯抽放

瓦斯抽放是一项集技术、装备和效益于一体的工作。因此,要做好瓦斯抽放工作、应注意如下几条原则:

(1)抽放瓦斯应具有明确的目的性,即主要是降低风流中的瓦斯浓度,改善隧道施工的安全状况,并使通风处于合理和良好状况;因此应尽可能在瓦斯进入矿井风流之前将它抽放出来。在实际应用中,瓦斯抽放还可作为一项防治煤与瓦斯突出的措施单独应用。此外,抽出的瓦斯又是一种优质能源、只要保持一定的抽放瓦斯量和浓度,则可加以利用。从而形成“以抽促用,以用促抽”的良性循环。

(2)抽放瓦斯要有针对性,即针对隧道瓦斯来源,采取相应措施进行抽放。目前认为,隧道瓦斯来源主要包括:隧道已揭露煤层瓦斯涌出(揭露过程中和揭露后的瓦斯涌出)、隧道施工区域前方含瓦斯煤层的瓦斯涌出和隧道施工区域岩层瓦斯涌出(含瓦斯地层或岩层涌向开采空间的瓦斯),这些瓦斯来源是构成隧道内瓦斯涌出量的组成部分。在瓦斯抽放中应根据这些瓦斯来源,并考虑抽放地点时间和空间条件,采取不同的抽放原理和方法,以便进行有效的瓦斯抽放。

(3)要认真做好抽放设计、施工和管理工作等,以便获得好的瓦斯抽放效果。因此,在设计时,首先应了解清楚隧道施工区域地质、煤层赋存、瓦斯赋存规律等条件,围岩瓦斯的有关参数,预测隧道瓦斯涌出量及其组成来源。在此基础上,选择合适的抽放方法,确定可靠的抽放规模,设计一套合理的抽放系统。其次,在抽放瓦斯的开始阶段,还应进行必要的有关参数考查测定,以确定合理的抽放工艺和参数;在正常抽放时,要全面加强管理,积累资料,不断总结经验,从而使抽放瓦斯工作得到不断改进和提高。

4)积聚瓦斯排放

所谓瓦斯积聚,是指隧道开放空间内,体积大于 $0.5m^3$ 的空间内积聚的瓦斯浓度达到 2% 的现象。

隧道瓦斯超限的主要原因是通风效果不佳,其次是发生瓦斯局部积聚和瓦斯突然涌出。此外,隧道在临时停电、停风或者坍塌的情况下都容易造成局部瓦斯积聚。国内外的煤矿、隧道瓦斯爆炸事故分析表明,约一半以上的爆炸事故是由局部瓦斯积聚引发的。通常,在停风区、顶板冒落空洞、隧道断面形状突变处、人行(车行)横通道处、二衬台车处以及洞壁不平齐处等均易聚集瓦斯,因此,当发生瓦斯积聚时,对积聚瓦斯的安全、有效的排放就显得尤其重要。

8.2 风排瓦斯技术

通风是防止瓦斯积聚的基本方法,具体有以下几种方法:增加隧道内的平均风速,使瓦斯随风流排出;改变局部地区风流的风向和风量,迫使风流流向瓦斯积聚地点;加大顶板附近的风速,防治顶板瓦斯积聚。下面分别进行介绍。

8.2.1 增加风速和风量排出瓦斯

准确预测瓦斯隧道的瓦斯涌出量,并通过瓦斯涌出量计算所需风量。一般认为,防止瓦斯层状积聚的平均风速不得低于 0.5~1m/s,当瓦斯涌出量增加时可适当增加风量和风速,使瓦斯与空气充分地紊流混合。但风速不得超过相关法律法规规定的最高风速,《煤矿安全规程》规定,采煤工作面、掘进中的煤巷和半煤岩巷的最高风速不应超过 4m/s,主要进风巷和回风巷的最高风速不应超过 8m/s。也有最低风速的要求,即不得低于 0.15m/s,这对公路瓦斯隧道施工具有指导意义。

隧道中风流质点的运动状态是极其复杂的,可以利用平均值代替真实风速值,这个平均值称为时均风速,即通常所说的隧道断面上某点的风速。采用时均风速后,隧道中空气的流动一般可视为定常流(稳定流)。由于空气的黏性和隧道壁面摩擦影响,隧道断面上的风速分布是不均匀的,如图 8.1、图 8.2 所示。设断面上任一点风速为 v_i,则隧道断面的平均风速 v 为:

$$v = \frac{1}{S}\int_S v_i \mathrm{d}S \tag{8.1}$$

式中：S——断面积；

$\int_S v_i \mathrm{d}S$——通过断面 S 上的风量 Q。

则：

$$Q = v \cdot S \tag{8.2}$$

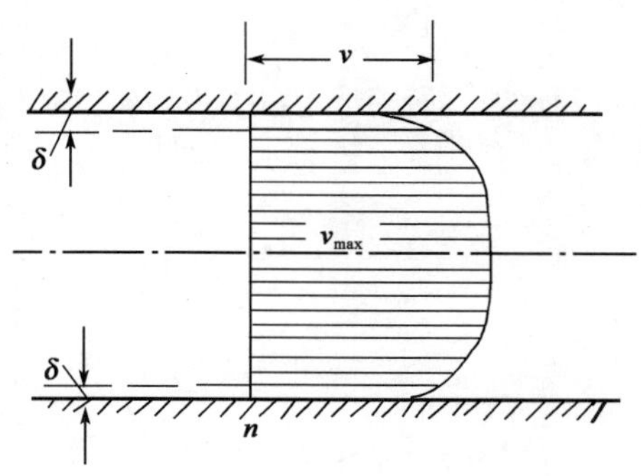

图 8.1　紊流中的速度分布

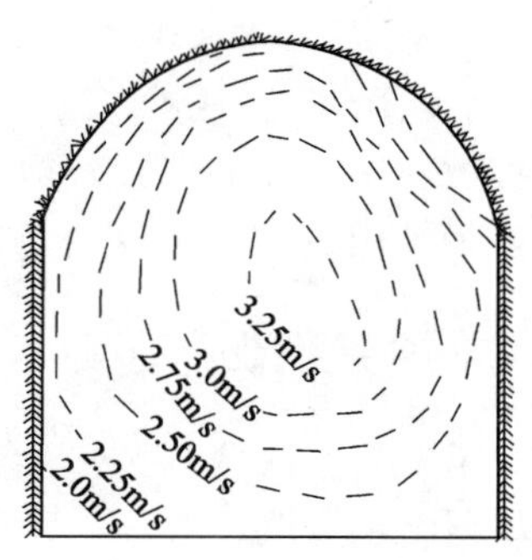

图 8.2　巷道断面等风速线分布

8.2.2　改变局部风流风向

改变一部分风流流经瓦斯积聚区域，将该处积存的瓦斯冲淡排出。具体做法是在瓦斯积聚地点附近设置木板隔墙或帆布风障，迫使一部分风流经瓦斯涌出点后，再排入回风流中。也可用风筒接岔（俗称风袖）引入风流吹散瓦斯。

8.3　瓦斯抽放技术

瓦斯抽放是指为了减少和解除瓦斯对隧道施工的威胁，利用机械设备和专用管道造成负压，将煤层或岩层中存在或释放出来的瓦斯抽出来，输送到地面或其他安全地点的方法。抽放瓦斯的目的有两方面，一是预防瓦斯超限、确保隧道的施工安全；另一方面是作为区域性或局部防突措施来使用，预防隧道揭露煤层过程中发生煤与瓦斯突出的现象。

8.3.1　抽放方式

隧道施工过程中的瓦斯抽放主要是钻孔超前预抽待揭煤层瓦斯，可以分为穿层钻孔抽放和顺煤层钻孔抽放。

本煤层预抽瓦斯是钻孔打入未卸压的原始煤体进行抽放瓦斯，其抽放效果与原始煤体的透气性和瓦斯压力有关。煤层透气性系数越小，瓦斯压力越低越难抽出瓦斯，煤层抽放难易程度按表 8.1 确定。

煤层可抽放性分类　　表 8.1

类　别	百米钻孔瓦斯流量衰减系数	煤层透气性系数($m^2 \cdot MPa^{-2}d^{-1}$)
容易抽放	<0.003	>10
勉强抽放	0.003～0.05	10～0.1
难以抽放	0.05	<0.05

这种抽放方法的特点是常常受到施工工期的影响,抽放时间不长,影响抽放效果,并且它主要适用于煤层赋存条件稳定、地质变化小的厚煤层。

穿层钻孔抽放是在隧道施工区域,通过煤层顶板或底板施工钻孔并穿透煤层,对钻孔封孔后安装抽放管路并与抽放系统连接进行瓦斯抽放,这种抽放方法的特点是施工方便、钻孔气密性好且抽放时间长。穿层钻孔抽放还可以充分利用煤层顶底板的密封性,从而达到较高的抽放效果。

此外抽放瓦斯系统的建设必须有抽放瓦斯工程初步设计和施工设计,前者供上级主管部门的审批立项之用,后者为工程施工提供依据。

8.3.2　抽放参数

1)抽放量的确定方法

预抽煤层瓦斯有两个方面的作用:一是预抽煤层瓦斯后对煤层起到卸压作用,预防煤与瓦斯突出;二是降低煤层瓦斯涌出量,防止由于瓦斯涌出量过大造成瓦斯超限。因此,在抽放设计中,对瓦斯抽放量的确定应从以上两方面分别计算。

(1)按照防治煤与瓦斯突出。

根据煤炭行业相关标准:"突出煤层工作面采掘作业前必须将控制范围内煤层的瓦斯含量降到煤层始突深度的瓦斯含量以下或将瓦斯压力降到煤层始突深度的煤层瓦斯压力以下。若没能考察出煤层始突深度的煤层瓦斯含量或压力,则必须将煤层瓦斯含量降到 $8m^3/t$ 以下或将煤层瓦斯压力降到 0.74MPa(表压)以下。按照煤炭行业《防治煤与瓦斯突出规定》,则隧道揭煤的控制范围为巷道轮廓线外 12m 以上(急倾斜煤层底部或下帮 6m)。"

因此,瓦斯抽采量按照式(8.3)计算:

$$Q = \frac{K \cdot h \cdot L \cdot \gamma \cdot X \cdot \eta}{365 \times 1\,440 \cdot t} \tag{8.3}$$

式中:Q——抽放瓦斯量,m^3/min;

K——围岩瓦斯含量系数;

h——煤层厚度,m;

L——预抽瓦斯控制范围斜长,m;

γ——煤层密度,kg/m^3;

X——瓦斯含量,m^3/t;

η——抽放率;

t——抽放时间,min。

其中抽放率按照煤层地勘期间或实测的煤层原始瓦斯含量综合确定。

(2)按照通风能力确定瓦斯抽放量。

从安全角度考虑,煤层应抽出的瓦斯量为:

$$\Delta I \geqslant I - I_p \tag{8.4}$$

式中：ΔI——为保证通风安全所需抽放的瓦斯量，m^3/min；

I——隧道瓦斯涌出量，m^3/min（瓦斯涌出量测算方法见附录13）；

I_p——通风所能允许的最大瓦斯涌出量，m^3/min。

根据《煤矿安全规程》规定的总回风上限瓦斯浓度为0.75%，则允许最大风排瓦斯量I_p可由风量计算得到。考虑风量备用系数1.8，则隧道允许最大风排瓦斯量为$1.8I_p$。

则隧道需抽放的瓦斯量为：

$$\Delta I \geqslant I - I_p \tag{8.5}$$

2)抽放时间确定

抽放时间主要是由现场施工情况和煤层透气性系数两方面综合确定，煤层透气性系数较低时，可以适当增加抽放时间和抽放钻孔密度达到抽放效果。

根据目前煤炭行业《矿井瓦斯抽采达标暂行规定》，抽放时间的理论确定应采用残余可解吸瓦斯含量或残余瓦斯压力确定，没有考察出具有突出危险的煤层临界瓦斯压力或含量时，分别按照0.74MPa、$8m^3/t$取值并结合抽放量、煤层原始瓦斯含量等理论计算抽放时间。

8.3.3 抽放系统

1)抽放系统的设计

抽放瓦斯系统的建设必须有抽放瓦斯工程初步设计和施工设计，前者供上级主管部门审批立项之用，后者是工程施工的依据。编制抽放瓦斯设计要以上级批准的设计任务书和经审批的《抽放瓦斯可行性论证报告》提供的瓦斯基础参数为依据。设计任务书的主要内容包括抽放目的、抽放规模、抽放量预计、工程量和投资估算以及经济效益等，设计任务书一般由生产单位与承担设计单位共同编制，按隶属关系报上级批准后下达。

(1)设计必需的基础资料。

隧道施工区域的地质资料、需揭露煤层的赋存条件、周围邻近矿井开采相同煤层过程中的瓦斯情况(包括实测煤层瓦斯压力、含量)等基本参数，以及根据施工需要确定抽放率等。

(2)抽放瓦斯的可行性论证。

隧道建立抽放瓦斯系统时，应进行瓦斯抽放的可行性论证，且论证报告应由专业科研机构编写。抽放瓦斯可行性论证报告应详细阐述抽放瓦斯的必要性与可行性。其主要内容包括隧道施工区域地质与煤层赋存条件，开挖方式，瓦斯涌出情况，瓦斯储量与可抽瓦斯量计算，抽放方案与抽放量预计，抽放规模与抽放服务年限，投资估算与经济效益评价以及瓦斯利用等。

(3)抽放瓦斯工程设计的编制。

抽放瓦斯工程设计包括设计说明书、机电设备与器材清册、投资概算和施工图纸四个部分。设计说明书内容包括隧道概况、施工区域含瓦斯煤、岩层的基础资料、抽放参数的计算、瓦斯泵站的建设、供电系统与设备、劳动组织与经济技术指标等；机电设备与器材清册要详列全部瓦斯抽放工程所需的设备和主要器材的名称、型号、规格、数量等；投资概算书详列各项目名称与金额，包括土建工程、主要材料、设备和安装施工费，价差预备费，建设期贷款利息，国家或上级规定的其他费用以及总投资等；施工图纸主要有泵房建筑、设备安装、供水、供电、采暖、照明、抽放瓦斯钻孔布置、钻孔施工与密封、瓦斯管路系统与安装、抽放瓦斯监控与安全设施安装等施工图纸。

2)抽放系统的构成

预抽钻孔经封孔后,需接入到瓦斯抽放系统中,完整的抽放系统应由抽放管路系统和抽放泵房系统组成,如图 8.3 所示。

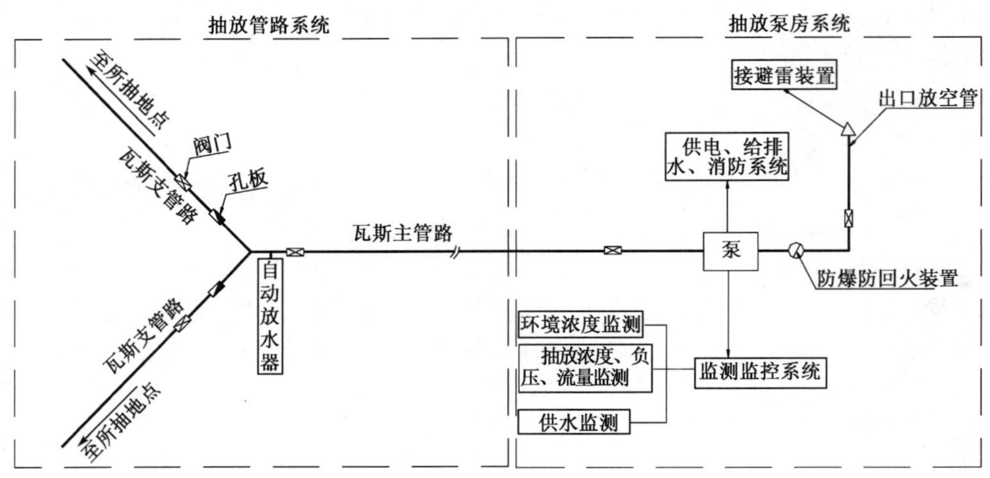

图 8.3 抽放系统示意图

(1)抽放管理系统。主要包括抽放管汇支管扫把头系统(图 8.4)、孔板流量参数测定系统(图 8.5)、支管汇主管系统(图 8.6)。

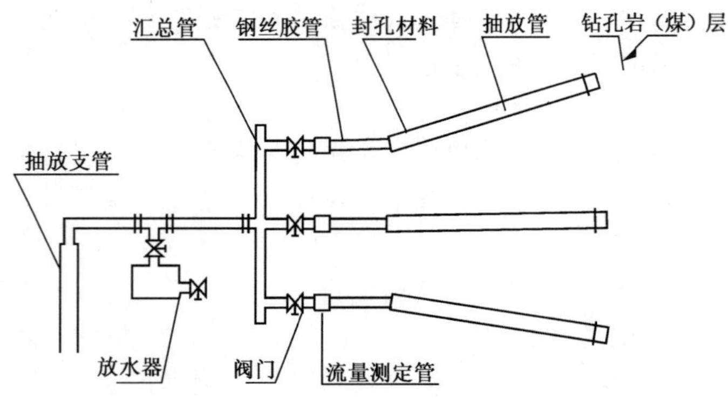

图 8.4 抽放管汇支管扫把头示意图

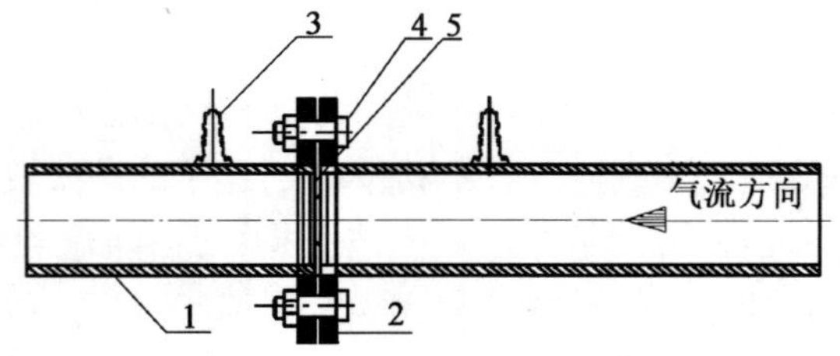

图 8.5 孔板流量参数测定示意图

1-管路;2-法兰盘;3-压差计接头;4-连接螺栓;5-孔板

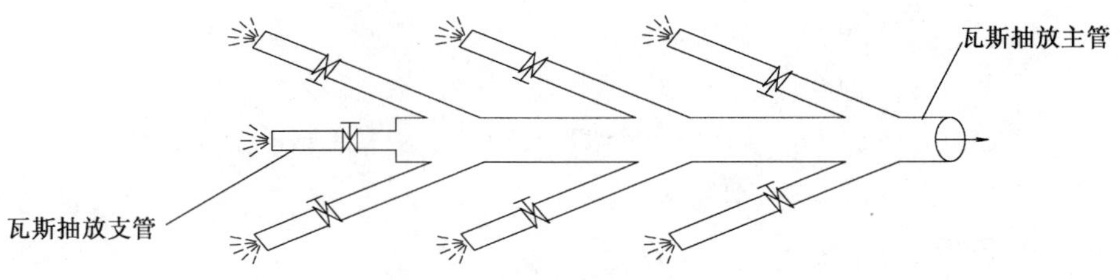

图 8.6 支管汇主管系统示意图

(2)抽放泵房系统。主要包括抽放泵、监控系统、供电、给排水、消防系统、防爆避雷系统等,如图 8.7 所示。

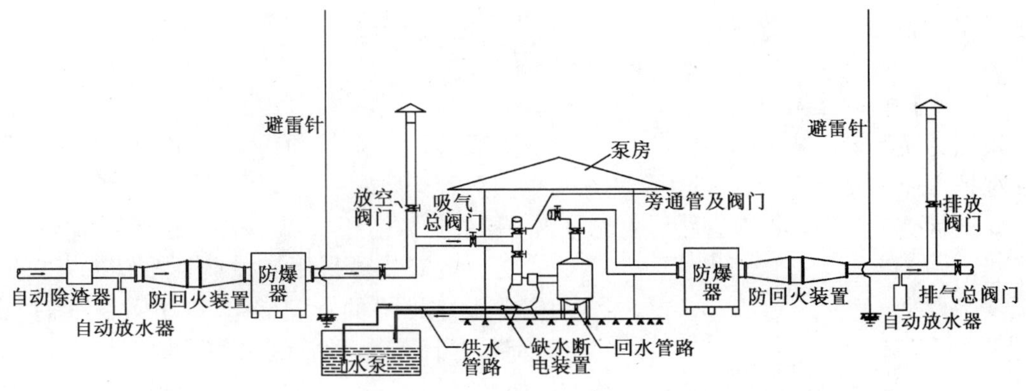

图 8.7 抽放泵房示意图

3)抽放管径的计算

根据煤炭行业《煤矿瓦斯抽采工程设计规范》(GB 50471—2008)相关规定,抽采管路管径可根据主管、干管、分管、支管中不同的瓦斯流量,按照式(8.6)计算:

$$d = 0.1457\left(\frac{Q}{V}\right)^{\frac{1}{2}} \tag{8.6}$$

式中:d——管路内径,m;

Q——管路内混合瓦斯流量,m^3/min,各类管路流量按照使用年限或服务区域内的最大值确定,应有 1.2~1.8 的富余系数;

V——经济流速,m/s,取 5~12m/s。

4)管路阻力损失的计算

管路阻力分为直管摩擦阻力和管道局部阻力,直管摩擦阻力按照式(8.7)计算:

$$H_{直} = 69 \times 10^5 \times \left(\frac{\Delta}{d} + 192.2\frac{\nu_0 d}{Q_0}\right)^{0.25} \frac{L\rho Q_0^2}{d^5}\frac{P_0 T}{PT_0} \tag{8.7}$$

式中:$H_{直}$——阻力损失,Pa;

L——直管长度,m;

Q_0——标准状态下的瓦斯流量,m^3/h;

d——管道内径,mm;

ν_0——标准状态下的瓦斯运动黏度,m^2/s;

ρ——混合瓦斯对空气的相对密度;

Δ——管道内壁的当量绝对粗糙度,mm;

P_0——标准状况下的大气压力,Pa;

P——管道内气体的绝对压力,Pa;

T——管道中的气体温度为 t 时的绝对温度($T=273+t$),K;

T_0——标准状态下的绝对温度($T_0=273+20$),K;

t——管道内气体的温度。

抽放管路阻力损失计算应选择抽放系统服务范围内最长、抽放困难时的管路系统进行计算。局部阻力损失按直管阻力损失的20%计算,则局部阻力损失为:

$$H_{局} = H_{直} \times 0.2 \tag{8.8}$$

则总阻力损失为:

$$H_{总} = H_{直} + H_{局} \tag{8.9}$$

5)抽放管路的选型与安装

根据瓦斯隧道内防火、防静电的要求,瓦斯抽放管材应符合抗静电、耐腐蚀、阻燃、抗冲击、安装维护方便等要求,一般应选用矿用聚乙烯塑料管。如果采用金属管道,则所有金属管路外表均要进行防锈处理。即在管路外表先涂刷二层红丹防锈漆,再刷一层油性调和漆。

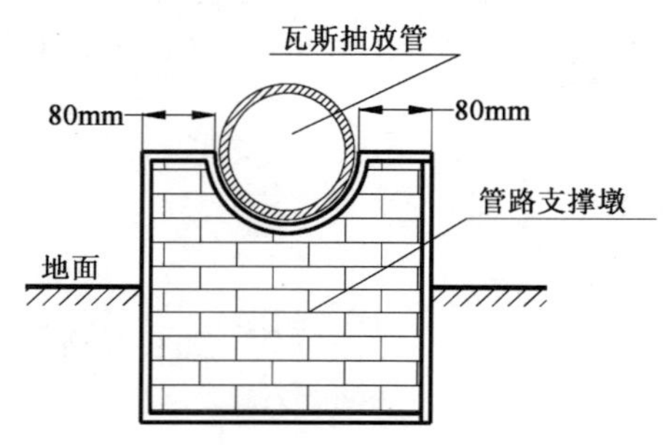

图8.8　瓦斯抽放管道支撑墩安装方式

管路的安装可采用隧道侧帮吊挂安装方式,同时必须制定严格的管理措施,以防运输车辆损坏抽放管路。当瓦斯管路安装采用沿地表架空敷设方式时,架空高度0.5m,每隔5~6m设置一个支撑架(支撑墩),必要时在支撑墩上设半圆形管卡固定管路,以防管路滑落。地面管路敷设方式如图8.8所示。

管路系统安设完毕后,应对管路系统的气密性进行检查,可采用压缩空气试压,其压力不得小于0.15MPa,稳压时间不少于24h。管道转弯时,要尽量多加设弯头,避免直弯,以减少阻力损失。在瓦斯抽放干管、支管以及钻孔连接装置上均应设置测压嘴,以便人工能经常观测管内压力。测压孔高度设计为40mm,选用内径6mm的紫铜管,在安装管路之前预先焊接完好,日常用密封罩罩住或用细胶管套紧捆扎,以防漏气。测压嘴还可作为取气样孔,取出气体进行气体成分分析或测定瓦斯浓度。抽放管路及管路拐弯、低洼,温度突变处及沿管路适当距离(间距一般为200~300m,最大不超过500m)应设置放水器,及时放空抽放管路中的水,提高系统抽放效率。在地面管路排气端低凹处还应设置正压放水器,自动放水器的设置方式如图8.9所示。

6)抽放泵的选型

抽放泵的选型主要考虑最大流量和抽放泵压力两个方面,最大流量应能满足抽放系统理论计算的最大抽放量的需要。

根据《煤矿瓦斯抽采达标暂行规定》:瓦斯抽采泵和管网的能力要留有足够的富余系数,备用泵能力应不小于运行泵中最大一台单泵的能力。运行泵的装机能力应不小于瓦斯抽采达标时应抽采瓦斯量对应工况流量的2倍,即:

$$Q_{泵} = 2 \times \frac{100 \times 抽采达标时抽采量 \times 标准大气压力}{抽采瓦斯浓度 \times (当地大气压力 - 泵运行负压)} \tag{8.10}$$

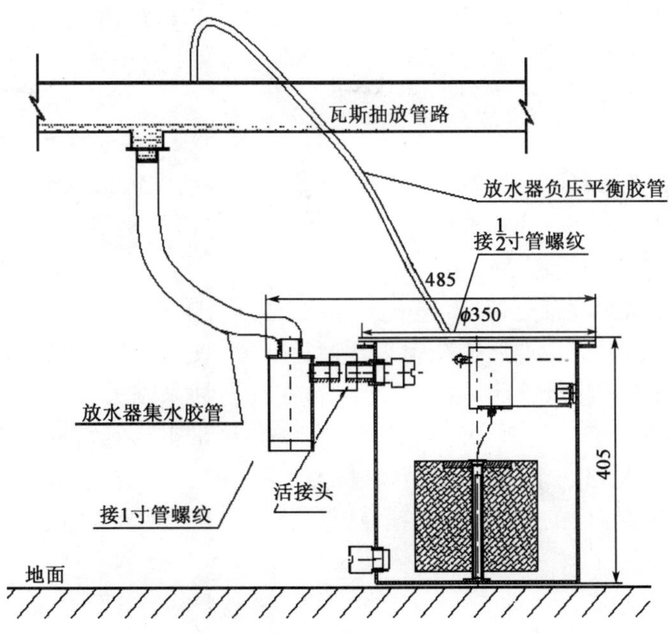

图 8.9　自动放水器设置方式(尺寸单位:mm)

抽放泵的压力要求是泵压必须克服抽放管路系统的总阻力损失和保证抽放钻孔有足够的负压,并能满足泵的出口正压的需求,瓦斯泵压力按照式(8.11)计算:

$$H_{泵} = (H_{总} + H_{孔} + H_{正}) \cdot K \tag{8.11}$$

式中:$H_{总}$——抽放管路总阻力,Pa;

$H_{孔}$——钻孔所需负压,Pa;

$H_{正}$——瓦斯泵出口正压,Pa;

K——抽放备用系数。

根据上述计算结果,查询有关厂家的真空泵曲线,即可确定抽放泵的型号。因目前我国的真空泵曲线都是按工况状态下的流量绘制的,所以还需按式(8.12)把标准状态下的抽放泵流量换算成工况状态下的流量:

$$Q_{工} = \frac{Q_{泵} \cdot P_0 \cdot T}{P_j \cdot T_0} \tag{8.12}$$

式中:$Q_{工}$——工况状态下的瓦斯泵流量,m^3/min;

$Q_{泵}$——标准状态下的瓦斯流量,m^3/min;

P_0——标准大气压力(P_0=101 325),Pa;

P_j——瓦斯泵入口绝对压力,Pa;

T——瓦斯泵入口瓦斯的绝对温度(T=273+t),K;

T_0——按瓦斯抽放行业标准规定的标准状态绝对温度(T_0=273+20),K;

t——瓦斯泵入口瓦斯的温度,℃。

7)抽放泵房建设

(1)场地选址。

抽放泵房场地选址应符合以下要求:抽放泵房距隧道口距离应大于 50m,并用围墙隔离,同时保证泵房周围20m范围以内严禁明火;泵站位置便于利用瓦斯和敷设管路;场地运输、供水和供电方便;场地不受洪涝威胁且工程地质条件可靠,没有滑坡、溶洞、断层破碎带及塌陷区。

(2)抗震及防雷设施。

抽放泵房设计前,根据建、构筑物重要性和荷载情况对场地进行施工阶段详细勘察。并根据《中国地震动参数区划图》(GB 18306—2001),确定所属区域地震基本烈度,根据相关建筑物抗震设计规范确定抗震烈度。

应在抽采站房房顶上设置避雷针,并引下接地,达到防雷的目的。

在瓦斯抽采站按相关规定设避雷线保护瓦斯排放管,在瓦斯抽采站房顶设置避雷带防感应雷。在变配电所设工作接地,接地电阻小于4Ω;在瓦斯抽采站分别设防雷接地和防感应雷接地,接地电阻均小于10Ω。瓦斯泵房设架空避雷线防直击雷。避雷针直接顺杆引下线与接地极板焊接接地,接地电阻小于4Ω。建筑物内的设备、管道、构架、电缆金属外皮、钢屋架、钢窗等较大金属物和突出屋面的放散管、风管等金属物,均应接到防雷电感应的接地装置上,接地电阻小于10Ω。

此外,处于山区的隧道施工地点,雷害比较严重,避雷要注意以下几点:泵房房顶应安防雷网;避雷针接地电阻不得大于4Ω,达不到要求的要增加接地极;瓦斯抽采泵房内所有设备的金属外壳都应接地,金属走线架、水管等金属物必须接地;为防止井下瓦斯抽采管路带电,瓦斯抽采管路在井口处设置不少于两处的良好集中接地装置;瓦斯抽采泵供电采用四芯电缆,其中一芯接地;防雷设施施工设计必须由具有专业资质的相关部门或设计单位进行设计、安装。

(3)消防及给排水、供电照明设施。

抽放泵房应配备消防设施,可利用给水管网作为消防水源。室外消防系统采用临时高压消防系统,消防水量按火灾延续时间计算。在抽放泵站工业场地内沿道路布置环状生活消防合用管网,并设置室外地下式消火栓。此外还应配备手提式磷酸铵盐干粉灭火器具和消防斧、消防桶、防火衣等。

分别建立生活、消防给水系统和冷却循环给水系统,瓦斯泵的冷却用水为循环水,不向外排放,生活污水经污水管道收集进入低负压抽采泵站,化粪池处理后排入工业场地附近的河流。

瓦斯抽放泵站的电力负荷为矿井一级负荷,必须保证有两回路电源,且备用回路应带电备用,当一回路电源发生故障时,另一回路电源及时投入运行。抽放泵站电缆线路必须采用不延燃电缆,电气设备选用矿用防爆型,并按有关要求装设过电流、漏电、接地保护,并经常保持灵敏可靠。在瓦斯泵站内和值班室的照明灯具选用隔爆型灯具。

(4)环保及绿化设施。

抽放站生活污水需经污水管道收集处理后达到《污水综合排放标准》(GB 8978—1996)的要求后排入工业场地附近的河沟内。绿化在防治污染、保护和改善环境方面,起着特殊的作用,它具有较好的调温、调湿、吸灰、吸尘、改善气候、净化空气、减弱噪声等功能;抽放泵站周围应种植速生、高大、树冠丰满的树种,设置绿化带,降低噪声和净化空气。

8)安全装置

抽出瓦斯需利用时,应在瓦斯泵房进、出气端安设防爆、防回火、防回气及放空管等附属安全装置。若抽出瓦斯直接排空不利用时，则在瓦斯泵房出气端安设防爆、防回火、防回气及放空管等附属安全装置。

防回火器设置方式如图 8.10 所示。

8.3.4　抽放监测系统

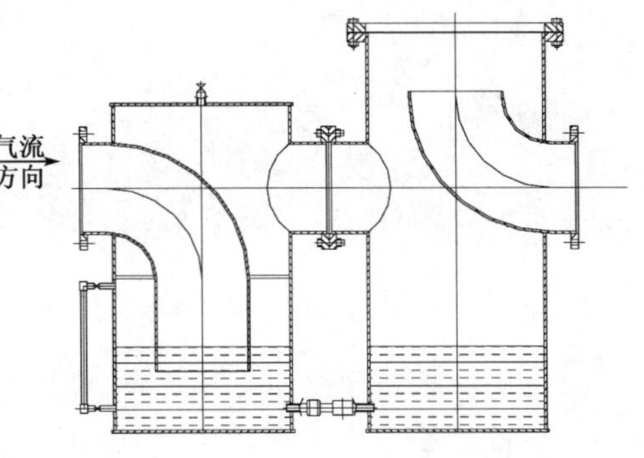

图 8.10　防爆防回火器设置方式

1)监测参数

(1)抽放管道参数监测。对隧道抽采管道内气体的流量、温度、压力、甲烷浓度、一氧化碳浓度等进行连续监测，自动计算管道标况瓦斯混合量及累计量、标况瓦斯纯量及累计量，并能自动记录、查询、打印各类数据和报表，采用 V 形锥流量传感器、红外传感器等监测管道参数，当监测点数据超过设定报警值时，及时发出声光警报信号，如图 8.11所示。

(2)环境参数监测。对瓦斯泵房和管道走廊的环境瓦斯浓度、环境温度等进行连续监测。采用甲烷浓度传感器、温度传感器等监测泵房、管道走廊环境参数，当监测点甲烷浓度、温度超过设定报警值时，及时发出声光警报信号。

(3)工况参数监测。对真空泵轴温、电机轴温、真空泵开停状态、阀门开闭状态、防爆安全装置压差等进行连续监测。采用温度传感器、开停传感器、压力传感器等监测抽采泵工作参数，当监测点数据超过设定报警值时，及时发出声光警报信号。

(4)供水参数监测。对真空泵供水状态、热水池水位、水温、冷却水池水位、水温等进行连续监测。采用供水传感器、压力传感器、液位传感器、温度传感器等监测真空泵的供水状态，当监测点数据超过设定报警值时，及时发出声光警报信号。

(5)供电参数监测。对真空泵供电电压、电流、功率、功率因数等进行连续监测，当监测点数据超过设定报警值时，及时发出声光警报信号。

2)监测方法

(1)人工检测。采用 WGCB 瓦斯管道抽放参数测定仪对管道内的瓦斯浓度、抽放负压、压差和温度 4 个参数进行定期检测。对于连接于支管上每个钻场内的汇流管，可以安装孔板流量计进行瓦斯抽采参数测定，也可以不安装孔板流量计，而使用皮托管和压差计对支管和单孔进行抽采参数测定，从而对日常抽采量进行统计。

(2)自动监测。瓦斯抽放监测系统包括系列化的传感器测量管道内流量、瓦斯浓度、温度、压力，罐内瓦斯浓度、抽放泵开停状态，循环水池水位及水温，泵房环境瓦斯浓度及温度，轴温及罐高、罐压等。具有实时运算每分钟的工况流量、抽放混合流量、纯流量及累计流量，具有温度、压力修正补偿功能，其数据可通过隧道安全监控系统局域网实现共享，实物如图 8.11 所示。

3)控制系统

瓦斯抽采泵站控制方式采用就地控制和集中控制两种。具体有以下控制内容：

(1)对真空泵、循环水泵分别实现就地和集中开停控制；对冷却塔电机实现集中开停控制。

图 8.11　抽放管道流量传感器

(2)对通风机、暖风机实现就地和集中开停控制(也可多台合为一组分组控制)。

(3)通风机与环境瓦斯监测传感器实现联动,即环境瓦斯浓度超限时自动开启通风机排风,瓦斯浓度降至规定值以下时自动停止。当环境瓦斯浓度在一段时间内仍不能降到规定值以下时自动停止真空泵。

(4)暖风机与环境温度传感器实现联动,即环境温度低于规定值时自动启动暖风机供热,当环境温度超过设定报警值时自动停止。

(5)通风机与暖风机冬季实现联动,即冬季启动通风机时暖风机同时启动。

(6)真空泵与供水传感器实现闭锁,断水时立即自动停泵,供水正常后方能重新启动真空泵。

(7)真空泵轴温、电机轴温与轴温传感器实现闭锁,轴温超过设定报警值时自动报警断电。

8.4　防治瓦斯爆炸

瓦斯爆炸是发生在煤矿生产中最严重的灾害之一,在煤矿六大灾害事故中占 85%左右。然而近几年,随着公路隧道建设数量的日益增加,瓦斯爆炸事故在隧道施工过程中也时有发生,如达成线炮台山隧道瓦斯爆炸死亡 13 人,被迫停工 7 个月;董家山隧道于 2005 年 12 月发生特大瓦斯爆炸事故,造成 44 人死亡,直接经济损失 2 035 万元。因此,对隧道施工中的瓦斯爆炸事故防治形势严峻。

8.4.1　瓦斯爆炸的基本条件

瓦斯爆炸是一种化学反应过程,就其本质来说,是一定浓度的甲烷和空气中的氧气在一定温度作用下产生的激烈氧化反应,其化学反应式如下:

$$CH_4 + 2O_2 \rightarrow CO_2 + 2H_2O + 198.4\text{kCal}$$

或

$$CH_4 + 2(O_2 + 4N_2) \rightarrow CO_2 + 2H_2O + 8N_2 + 198.4\text{kCal} \tag{8.13}$$

瓦斯发生燃烧和爆炸是热反应和链反应机理共同作用的结果,两者相互促进,从而使甲烷的链式反应持续进行下去。链式反应的关键是形成活性强的自由基,自由基的特点是在一定环境下,借助于自身的反应热再生。链式反应的历程包括链引发、链持续、断链反应三个阶段。

瓦斯爆炸的发生必须具备三个基本条件:瓦斯浓度在爆炸界限内,一般为 5%～16%;混合气体中的氧气浓度不低于 12%;有足够能量的点火源。而影响瓦斯爆炸发生的因素主要有甲烷的浓度、煤尘的混入、混合气体的初始温度、惰性气体的含量等。

甲烷的爆炸界限并不是固定不变的,当有可燃性气体混入时,不仅增加爆炸性气体的总浓度，而且会使甲烷爆炸界限发生变化。煤尘也具有爆炸性，在300～400℃时就能从煤尘内挥发出可燃性气体，从而使甲烷的爆炸下限降低，实验表明，煤尘量为 $68g/m^3$ 时的爆炸下限降低2.5%。根据实验，气体初始温度越高，爆炸界限越扩大，尤其是在爆破作业中，由于爆破风气浪的瞬间绝热膨胀作用，一部分甲烷和空气的混合体达到高温而引起爆炸。

甲烷爆炸的最小点燃能量为0.28mJ，而甲烷遇高温火源时，并不是立即燃烧或爆炸，而需要经过一段时间后才点燃，通常把这种引火延迟时间称为感应期。在爆炸限内，甲烷浓度越高，感应期越长；火焰浓度越高，感应期越短。

8.4.2　防治瓦斯爆炸的措施

1）防止瓦斯积聚

隧道瓦斯超限的主要原因是通风效果不佳，其次是发生瓦斯局部积聚和瓦斯突然涌出，国内外的煤矿、隧道瓦斯爆炸事故分析表明，约一半以上的爆炸事故是由局部瓦斯积聚引起的，因此，预防和处理瓦斯积聚是防治瓦斯爆炸的一项重要工作。

瓦斯积聚一般是由于隧道内风速偏低或隧顶有瓦斯涌出源（煤线或生烃岩层）引起的。瓦斯积聚分为空洞积聚和层状积聚，空洞积聚发生在隧道坍方处或严重超挖处，空洞处的瓦斯浓度可达50%～80%，并且瓦斯浓度沿空洞高度基本相等；层状瓦斯积聚的发生是由于瓦斯密度小于空气，易停滞在隧道顶部，而附壁效应也使靠近洞壁的瓦斯浓度较大。根据相关资料，瓦斯逸出处附近的拱顶往往会形成一片长10～15m、宽2～3m的瓦斯层，其厚度一般为20cm，滞留层的瓦斯浓度在底部为2%，而顶部可能超过10%。

对空洞中局部积聚和隧顶层状积聚的实验研究，以及对瓦斯空气混合气体的着火和爆炸分析表明，瓦斯层能作为火焰通向远离火源的瓦斯超限地区的传导体。火焰沿瓦斯层的运动速度大于30m/s时，即可扬起隧道壁的煤尘，导致爆炸，为了及时发现和消除隧道瓦斯局部积聚，要加强对可能出现瓦斯积聚地区的瓦斯浓度测量。通常，停风区、顶板冒落空洞、在隧道断面形状突变处、横通道处、二衬台车处以及洞壁不平齐处易积聚瓦斯。

（1）层状瓦斯积聚防治。

防止和消除瓦斯层状积聚的主要方法是全面或局部增加风速。一般而言，如果隧顶有集中瓦斯涌出源形成层状瓦斯积聚，消除积聚瓦斯所需的平均风速为：

$$v = 4 \cdot \sqrt[4]{\frac{q}{D_e}} \tag{8.14}$$

式中：q——涌出源瓦斯流量；

D_e——隧道的当量直径。

如果不能保证消除危险区段瓦斯积聚所需风速，必须采取采取局部增加风速的方法，例如在流量 $0.5m^3/min$ 及更高的分散或几种瓦斯涌出源的条件下，要用局部风机消除瓦斯积聚。

结合隧道施工的特点，在高瓦斯隧道施工中可采取如下措施防止瓦斯层状的积聚：

①提高光面爆破效果，使隧道壁面尽量平整，既可减少瓦斯积聚空间，又可减小通风阻力，达到通风气流顺畅。

②及时喷混凝土封堵岩壁的裂隙和残存的炮眼，减少瓦斯渗入隧道。

③增大风速,减少瓦斯积聚的可能。

④向瓦斯积聚部位送风驱散瓦斯。

(2)空洞瓦斯积聚防治。

空洞瓦斯积聚多发生在隧道坍方处或严重超挖处,可采用向空洞内送风的方法驱散瓦斯,防止瓦斯空洞积聚。具体可采用风管分支排放法、压风排放法和引射排放法等。

其次合理调整通风系统,隧道施工设计通风量必须满足排出瓦斯等有害气体的需要,对相关未封闭的硐室应保持足够的风量和风速,保持掌子面风路畅通,有合理的进、回风路线,避免形成串联通风。

瓦斯涌出异常地点的及时处理,当隧道施工过程中遇到瓦斯含量增大的煤层或煤系地层时,应及时采取相关措施,包括增加风量、无火花设备的及时抽排和喷浆封闭法等。

加强瓦斯监测监控及报警系统建设。

2)防止点火源出现

瓦斯爆炸的一个主要因素就是引火源,没有火源的存在,瓦斯就不会发生爆炸。目前隧道施工现场所能遇到的绝大多数火源都可以引燃瓦斯,包括明火、煤炭自燃、电气火花、赤热的金属表面、烟头,甚至撞击或摩擦产生的火花、静电火花等。

防止点火源的出现首先是提高施工队伍和工程技术人员的安全意识,加强防火、防爆观念。在此基础之上,大力宣传瓦斯隧道施工防火、防爆知识,贯彻执行有关规定,发现隐患和违章严格处理。

(1)防止隧道施工区域内煤炭自燃引火源。

煤的自燃的主要原因是由于煤吸收了空气中的氧气,使煤的组成物质氧化产生热量,再被水湿润,就放出更多的湿润热,也会加速煤的自燃。此外,煤的自燃还与煤本身的性质有关,如煤的品级、煤的显微组分、水分、矿物质、节理和裂隙、煤层埋藏深度和煤层厚度等。

防止煤层自燃的措施主要包括以下几个方面:对隧道施工揭露的具有自燃倾向的煤层进行及时喷浆堵漏钻孔灌浆。对自燃煤层可疑地点或已出现隐患地点进行全封闭喷浆和打浅密集钻孔注浆,是防止自燃发火的两个有效措施;注凝胶防灭火。采用注凝胶技术处理高温点或自燃发火是煤层自燃防灭火的重要措施,其方法是将凝胶注入高温点或火点的周围煤体中,作用是既可以封堵漏风通道,又可以吸热降温。

煤层自燃的预报方法:鉴于自燃煤层在低温氧化阶段产生 CO,因此,CO 是早期揭露火灾的敏感指标。在隧道已揭露煤层段、有煤层垮落的区域等有自然发火的地点设置 CO 传感器。若发现 CO 浓度超限,便可采用便携式 CO 检测仪追踪监测确定高温点;采用红外探测法判断高温点的位置,其基本原理是根据红外辐射场的理论,建立火源与火源温度场的对应关系,从而推断出火源点的位置。

(2)防止爆破火源。

由爆轰炸药引燃 CH_4 空气混合物是一个十分复杂的过程。相关研究认为,引燃的主要原因是爆炸产物的温度,并认为只要降低炸药的温度就可以保证炸药的安全度,这个温度对岩体中进行的爆破作业为 1 900℃,对煤层中进行的爆破作业为 1 500℃。

防止爆破火源的措施主要包括以下几个方面:使用规定的安全等级的炸药,炸药要有足够的爆炸威力,但爆炸后的爆热、爆温及爆压必须符合隧道安全等级的要求,爆炸后不产生固体颗粒和有毒气体,加入氯化钠、氟化钙、氯化钾等消焰剂消除爆炸火焰或缩短爆炸火焰持续时间,抑制爆炸产物引爆瓦斯;使用相应安全等级的电雷管,不同厂家生产或不同品种的电雷管,不应掺混使用,不使用导爆管或普通导爆索,爆破地点附近20m以内风流中瓦斯浓度达到1%时,不应装药爆破;爆破作业的掌子面必须严格执行《煤矿安全规程》规定的"一炮三检"即在装药前、爆破前、爆破后要认真检查爆破点附近的瓦斯浓度,禁止使用明接头或裸露的放炮母线,坚持使用水炮泥,禁止放明炮、糊炮等。

(3)防止电气火源和静电火源。

在使用电能时,引起火花的原因可能是电弧、火花以及炽热与发热的高温导电部分。起初可能致使电气设备中的绝缘材料燃烧,接着火焰传到隧道中的支架、煤尘、瓦斯及矿内其他可燃材料上,引起瓦斯煤尘爆炸。引起隧道内电气火灾的原因是多种多样的,如过载、短路、接触不良、电弧火花、漏电等原因。

隧道内电气设备的选用和安装要严格按照相关标准进行,有瓦斯涌出的隧道施工区段内必须按照专业的安全规程选用特制的电气设备,如隔爆型、本安型电气设备,以保证使用的安全性。为了防止电缆起火,必须选择矿用阻燃电缆,电缆线路的连接和敷设要严格按照规范进行,禁止盘圈成堆或压埋,在使用过程中防止线路的过负荷,以避免出现短路失火等现象。加强对隧道内电气设备的管理,做好日常的检查和维护工作,各种电气设备,要严禁超负荷运转,确保电气设备的正常使用,同时也要防止因设备内部的故障等原因导致设备起火。要定期检查电缆的绝缘程度及运行完好状况,并做好相应记录。此外,应经常加强对施工人员安全用电教育,防止人为电气设备及线路的机械损伤造成漏电短路而产生火花;隧道内电气设备要有过流、过压、漏电等接地保护措施,施工现场高压电动机、动力变压器的高压控制设备,应具有短路、过负荷、接地和欠压释放保护。在移动变电站或配电点引出的馈电线上,应装设短路、过负荷和漏电保护装置,低压电动机的控制设备,应具备短路、过负荷、单相断线、漏电闭锁保护装置及远程控制装置,电压在36V以上和由于绝缘损坏可能带有危险电压的电气设备的金属外壳、构架,铠装电缆的钢带(或钢丝)、铅皮或屏蔽护套等必须有保护接地。

为防止静电火花,施工过程中其他设备应使用的高分子材料,其表面电阻应低于其安全限定值,洒水、排水用塑料管外壁表面电阻应小于相关规定值。

(4)撞击或摩擦火源防治。

当两种硬质材料互相碰撞时能够出现火花,只有瞬间的撞击才产生摩擦火花。物料摩擦能产生足够的热量而点燃粉尘和可燃气体,在利用金属之间摩擦的试验中已经出现了可燃气体着火,使用导热率低的物料会很快出现局部过热点,轴承内的摩擦可以产生足够的热量而点燃可燃粉尘和气体。

防范摩擦撞击火花引燃瓦斯的措施:合理选用和操作机械设备及器具,努力减少金属摩擦撞击火花;对施工过程中普遍推广使用的金属设备、仪器、仪表、灯具、支架及电钻、插销等,熟悉其性能,严禁使用未经鉴定合格的机电产品和器具。施工区域内使用的电机风扇,为防止电机在正常工作状态时活动部件与静止部件相互产生摩擦撞击,风扇与风扇罩、盖板及紧固件之间的距离应不小于风扇直径的1%,其最小间距也不能小于1mm。施工人员在排放瓦斯或在瓦斯超限区工作,一定要小心谨慎地使用、操作金属装备、器具,严禁搬运拆迁大件机电设备;对小件工具物品也要做到轻拿轻放,以免发生碰撞,产生火花。

(5)防止其他明火源。

严禁携带烟草、点火物品进入施工区域,必须携带易燃品时需经施工负责人批准,并指定专人负责,严禁在通风机附近、瓦斯抽放泵周围 20m 范围内使用明火、吸烟或用火炉等。

8.4.3 隔抑爆装置

除了上述防止瓦斯爆炸的主动措施外,目前广泛应用的还有被动式隔爆措施,被动式隔绝瓦斯煤尘爆炸传播措施,泛指被动式隔爆棚。它可分为被动式岩粉棚、水槽棚和水袋棚。其作用原理是:当发生瓦斯爆炸时,在超前于爆炸火焰传播的冲击波超压作用下,隔爆棚上装有岩粉或水的容器被击碎或被爆风掀翻,使消焰抑爆剂(岩粉或水)飞散开来,在巷道中形成一高浓度的岩粉云区或水雾区,当滞后于爆风传播的爆炸火焰到达这一区域时被消焰抑爆剂扑灭,阻止了爆炸继续向前传播,防止了瓦斯爆炸范围的扩大。

1)布置方式

被动式隔爆棚不是单独的一架棚子,而是由若干架棚子组成的一段棚区。如何将数架棚子设置得最合理,阻爆效果最好,是十分重要的。各国多年的研究证明,集中式布置、分散式布置和集中分散式布置方式较好。

(1)集中式布置:是将按《煤矿安全规程》确定的抑制瓦斯煤尘爆炸传播所必需的消焰抑爆剂(岩粉或水)总量,平均分装在若干架棚子上并将它们组成一组,将这组隔爆棚集中设置在距有爆炸危险地点一定距离的一段巷道内。这种设置方式可以在巷道中形成一段有很强灭火能力的消焰抑制区,起到隔断火焰传播的屏蔽作用。

(2)分散式布置:是将按《煤矿安全规程》确定的抑制瓦斯煤尘爆炸传播所必需的消焰抑爆剂总量分装在数十架隔爆棚上,一架或两架为一组,分散设置在可能发生瓦斯煤尘爆炸的区域,形成不小于 200m 长的抑制带。这种布置方式可以在较大范围内形成不利于传播爆炸的条件,一旦发生瓦斯爆炸,它可以将爆炸反应逐步减弱,直至终止其反应。在爆源难以确定的隧道,应该采用这种方式设置隔爆棚。

(3)集中分散混合式布置:在隧道掘进速度很快的条件下具有较好的适应性。如隧道机械化掘进就可以使用这种方式设置隔爆棚。

2)隔爆式水槽棚

水槽棚是架设在巷道顶部附近,由水槽和支撑水槽的托架组成的阻断瓦斯爆炸或瓦斯煤尘爆炸传播的隔爆设施。水槽棚所用的消焰抑爆剂是水,当爆炸产生的压力波把水槽击碎,使槽中的水瀑洒出来并形成水雾,由于水的比热大,吸收热量效果好,可以起到遮挡辐射热、吸热降湿的作用。水还能湿润煤尘粒子,因此水雾带能很迅速地把火焰扑灭,阻断爆炸的传播。

制造水槽的材料应该具有质脆、热稳定性好、具有一定强度等特性,使水槽在弱爆炸所产生的压力波作用下能破碎,水能迅速扩散,成雾性能好;而在正常作业条件下,不被一般的动力效应所破坏,也不发生热变形,在运输过程中不易损坏。水槽应是半透明状,便于检查槽子内水的储存情况,及时补充水量。

大量的试验研究表明,断面形状是倒梯形的水槽结构最好,在爆炸冲击波和爆风作用下,它容易被击碎或翻倒,水的成雾性也好。另外,热压成型时容易脱模,采用吊挂式安装时,容易装入托架和定位,应该指出容易损坏的部位如四个底角部应适当加厚。

水槽的安装有三种主要方式,即吊挂式、上托式和混合式(图 8.12)。上托式是把水槽放置在横梁上,吊挂式是把水槽嵌入固在巷道两帮的托架内,混合式是同时采用上述两种安装方式。用上述方式安装水槽所组成的水槽棚区必须设置在距可能发生瓦斯煤尘爆炸地点 60～200m 之内。

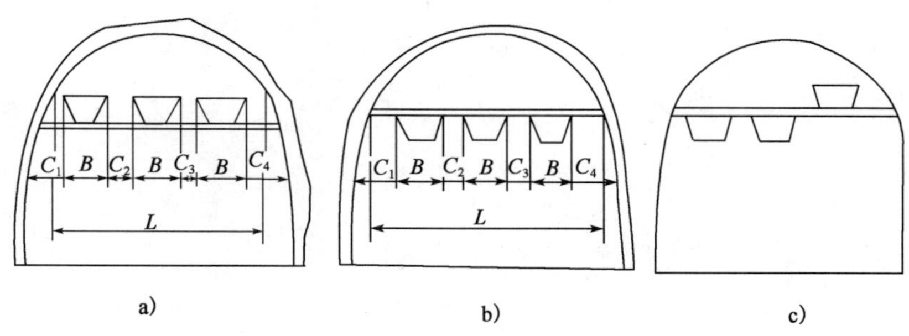

图 8.12 水槽安装方式

a)上托式;b)吊挂式;c)混合式

此外,还应注意以下原则:

(1)水槽棚区应选择在断面变化不大的直线隧道段内,与交叉口、转弯处的距离必须保持 50～75m;与风门的距离必须大于 25m。

(2)水槽棚区的总用水量必须保证能有效扑灭爆炸火焰,我国《煤矿安全规程》规定,总用水量应按设置地点断面积计算。对集中式布置的主要水槽棚按 $400L/m^2$ 计算,辅助水槽棚按 $200L/m^2$ 计算。

对集中式布置的主要支撑水槽的托梁应是刚性材料,在受到沿巷道轴线方向的力的作用时,不应产生沿轴线方向的位移。托梁在放置盛满水的水槽后,发生向下的弯曲程度不得大于 4cm。

3)隔爆式水袋

水袋棚也是以水为消焰抑爆剂,与水槽棚不同之处是以柔性水袋作为盛水容器。受爆炸爆风冲击时,迎风侧吊环从挂钩上脱落,水袋中的水顺势往脱钩侧瀑泻出来,被爆风扩散成水雾,形成的水雾带便可以扑灭后续而来的爆炸火焰。由于水袋制作容易,成本低,在全国煤矿应用最广,成为防止瓦斯爆炸事故范围扩大的一种有效手段,其安装如图 8.13 所示。

制作水袋的材料应经得起水的长期浸泡而不腐烂变质,机械强度不下降,表面涂层不剥离。做成水袋后,不渗漏、质轻、有柔性、具有抗静电和阻燃性能,水袋的结构形式见图 8.13。水袋近似于上方开口的半圆柱体形,水袋的 2 个长边上对应位置安装金属吊环,通过 4 个环可以把水袋吊挂在挂钩上。水袋底部呈圆弧形,当迎风侧脱钩时有利于水的泻出,并且不存在兜水的问题。水袋的断面尺寸、安装方式等技术参数直接影响到水袋棚的隔爆效果。所以对水袋的动作特性有一定的要求。水袋动作(脱钩)所需的临界爆风压力(静压)不得大于 12kPa;形成最佳水雾状态的时间不大于 15ms;最佳水雾状态持续时间不小于 180ms;水雾扩散长度不小于 5m;水雾扩散宽度不小于 3.5m;水雾扩散高度不小于 3.2m。在大型瓦斯煤尘爆炸试验巷道内用这种动作特性组成的水袋棚区进行隔爆试验的结果表明:把它们设置在距爆源60～200m内,可以有效地阻断不同强度的瓦斯煤尘爆炸。目前我国生产的水袋有GBSD、GD和SM三种型号,GB-SD型水袋的储水量分为30L和40L两种;GD型水袋储水量分别为30L、40L和80L;SM型水袋的储水量分别为20L、25L和30L。这些规格的水袋可以用于不同类型的隧道。

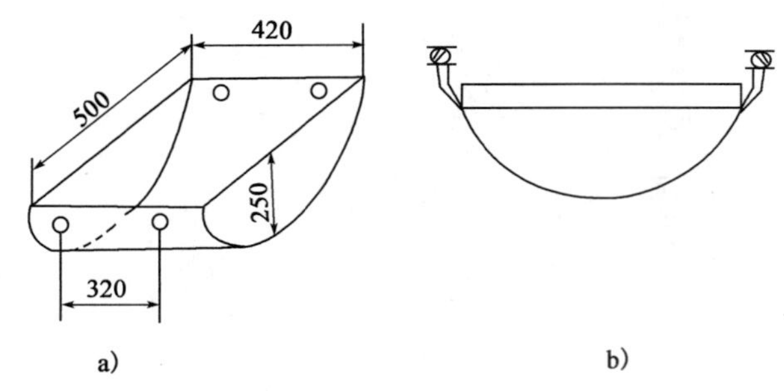

图8.13　水袋结构及安装图(尺寸单位:mm)

水袋棚架由两根平行的承重梁及连接杆件构成。承重梁上焊接有挂钩,挂钩钩尖相对布置。承重梁中心线之间的距离比隔爆水袋的宽度大3～4cm,承重梁的两端固定在巷道壁或支架的两根支柱上,把水袋挂在挂钩上便可注入水形成隔爆水袋棚。挂钩的安装十分重要,挂钩钩角成圆弧状,角度一定控制在60°±5°,钩尖长20～25mm,其布置形式见图8.14。

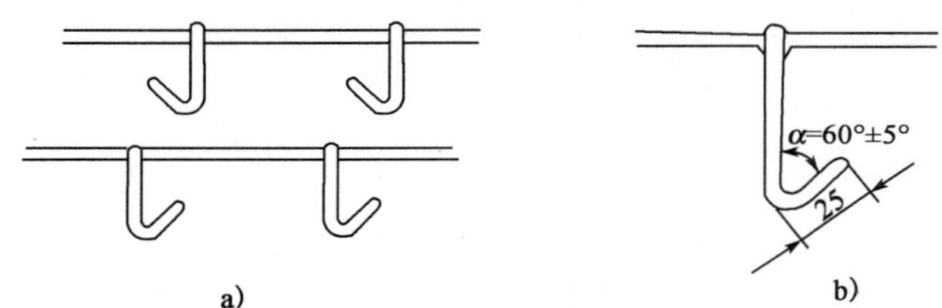

图8.14　吊钩结构及布置方式(尺寸单位:mm)

这种布置可以保证不论爆炸发生在水袋棚的前方还是后方都可以使迎着爆风侧的吊环首先从挂钩上脱出,有利于水迅速扩散成水雾。水袋棚的设置、架设,水袋棚区位置的确定、用水量、棚区长度的确定等若干参数都与水槽棚一致,可以参照水槽棚的技术参数选择原则确定。

8.5　防止瓦斯喷出

瓦斯喷出是隧道瓦斯的特殊涌出现象。瓦斯喷出能使隧道掌子面或整个隧道充满瓦斯,造成窒息与爆炸条件;能破坏通风系统,造成风流紊乱或短时逆转,喷出的煤流和瓦斯流能堵塞巷道,破坏支架、设备与设施,因此这类瓦斯的突然涌出对隧道安全施工危害很大,必须认真防治。

8.5.1　瓦斯喷出的类型

瓦斯喷出是指大量承压状态的瓦斯从煤、岩裂缝中快速喷出的现象。它是瓦斯特殊涌出中的一种形式。其特点是瓦斯在短时间内从煤、岩层的某一特定地点突然涌向施工空间,而且涌出量可能很大，风流中的瓦斯突然增加。由于喷出瓦斯在时间上的突然性和空间上的集中性，可能导致喷出地点人员的窒息、高浓度瓦斯在流动过程中遇高温热源有可能发生爆炸、有时强大的喷出还可以产生动力效应并导致破坏作用。瓦斯喷出与瓦斯突出的区别在于喷出的物质只有气相，而突出的物质同时包括气相(瓦斯)和固相(煤岩)。

产生瓦斯喷出的原因是，天然的或因采掘工作形成的孔洞、裂隙内积存着大量高压游离瓦斯，当隧道掘进接近或沟通这样的地区时，高压瓦斯就能沿裂隙突然喷出，如同喷泉一样。因此，根据喷瓦斯裂缝呈现原因的不同，可把瓦斯喷出分成地质来源的和掘进卸压形成的两大类。

1)瓦斯沿原地质构造洞缝喷出

这类喷出大多数发生在地质破坏带、石灰岩溶洞裂缝区，背斜或向斜轴部储瓦斯区以及其他储瓦斯构造与原始洞缝相通的区域。这类喷出的特点是，在一般情况下喷出的瓦斯流量较大，持续时间较长，无明显的地压显现预兆，掘进隧道的瓦斯喷出一般位于掌子面迎头周围。喷瓦斯裂缝多属于开放性裂缝，它们与储气层(溶洞、砂岩，煤层等)或断层破坏带相通。例如中梁山煤矿南矿，+390m 水平北茅口灰岩大巷掘进放炮与石灰岩溶洞裂缝(两条各宽 10～100mm)相遇，随炮响起一轰鸣声，像压气管路破裂似的大量喷出瓦斯，瓦斯喷出持续两周，共喷出 36 万 m^3 瓦斯。此处正位于背斜构造轴部、距断层破坏带约 40m，茅口灰岩位于煤层群的底板，苏联顿涅茨煤田从煤层和岩层裂隙和空洞喷出瓦斯现象有广泛的分布，仅 1959～1969 年曾记载 800 次，大多数喷出流量 3 000～7 000m^3/d，持续时间 15～20d，持续时间最短的一次共喷出 4.5 万 m^3，最长的一次共喷出 36 万 m^3。当深度小于 700m 时，瓦斯喷出的频率(每 1 000m 发生的次数)、喷出瓦斯量与持续时间随深度而增长；到 700～800m 深度，它们在实际上趋于稳定，瓦斯喷出主要来源于围岩。

2)瓦斯沿掘进地压生成的裂缝喷出

这类喷出也往往与地质构造有关，因为在各种地质构造破坏区内，原来处于封闭状态的构造裂隙容易被利用，即在掘进地压和瓦斯压力联合作用下会突然张开，成为瓦斯喷出的通道。这类喷出的特点是喷出濒临发生时，伴随有地压显现效应，出现多种显著预兆。喷出瓦斯持续的时间较短，喷出瓦斯量与卸压区面积及其瓦斯储量有关。隧道掘进发生的这类喷出，一般都距掘进掌子面迎头一定距离(例如 20～40m)的已掘段。

8.5.2　瓦斯喷出的预防

预防瓦斯喷出，首先要加强地质工作，查清楚施工地区的地质构造、断层、溶洞的位置、裂隙的位置和走向以及瓦斯储量和压力等情况，采取相应的预防或处理措施，在可能的喷出地点附近打前探钻孔，查明瓦斯的积存范围和瓦斯压力，通过钻孔进行瓦斯排放和卸压作用。

8.6　瓦斯排放技术

在隧道施工过程中，由于施工过程中临时停风或者遇到瓦斯异常涌出，造成瓦斯超限或局部瓦斯积聚，经常要进行瓦斯排放工作。根据煤炭行业《煤矿安全规程》相关规定，矿井局部通风机因故停止运转，停风区中瓦斯浓度超过1.0%或二氧化碳浓度超过1.5%，最高瓦斯浓度和二氧化碳浓度不超过3.0%时，必须采取安全措施，控制风流排放瓦斯；停风区中瓦斯浓度或二氧化碳浓度超过3.0%时，必须指定安全排瓦斯措施，报技术负责人批准。

隧道排放瓦斯也应遵守上述煤炭行业规定。排放瓦斯是瓦斯管理工作的重要内容之一，在排放瓦斯时，尤其是在排放浓度超过3%、接近爆炸下限浓度的积存瓦斯时，一定要谨慎小心，否则必将导致重大瓦斯事故。

8.6.1 瓦斯排放方法

1)排放前的准备工作

确定停电停风的时间，根据现场测定瓦斯浓度计算瓦斯积存量，结合隧道现场施工情况，选择排放瓦斯的时间和方法；掌握排放回风线路各区间的风量及其瓦斯浓度，计算单位时间内最大允许排放量：

$$Q_{排} = Q \cdot (C - C_{实}) \tag{8.15}$$

式中：Q——隧道内的实际风量，m^3/min；

C——隧道内允许的瓦斯浓度，%；

$C_{实}$——排放前的实测瓦斯浓度，%。

根据最大允许瓦斯排放量，确定送入的最大风量，可以用式(8.16)进行计算：

$$Q_{送} = 100 \cdot Q_{积} \cdot \frac{K}{Q_{排}} \tag{8.16}$$

式中：$Q_{送}$——送入排放点的最大风量，m^3/min；

$Q_{积}$——瓦斯涌出量，m^3/min；

$Q_{排}$——最大允许的瓦斯排放量，m^3/min；

K——瓦斯涌出的不均衡系数，取1.5～2。

2)瓦斯排放方法

(1)停风停电的瓦斯排放。

①通风机直接排放方法。对于停风时间短，瓦斯积聚量不多时，经计算回风瓦斯中不会出现超限的情况下，可以采用直接排放的方法。

隧道停风时间较短，积存瓦斯量不多，在排放瓦斯回风线路上瓦斯浓度不超过规定时，可直接启动通风机进行排放。这种方法的安全性与通风机全速运转风量通过风筒的风量$Q_{局}$，独巷内平均瓦斯浓度C_0，全风压实际风量(第一汇合处风量)及全风压风流中的瓦斯浓度$C_{实}$有关。根据隧道内排出的瓦斯量与全风压处瓦斯量的关系。可由式(8.17)粗略计算应送入独巷的风量：

$$Q_{局} \leqslant Q \frac{C - C_{实}}{C_0} \tag{8.17}$$

式中：C——排出的瓦斯流经线路允许的瓦斯浓度，%。

如果送入隧道内的风量大于$Q_{局}$，排出后在第一汇合处瓦斯浓度必然超过规定。这种情况下，则不能采用通风机直接排放法排放瓦斯。

使用变频调速风机直接排放，这种方法方便易行，就是在排出瓦斯流经的隧道内设置甲烷传感器，将甲烷传感器和变频调速风机的调速装置连接。当甲烷超限时变频调速装置动作，减小风机的转速，从而减少送入的风量，当排出的甲烷不超限时，变频调速装置加大风机转速增加送风量，保证排出的甲烷不超过规定，省时、省力。

②增阻排放法。即在排放前，在通风机出口风筒用绳子捆结一定的程度，以增加阻力，控制通过风筒的风量，使排出的瓦斯浓度在汇合处控制在规定的范围内，随着浓度的下降，逐渐减小阻力，直至风量增加为最大值。

③风筒接头调风排放法。若隧道距离远，停风时间长，瓦斯积聚量大，启动通风机排放瓦斯前，将风筒接头断开，然后启动通风机，并检查通风机是否循环风，一旦出现循环风，立即停止通风机运转，将通风机一侧的风筒捆小，增加阻力，减少风量，消除循环风。根据瓦斯浓度的大小，将断开的风筒接头拉成一定错距来调节送往独巷的风量，使大部分风量从断口短路，流入回风并降低瓦斯浓度。瓦斯检查人员必须同调风人员紧密配合，根据瓦斯浓度指挥调风人员及时调风，做到安全可靠。开始送往独巷的风量要小，然后根据排出的瓦斯浓度大小来确定两风筒错口距或吻合的程度，随着接头的逐渐吻合，风量由小而大送往隧道，当两接头全部吻合后，隧道内的风量近似最大值。如果回风长时间稳定在安全瓦斯浓度范围，说明隧道内瓦斯排放工作完毕，即可全部恢复接头。在重新恢复接头时，如果因压力大有困难，可短时间停止通风机运转，但应尽量缩短操作时间，以免再次造成隧道内瓦斯积聚。

④风筒“三通”通风排放法。在通风机出口风筒前部设置三通风筒，使进入不同方向的风量得到分流，一部分风量直接进入回风流中，逐渐减小直接进入回风流中的风量，直至回风中瓦斯长时间稳定在规定的浓度内。

(2)冒落空洞及硐室瓦斯排放。

在隧道施工过程中，顶板冒落是经常出现的，从而在隧道顶部形成空洞(或称为冒高)，有时可能达到很大的范围。由于空洞处通风不良，往往积存高浓度瓦斯，处理空洞处瓦斯的方法一般有充填空洞法和风流吹散法两种。

充填空洞法目前使用较多，多半是先在冒高处的支护上铺上木板或荆篱，然后再用黄土或喷浆将冒落空洞充填满。这样可以消除积聚瓦斯的空间，免于瓦斯积存；同时对易自燃的煤层还能起到预防浮煤自然发火的作用。

风流吹散法处理积聚瓦斯是普遍采用的措施，但具体实施方法尚应根据冒高与范围、积聚瓦斯量、瓦斯涌出速度和巷道风速的大小来选择。根据经验，在冒高小于2m、冒落体积不超过6m^3、巷道风速大于0.5m/s的条件下，可以采用导风障法；在冒高大于2m、冒高体积超过6m^3、巷道风速低于0.5m/s的条件下，同时又具有局部通风机送风的地点，可采用分支风管法和压风排除法。

具体设置方法如图8.15～图8.17所示。

硐室瓦斯排放一般采用扩散通风解决，当扩散通风解决苦难或者硐室内瓦斯积聚较多时，可以采用挂风障或者三通风筒的方式解决。

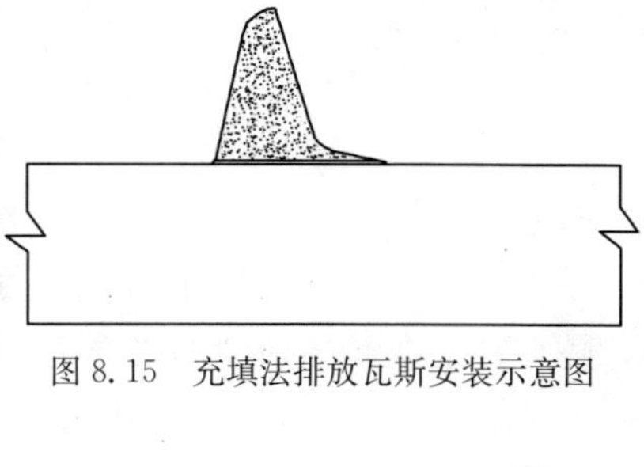

图8.15　充填法排放瓦斯安装示意图

8.6.2 瓦斯排放管理

明确参加瓦斯排放的人员名单及具体责任,有计划的

排放瓦斯必须制定严密的《排放瓦斯安全技术措施》,严格按程序作业,确保安全可靠,严格按程序作业,作业完毕后,收回排放瓦斯记录并存档。

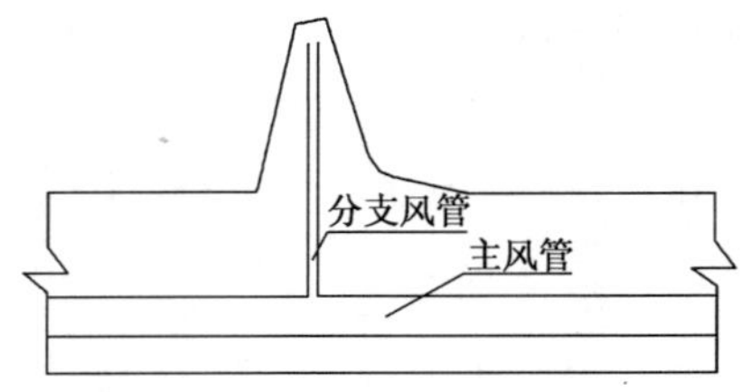

图 8.16 风管分支排放瓦斯安装示意图

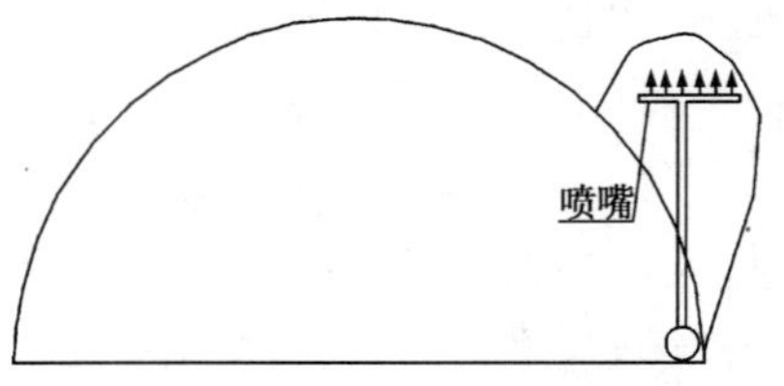

图 8.17 压风排除瓦斯安装示意图

排放瓦斯回风区域应切断所有电源,撤出相关工作人员,在排放瓦斯区域设置警戒,提示标志,并安排瓦检员检查相关区域的实时瓦斯浓度。

停风区中瓦斯浓度超过 1.0%或二氧化碳浓度超过 1.5%最高瓦斯和二氧化碳浓度不超过 3.0%时,必须采取安全措施,控制风流排放瓦斯。停风区中瓦斯浓度或二氧化碳浓度超过 3.0%时,必须制定安全排瓦斯措施,报矿技术负责人批准。

1)排放瓦斯时的安全措施

(1)计算排放瓦斯量,预计排放所需时间。

(2)明确排出的瓦斯与全风压风流混合处的瓦斯浓度,制定控制送入独头巷道风量的方法,严禁"一风吹"。

(3)确定排放瓦斯流经的路线,标明通风设施、电气设备的位置。

(4)明确撤人范围,指定警戒人位置。

(5)明确停电范围,停电地点及断、复电的执行人。

(6)明确必须检查瓦斯的地点和复电时的瓦斯浓度。

(7)明确排放瓦斯的负责人和参加人员的名单及各自担负的责任。

(8)文图齐全、清楚,通风设施、机电设备及甲烷传感器等应该上图的,都要准确,不能遗漏。

2)排放瓦斯时的安全注意事项

(1)编制排放瓦斯措施时,必须根据不同地点的不同情况制定有针对性的措施。禁止使用"通用"措施,更不准几个地点用一个措施,批准的排放措施,必须由项目部技术负责人负责贯彻,责任落实到人。凡参加审查贯彻实施的人员都必须签字备查。

(2)排放瓦斯前,必须先检查通风机及其开关地点附近 10m 以内风流中的瓦斯浓度,其浓度不超过 0.5%时,方可人工开动通风机向隧道内送入有限的风量,逐步排放积聚的瓦斯;同时还必须使隧道中排出的风流与全风压风流混合处的瓦斯和二氧化碳浓度都不超过 1.5%。

(3)排放时,在回风汇合均匀处应设 2 个以上检查瓦斯浓度点,以便控制排放浓度。一般检测人员站在新风流中用光学瓦斯检定器配长胶管伸向回风一侧检查,或用甲烷检测报警仪吊挂在测点监视,有条件时可以将甲烷传感器移到测点监视。当瓦斯浓度超过 1.5%,应指令

调节风量人员:减少向隧道内送入风量,确保隧道内排出的瓦斯在全风压风流混合处的瓦斯不超限。

(4)排放时,严禁通风机发生循环风。如果发生循环风,立即停止通风机运转,消除循环风后再启动通风机。

(5)排放时,隧道内的回风系统内必须切断电源,撤出人员;还应有救护队在现场值班。

(6)排放后,经检查证实,整个隧道内风流中的瓦斯浓度不超过1%,氧气浓度不低于20%,二氧化碳浓度不超过1.5%,且稳定30min后,瓦斯浓度没有变化时,才可以恢复局部通风机的正常通风。

(7)隧道恢复正常通风后,必须由电工对隧道中的电气设备进行检查,证实完好后,方可人工恢复通风机供风的巷道中的一切电气设备的电源。

8.7 日常瓦斯管理

8.7.1 组织管理

1)建立安全管理网络

(1)建立瓦斯检测中心,负责检查监督瓦斯检测,煤层突出危险性预测和防突措施效果检查以及瓦斯检测仪器的定期校核工作。

(2)建立通风防爆组,设专人实施瓦斯检测和通风防爆工作。

(3)隧道施工技术负责人对瓦斯防治工作负技术责任,组织编制、审批、检查瓦斯防治工作规划、计划和措施。

(4)隧道项目部项目经理或工区负责人对本工区范围内的瓦斯防治工作负责。

(5)隧道项目部施工安全监察部门负责对瓦斯防治措施进行监督、检查。

(6)瓦斯防治措施计划、人力、物力、财力保障安排由项目技术负责人组织编制,各区段负责人、分管负责人组织实施。

2)人员培训

(1)对全体员工进行安全教育,普及瓦斯知识,并按岗位、分工种,分别对通风工、电工、瓦检员、爆破员等进行岗位培训。

(2)电工、爆破工、瓦斯检测人员,电器设备防爆检查员及仪器、仪表校正人员和突出措施效果检查人员等特种作业人员,必须经地方劳动局、安全监察局等有关部门培训,取得合格证后,方准上岗。

(3)煤与瓦斯突出隧道的防突员,属于特种作业人员,应定期接受安全培训机构组织的防突知识、操作技能的专项培训。专项培训包括防突的理论知识、突出发生的规律、区域和局部综合防突措施以及有关防突的规章制度等内容。

(4)有煤与瓦斯突出危险的隧道施工主要负责人、技术负责人应当接受安全培训机构组织的防突专项培训。专项培训包括防突的理论知识和实践知识、突出发生的规律、区域和局部综合防突措施以及防突的规章制度等内容。

3)建立健全各项规章制度

编制各部门、各层次人员的防突责任制;打钻、抽放、瓦斯防治管理办法、制度;隧道施工防突实施细则及相应各工种操作规程,建立防突奖惩制度。

8.7.2 技术管理

1)贯彻执行瓦斯防治区域措施为主,局部措施为辅的治理理念

瓦斯隧道在瓦斯治理工作中应坚持区域治理措施先行、局部防治措施补充的原则。在隧道揭露煤层之前,应根据隧道瓦斯勘察资料、邻近矿井煤层瓦斯情况对隧道施工区域的煤层进行煤与瓦斯突出危险性预测。当所揭露煤层有危险时,必须采取区域防治措施,并对区域措施进行效果检验。

将区域防突措施的预抽煤层瓦斯等工程与隧道采掘、工程接替、通风调整等统一安排,使隧道施工按比例协调配置,确保在煤层揭露前消除瓦斯灾害威胁。

2)瓦斯防治规划、计划的编制

瓦斯隧道、煤与瓦斯突出隧道在编制年度、季度、月度建设计划的同时,必须编制年度、季度、月度的防突措施计划,计划内容应包括:

(1)区域综合防突措施计划。

(2)抽放煤层瓦斯计划。

(3)隧道揭穿煤层计划。

(4)作业面局部防突措施计划。

(5)防突措施的工程量,完成时间以及所需设备、材料、资金、劳动力等计划。

3)揭煤措施的制定和实施

瓦斯隧道施工时,应成立以项目经理为组长、项目副经理和项目总工为副组长、各部门负责人为组员的揭煤防突领导小组,小组下设防突队、地测钻探队、工区长、防突技术员等。

(1)结合隧道及揭露煤层的具体情况制定本项目的区域和局部揭煤防突措施。

(2)由项目部防突专门机构编制防突措施,经各相关部门审查、签署意见后,报项目部技术负责人批准。

(3)防突措施的内容,必须有地质资料、突出预测预报方法、防治突出的具体措施及效果检验方法、安全防护措施、通风系统、采掘工艺、贯彻执行防突措施的责任制、组织措施等,并附相关图表。

(4)防突措施在施工前应向施工队伍的干部、工人贯彻已批准的防突措施,宣贯后进行考核,合格者方可上岗作业。

(5)施工作业时,应当严格执行防突措施的规定并有详细准确的记录。由于地质条件或者其他原因不能执行所规定的防突措施的,施工区(队)必须立即停止作业并报告项目部调度室,经技术负责人组织有关人员到现场调查后,由原措施编制部门提出修改或补充措施,并按原措施的审批程序重新审批后方可继续施工;其他部门或者个人不得改变已批准的防突措施。

(6)项目的主要负责人、技术负责人每季度应当至少一次到现场检查各项防突措施的落实情况。

4)隧道贯通阶段瓦斯防治措施的制定

隧道贯通前,必须由项目部瓦斯防治部门制定相应的贯通方案,其中包括贯通期间通风调

整及瓦斯检查方案，贯通后的通风系统调整等。

隧道贯通前，在两个作业面相距20m前，应停止一个工作面作业，做好调整通风系统的准备工作。

隧道贯通时，必须由专人在现场同一指挥，停止作业的掌子面必须保持正常通风，设置栅栏及警标，经常检查风筒的完好状况和掌子面及其回风流中的瓦斯浓度，瓦斯浓度超限时，必须立即处理。作业中的掌子面爆破前，必须派专人和瓦斯检查工共同到停止作业的掌子面检查其瓦斯浓度；瓦斯浓度超限时，必须先停止在掘作业面的工作，然后处理瓦斯。只有在两个工作面及其回风流中的瓦斯浓度都在1%以下时，掘进的工作面方可爆破。每次爆破前，两个掌子面入口必须由专人警戒。

隧道贯通后，必须停止作业区内的一切工作，立即调整通风系统，待风流稳定后，方可恢复工作。

5)依靠科技进步提升瓦斯隧道施工技术

针对瓦斯隧道施工过程中的难点、疑点，加强与科研院所合作。制定科研合作计划，以揭煤过程中的防治煤与瓦斯突出为重点，并装备先进的防突、瓦斯抽采、监测监控设备仪器、仪表。

8.7.3　现场管理

现场管理是隧道施工瓦斯防治的重要环节，再好的制度、措施、方法都要靠现场去落实，如果现场管理出现漏洞或流于形式，则难以控制事故的发生。

1)加强施工管理

(1)加强瓦斯防治措施施工人员的职业道德教育和技术技能培训。

(2)施工现场应有必备的施工牌板，如防突措施牌、瓦斯检测记录牌板、施工设计图等醒目标志。

(3)加强钻孔施工过程的安全防护，防止打钻突出伤人事故。钻孔施工严格按钻机操作规程作业；钻孔施工地点前方一定范围内，必须进行可靠支护和对洞壁进行严密背护；钻孔施工时，人员不能正对钻孔工作，防止出现瓦斯喷孔伤人；加强打钻地点的瓦斯检查，严禁瓦斯超限作业；注意观测瓦斯突出征兆，有异常情况，及时撤人等。

(4)建立防突工程(指预测或效果检验、实施防突措施、施工抽放孔等)检查、验收、奖惩制度。钻孔施工前，由防突机构派人按设计参数进行现场精确定孔，钻孔施工人员按现场标定参数施工；施工过程中，项目部管理人员不定期进行监督检查和抽查、指导，发现问题，及时处理；工程完工后，有关部门进行现场验收，验收以设计和上级规定标准进行，若不合格，则重新施工并对相关责任人进行处罚。

(5)在瓦斯防治措施钻孔施工过程中，若遇地质构造，钻孔达不到设计要求或遇钻孔喷孔、卡钻、顶钻严重时，应立即停止作业，向调度室汇报，听候处理。

(6)若遇隧道揭露煤层赋存发生变化，原设计钻孔参数需要调整时，现场施工人员提出后，瓦斯防治部门技术人员应到施工现场勘测，提出修改设计，报项目部负责人批准后执行。

(7)对预抽区域进行预抽效果检验，对钻孔未控制的地带和预抽未达到效果的范围，应进行补打钻孔预抽或采取局部防治措施，以达到全面消除危险的目的。

(8)采掘施工队严格按允许进度进行作业,严禁超掘。

(9)对预抽瓦斯区域进行预抽效果检验前,均应当首先分析、检查预抽区域内钻孔的分布等是否符合设计要求,不符合设计要求的,不予检验。

2)加强瓦斯地质和超前探测工作

(1)瓦斯隧道施工现场瓦斯地质工作极为重要。隧道开工前,必须附有地质说明书;提前预测预报掌子面前方可能出现的煤层赋存和瓦斯涌出情况;施工过程中,发现煤层赋存、煤结构情况和瓦斯情况发生变化时,地质人员及时进行资料搜集和分析,制定并采取相应技术安全措施。

(2)对隧道施工范围内距离揭露煤层最小法向距离小于10m时,必须施工钻孔探煤,确定煤层赋存情况和瓦斯情况(在地质构造破坏带为小于20m时)。

(3)地质测量部门与通风、瓦斯防治部门共同编制隧道施工区域煤层赋存图,图中标明煤层赋存条件、地质构造、揭煤点的位置、煤层瓦斯基本参数及瓦斯涌出量等资料,作为隧道揭煤区域突出危险性预测和制定防突措施的依据。

3)加强放炮管理

(1)放炮是导致煤与瓦斯突出的主要诱导环节,因此放炮管理是防治煤与瓦斯突出工作的重要一环。

(2)矿井隧道爆破作业规程中,要对爆破参数进行专门设计且编制爆破说明书,对炮眼数量、孔径、孔距、孔深、角度、装药结构、装药量及质量、连线、起爆等加以规定。另对炮前撤人、停电、布岗,炮后撤岗、送电汇报等要有明确规定。

(3)要求隧道掌子面现场瓦斯员严密观察瓦斯、煤层及突出预兆,有异常及时停工撤人,向项目部调度汇报,听候处理。

(4)残炮、瞎炮的处理按有关规定执行。

4)加强瓦斯汇报、调度和报批工作

(1)瓦斯检测员上岗时应对洞内人员分布进行清点记录,并做好进出洞人员记录。瓦斯浓度超标时应及时汇报并按照相关规定采取治理措施。

(2)瓦斯检测员对规定的监测点检查频率应按照规定进行,当发现瓦斯浓度变化异常后,要加大瓦斯检测频率,按规定认真填写记录,严格执行“一炮三检制”。

(3)瓦斯检测员上岗前应认真检查所用备品,确保仪器、防爆灯电源充足,值班期间不得随意拆卸。

(4)项目部调度室对重点区域要有专门重点调度记录,内容包括这些区域的煤层、地质、瓦斯、放炮情况、治理措施内容、测试指标、汇报和领导批示等。

(5)项目部负责人对防突措施、防突报告单、异常情况的处理,应坚持“一支笔”审批。

5)加强日常技术管理,防患于未然

(1)加强隧道通风瓦斯管理,防止瓦斯超限作业和局部瓦斯积聚。严格执行瓦斯日常检查工作,瓦斯浓度超过规定值时应停止相关区域内作业,采取相应的措施,并报项目部进行备案。

(2)加强隧道前方地质探测工作。在掌握相应地质资料的基础上,做到有疑必探,当揭露的煤层赋存情况发生变化时,应及时记录并修改相应的措施方案。在隧道施工期间,要整理、搜集施工区域内的煤层、瓦斯、地质资料,并绘制素描图件备案。

(3)电器设备的管理和定期检查。隧道内所有电气设备必须有专人负责检查、维护、检修和调校,并有记录可查。每周应对使用中的防爆电气设备的防爆性能检查不小于2次,杜绝电气失爆。电气设备进入施工区域前,必须进行防爆检查。

(4)及时处理好坍方孔洞。隧道内坍方空洞处是最容易发生瓦斯积聚的地方,因此洞顶部有坍方空洞出现时,应采取相应的加强空洞内的风流措施或者及时充填、封闭空洞,并在其附近加强支护。

(5)采取安全防护措施。隧道在进行揭煤和爆破作业前,必须采取安全防护措施。煤与瓦斯突出隧道的施工作业人员必须随身携带隔离式自救器。

第9章

公路瓦斯隧道施工揭煤技术及安全防护措施

揭煤是一项复杂而危险的工程，揭煤过程不仅要受到煤层采空区塌陷和透水的威胁，还要受到揭煤时因瓦斯溢出而引起的人员窒息、瓦斯燃烧、瓦斯爆炸以及煤与瓦斯突出的威胁。据统计，在我国煤矿各类煤与瓦斯突出事故中，揭煤的平均强度为煤巷突出强度的 7～14 倍，有的甚至为 40 倍。为了确保隧道揭煤时的施工安全，必须建立一套完善的煤与瓦斯防突体系和安全防护措施。

9.1 煤与瓦斯突出基本知识

9.1.1 突出的概念

煤与瓦斯突出是在煤层掘进或揭煤过程中，发生的一种瓦斯突然剧烈运动并造成十分巨大的动力效应现象，是在极短的时间内（几秒或几分钟）破碎的煤（岩）和瓦斯突然从煤（岩）体向采掘空间抛出的异常的动力现象，称为煤与瓦斯突出，简称突出。它是一种伴有声响和猛烈力能效应的极其复杂的动力现象，能摧毁井巷设施、破坏通风系统，使井巷充满瓦斯和煤岩抛出物，可以造成人员窒息、煤流埋人，甚至可能引起瓦斯爆炸与火灾事故，导致生产中断等。因此，它是严重威胁煤矿安全生产的灾害之一。

9.1.2 突出的分类

1）按动力现象的力学特征分类

按照瓦斯动力现象的力学特征，可分为三类，即突出、压出和倾出。

（1）煤与瓦斯突出（沼气或二氧化碳）突出，简称突出。

其主要特征是：

①煤向外抛出距离较远，具有明显的分选现象。

②有大量的瓦斯涌出，有时会使风流逆转。

③突出孔洞呈口小腔大的梨形、瓶形、葫芦形或其他分岔形。

（2）煤与瓦斯压出，简称压出。

其主要特征是：

①压出有两种形式,即煤的整体位移和有一定距离的抛出,在煤层与顶板之间有细煤粉。

②压出的煤呈块状,无分选现象。

③巷道瓦斯涌出量增大,造成风流中瓦斯浓度超限。

④压出可能无孔洞或呈口大腔小的楔形、舌形等孔洞形状。

(3)煤与瓦斯倾出,简称倾出。

其主要特征是:

①倾出的煤就地按自然安息角堆积,无分选现象。

②巷道瓦斯涌出量明显增加,造成短时瓦斯超限。

③倾出的孔洞呈口大腔小,孔洞轴线沿煤层倾斜方向发展。

④倾出常发生在煤质松软的急倾斜煤层中。

2)按突出强度分类

突出强度指每次突出抛出的煤(岩)数量和瓦斯量,主要以数量划分为依据。

(1)小型突出,强度小于 10t。

(2)中型突出,强度为 10～100t(不含 100t)。

(3)次大型突出,强度为 100～500t(不含 500t)。

(4)大型突出,强度为 500～1 000t(不含 1 000t)。

(5)特大型突出,强度不小于 1 000t。

9.1.3　突出机理

煤与瓦斯突出是一种极其复杂的动力现象。关于突出机理,迄今为止尚未得到根本解决,但提出了很多假说。这些假说只能对某些现象给予解释,还不能得到统一、完整的突出理论,归纳起来主要有以瓦斯为主导作用的假说、以地压为主导作用的假说、化学本质假说及综合假说。目前关于煤与瓦斯突出的机理主要以综合假说为主。

综合假说认为煤与瓦斯突出是由地应力、瓦斯和煤的物理力学性质三者综合作用的结果。虽然对上述三种因素在突出中所起的作用看法不尽相同,但都认为煤与瓦斯突出是一种能量的集中释放现象。

突出的发生和发展,大体要经历几个阶段:

(1)准备阶段。弹性变形潜能和瓦斯的积聚,工作面附近煤体处于临界应力状态,孔隙和裂隙增加,但尚未破坏与煤体的力的联系。

(2)发动阶段。随着采掘工作的进行,使工作面附近的高应力煤层迅速破坏,伴随着裂隙的产生、煤的破碎,并导致瓦斯的剧烈解吸和煤的进一步破碎和粉化。

(3)扩展阶段。在弹性变形能和瓦斯能的共同作用下,煤体更迅速和连续地破坏,并形成煤和瓦斯混合流抛出。

(4)停止阶段。煤体破坏停止,瓦斯从突出孔洞和突出物中的涌出逐渐减弱,瓦斯煤混合物沿巷道的移动停止。

除了以上几种假说外,近几年来,我国学者又通过研究,提出了突出的流变机理和球壳失稳机理,是突出机理研究的新进展。总的来说,对突出机理的认识还有待今后继续研究和加深。

9.1.4 突出的危害

煤与瓦斯突出是煤与瓦斯突然运动的一种极其复杂的动力现象,它的危害主要有:

(1)突然之间使采掘空间或巷道充满高浓度瓦斯,造成人员窒息,遇火发生瓦斯燃烧和瓦斯爆炸。

(2)瞬间突出的瓦斯、碎煤流带有暴风般的性质,能使通风系统破坏,造成风流紊乱和短时逆转。

(3)突出造成一定的动力效应,可以摧毁和破坏设备、设施。

(4)突出的煤炭能堵塞巷道、破坏生产系统,增加巷道通风阻力,在清理突出煤炭和突出孔洞时,有可能造成连续突出,造成人员伤亡。

9.1.5 突出的一般规律

煤岩与瓦斯突出前后,都有地应力、瓦斯和煤岩的地质构造与力学性质的种种异常表现。归纳起来,发生突出有三个主要因素,即地应力、瓦斯和煤岩结构,而地应力和煤岩中瓦斯的存在是引起突出贡献的主要因素。

煤与瓦斯突出一般具有如下规律:

(1)煤层埋深越大,突出的危险性增大,主要体现在突出次数增多,突出强度增大,突出煤层层数增加,危险区域扩大,浅部不突出的煤层,深部就有可能突出。

(2)突出最易发生在地质构造带及其附近,如断层、褶曲、扭转地带、火成岩侵入区、煤层倾角骤陡、走向拐弯、层厚变化异常等地段。

(3)煤体破坏程度越严重,煤的强度越小,突出的危险性越大,主要是煤层厚度大,倾角大或煤厚、倾角由小到大时以及软分层由薄变厚时容易发生突出。

(4)在开挖形成的应力集中区,应力增大,突出危险性随应力增大而增大,如坑道的上隅角、相向开挖接近区、坑道开挖分支处等。

(5)突出次数和强度随煤层厚度和煤层倾角放散初速度高、瓦斯含量大、层理紊乱,无明显节理、光泽暗淡、容易粉碎、有分枝型节理等特征。

(6)突出常发生在有外力冲击作用下的诱导突出,少量存在延期突出,如爆破、风镐与手镐落煤、打钻、水力冲刷等。一般将爆破突出以外的突出,称为延期突出。

(7)围岩的透气性越差,突出越严重,若煤层上覆和下部的岩层越致密,利于瓦斯的储存,突出危险性越大;相反,突出危险性小。

(8)若煤层较湿润,含水率高,矿井涌水量大,则突出危险性较小。

(9)突出前常出现各种预兆,如坑道支撑压力增大;岩块迸出、掉渣、外鼓或移动加剧;煤岩与支架发生破裂声、闷雷声、折断声等;瓦斯涌出量忽大忽小;煤尘增多;煤体及工作面温度略有下降或升高;煤质变软、干燥;顶钻夹钻等。

(10)绝大多数突出发生在掘进工序,尤其在爆破时,突出的危险性随着对煤体的振动而加剧。

(11)突出具有延时性,其迟延时间从几分钟到几十个小时。

9.1.6 典型的突出预兆

煤与瓦斯突出主要表现在地压显现、瓦斯涌出异常、煤层结构和地质构造发生变化三个方面，概括起来，可分为有声预兆和无声预兆。

1)有声预兆

(1)地压活动剧烈、顶板来压、不断发生掉渣和支架断裂声，深部岩层或煤层出现破裂声。

(2)煤层中产生振动，手扶煤壁感到振动和冲击。

(3)响煤炮或闷雷声，一般是先远后近、先小后大、先单响后连响的煤炮声和机枪声、鞭炮声、劈裂声。

2)无声预兆

(1)煤层结构发生变化，如层理紊乱、煤强度松软或不均匀、强度降低、光泽暗淡、干燥、易粉碎、煤尘飞扬。

(2)地质变化、煤厚不均、软分层增厚、倾角变陡，出现挤压褶曲、波状隆起、断层、煤岩破坏严重等。

(3)工作面压力增大，出现掉渣、片帮煤壁外鼓，有时煤体碎片从煤壁弹出。

(4)工作面瓦斯涌出量增大，忽大忽小，打钻时，顶板、夹钻、喷孔、有压风声、哨声、蜂鸣声等，煤壁发冷，工作面气温发冷。

9.1.7 揭煤突出特征

在煤矿行业，井巷揭穿突出煤层时发生的煤与瓦斯突出是各类巷道中突出强度最大的一种。其特点是巷道前方的煤体因岩柱的隔离和阻挡，一般处于未卸压和未排放瓦斯状态中。根据资料统计，世界上最大突出发生在原苏联顿巴斯矿区加加林矿，当石门揭穿厚仅1.03m的煤层时发生了突出，突出煤(岩)共14 200t，涌出瓦斯约25万m^3。我国最大一次突出发生在重庆开府矿务局三汇一矿主平硐揭穿煤层时，突出煤(岩)共12 780t，喷出瓦斯近140万m^3。

9.2 超前地质预报

对于穿越煤层的瓦斯隧道来说，及时掌握掌子面前方煤体的位置及赋存特征是避免因误穿煤层而导致瓦斯大量突然涌入引起瓦斯事故和煤与瓦斯突出的重要环节，因此，在掌子面临近煤层前的超前地质预报就必不可少。超前地质预报主要手段有物探和钻探两种。

超前地质预报是根据地质部门提供的资料结合现场掘进围岩情况，综合判断隧道掘进的具体层位，并在预计距煤层最小法向距离10m(构造复杂、岩石破碎区域要适当加大)之前探明煤层的位置、产状，对预揭煤层的提前勘探可以采用物探和钻探相结合的方法进行。采用物探、钻探等手段探测前方地质构造，观察分析工作面揭露的地质构造、采掘作业及钻孔等发生的各种现象，实现工作面突出危险性的多元信息综合预测和判断。

9.2.1 物探方法

物探是地球物理勘探(Geophysical Prospecting)的简称,是指利用物理学的原理、方法和专门的仪器,观测并综合分析天然或者人工地球物理场的分布特征,探测地质体或地质构造形态的探勘方法。物探具有理论基础成熟、适用性广、设备轻便、快捷高效、探测距离大、结果直观等特征。

1)物探方法分类

(1)电法勘探。

①电阻率法。主要用于探测地层岩性在垂直方向的电性变化,解决与深度有关的地质问题,如基岩面地层层面地下水位风化层面埋藏深度。电剖面法用于探测地层岩性在水平方向的电性变化,解决与平面位置有关的地质问题,如断层岩层接触界面位置。

②自然电场法。用于探测地下水流向探测堤坝渗漏地段,寻找不同岩性接触界面条件有利时,可测定抽水影响半径了解破碎带或岩溶洞穴分布情况。

③充电法。用于钻孔或水井中测定地下水流向流速,了解低阻地质体的分布范围和形态。

④激发极化法。用于寻找地下水,与电阻率法配合可圈定含水的古河道古洪积扇岩溶洞穴断层破碎带的分布范围和确定,含水层的埋藏深度评价含水层的富水程度。

⑤甚低频法。用于探测低阻地质体如含水构造带断层有电性差异的岩体接触带和地下暗河等以及探测地下金属管道。

(2)地震勘探。

①浅层折射波法。适用于层状介质勘探可测定覆盖层厚度划分岩层和风化层探测隐状构造破碎带,以及岩土体弹性波的测试等为解决工程地质问题提供定量的资料。

②浅层反射波法。适用于层状介质勘探可测定覆盖层厚度划分,岩层和风化层探测隐状构造破碎带在勘探高速屏蔽层下部地层结构时应用反射波法,可弥补折射波法的缺陷,获得较多的地层结构信息。浅层反射波法又分为纵波反射法和横波反射法,应用横波反射法进行第四纪松散含水地层的分层效果比纵波反射法好。

③透射波法。适用于测定钻孔平洞以及钻孔与平洞之间岩土体的纵横波速度和圈定岩层速度异常带如构造破碎带风化及岩溶带等。

(3)微重力勘探。

①水平地面测量法。适用于区域性地质调查覆盖层以下隐伏的向斜背斜深槽及大断裂构造的调查。

②梯度法。适用于浅部三维体的勘查探测地下洞穴天然人工古落水洞形成的漏斗状构造灌浆效果检查等。

③定点法。适用于微地震观测滑坡体的监测水库诱发地震的研究。

(4)放射性勘探。

①伽马测量。通过测量伽马场的分布找寻隐状断层破碎带和地下储水构造地下热水效果更好辅助地质填图及坝址区和水工建筑物区环境放射性检测等。

②静电卡测量。可以解决的工程地质问题。同伽马测量不同的是在覆盖层中测量氡气衰变子体粒子总量。

③伽马—伽马测量。应用宽束伽马射线吸收法和伽马射线散射法测量岩土层密度和解决由密度差异造成的水文地质和工程地质问题。

(5)水声勘探。

水声勘探主要应用于水库河道湖泊和浅海水深的探测，即水下地形和坝址桥址港口工程水下地层剖面的探测。

2)常用探煤的物探设备

(1)KDZ1114-6B30 矿井巷道超前探测仪。

KDZ1114-6B30 矿井巷道超前探测仪主要由主机、三分量检波器及附属连接装置组成，其工作系统如图 9.1 所示。

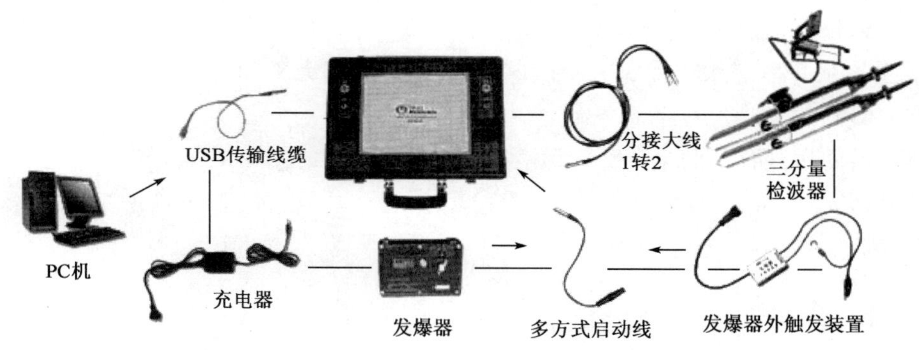

图 9.1 KDZ1114-6B30 矿井巷道超前探测仪工作系统示意图

KDZ1114-6B30 矿井巷道超前探测仪是一款掘进巷道长距离超前地质探测的物探设备。该产品基于反射地震勘探原理，采用巷道多次覆盖观测系统采集数据，通过能量分解与合成、波场分离、深度偏移等处理技术，长距离获取巷道前方不良地质体(断层、陷落柱、结构薄弱面等)的位置与形态。其工作原理如图 9.2 所示。

KDZ1114-6B30 矿井巷道超前探测仪技术特点及指标：

①人机接口。

操作系统：嵌入 Linux；

操作界面：全中文界面；

显示：夏普 800×600-256 色真彩；

接口：1 个标准 USB 接口；

键盘：专用键盘、通用键盘。

②采集通道。

通道数：采样通道数为 6 个，1～6 道任选；

采样速度：单道最快采样速度为 16μs；

分辨率：采样数据分辨率为 24 位；

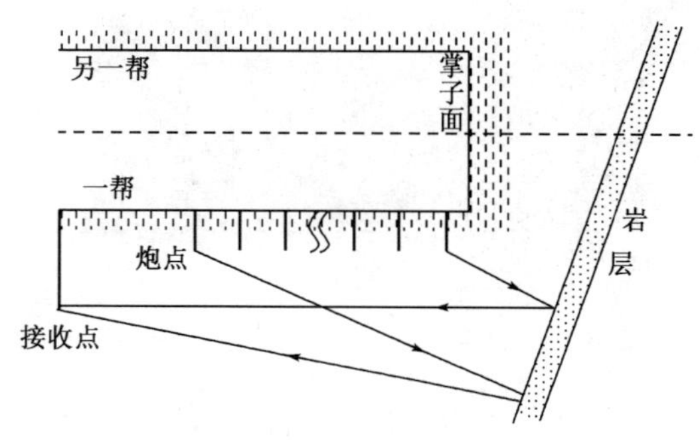

图 9.2 KDZ1114-6B30 矿井巷道超前探测仪工作原理图

采样容量:128K 字节;

存储容量:64M 字节;

滤波:软件滤波;

采样间隔:16μs～32Ms(以 16μs 增量可选)。

③探测范围。

探测深度:炮震 200m 以内,锤震 100m 以内;

探测层数:小于 10 层。

④外设条件。

存储:U 盘;

网络接口:以太网。

⑤电源。

供电:内含高能聚合物电池,可连续工作 6h 以上;

数据保持:掉电情况下,可保证数据不丢失;

充电:配备充电器,直接用 220V 交流电充电,充电时间大于 8h。

⑥工作环境。

适应环境:防爆、防湿、防尘;

工作温度:0～40℃;

相对湿度:≤95%。

⑦质量规格。

质量:3.5kg;规格尺寸:350mm×248mm×40mm。

⑧适用范围。

a. 顶底煤厚及前方构造实时剖面探测;

b. 巷道围岩松动圈探测;

c. 掌子面超前探测;

d. 陷落柱探测;

e. 老空区探测;

f. 底板岩层完整性特征评价;

g. 岩层探煤层;

h. 基岩界面及起伏形态探测;

i. 锚喷大巷安全性评价。

图 9.3 DTC-150 防爆地质超前探测仪

(2)DTC-150 防爆地质超前探测仪。

DTC-150 防爆地质超前探测仪主要由主机、三维高精度传感器、传感器导管、触发信号分配器、资料处理系统等部分组成,如图 9.3 所示。

DTC-150 防爆地质超前探测仪为三分量反射地震方法,与其他的反射地震方法一样,采用回波测量原理。地震波在指定的震源点用小药量激发产生,在煤岩中以球面波形式传播,当遇到岩石物性界面(即波阻抗差异界面,例如断层、岩石破碎带、陷落柱等构造)时,一部分地震信号反射回来,一部分信号折射进入前方介质。反射的地震信号被告灵敏度的地震检波器接受,以确定地质异常及其定位。主要用于探测掘进巷道正前方的地质构造异常,如断层、破碎带、陷落柱、采空区、溶洞及岩性变化带等。超前探测距离 150～200m,其工作原理如图 9.4 所示。

DTC-150 防爆地质超前探测仪技术特点及指标:

超前探测距离:≤150m;

道数:12 道;

采样间隔:0.025～20ms;

采样点数:1 024～8 192;

传感器:高精度三分量;

外形尺寸:351mm×225mm×230mm;

主机重量:≤7.5kg。

(3)KJH-D 防爆探地雷达。

KJH-D 防爆探地雷达由防爆主机、发射机、接收机、天线、高速通信线缆、采集和处理软件等组成,如图 9.5 所示。

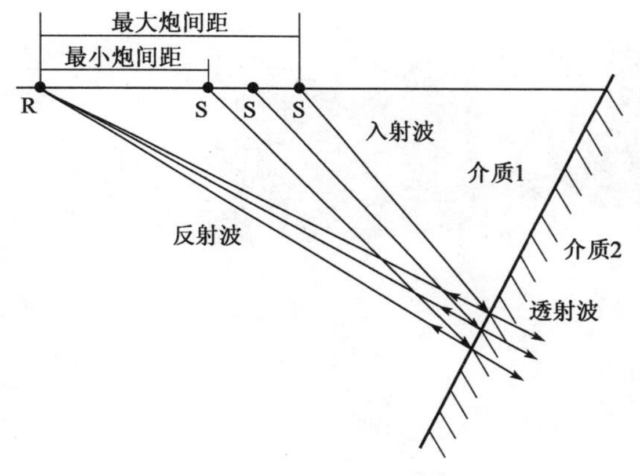

图 9.4　DTC-150 防爆地质超前探测仪工作原理图

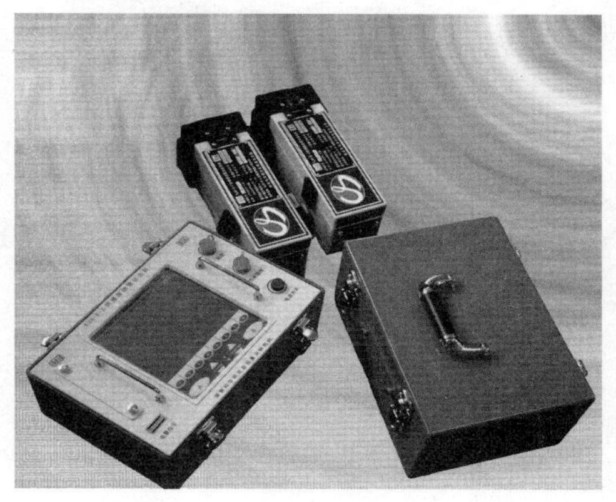

图 9.5　KJH-D 防爆探地雷达

KJH-D 防爆探地雷达是采用井下雷达波反射回波定位技术,利用断层等地质异常体与周围介质的电性差异(介电常数差异)产生雷达反射回波,达到对目标体探测和定位的目的。主要用于探测地质构造异常,如断层、破碎带、陷落柱、采空区、溶洞及岩性变化带等。探测距离 30～50m。

主要技术指标如下:

防爆标志:Exib I;

探测距离:30m;

工作频率:100MHz,6479f286a33dc129200MHz;

工控机:300MHz,e3bd0b7a9ffb1d1b128MB;

采样率:100GHz;

采样间隔:10～20 000ps(步长 2ps);

接收灵敏度:1.5μV;

数据格式:16 位。

9.2.2 钻探方法

钻探是利用钻机在隧道开挖掌子面进行施工勘探钻孔,通过钻孔的施工来获取地质信息的一种超前地质预报方法,必要时,还需对钻探的煤岩层进行取芯。通过钻探,可以对开挖掌子面前方的地层岩性、构造特征、围岩级别、含水率及煤层赋存情况做出判断。

1)钻探设备

隧道钻探设备一般为矿用液压钻机,要求钻机钻孔直径不小于 65mm,有效钻进深度不小于 150m,最大输出扭矩不小于 750N·m,如 ZYW 系列钻机(图 9.6)和 ZY 系列钻机(图 9.7)。其主要技术参数分别见表 9.1、表 9.2。

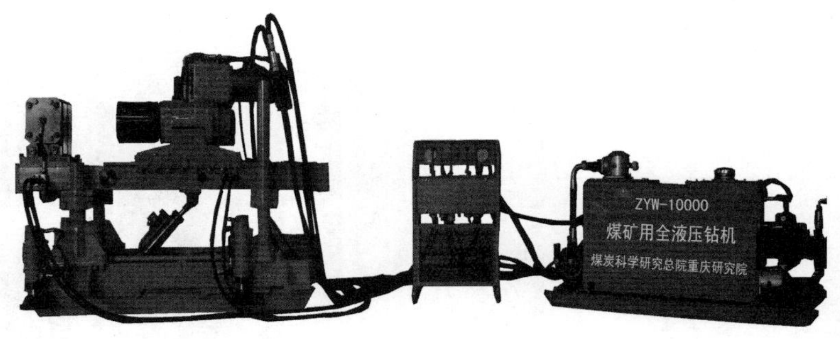

图 9.6　ZYW-10000 矿用钻机

图 9.7　ZY-650 矿用钻机

ZYW 系列钻机主要性能参数　　表 9.1

项　目	单位	ZYW-1200	ZYW-2000	ZYW-3000	ZYW-3200	ZYW-4000
最大钻进深度	m	200	300	350	350	400
开孔直径	mm	65、87、115	94、113、133	94、113、133	113、133	94、113、133
终孔直径	mm	65、75	94	94、113	94、113	94、113
钻杆直径	mm	50	63	73	73	73
钻孔倾角	°	−90～+90	−90～+90	−90～+90	−90～+90	−90～+90
额定输出转速	r/min	100～600	65～260	65～250	70～240	50～270
额定输出转矩	N·m	1 200～220	2 000～500	3 000～700	3 200～900	4 000～1 050
给进力	kN	45	100	110	110	110
起拔力	kN	70	120	130	130	150
正常进给速度	m/min	0～1.5	0～1.5	0～1.5	0～1.5	0～1.5
给进行程	mm	850	850	850	850	850
锚固力	kN	4×80	4×80	4×80	4×80	4×80
电动机功率	kW	22	37	45	45	55
主机外形尺寸（长×宽×高）	mm	2 040×946×1 045	2 225×1 190×1 325	2 225×1 190×1 380	2 225×1 190×1 380	2 240×1 060×1 540
整机质量	kg	约 1 723	约 2 073	约 2 240	约 2 240	约 2 931

ZY 系列钻机主要性能参数　　表 9.2

项　目	单位	ZY-320	ZY-650	ZY-750	ZY-1250	ZY-2300
最大钻进深度	m	50	150	150	200	300
开孔直径	mm	87、115	87、115	87、115	87、115	94、133、153
终孔直径	mm	65、75	65、75	65、75	65、75	94
钻杆直径	mm	42、螺旋 70	42、50	42、50	50	63
钻孔倾角	°	0～90	−90～+90	−90～+90	−90～+90	−90～+90
额定输出转速	r/min	140	95	105/300	80/170	70/160
额定输出转矩	N·m	320	650	750/280	1 250/600	2 300/1 000
给进力	kN	30	50	40	60	110
起拔力	kN	20	30	24	45	80
正常进给速度	m/min	0～1.5	0～1.5	0～1.5	0～1.5	0～1.5
给进行程	mm	850	850	850	850	850
锚固力	kN	—	2×80	2×80	4×80	4×80
电机功率	kW	11	15	18.5	22	37
主机外形尺寸（长×宽×高）	mm	2 183×360×355	2 200×420×355	2 163×420×650	2 265×1 020×1 380	2 240×1 000×1 478
整机质量	kg	约 792	约 892	约 978	约 1 833	约 2 226

2)钻探方法

钻探工作需要在掌子面预计距离第一层煤的最小法向距离大于10m处进行。若为地质带或岩石破碎区域,还应适当加大探测距离(最小法向距离不小于15m),公路隧道断面大,探煤钻孔一般不少于5个,分别控制隧道的上部、中部、下部及左右部。探煤钻孔应尽量长,当遇见煤层时,钻孔需穿透煤层全厚且进入顶(底)板不小于0.5m,有条件的还应当取芯。当需要连续钻探时,下一循环的开钻点不能超过上一循环任意钻孔与隧道中心线的投影,并保持最小5m的投影距离。

钻孔布置如图9.8所示。

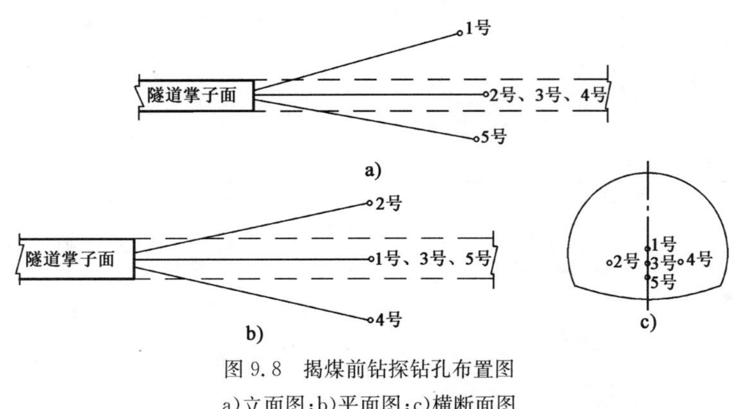

图9.8 揭煤前钻探钻孔布置图

a)立面图;b)平面图;c)横断面图

钻探过程中,隧道掌子面要严格按照突出煤层的管理要求,同时要有专门的技术人员现场做好以下工作:

(1)钻孔过程中应观察孔内排出的浆液、煤屑变化情况,并做好记录。

(2)遇见煤层需对煤层的基本参数进行测定,测定的参数包括瓦斯压力、瓦斯含量、取样进行煤的工业分析、煤的自燃发火倾向性、自燃发火期及煤层透气性系数等。

(3)准确记录钻孔见煤时的各种异常现象,如是否出现喷孔、卡钻、吸钻、瓦斯忽大忽小、瓦斯涌出异常、响煤炮等明显的突出预兆。

(4)见煤后,密切关注钻孔瓦斯涌出情况,若出现掌子面瓦斯浓度超过0.8%,则立即组织撤人并向项目部汇报。

钻探结束后,地质工程师根据钻探的现场资料,及时完成钻孔成果图,分析出掌子面周边钻探控制范围内的煤层、围岩及构造的赋存状态,为揭煤工作做好准备,若不能确定煤层层位及煤层产状,还应当及时补充探孔。

9.3 揭煤的一般程序

9.3.1 揭煤前准备

揭煤是指从距煤层底(顶)板的最小法向距离5m开始到穿过煤层进入顶(底)板2m的整个过程。揭开(穿)突出煤层是最容易发生突出,在揭煤过程中,稍有疏忽就可能引发煤与瓦斯突出事故，甚至是恶性事故，因此，揭煤作业应当具有相应技术能力的专业队伍施工，正式揭煤前需编制揭煤专项防突设计，并报项目部、监理单位等技术负责人批准后方可实施揭煤。揭穿突出煤层的专项防突设计至少应当包括下列主要内容：

(1)揭煤区域煤层、瓦斯、地质构造及巷道布置的基本情况。

(2)建立安全可靠的独立通风系统及加强控制通风风流设施的措施。

(3)控制突出煤层层位、准确确定安全岩柱厚度的措施，测定煤层瓦斯压力的钻孔等工程布置、实施方案。

(4)揭煤掌子面突出危险性预测及防突措施效果检验的方法、指标，预测及检验钻孔布置等。

(5)防突措施。

(6)安全防护措施及组织管理措施。

(7)加强过煤层段巷道的支护及其他措施。

在揭煤前的准备主要为超前地质预报、编制揭煤的专项防突措施并报批和区域突出危险性预测，此阶段要求在距离煤层最小法向距离10m位置前进行，构造复杂、岩石破碎区域需加大距离。

主要分以下两步：

第一步：地质分析、提前探明煤层相对位置及产状；

第二步：进行区域突出危险性预测。

9.3.2　揭煤一般程序

隧道揭煤可分为正向揭煤和方向揭煤，正向揭煤是指从煤层底板揭开煤层的揭煤方式，反向揭煤是从煤层顶板揭开煤层的揭煤方式，如图9.9所示。正向揭煤和反向揭煤只是煤层揭开的方向不同，但其揭煤的程序和方法基本是一致的。

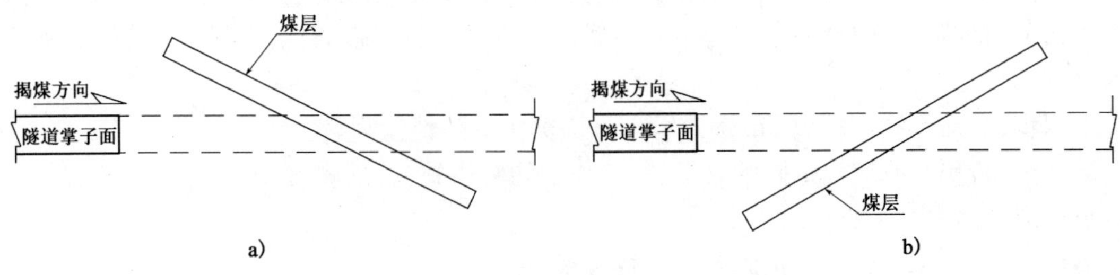

图9.9　隧道揭煤

a)正向揭煤；b)反向揭煤

隧道揭煤整个过程可以分为三个阶段，分别为区域综合防突措施阶段、局部综合防突措施阶段和揭开煤层过煤门阶段，如图9.10所示。

揭煤的具体步骤可以分为：

第一步：最小法向距离10m前进行区域突出危险性预测。

第二步：若区域预测有突出危险性则，掘进至最小法向距离7m前采取区域防突措施。若区域预测无突出危险性，则直接掘进至最小法向距离5m前进行工作面突出危险性预测。

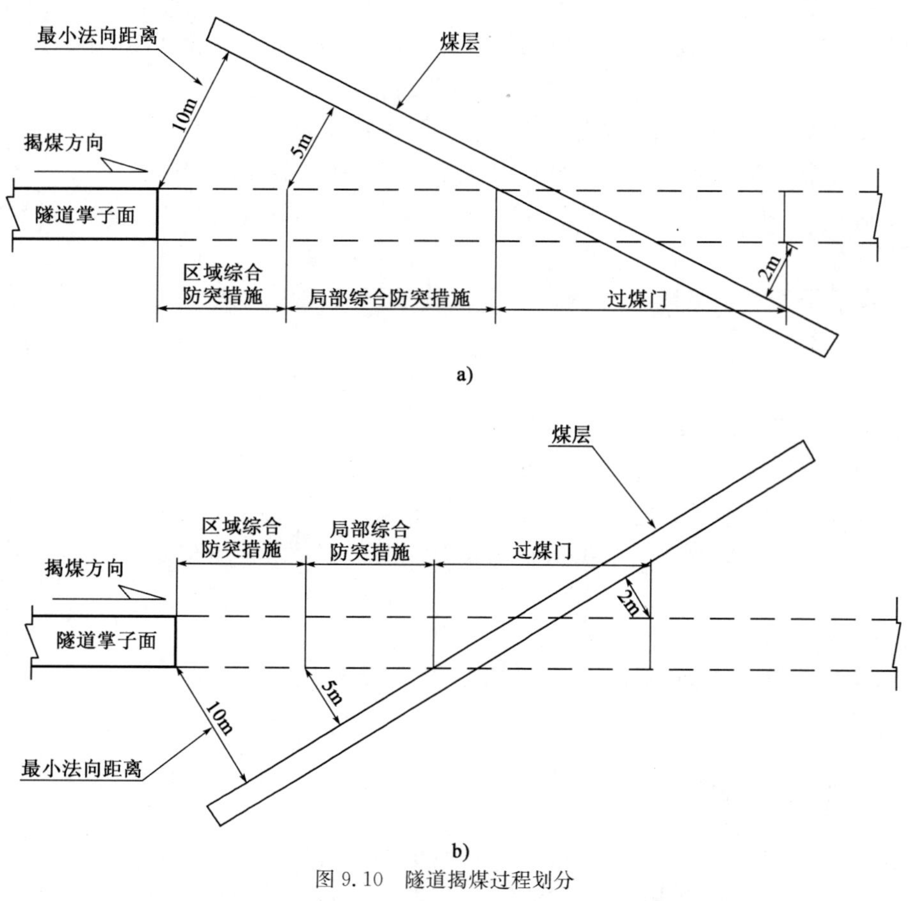

图 9.10　隧道揭煤过程划分

a)正向揭煤;b)反向揭煤

第三步:实施区域防突措施效果检验,若区域措施有效,则掘进至最小法向距离 5m 前进行工作面突出危险性和预测;若措施无效,则补充区域防突措施,直到区域防突措施效果检验有效。

第四步:在最小法向距离 5m 前进行工作面突出危险性预测。

第五步:若预测有突出危险性,则进行工作面防突措施;若预测无突出危险性,则边探边掘至最小法向距离 2.0m 处。

第六步:实施工作面防突措施效果进行考察。

第七步:若工作面措施效果考察有效,则边探边掘至最小方向距离 2.0m 处;若措施效果考察无效,则补充工作面防突措施后继续进行防突措施效果考察,直到措施有效。

第八步:在最小法向距离 2.0m 处进行突出危险性验证,若无突出危险性则采取安全防护措施前提下揭开煤层;若有突出危险性,则补充工作面防突措施,直到措施有效。

第九步:采取安全防护措施揭开或穿过煤层,在揭穿煤层过程中连续实施工作面突出危险性预测,直到穿过煤层为止。

第十步:加强隧道支护直到穿过煤层。

隧道揭煤具体揭煤流程如图 9.11 所示。

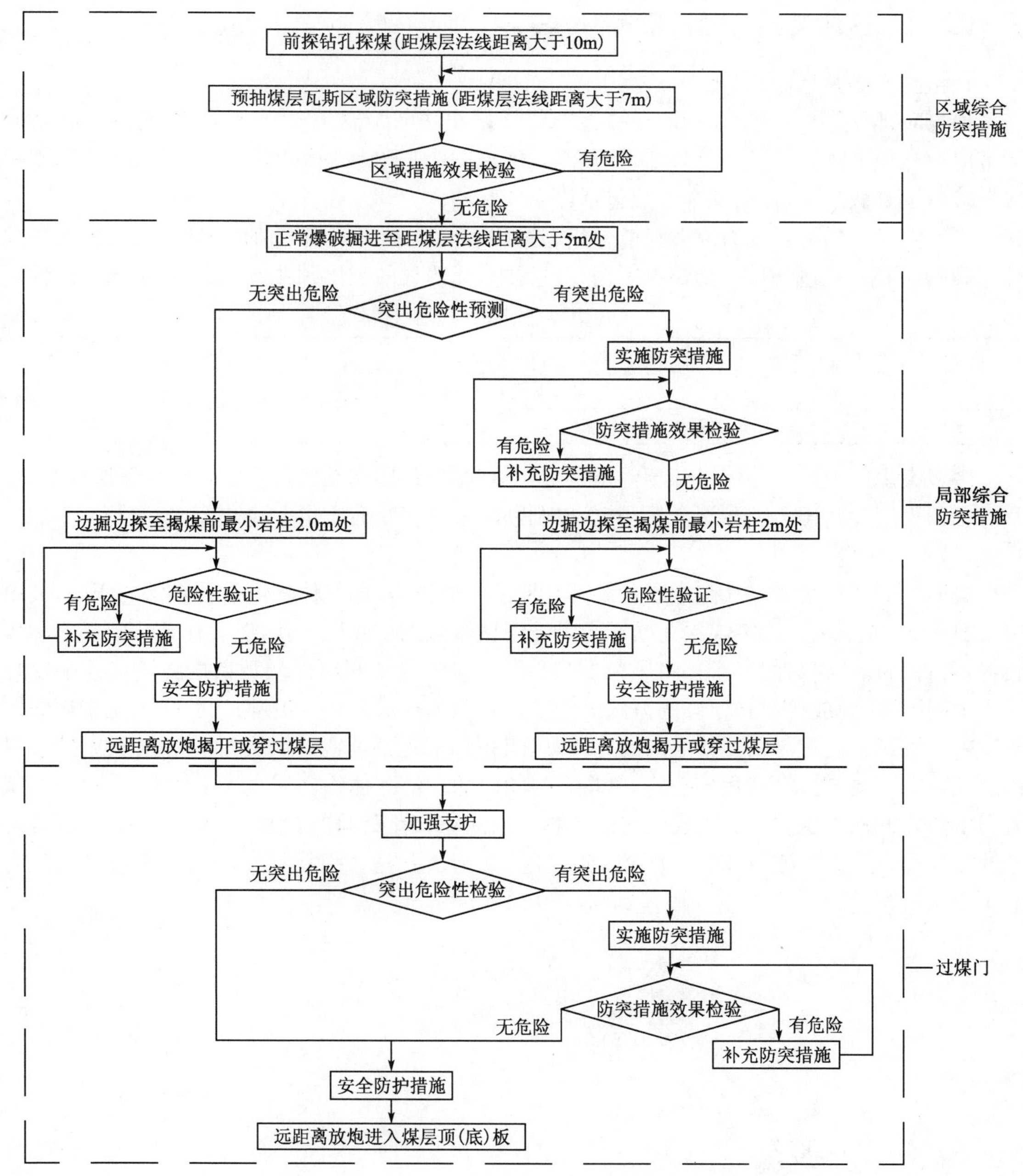

图 9.11　隧道揭煤流程图

9.4　区域综合防突措施

隧道揭煤区域综合防突措施包括区域突出危险性预测、区域防突措施、区域防突措施效果评价和区域防突措施效果检验。

9.4.1 区域突出危险性预测

1)预测方法及指标

揭煤时,区域突出危险性预测是在距离煤层最小法向距离 10m 前进行的(在地质构造破坏带应适当加大距离)煤层突出危险性预测。区域突出危险性预测可以通过煤层瓦斯基本参数直接测定方法进行,瓦斯基本参数包括煤层的瓦斯压力和瓦斯含量。

当预测煤层的瓦斯压力或者瓦斯含量超过如表 9.3 所示的临近值时,煤层具有突出危险性;当两者均未超过临界值,且在施工钻孔过程中,无明显的突出预兆,则煤层无突出危险性。

瓦斯压力或瓦斯含量的临界值 表 9.3

瓦斯压力 P(MPa)	瓦斯含量 W(m^3/t)	煤 层 类 别
<0.74	<8	无突出危险性
除上述情况外的其他情况		有突出危险性

区域突出危险性预测可以和超前钻探工作一起进行,即在钻探过程中若发现煤层,则可以及时进行煤层瓦斯压力及瓦斯含量测定,以判断煤层是否具有突出危险性。

(1)瓦斯压力直接测定。

煤层瓦斯压力是指煤孔隙中所含游离瓦斯的气体压力,即气体作用于孔隙壁的压力,其单位一般用 MPa 表示。测定煤层瓦斯压力是先用钻机施工一测压钻孔,然后在钻孔中放置测压装置,再将钻孔严密封闭堵塞并将压力表和测压装置相连来测出煤层瓦斯压力。目前根据封孔原理的不同,一般将封孔原理的方法分为主动式和被动式两种。被动式封孔法,是指用固体物质来充填测压装置与钻孔壁之间的空间,以阻止煤层瓦斯泄露,如黄泥封孔法、水泥砂浆封孔法、胶圈封孔法等;主动式封孔法,是指在封闭段的两端固体物之间注入密封液,密封液的压力高于预计的瓦斯压力并深入孔壁与固体物件的间隙和孔壁周围裂隙中,以阻止瓦斯泄露,常见的如胶圈—压力黏液封孔法、胶圈泥油—压力黏液封孔法。根据钻孔的方向一般可以分为上向测压钻孔(图 9.12)和下向测压钻孔(图 9.13)。

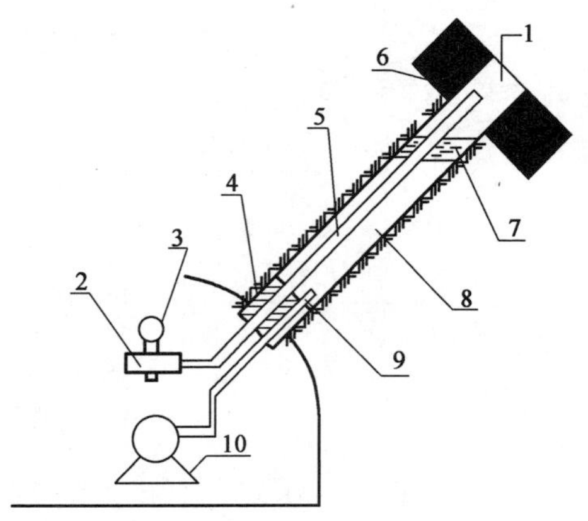

图 9.12 上向孔测压示意图

1-测压钻孔;2-三通;3-压力表;4-木楔或玛丽散;5-注浆管;6-煤层;7-封堵材料;8-水泥浆;9-注浆管;10-注浆泵

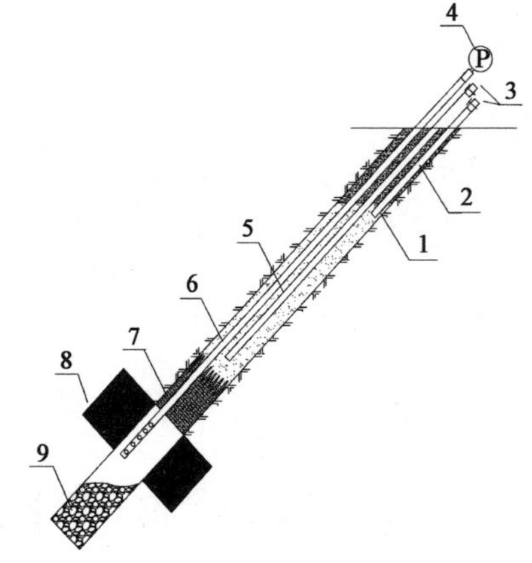

图 9.13 下向穿层孔封孔示意图

1-排水管;2-树脂膨胀剂;3-闸阀;4-压力表;5-注浆管;6-排气管;7-防漏塞;8-煤层段;9-钻屑沉底

目前国内最常见的封孔方法为被动式水泥砂浆封孔法。

具体测定方法见附录5。

(2)瓦斯含量直接测定。

煤层瓦斯含量是煤层含有瓦斯的量的多少,其单位一般用 m^3/t 表示,煤层瓦斯含量包括可解吸瓦斯含量和常压吸附瓦斯含量。目前用于瓦斯含量直接测定的装备仅有中煤科工集团重庆研究院研制的DGC型瓦斯含量直接测定装置(图9.14),该装置是一套实验室结合井下使用的装置。主要用于直接、快速地测定和计算出煤层可解吸瓦斯含量(Q_m),装置分为井下取芯与井下解析系统、地面瓦斯解吸系统、称重系统、煤样粉碎系统、水分测定系统、气体成分测定系统和数据处理系统等部分。

图9.14 DGC型瓦斯含量直接测定装置

具体测定方法见附录6。

2)钻孔布置

隧道揭煤区域突出危险性预测钻孔一般不少于4个,分别位于隧道轮廓线的上部、中部和左右部,隧道的不同开挖方式的区域突出危险性预测钻孔布置如图9.15所示。当探煤钻孔与区域预测钻孔用时,尽量选择上向探煤钻孔;若两者不共用时,区域预测钻孔布置应尽量避开探煤钻孔的影响。

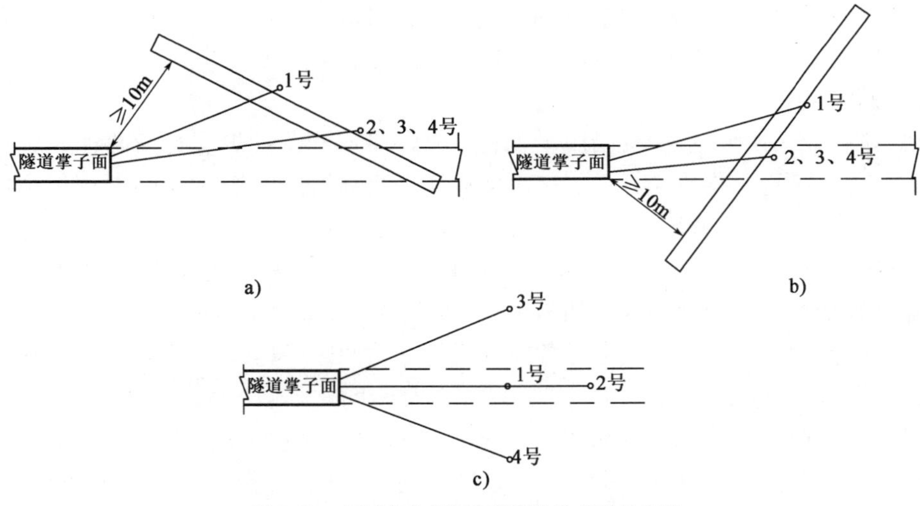

图9.15 区域突出危险性预测钻孔布置示意图

a)正向揭煤剖面图;b)反向揭煤剖面图;c)平面图

(1)区域突出危险性预测钻孔一般采用矿用坑道钻机实施,钻孔直径为 ϕ65～75mm,在钻孔施工过程中需做到以下几点:

①钻孔施工过程中需有技术人员跟踪指导,严格按照钻孔设计施工,并做好现场记录,记录内容包括钻孔实际开孔位置、开孔方位、倾角、见煤岩情况、瓦斯涌出情况等,并密切观察是

否具有突出预兆。

②为了避免钻孔之间相互影响,钻孔开孔间距不小于 200mm。

③当钻孔见煤后,若测定煤层瓦斯含量,为了尽量取到新鲜暴露的煤体,需用水冲洗干净钻孔后再取煤样;若进行测定煤层瓦斯压力,则钻孔需要尽量打穿煤层。

(2)经区域突出危险性预测后,预揭煤层可划分为有突出危险煤层和无突出危险煤层。根据不同的区域预测结果,其揭煤的程序和方式如下:

①区域预测无突出危险煤层。正常开挖至最小法向距离 5m 前进入局部综合防突措施阶段,即首先进行工作面突出危险性预测,当工作面预测有突出危险性,则进行工作面防突措施;若工作面预测无突出危险性,则边探边掘至最小法向距离 2m 处进行突出危险性验证。

②区域预测有突出危险煤层。正常开挖至最小法向距离 7m 前实施区域防突措施,然后进行区域防突措施效果检验,只有当区域防突措施效果检验有效后,方可开挖至最小法向距离 5m 处进入局部综合防突措施。

9.4.2 预测有突出危险煤层的区域综合防突措施

1)区域防突措施

区域防突措施是指对具有煤与瓦斯突出危险性的煤层较大范围内采取的防治煤与瓦斯突出措施。

开挖掌子面经区域突出危险性预测,若无突出危险性,则可直接正常爆破掘进至最小法向距离 5m 处再进行工作面突出危险性预测;若经区域突出危险性预测有突出危险性,为了有效防止隧道揭煤时发生煤与瓦斯突出,确保隧道安全掘进,隧道在掘进揭煤时必须采取区域防突措施。为了获得足够的岩柱来抵抗煤层的瓦斯压力及地应力的作用,区域防突措施需在距煤层最小法向距离 7m 前(在地质构造破坏带应适当加大距离)实施。

(1)区域防突措施。

对于煤矿行业来说,区域防突措施主要有开采保护层和预抽煤层瓦斯两种方法。开采保护层也叫开采解放层,是指首先开采与突出煤层邻近而又无突出危险的煤层(即保护层),由于采动影响而使突出煤层瓦斯压力、瓦斯含量大幅降低、煤层透气性显著提高、大量高压瓦斯释放从而消除突出煤层的突出危险。开采保护层是迄今为止防突上最有效、最经济的区域性措施;预抽煤层瓦斯实质是将煤层瓦斯抽出来,降低煤层瓦斯压力和瓦斯含量,相应地增加煤体抵抗破坏的能力,达到消除或减弱突出危险的目的。预抽煤层瓦斯主要有三个方面的效果:第一,通过抽放可以降低煤层中的瓦斯,减少煤与瓦斯突出的原动力;第二,通过施工抽放钻孔,可以对煤岩体起到释放应力的作用,减少引起煤与瓦斯突出的外在动力;第三,煤体中瓦斯的抽出,导致了煤体的致密性增加,增强了煤体抵抗破坏的能力,其消除突出的机理如图 9.16 所示。

一般情况下开采保护层与预抽煤层瓦斯配套使用,即当采区了开采保护层后,再进行预抽煤层瓦斯,这样使防突效果更加明显。而对于隧道来说,预揭煤层无保护层开采,预抽煤层瓦斯是防治煤与瓦斯突出和减少瓦斯爆炸等事故的治本措施,也是仅有的区域防突措施。

(2)钻孔布置。

预抽煤层瓦斯区域防突措施需在距离煤层最近的开挖掌子面实施。不同煤层的预抽瓦斯钻孔控制范围及钻孔布置如下(图 9.16)。

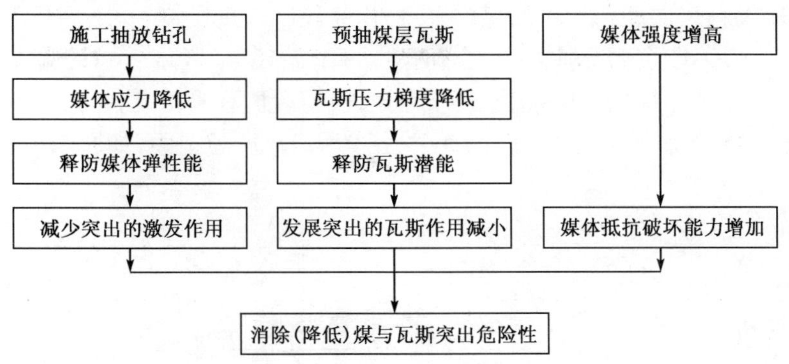

图 9.16 预抽煤层瓦斯消除突出危险原理图

①急倾斜煤层。

预揭煤层倾角越大,隧道轮廓线下帮煤体在自重的作用下,起到一定程度上的抑制煤与瓦斯突出的作用。因此,急倾斜煤层下帮要求控制煤体范围稍小,为不小于 6m(煤层线方向距离),而隧道轮廓线的左帮、右帮及上帮要求控制范围不小于 12m,且控制范围的外边缘到隧道轮廓线的最小法向距离不小于 5m,如图 9.17 所示。

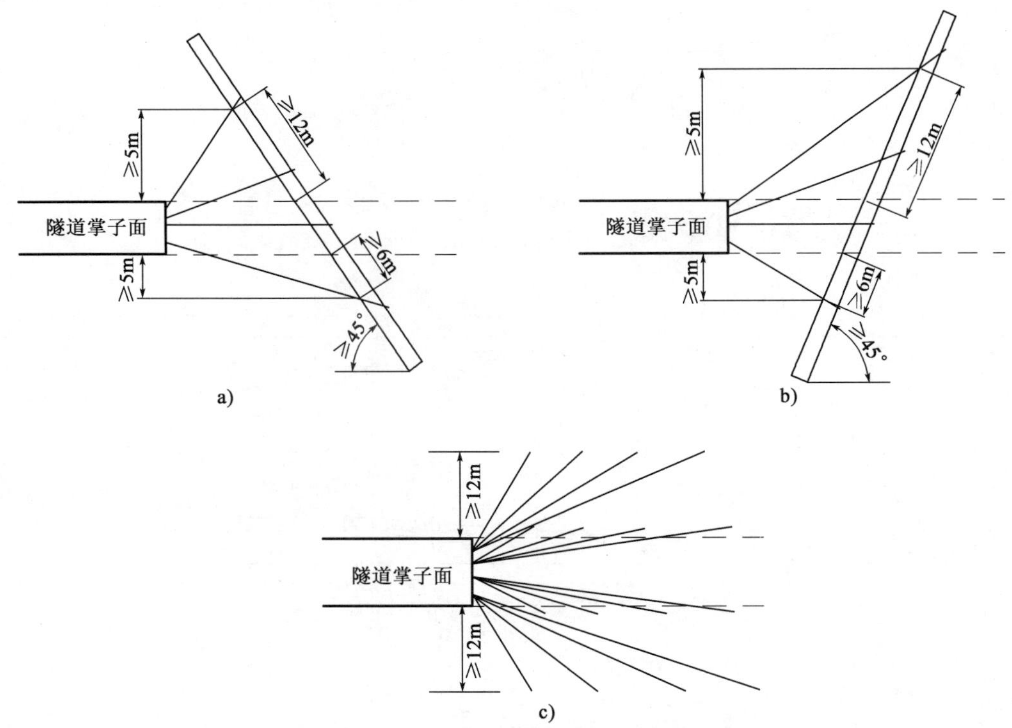

图 9.17 急倾斜煤层预抽钻孔布置示意图

a)正向揭煤剖面图;b)反向揭煤剖面图;c)正反向揭煤平面图

②缓倾斜和近水平煤层。

预揭缓倾斜煤层和近水平煤层时,隧道轮廓线下帮由于倾角较小,很难抑制煤与瓦斯突出,因此,隧道轮廓线外左帮、右帮、上帮和下帮的控制范围均要求不小于 12m(煤层线方向距离),且控制范围的外边缘到隧道轮廓线的最小法向距离不小于5m,如图9.18所示。但对于隧道开挖断面较大且煤层倾角较小的煤层来说,由于钻孔长度限制,一个循环不能完全控制揭煤区域的煤层,一般采取多循环抽放方式,即预抽一个循环,经区域效果检验有效后开挖至一定距离,再进行第二循环预抽瓦斯,依次逐步完成区域预抽,在采取此种方式预抽煤层时,为了确保开挖的安全,要求每个循环之间需留有至少10~15m的超前距,如图9.19所示。

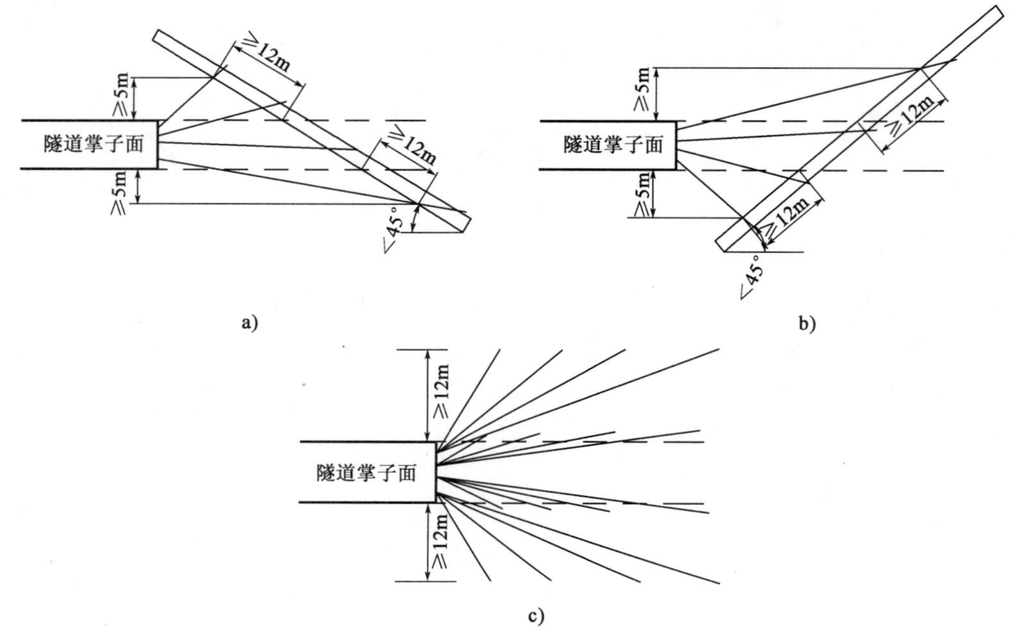

图9.18 倾斜、缓倾斜煤层一次控制预抽钻孔布置示意图

a)正向揭煤剖面图;b)反向揭煤剖面图;c)正反向揭煤平面图

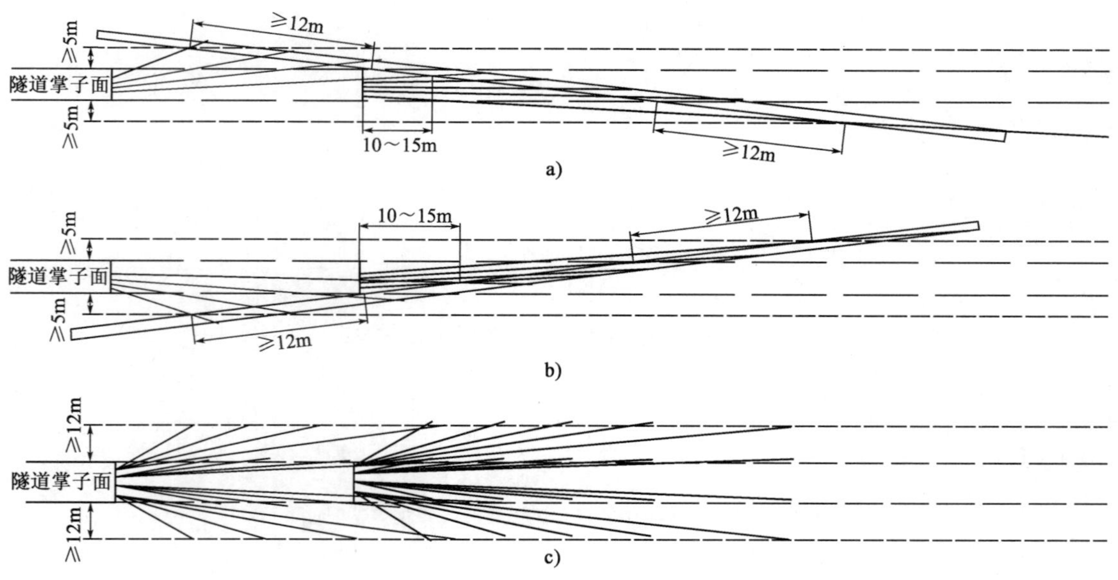

图9.19 缓倾斜、近水平煤层多循环控制预抽钻孔布置示意图

a)正向揭煤钻孔布置剖面图;b)反向揭煤钻孔布置剖面图;c)钻孔布置平面图

预抽瓦斯钻孔的孔径一般为 ϕ65～105mm，钻孔终孔间距一般根据煤层透气性系数来设置，煤层透气性越好，终孔间距越大，煤层透气性越差，终孔间距越小，一般为3～10m。在施工预抽钻孔时，为了保证抽放效率，钻孔开孔间距不得小于200mm。若掌子面抽放钻孔太多，可以在掌子面两侧各设置一个钻场，将钻孔布置在钻场内，如图9.20所示。

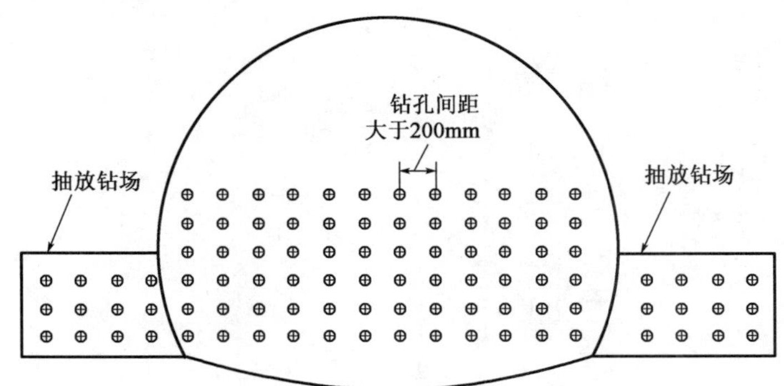

图9.20 利用抽放钻场布置抽放钻孔

(3)钻孔施工。

预抽钻孔均匀控制揭煤区域煤层，能有效减少揭煤时间，提高揭煤效率。公路隧道预抽煤层瓦斯钻孔数量多，工程量大，要求现场施工必须严格按照设计施工。钻孔施工的整个过程，必须有技术人员现场跟班指导，确保钻孔的方位、倾角、孔深等参数达到超前孔设计的要求；同时记录钻孔见煤岩情况，抽放钻孔施工完成后应当及时绘制钻孔成果图。

预抽钻孔孔径一般要求大于65mm，当钻孔穿过煤层后，进入岩石0.5m左右方可停止钻进，用水清理干净钻孔后退去钻杆，钻孔施工完毕。为了防止暴露时间过长而引起的钻孔塌孔或掌子面瓦斯超限，完成施工的钻孔需立刻验收和封孔并接入抽放管路。

(4)钻孔封孔。

预抽煤层钻孔封孔方法的选择应根据抽放方法及孔口所处岩石层位、岩性及构造等因素综合确定，因地制宜地选用封孔方法。按照封孔材料的不同，预抽钻孔的封孔一般可分为注浆封孔和聚氨酯材料封孔两种。

①注浆封孔。

注浆封孔主要是采用注浆泵将水泥浆注入预抽钻孔中，由于浆液具有自重，因此注浆封孔法一般适合于具有一定角度的上向孔，其注浆封孔示意图如图9.21所示。注浆封孔要求如下：

a.由于公路隧道断面大，导致隧道围岩破碎圈也较大，因此，为了确保抽放质量，要求封孔的深度一般不得小于6m。

b.注浆时，为了提高注浆质量，浆液浓度要适中，对于直径65mm的预抽钻孔，一般50kg水泥所形成的水泥浆可封孔8m左右。

c.注浆完毕接抽后，需要对每个钻孔制作一个抽放牌，悬挂在抽放钻孔上，以随时对单孔的抽放效果进行跟踪了解和分析。

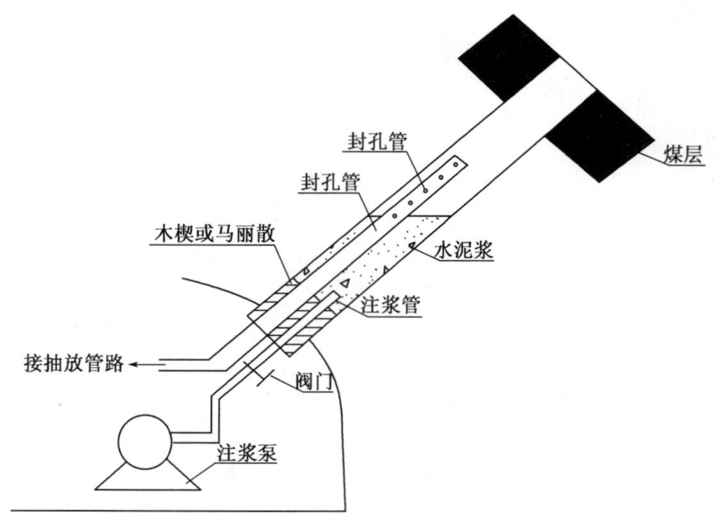

图 9.21　注浆封孔示意图

图 9.22　马丽散聚氨酯封孔材料

②聚氨酯材料封孔。

聚氨酯封孔材料是双组分有机高分子材料形成的树脂材料。目前聚氨酯封孔材料种类较多，主要以马丽散最为常见。马丽散聚氨酯封孔材料分为A料和B料，也称为黑白料，如图9.22所示。在使用时将A料和B料按照1∶1的体积比混合后注入钻孔，A料和B料在混合后十几秒内开始产生聚合反应，形成化合物，具有高度黏合力和膨胀性。

聚氨酯封孔材料适合快速密封不同深度、孔径及角度的瓦斯孔和注水孔，是代替水泥、黄泥的新型封孔材料，聚氨酯封孔材料使用极为方便，无需复杂操作，封孔十分快捷，是一种理想的抽放钻孔封孔材料。

具体封孔过程为：

a. 将抽放管接好至预计封孔深度，并在抽放管上从封孔最深处往上均匀缠绕一层棉纱或者棉质破布。

b. 将马丽散A料和B料按1∶1均匀混合搅匀。

c. 待混合后的马丽散颜色变为白色后，立即将马丽散均匀涂抹在缠绕好棉纱的封孔管上。

d. 将封孔管推入钻孔内，封好孔口，封孔管上的马丽散将会在数分钟之内膨胀并接牢。

e. 将封孔管接入抽放管路内，封孔完成。

聚氨酯材料封孔与注浆封孔相比，具有以下优缺点：

a. 聚氨酯材料封孔可以适用于任何角度的钻孔，而注浆封孔仅能用于上向抽放孔，对于下向孔，需要制作防漏挡栏，工序复杂且封孔成功率低。

b. 聚氨酯材料封孔不需要注浆设备，操作简单，但聚氨酯材料封孔成本高，一般为注浆浆封孔的数倍。

c.聚氨酯材料的发泡膨胀率高，在围岩较破碎地段使用效果好，而注浆封孔在围岩破碎地段封孔容易跑浆而导致封孔失败。

2)抽放效果评价

抽放效果评价是对预抽揭煤区域的瓦斯抽放效果是否达标的论证，是决定是否停止抽放的主要依据之一。停止抽放前应编制抽放效果评价报告，并报技术负责人批准，抽放效果评价报告需包括以下主要内容和步骤：

①抽放钻孔有效控制范围界定。

②抽放钻孔布孔均匀程度评价。

③抽放效果评判指标。

④抽放效果达标评判。

(1)有效控制范围界定。

预抽钻孔有效控制范围取相邻有效边缘孔的见煤点之间的连线所圈定的范围。预抽钻孔的有效控制范围应满足隧道揭煤区域防突措施钻孔控制范围；若不能满足预抽钻孔规定的控制范围，则需要补充钻孔。

(2)钻孔均匀度评价。

揭煤过程中，预抽瓦斯钻孔的均匀控制对揭煤区域的预抽效果和预抽时间有着重要影响。预抽钻孔施工过程中，应有技术人员跟踪指导，要求严格按照设计施工，同时现场记录钻孔施工参数。预抽钻孔施工完毕后，技术人员应及时按照如表9.4所示格式汇总钻孔参数并绘制抽放钻孔成果图，并及时对预抽钻孔在有效控制范围内均匀程度进行评价。预抽钻孔间距不得大于设计间距，对于不符合设计要求的，应及时补充钻孔。

抽放钻孔施工参数汇总表　　表9.4

钻孔编号	钻孔方位(°)	钻孔倾角(°)	钻孔长度			钻进情况
			钻孔见煤长度(m)	煤孔长度(m)	钻孔总长度(m)	

(3)抽放瓦斯效果评判指标。

抽放效果指标达标主要包括残余瓦斯压力效果指标达标和残余瓦斯含量效果指标达标。对于突出煤层，当评价范围内所有测点测定的煤层残余瓦斯压力或残余瓦斯含量都小于临界值且施工测定钻孔时没有喷孔、顶钻或其他动力现象时，则评判为突出煤层评价范围预抽瓦斯防突效果达标；否则，抽放效果不达标。

(4)抽放效果评判指标。

①抽放效果评价单元划分。

对于钻孔工程量大,钻孔工程施工时间长的预抽钻孔,在抽放效果指标评价时,应当划分评价单元分别进行效果评价。将钻孔间距基本相同和预抽时间基本一致(预抽时间差异系数小于30%)的区域划为一个评价单元,只有当所有评价单元抽放效果指标均达标后,才判定抽放效果指标达标。

预抽时间差异系数为预抽时间最长的钻孔抽采天数减去预抽时间最短的钻孔抽采天数的差值与预抽时间最长的钻孔抽采天数之比。预抽时间差异系数按式(9.1)计算:

$$\eta = \frac{T_{max} - T_{min}}{T_{max}} \times 100\% \tag{9.1}$$

式中:η——预抽时间差异系数,%;

T_{max}——预抽时间最长的钻孔抽采天数,d;

T_{min}——预抽时间最短的钻孔抽采天数,d。

②瓦斯抽采后煤的残余瓦斯压力计算。

对同一评价单元,只有当残余瓦斯压力计算达到临界值以下后,方可进行现场实测残余瓦斯压力效果指标。

瓦斯抽采后煤的残余瓦斯压力按式(9.2)计算:

$$W_{CY} = \frac{ab(P_{CY}+0.1)}{1+b(P_{CY}+0.1)} \times \frac{100 - A_d - M_{ad}}{100} \times \frac{1}{1+0.31M_{ad}} + \frac{\pi(P_{CY}+0.1)}{\gamma P_a} \tag{9.2}$$

式中:W_{CY}——残余瓦斯含量,m^3/t;

a、b——吸附常数;

P_{CY}——煤层残余相对瓦斯压力,MPa;

P_a——标准大气压力,0.101 325MPa;

A_d——煤的灰分,%;

M_{ad}——煤的水分,%;

π——煤的孔隙率,m^3/m^3;

γ——煤的重度(假密度),t/m^3。

③瓦斯抽采后煤的残余瓦斯含量计算。

对同一评价单元,只有当残余瓦斯含量计算达到临界值以下后,方可进行现场实测残余瓦斯含量效果指标。

瓦斯抽采后煤的残余瓦斯含量按式(9.3)计算:

$$W_{CY} = \frac{W_0 G - Q}{G} \tag{9.3}$$

式中:W_{CY}——煤的残余瓦斯含量,m^3/t;

W_0——煤的原始瓦斯含量,m^3/t;

Q——评价单元钻孔抽放瓦斯总量,m^3;

G——评价单元参与计算煤炭储量,t。

评价单元参与计算煤炭储量 G 按式(9.4)计算：

$$G=(L+2R)(l+R)m\gamma \tag{9.4}$$

式中：L——评价单元煤层走向长度，m；

l——评价单元抽采钻孔控制范围内煤层平均倾向长度，m；

R——抽采钻孔的有效影响半径，m；

m——评价单元平均煤层厚度，m；

γ——评价单元煤的密度，t/m^3。

3)区域防突措施效果检验

区域防突措施的执行效果如何，能否达到消除突出的目的，需要进行效果检验才能确定。区域防突措施效果检验方法主要有残余瓦斯压力法、瓦斯含量直接测定法、钻屑瓦斯解吸指标法等。

(1)残余瓦斯压力或残余瓦斯含量。

①指标及临界值。

残余瓦斯压力或残余瓦斯含量直接测定法的临界值与区域突出危险性预测时的瓦斯压力或者瓦斯含量直接测定的临界值相同，即当任何一个检验测试点的残余瓦斯压力不小于0.74MPa或残余瓦斯含量不小于 $8m^3/t$ 时，区域防突措施无效，则需补充防突措施后继续进行区域防突措施效果检验；当所有检验测试点的残余瓦斯压力均小于0.74MPa或残余瓦斯含量均小于 $8m^3/t$ 时，则区域防突措施有效，可以正常掘进至最小法向距离5m处进入工作面突出危险性预测。

但若检验期间在煤层中进行钻孔等作业时候发现了喷孔、顶钻及其他明显突出预兆时，则直接判定预抽区域措施无效，需补充区域防突措施。

②操作方法。

残余瓦斯压力及残余瓦斯含量测定方法与区域突出危险性预测中煤层瓦斯压力及瓦斯含量测定方法一致。

隧道揭煤区域防突措施效果检验钻孔布置至少4个测试点，要求分别位于在预抽区域内的上部、中部和两侧，并且至少有一个检验测试点位于要求预抽区域内距离边缘不大于2m的范围。各检验测试点应布置于原始瓦斯含量较高、所在部位钻孔密度较小、孔间距较大、预抽时间较短的位置，并尽可能远离测试点周围的各预抽钻孔或尽可能与周围预抽钻孔保持等距离。在地质构造复杂区域适当增加检验测试点。

具体钻孔布置如图9.23所示。

(2)钻屑瓦斯解吸指标法。

①指标及临界值。

区域防突措施效果检验钻屑瓦斯解吸指标法主要是现场取区域措施范围内煤样，测定煤的 K_1 或 Δh_2 来判定区域防突措施是否达标。钻屑瓦斯解吸指标同时反映了影响煤与瓦斯突出的煤层地应力、瓦斯和煤结构三个因素。

采用钻屑瓦斯解吸指标法进行揭煤区域防突措施效果检验时，其临界值可以试验考察确定，也可以参照表9.5的临界值进行。

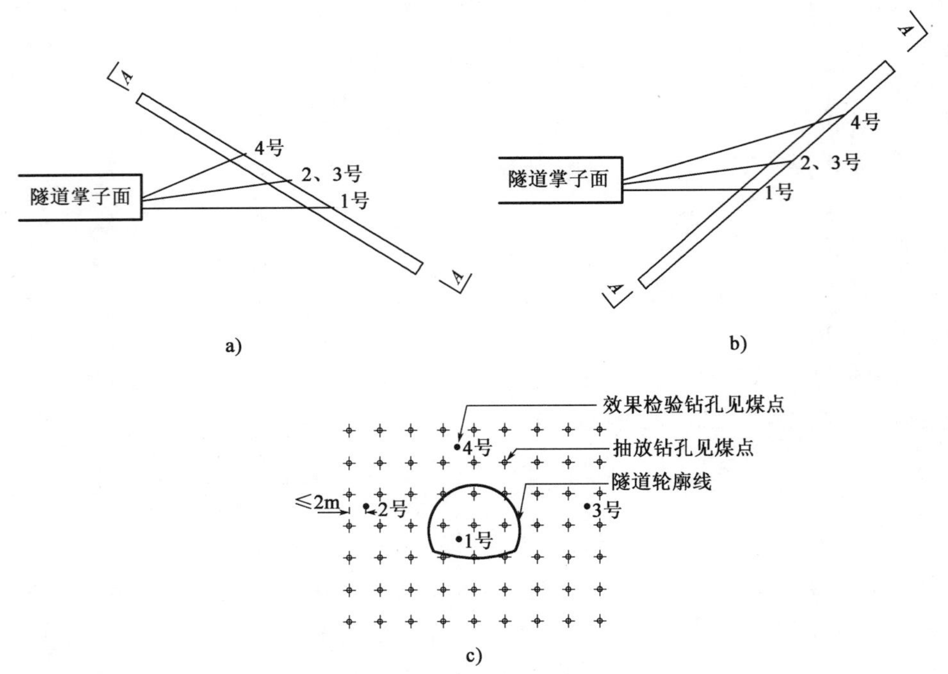

图 9.23　区域措施效果检验钻孔布置示意图

a)正向揭煤钻孔布置剖面图;b)反向揭煤钻孔布置剖面图;c)A-A 剖面图

钻屑瓦斯解吸指标法区域防突措施效果检验临界值　　表 9.5

煤　　样	Δh_2 指标临界值(Pa)	K_1 指标临界值 mL/(g·min$^{\frac{1}{2}}$)
干煤样	200	0.5
湿煤样	160	0.4

若所有实测的指标值均小于临界值,并且未发现其他异常情况,则该区域预抽有效;否则区域预抽无效,需补充区域防突措施。

②试验仪器。

a. WTC 瓦斯突出参数测定仪。

WTC 瓦斯突出参数测定仪(图 9.24)是中煤科工集团重庆研究院第一代瓦斯突出参数仪为"ATY 突出预测仪"的深度改进型。该装备与 MD-2 型煤钻屑瓦斯解吸仪为目前煤矿企业普遍用于工作面突出危险性预测、工作面防突措施效果检验的主要防突装备,其主要测定煤层的钻屑瓦斯解吸指标 K_1 和 S 值。

图 9.24　WTC 瓦斯突出参数仪

(a)WTC 瓦斯突出参数仪器主要配置如下:

WTC 瓦斯突出参数仪主机:1 台(必备件);

WTC 瓦斯突出参数仪煤样罐:1 个(测定突出预测参数时必备);

WTC 瓦斯突出参数仪充电器:1 台(必备件);

TPμP-16 微型打印机：1 台（必备件，但可多台 WTC 共用）；

便携式瓦斯警报仪：1 台（测 V30，测瓦斯浓度时必备）；

组合筛：1 套（必备件）；

秒表：1 个（必备件）；

弹簧秤：1 个（必备件）。

(b) WTC 瓦斯突出参数仪器主要技术参数如下：

测定指标：K_1 值、S 值；

测量范围(Pa)：0～10kPa；

精度等级：1.5 级；

电池组件额定输出电压 Ue(V)：9.6V；

存储数据(组)：90；

采用速度(次/min)：2；

供电方式：镍氢充电电池；

显示方式：中文点阵背光液晶显示；

图 9.25　MD-2 型瓦斯解吸仪

打印：便携式点阵打印机；

供电时间：≥8h；

仪器体积：80mm×120mm×83mm；

仪器质量：<1.5kg。

b. MD-2 型煤钻屑瓦斯解吸仪。

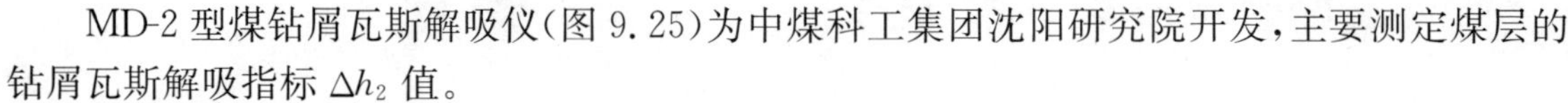

MD-2 型煤钻屑瓦斯解吸仪（图 9.25）为中煤科工集团沈阳研究院开发，主要测定煤层的钻屑瓦斯解吸指标 Δh_2 值。

(a) MD-2 型煤钻屑瓦斯解吸仪结构简单主要配置如下：

ZLD-2 型钻孔多级流量计：1 台（必备件）；

组合筛：1 套（必备件）；

秒表：1 个（必备件）；

煤样瓶：8 个（必备件）。

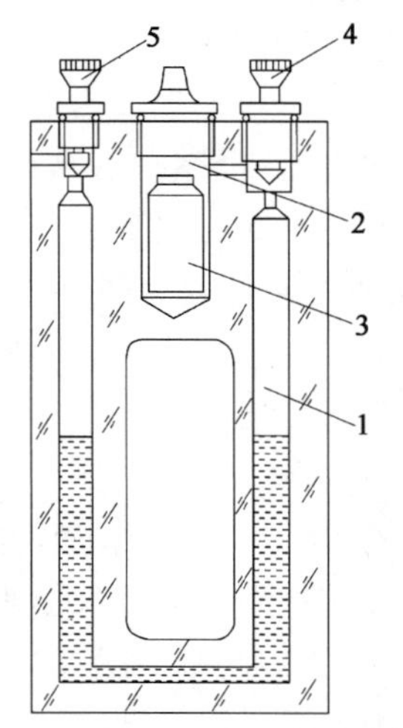

图 9.26　ZLD-2 型钻孔多级流量计结构示意图

1-水柱计；2-解吸室；3-煤样罐；4-三通活塞；5-两通活塞

其中 ZLD-2 型钻孔多级流量计为 MD-2 型煤钻屑瓦斯解吸仪的主体，其主要原理为：在不对煤样进行人为脱气和充气的条件下，利用煤钻屑中残存瓦斯压力（瓦斯含量），向一密闭的空间释放（解吸）瓦斯，用该空间体积和压力（以水柱计压差表示）变化来表征煤样解吸出的瓦斯量。ZLD-2 型钻孔多级流量计如图 9.26 所示。

(b) MD-2 型煤钻屑瓦斯解吸仪主要技术参数如下：

测定指标：Δh_2；

煤样粒度：1～3mm；

煤样质量：10g；

水柱计测定最大压差：200mm 水柱；

仪器系统误差：≤±1.46%；

仪器精密度:±1mm 水柱。

③使用和操作方法。

钻屑瓦斯解吸指标的测定方法遵循安全生产行业标准《钻屑瓦斯解吸指标测定方法》(AQ/T 1065—2008)的规定。

区域防突措施效果检验钻屑瓦斯解吸指标法钻孔布置原则与残余瓦斯压力或残余瓦斯含量法进行区域防突措施效果检验一致。采用钻屑指标法进行隧道揭煤区域防突措施效果检验时,在隧道掌子面使用麻花钻杆向区域防突措施煤体施工直径 ϕ42mm 的钻孔,测定钻屑瓦斯解吸指标。每钻进 2m 采集一次孔口排出的粒径 1~3mm 的煤钻屑,至少测定一次钻屑瓦斯解吸指标 K_1 或 Δh_2 值。测定时,应考虑不同钻进工艺条件下的排渣速度。

具体操作见 WTC 瓦斯突出参数仪和 MD-2 型煤钻屑瓦斯解吸仪使用说明书。

9.4.3 预测无突出危险煤层的揭煤方法

经区域突出危险性预测无突出危险的煤层,可以正常开挖至最小法向距离 5m 处进入局部综合防突措施。即首先进行工作面突出危险性预测,当工作面预测有突出危险性,则进行工作面防突措施,若工作面预测无突出危险性,则边探边掘至最小法向距离 2m 处进行突出危险性验证,具体操作过程见第十章第五节。

9.5 局部综合防突措施

隧道揭煤局部综合防突措施包括工作面突出危险性预测、局部防突措施、局部防突措施效果检验等。

9.5.1 工作面突出危险性预测

揭煤工作面的突出危险性预测国内外提出的预测方法较多,主要有综合指标法、钻屑瓦斯解吸指标法、瓦斯含量法、瓦斯膨胀能法、四参数综合指标法、钻孔瓦斯涌出初速度结合瓦斯涌出衰减系数预测法、综合指标Ⅱ$_0$法、综合指标Ⅱ$_e$法等。但有些指标适用条件受到较多限制,有的还很不成熟,目前运用最广泛,最成熟的为综合指标法和钻屑瓦斯解吸指标法。其他方法如在相同条件下证实有效,也可采用。

1)综合指标法

综合指标法综合考虑了影响突出的地应力、瓦斯、煤的物理力学性质三大自然因素,是我国预测揭煤工作面突出危险性应用较多的一种方法。采用综合指标法预测揭煤工作面突出危险性时,应当由掌子面向煤层的适当位置至少打 3 个钻孔测定煤层瓦斯压力 P。近距离煤层群的层间距小于 5m 或层间岩石破碎时,应当测定各煤层的综合瓦斯压力。

测压钻孔在每米煤孔采一个煤样测定煤的坚固性系数 f(具体测定方法见附录 9),把每个钻孔中坚固性系数最小的煤样混合后测定煤的瓦斯放散初速度 Δp(具体测定方法见附录 9),则此值及所有钻孔中测定的最小坚固性系数 f 值作为软分层煤的瓦斯放散初速度和坚固性系数参数值。综合指标 D、K 的计算公式为：

$$D = (0.0075\frac{H}{f} - 3) \times (P - 0.74) \tag{9.5}$$

$$K = \frac{\Delta p}{f} \tag{9.6}$$

式中：D——工作面突出危险性的 D 综合指标；

K——工作面突出危险性的 K 综合指标；

H——煤层埋藏深度，m；

P——煤层瓦斯压力，取各个测压钻孔实测瓦斯压力的最大值，MPa；

Δp——软分层煤的瓦斯放散初速度；

f——软分层煤的坚固性系数。

各煤层揭煤工作面突出预测综合指标 D、K 的临界值可按表 9.6 所列的临界值进行预测。

综合指标法预测工作面突出危险性临界值　　表 9.6

综合指标 D	综合指标 K	
	无烟煤	其他煤种
0.25	20	15

当测定的综合指标 D、K 都小于临界值，或者指标 K 小于临界值且式(9.5)中两括号内的计算值都为负值时，若未发现其他异常情况，该掌子面即为无突出危险工作面；否则，判定为突出危险工作面。

综合指标法一般适用于未进行过预抽瓦斯的煤层揭煤掌子面。在已经进行过预抽瓦斯的揭煤掌子面很容易受到预抽钻孔的影响，使其预测准确性降低。

2)钻屑瓦斯解吸指标法

采用钻屑瓦斯解吸指标法预测石门揭煤工作面突出危险性时，由工作面向煤层的适当位置至少打 3 个钻孔(由于公路隧道断面较大，预测钻孔一般不少于 4 个，分别位于隧道的左、右、上和中部钻孔布置，如图 9.27 所示)，在钻孔钻进到煤层时每钻进 1m 采集一次孔口排出的粒径 1～3mm 的煤钻屑，测定其瓦斯解吸指标 K_1 或 Δh_2 值。

采用钻屑瓦斯解吸指标法预测石门揭煤工作面突出危险性的指标及临界值见表 9.6。当所有实测的指标值均小于临界值，并且未发现其他异常情况，则该掌子面为无突出危险工作面；否则，为突出危险工作面。

3)钻屑瓦斯解吸指标法

经工作面突出危险性预测后，预揭煤层可划分为有突出危险煤层和无突出危险煤层。根据各不同的预测结果，其揭煤的程序和方式如下：

(1)工作面预测无突出危险煤层。

采取边探边掘措施掘进至最小法向距离 2m 前进行最后突出危险性验证，若验证结果有突出危险性，则补充工作面防突措施；若验证结果无突出危险性，则采取安全防护措施的条件

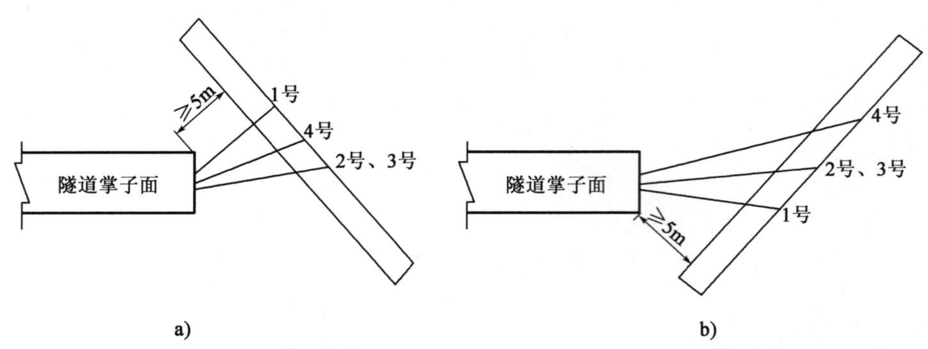

图 9.27 钻屑瓦斯解吸指标法预测钻孔布置示意图

a)正向揭煤钻孔布置立面图;b)反向揭煤钻孔布置立面图

下,揭开煤层。

(2)工作面预测有突出危险煤层。

在最小法向距离 5m 前停止开挖掘进,实施工作面防突措施,然后进行工作面防突措施效果检验。只有当工作面防突措施效果检验有效后,方可边探边掘开挖至最小法向距离 2m 处进行最后突出危险性验证。

9.5.2 预测有突出危险煤层的局部综合防突措施

1)局部防突措施

(1)防突措施方法。

揭煤局部综合防突措施是在工作面突出危险性预测时,对有突出危险的煤层所采取的局部范围内的防突措施。工作面防突措施不同于区域防突措施,它的作用在于使工作面前方小范围内煤体丧失突出危险性,其有效作用范围一般仅限于当前工作面周围的较小区域。工作面防突措施是针对经工作面预测尚有突出危险的揭煤掌子面,主要有抽放瓦斯、排放钻孔、水力冲孔、金属骨架和煤体固化等措施。其中瓦斯抽放一般在未采取过预抽瓦斯的区域防突措施的条件下才使用的;否则,由于区域预抽钻孔将煤体破坏,严重影响到瓦斯抽放效果。金属骨架和煤体固化措施,应当在采用了其他防突措施并检验有效后方可在揭开煤层前实施。

根据工作面岩层情况,实施工作面防突措施时要求揭煤工作面与突出煤层间最小法向距离为:预抽瓦斯、排放钻孔及水利冲孔均为 5m;金属骨架、煤体固化措施为 2m。当岩石破碎程度较高时,还应适当加大距离。

(2)瓦斯抽(排)放揭煤防突技术。

①防突原理。

瓦斯抽(排)放是利用钻机向具有突出危险的煤层打钻,将煤层中的瓦斯经过抽或者排放出来,预抽瓦斯与排放钻孔在防治煤与瓦斯突出作用机理方面是相同的,都是力求将突出煤层中的瓦斯含量与煤层中的应力降低到不能发动突出的安全范围内(即煤层始突深度时的煤层瓦斯含量)。抽放瓦斯与排放钻孔的区别在于:前者借助于机械产生的小于大气压力的负压,加速突出危险煤层中的瓦斯排放；而后者是靠突出煤层中的瓦斯压力，使瓦斯从钻孔周围深部煤层中不间断地流向钻孔，并通过钻孔向矿井空气中扩散。当钻孔周围煤层中瓦斯含量降低后，煤层发生的收缩变形，改善石门工作面应力集中状态，并增加煤层的稳定性，这一切都破坏或减弱了发生突出所必需的条件，可有效地控制煤与瓦斯突出的发生。抽放瓦斯和排放瓦斯一般适用于煤层透气性较好的突出煤层，预抽瓦斯和排放钻孔在揭穿煤层之前应当保持自然排放或抽采状态。

②钻孔布置。

在采用抽(排)放瓦斯的措施时，钻孔直径一般为75～120mm，抽(排)放钻孔间距需根据煤层透气性情况确定，一般抽放钻终孔间距为2～3m，排放钻孔终孔间距不大于2m。揭煤掌子面钻孔的控制范围是：两侧和上部轮廓线外至少5m，下部至少3m。揭煤掌子面施工的钻孔应当尽可能穿透煤层全厚。当不能一次打穿煤层全厚时，可分段施工，但第一次实施的钻孔穿煤长度不得小于15m，且进入煤层掘进时，必须至少留有5m的超前距离(掘进到煤层顶或底板时不在此限)。

瓦斯抽(排)放钻孔布置如图9.28所示。

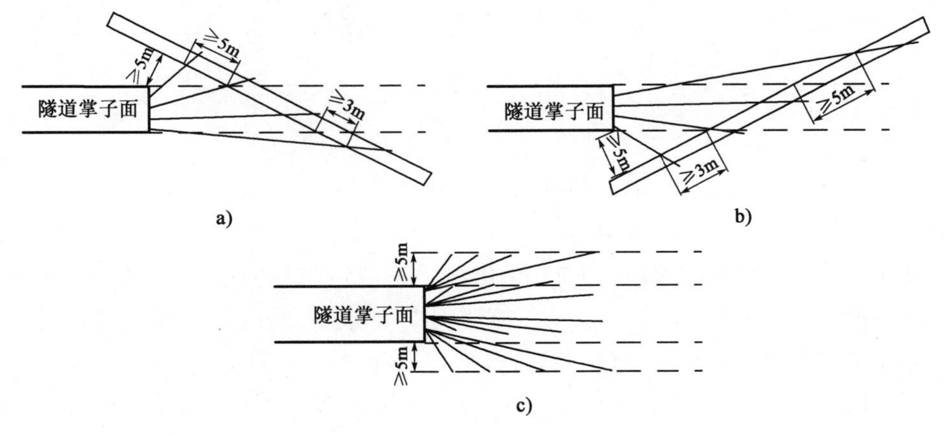

图9.28　瓦斯抽(排)放钻孔布置示意图

a)正向揭煤钻孔布置剖面；b)反向揭煤钻孔布置剖面；c)钻孔布置平面

当掌子面前方预揭煤层倾角很小，钻机一次性很难控制局部防突措施要求控制的范围时，也可以采取多循环实施局部措施的方法，但在两个循环之间必须保留10～15m的超前距，其钻孔布置如图9.29所示。

(3)水力冲孔揭煤防突技术。

①防突原理。

水力冲孔方法，也即钻冲法，它是以岩柱或煤柱作安全屏障，向有自喷能力的突出危险煤层打钻，同时送入一定压力的水，通过钻头的切割和水射流的打击部分破碎煤体，破坏煤岩内部的应力和瓦斯的不稳定平衡，以激发潜能的释放，导致喷孔的发生和发展，喷孔随钻孔的前进而持续发生；同时孔道周围煤体激烈位移和膨胀，煤的透气性增大，促进了瓦斯排放，煤体和围岩中的紧张状态得到相对缓和，大量释放应力和瓦斯潜能，煤变硬，湿度增加。这样既消除

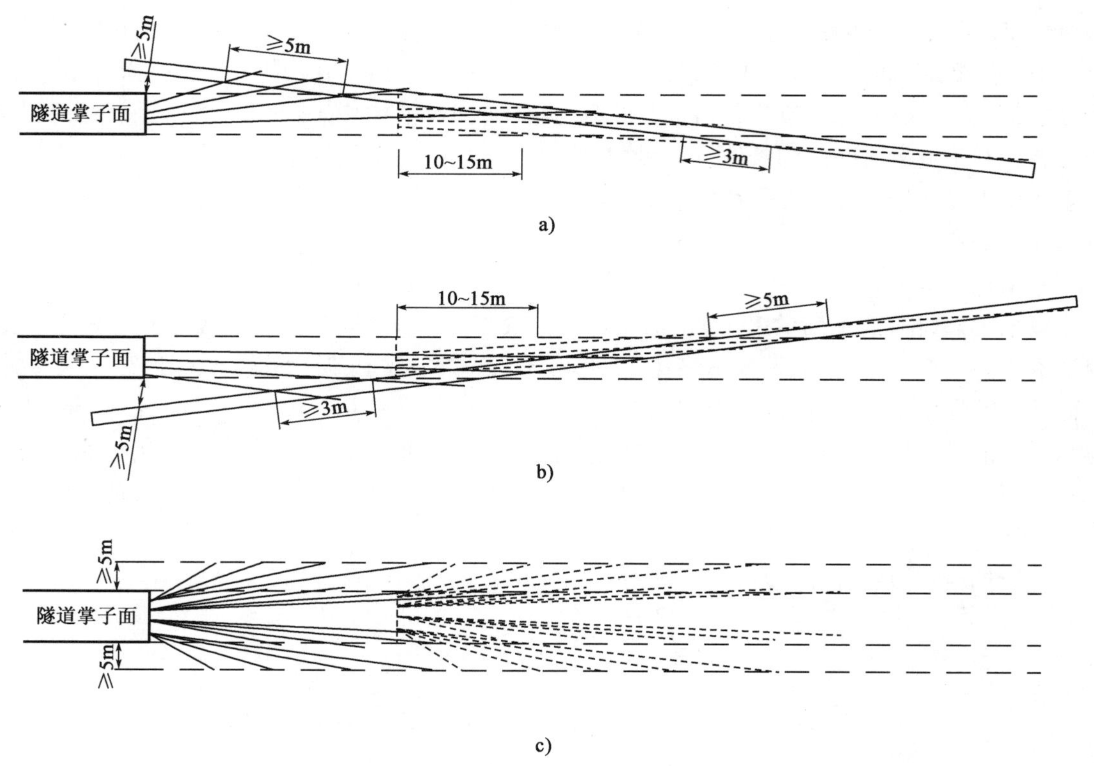

图 9.29　多循环瓦斯抽(排)放钻孔布置示意图

a)正向揭煤钻孔布置剖面图;b)反向揭煤钻孔布置剖面图;c)钻孔布置平面图

了突出的动力,又改变了突出煤层的性质。

水力冲孔局部防突措施于 20 世纪 70 年代在南桐矿务局试验成功后,便在全国突出矿井中推广使用。据不完全统计,全国有 20 多对矿井使用了水力冲孔措施,安全揭开煤层 100 余次。水力冲孔防治突出措施适用于煤层具有自喷能力并含有软分层,坚固性系数小于 0.5 的突出煤层,水力冲孔钻孔必须在软分层中进行,这样对防治煤与瓦斯突出有效,否则防治突出效果不佳。

水力冲孔与抽放、排放钻孔作用一样,也是为了排除煤层中的瓦斯,达到降低煤层中的瓦斯含量与应力的目的。其不同之点是:水力冲孔是借助于水压,快速破坏钻孔孔底前方的煤体,形成新的暴露面,使钻孔周围的应力发生突变,瓦斯压力梯度陡增,诱发钻孔内产生突出,由于钻孔孔口的断面小,并用特殊的孔口装置加以控制,因而,孔内的突出是可控的。当孔口排渣通畅时,孔内突出将得到延续;不畅通或被堵塞时,孔内瓦斯压力陡增,煤层暴露面上的瓦斯压力梯度降低或消失,则突出被迫停止;当需要再冲孔时,只要疏通钻孔,使孔内瓦斯压力突降,则钻孔内的突出又重新恢复,借此控制释放煤层中的突出能量。由于应力的作用,冲孔完毕后所形成的洞穴附近的煤层位移,洞穴充满碎煤,使空穴周围煤体中的应力得到释放,煤层中的瓦斯也得到排放,措施的有效影响范围也随之增大,防治突出的效果有明显的提高。

②钻孔布置。

采用水力冲孔防突措施时,钻孔应至少控制揭煤巷道至轮廓线外 3～5m 的煤层,水力冲孔局部防突措施是在最小法向距离 5m 前进行,水力冲孔的冲孔个数一般为 6～10 个孔,根据煤层突出危险性还可适当增加冲孔数，同时，还应在控制范围内布置2～3个检查孔(图9.30)。为避免各孔之间的卸压干扰，冲孔顺序的原则是先冲巷道断面外的对角孔，然后是中间孔，最后是断面内的钻孔。

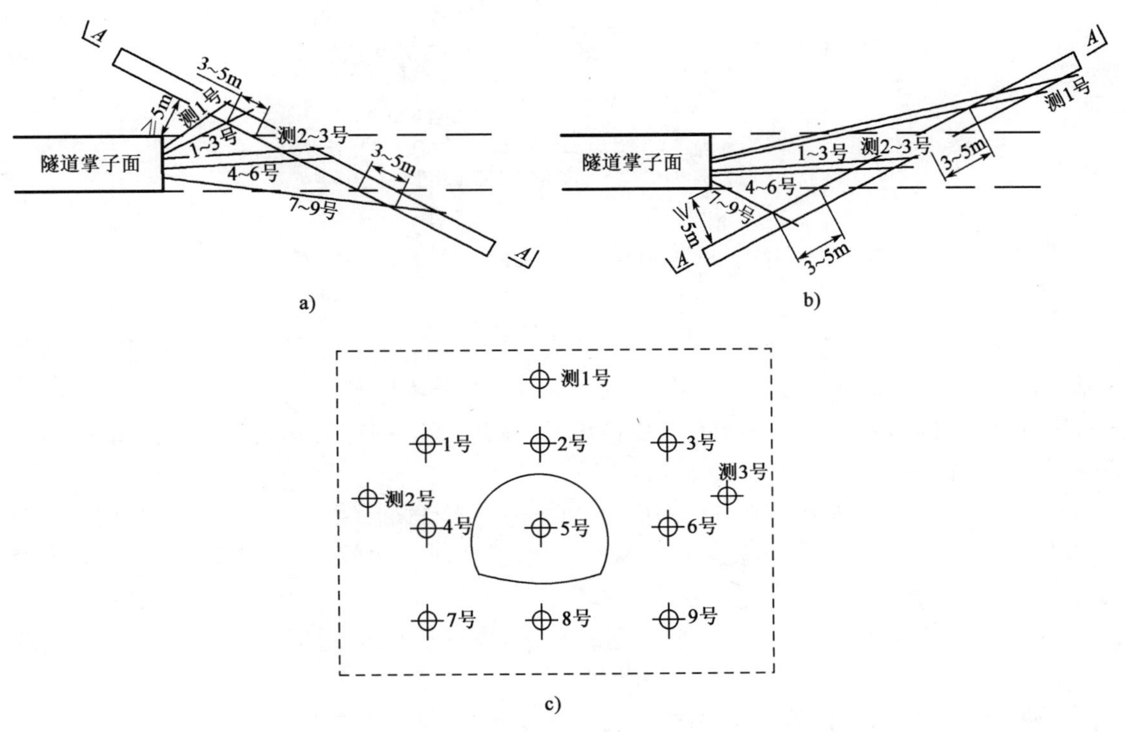

图9.30　水力冲孔钻孔布置示意图

a)正向揭煤钻孔布置剖面图；b)反向揭煤钻孔布置剖面图；c)A-A剖面图

③冲孔主要设备材料。

水力冲孔钻机可以使用矿用坑道钻机，钻杆 ϕ42mm，供水压力4MPa左右，水量40～50m^3/h(冲孔用水15～20m^3/h，射流泵用水25m^3/h)，供水管为 ϕ108mm无缝钢管，供水软管用内径 ϕ32高压胶管，射流泵嘴径 ϕ12mm，喉管 ϕ60mm，排放软管内径 ϕ102mm高压胶管，输煤管 ϕ108mm无缝钢管，掌子面附近设沉淀池，安装瓦斯监控探头。

④工艺流程。

先在水力冲孔四周岩石稳定处打4根锚杆，再用钻机打 ϕ108mm(或略大于 ϕ108mm)的岩孔，钻到2m后换成 ϕ90mm穿透到煤体喷孔点，然后退出岩性管，将外端焊有凸缘的 ϕ108mm套管安装孔内，并用 ϕ9.3mm钢绳将套管固定到锚杆上，连接三通，排煤胶管、射流泵、排煤管至沉淀池，最后连接射流泵和钻机的高压水管。上述工作完成后，检查各处是否安全可靠，在确保安全的前提下，先开启射流泵高压水，射流泵工作正常后，再启动钻机，开启钻机高压水，使水的射流经钻孔冲洗煤体，诱导突出。喷出的煤、水、瓦斯通过钻杆与岩孔之间间隙流入三通、排煤胶管、射流泵、输煤管，最后流入沉淀池。随着钻杆的钻进，反复冲洗，直到钻杆推进到设计深度(钻头遇顶、底板岩石),并且孔内无动力现象,冲出清水,方可结束冲孔,拆除钻具。水力冲孔的工艺流程如图 9.31 所示。

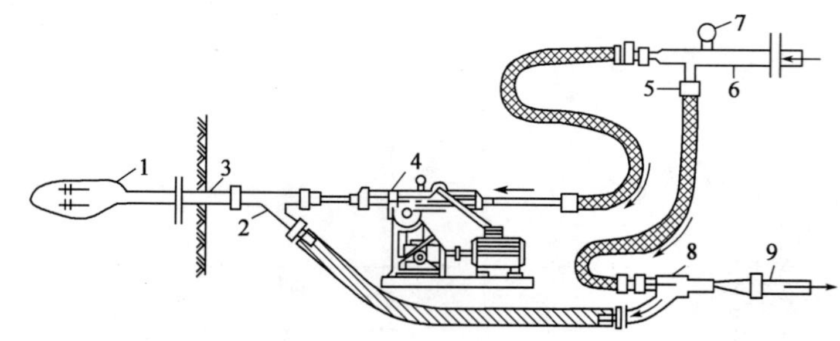

图 9.31 水力冲孔工艺流程示意图

1-套管;2-三通管;3-钻杆;4-钻机;5-阀门;6-高压水管;7-压力表;8-射流泵;9-排煤水管

⑤注意事项。

a. 冲孔速度不宜急进。开始冲孔距煤层要有一定距离,钻杆采用反复串动前进;冲孔,特别是撤接钻杆时,严禁人员正对钻杆站立,防止钻杆冲出伤人。

b. 冲孔卡钻时,要立即停止向孔内供高压水,该孔停止冲孔,待其他钻孔冲孔完成后,再研究处理卡钻措施,进行有效处理。

c. 冲完的钻孔不能撤除套管和拉固钢绳,也不能人为将钻孔堵塞,但套管口必须用挡板挡好,并留一定间隙。既要给孔内瓦斯释放留有通道,又要防止冲另外的孔时,引起该孔孔内突出伤人。

d. 冲孔时要注意已冲孔的瓦斯涌出和孔内声响,发现异常要立即停止工作、撤人,待情况弄清楚后,方能恢复工作。

e. 冲孔完成后,有条件的钻孔要接入抽放系统,可提高冲孔措施的有效性。

f. 计算、冲排瓦斯量时,瓦斯数据从监控系统得到。由于瓦斯涌出量变化大,因此计算时应分段计算,分段时间越短,准确性越高。

g. 大倾角,特别是直立突出煤层,不宜选用水力冲孔防突措施。

⑥冲孔效果考察。

a. 冲孔完成后,重新测试钻孔参数,绘制钻孔见煤点层面图,钻孔是否达到设计要求,否则应补充冲孔。

b. 分析单孔喷煤和瓦斯量。一般是 4 个边孔喷出的煤和瓦斯较多,4 个角孔次之。

c. 冲完最后一个孔到揭煤这段时间为间隙时间。冲孔后,钻孔继续排放,煤层发生位移,地应力重新调整达到新的平衡,间隙时间一般不少于 1 个月或钻孔无正压瓦斯涌出为止。

d. 全断面冲出的总煤量(t)数值不得小于煤层厚度(m)乘以 20。若有钻孔冲出的煤量较少时,应在该孔周围补孔。

e. 水冲范围附近的瓦斯压力降到 0.74MPa、瓦斯含量降到 $8m^3/t$ 以下或钻屑瓦斯解吸指标降到突出临界值以下为防突措施有效。

(4)金属骨架揭煤防突技术。

①防突原理。

金属骨架是在隧道开挖距离煤层一定距离时,预先在掌子面周边布置钻孔,钻孔穿过煤层全厚进入岩层，在钻孔中插入钢管或钢轨等材料作为劲性骨架，金属骨架一方面可以起到隧道周边瓦斯排放卸压的作用，另一方面由于金属骨架的整体框架作用，增加了煤体的抗压强度。在揭煤过程中，骨架能够抵抗上方煤体的质量，并阻止煤体发生位移，起到预防突出的作用。金属骨架本质上是一种加固煤体抵抗突出的技术，应在实施消除煤与瓦斯突出危险后应用，它是一种防突的辅助技术。

②钻孔布置。

实施骨架措施时的岩柱厚度为2～3m，围岩破坏严重带或地质构造复杂带应适当加大，采取金属骨架防突措施时，应提前3m就将隧道两帮和上部各超挖0.8～1.3m，然后开始施工金属骨架钻孔。金属骨架钻孔直径可选ϕ90mm或ϕ110mm，钻孔间距根据煤层坚硬性而定，一般为0.2～0.3m，孔口距设计隧道轮廓线0.8～1.0m，进入煤层顶板2m，超过两帮轮廓线0.5～1.0m，倾角10°，并在距掌子面0.5m和1.0m的两帮各布置一个深度不小于0.8m，直径ϕ150mm抬梁钻孔。金属骨架及钻孔布置如图9.32所示。金属骨架安装时，首先在钻孔施工完成后，立即插入骨架，然后将骨架用抬梁托起并用抱卡固定，在抬梁与骨架的接触面上要垫可塑性材料，以增大彼此之间的摩擦力。

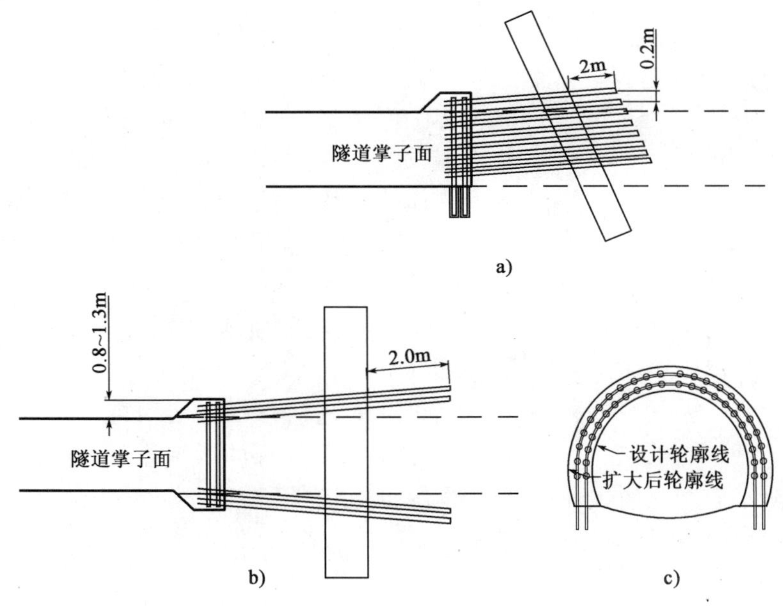

图9.32　隧道揭煤金属骨架钻孔布置示意图

a)钻孔布置剖面图；b)钻孔布置平面图；c)钻孔布置断面图

使用金属骨架时，还应符合下列要求：

a.对于突出危险性较小的煤层，可在隧道顶部及两帮布置单排金属骨架；对于突出危险性较大或者瓦斯压力大、煤质松软的煤层，应采用双排钻孔。

b.打完骨架孔后，应及时清除钻孔内的煤屑和岩碴，然后立即插入金属骨架。

c.金属骨架可采用直径不小于50mm的钢管或8kg/m的钢轨、型钢。用水泥砂浆充填钢管于钻孔之间的空隙，使骨架与煤层黏结，养护时间2d以上。骨架底端在顶(底)板岩石孔内的长度 0.5m 以上。当钻孔不能一次施工至煤层顶板时，则进入煤层的深度不应小于 15m。

d. 揭开煤层后，严禁拆除金属骨架，以防止因悬煤垮落而引起的突出。

e. 金属骨架安装后至少经过一昼夜才能开始揭煤。

f. 采用金属骨架防突措施时，应与排放钻孔、抽放瓦斯或水力冲孔等措施配合使用。在结合水力冲孔应用时，应注意冲孔的影响范围，不能使骨架失去支撑作用。

金属骨架适用于急倾斜厚度不大松软的突出煤层(通常煤层厚度不要超过 4m，煤层厚度大，骨架容易发生强烈的弯曲，起不到支撑煤体的作用)。其主要作用是增加石门揭穿煤层时巷道上方煤层的稳定性，排除煤体中的瓦斯及缓和煤体的应力状态，其中后两项作用是在揭穿煤层前通过钻孔事先实现的。该措施能增强工作面附近煤体的承载能力和稳定性；而无法有效的卸除煤层或采掘工作面前方煤体的应力，也无法排除煤层或采掘工作面前方煤体中的瓦斯，所以该措施应在采用了其他防突措施并检验有效后，方可在揭开煤层前实施。同时，为了确保其作用，在揭开煤层后，不得撤出金属骨架。

(5)煤体固化防突措施。

①防突原理。

煤体固化措施是在隧道开挖距离煤层一定距离时，预先在掌子面周边布置钻孔，然后向钻孔内注入固化材料，在固化材料的作用下，在隧道周边形成一个如图 9.33 所示的固化平衡拱。

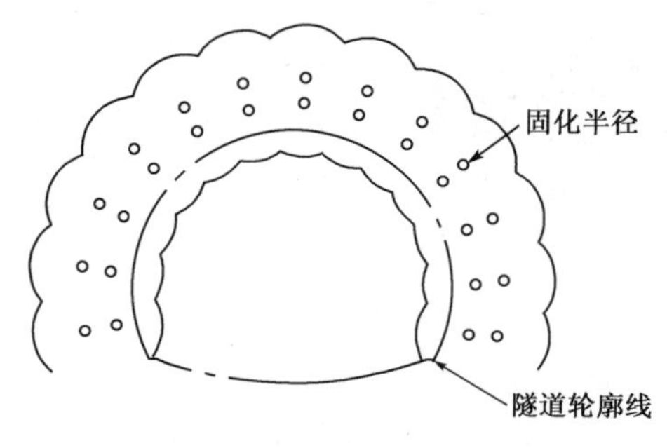

图 9.33　煤体加固后形成的固化圈

煤体固化的防突原理主要表现：首先，能增加煤体强度和塑性。当煤层压注固化液后，其分子胶团脱水固化，充填裂隙和孔隙，且与煤体黏合，改变了煤体的不均质性，提高煤体强度。此外，注入固化液，使煤体塑性增加，脆性降低，可减少动荷载对煤体的破坏作用和煤体前方应力集中程度，相应降低煤与瓦斯突出的危险性；其次，能减少瓦斯解吸速度和解吸量。大量事例说明，发生煤与瓦斯突出，没有大量游离瓦斯参加是不可能的。煤层压注固化液后，固化液进入煤的微细孔中，使煤体微细孔中的吸附瓦斯不能解吸成游离瓦斯，从而大大减少参与突出的瓦斯量和降低瓦斯解吸速度，煤体的瓦斯吸附能力显著降低，煤体吸附瓦斯含量相对降低，游离瓦斯也相应降低，这就从根本上降低了参与突出的瓦斯量。

煤层固化措施适用于松软煤层，其主要作用是增加石门揭穿煤层时工作面周围煤体的强度，改变煤体的力学性质，使其不易于发生突出。该措施能增强工作面附近煤体的承载能力和稳定性，而无法有效地卸除煤层或采掘工作面前方煤体的应力，也无法排除煤层或采掘工作面前方煤体中的瓦斯，所以，该措施只能在一定程度上起到抑制突出发生的作用，其预防突出的能力是有限的，仅可作为石门揭开突出危险煤层的一种预防突出的辅助配套措施，应在采用了其他防突措施并检验有效后，方可在揭开煤层前实施。

②钻孔布置。

煤体固化措施一般适应于松软的突出煤层，其钻孔布置方式与金属骨架相似，只是煤体固化措施有时根据需要可布置多排固化钻孔。

③固化材料。

加固材料是由注浆原材料加水或溶剂混合后所形成的混合物浆液。分为真溶液、悬浊液和乳浊液等几种；按注浆工艺的不同，注浆可分为单液浆和双液浆。目前用于加固岩层的注浆材料可分为三大类：微粒悬浊液类、固化前黏度逐渐提高的凝胶体类和在固化剂和催化剂作用下固化的人工合成树脂类；也可细分为惰性材料浆液、无机化学材料浆液和有机化学材料浆液三类。

惰性材料浆液主要有：黏土类，如黏土水泥浆；石子类如水、石子、水泥浆；粉煤灰类如水泥粉煤灰浆等。无机化学材料主要有：水玻璃类如水泥、水玻璃双液浆；氯化钙类如水泥浆、水玻璃的外加剂等。有机化学材料主要有：铬木素类如纸浆废液，酚醛树脂类如苯酚与甲醛的反应生成物，环氧树脂类如环氧树脂和聚酰胺，尿醛树脂类如尿素甲醛溶液、聚氨酯类等。

目前广泛应用的煤体固化材料有马丽散、罗克休、天固、波雷因材料等。

④施工工艺。

a. 钻孔施工：煤体加固钻孔施工需在与煤层的最小法向距离 2m 前进行，按照设计要求施工加固钻孔，加固钻孔直径一般为 ϕ65～75mm，钻孔要钻进到至少穿过煤体 0.5m。

b. 注浆管封孔：用水清洗钻孔后退去钻杆，然后对钻孔进行封孔，封孔管可以采用 15mm 直径铁管，封孔深度不小于 5.0m，且封孔管最深处 2.0m 范围内应每隔 10～20mm 距离施工一组十字孔，以利于注入加固材料。

c. 注浆前准备：将所有钻孔封孔完成后，连接好多功能泵及其附属装置。

d. 开始注浆：将注浆泵的两根胶管分别插入固化剂和催化剂中，开动注浆泵，开始通过注射枪往注浆管内注入加固材料，具体注入加固材料的量视煤体的厚度、松软程度等综合判断。

e. 注浆结束：注浆结束立即后把管路插入事先准备好的清水中进行冲洗，防止马丽散在短时间内堵塞管路。

⑤注意事项。

采取煤体固化措施，还应注意以下事项：

a. 向煤体注入固化材料的钻孔间距不大于 0.5m，钻孔位于巷道轮廓线外 0.5～2.0m 的范围内，根据需要也可在巷道轮廓线外布置多排环状钻孔。当钻孔不能一次施工至煤层顶板时，则进入煤层的深度不应小于 10m。

b. 各钻孔应当在孔口封堵牢固后方可向孔内注入固化材料。可以根据注入压力升高的情况或注入量决定是否停止注入。

c. 固化操作时，所有人员不得正对孔口。

d. 在巷道四周环状固化钻孔外侧的煤体中，预抽或排放瓦斯钻孔自固化作业到完成揭煤前应保持抽采或自然排放状态；否则，应打一定数量的排放瓦斯钻孔。

e. 从固化完成到揭煤结束的时间超过 5d 时，必须重新进行工作面突出危险性预测或措施效果检验。

2）局部防突措施效果检验

局部防突措施效果检验是对局部防突措施效果有效性的验证。只有当局部防突措施效果检验有效后，方可采取边探边掘的技术措施至 2m 位置进行最后突出危险性验证。若局部防突措施效果检验无效，则需继续补充局部防突措施。补充防突措施一般以排放瓦斯为主，补充防突措施后，再进行局部防突措施效果检验，直至局部防突措施效果检验有效。局部防突措施效果检验方法、指标及钻孔布置均与工作面突出危险性预测一致。

3)边探边掘技术措施

局部综合防突措施效果检验有效后，需采取边探边掘措施掘进至距离煤层最小法向距离2m处。边探边掘的措施主要是为了防止在靠近煤层时，由于前期的对煤层的勘探误差而导致在没有准备的前提下突然揭开煤层，对施工人员安全造成威胁。

边探边掘可以采用矿用坑道钻机、风电钻或者煤电钻进行，但要求一次探孔长度不得小于5m，每个循环探孔个数不少于3个。其中最少有一个探孔控制最先揭开煤层位置，其余两个尽量控制隧道揭煤轮廓线内煤层，且下一循环探孔须确保与前一循环探孔与隧道方向投影的最短距离保留小于1.5m的垂直超前距。当有一个探孔探到煤层后，为了确保尽可能准确地掌握煤层的赋存，下一循环应适当增加探孔个数，直到探到穿过煤层进入顶(底)为止。边探边掘探孔布置如图9.34所示，当探孔遇到煤层后，应派技术人员核实煤层距离掌子面的距离，为揭开煤层做好最后准备。

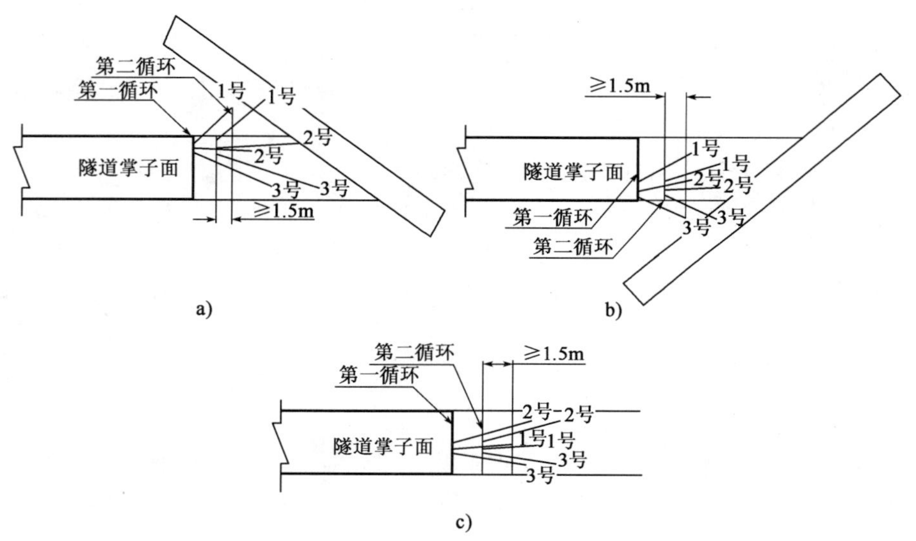

图9.34 边探边掘钻孔布置示意图

a)正向揭煤钻孔布置立面图；b)反向揭煤钻孔布置立面图；c)钻孔布置平面图

4)最后突出危险性验证

最后突出危险性验证是当掌子面距离煤层的最小法向距离不小于2m前进行。一般采用钻屑瓦斯解吸指标法进行，验证的钻孔不少于5个，分别位于隧道揭煤区域的上部、下部、中部及两侧。

若最后突出危险性验证的5个钻孔测定值均未超过突出的临界值，则掌子面前方煤体无突出危险性，可采取安全防护措施条件下，揭开煤层；若最后突出危险性验证的5个钻孔有一个指标超过突出的临界值，则整个掌子面有突出危险性，必须补充局部防突措施。补充完防突措施后，再进行突出危险性验证，直到突出危险性验证无突出危险后，方可在采取安全防护措施的条件下揭开煤层。

5)揭开煤层

实践证明,在揭煤过程中,距离煤层越近,发生突出的可能性越大。因此,当探得掌子面前方煤体距掌子面的最小法向距离仅有一炮距离时,需调整炮孔深度,适当加大装药量,远距离爆破,尽可能地增加揭开后煤层的暴露面积,并同时做好安全防护措施,具体见第十章第七节。

揭开煤层后,应密切监视瓦斯监控系统内的瓦斯变化情况,只有当瓦斯降到安全值以下后,方可先派瓦检员进入隧道,实际测定洞内的瓦斯,确认安全后,方可准许工作人员进入洞内。若在监控系统中发现瓦斯变化出现异常,如瓦斯涌出量大、瓦斯涌出不均匀等,均需要延长观察时间,瓦检员再进入隧道内检测瓦斯情况。

9.5.3 预测无突出危险煤层的揭煤方法

经工作面突出危险性预测无突出危险的煤层,可不采取局部防突措施,但需要采取边探边掘的技术措施,至距离煤层最小法向距离 2m 前进行突出危险性最后验证。若最后验证无突出危险,则采取安全防护措施的条件下揭开煤层;若最后突出危险性验证有突出危险性,则补充局部防突措施,直至防突措施效果检验有效为止,补充局部防突措施主要以排放钻孔为主。

局部预测无突出危险煤层的揭煤方法中的边探边掘措施、突出危险性最后验证、安全防护措施及补充局部防突措施均与局部预测有突出危险煤层的方法一致。

9.6 过煤门

过煤门是指从掌子面揭开煤层一直到穿过煤层顶(底)板 2m 的全过程。在揭开煤层后,这相当于在大面积的突出煤层中开了一个洞。由于隧道周边由原来岩石变成松软的煤层,一方面其抵抗突出的能力急剧下降;另一方面,进入煤层后,煤与瓦斯突出的动力增加,加之放炮的振动诱导作用,导致发生煤与瓦斯突出的可能性增加,有的甚至在过煤门一段距离后,发生从巷帮延时突出的情况。

实践证明,在“过煤门”期间往往发生突出的危险性更大,很多大型突出事故都是在这期间发生的。如重庆松燥煤电同华煤矿在斜井揭开 1.78~2.47m 的 K3 煤层后,在过煤门过程中发生了 3 000t 的特大型煤与瓦斯突出,涌出瓦斯 28.2 万 m^3,造成 30 人死亡;焦作演马庄煤矿在二水平胶带运输大巷(平巷)揭开 8°~12°近水平煤层过煤门放炮掘进过程中发生了 1 500t 的特大型煤与瓦斯突出,涌出瓦斯 44 万 m^3,造成 43 人死亡,55 人受伤。

在过煤门过程中,实际上是一个半煤岩隧道—煤层隧道—岩石隧道的过程。虽然已在揭开煤层前对过煤门段的煤体进行过突出危险性预测和必要的防突措施,但这都是局部的,其控制范围也是有限的,超出措施有效影响范围煤层的突出危险性并未消除或降低。因此,在过煤门过程中,须实施突出煤层隧道的局部综合防突措施,一旦发现有突出危险性,则应及时补充局部防突措施。

9.6.1 工作面突出危险性预测

过煤门过程中的工作面突出危险性预测方法一般采用钻屑瓦斯解吸指标(K_1 或 ΔP)法，其预测的临界值与揭煤前工作面突出危险性预测相同。过煤门过程中不同阶段工作面突出危险性预测的钻孔布置略有不同。

1)正向揭煤工作面突出危险性预测钻孔布置

正向揭煤时，首先揭开煤层的底板，煤层暴露于掌子面的上部。此时一般在掌子面布置 4 个直径 $\phi 42$ 的工作面突出危险性预测钻孔，分别控制掌子面前方煤体的左右和中部，其中中部 2 个钻孔，左右帮各 1 个钻孔，左右帮控制隧道轮廓线外 2～4m 范围，其钻孔布置如图 9.35 所示。当煤层倾角较小时，需要进行多循环工作面突出危险性预测，但每个循环之间必须保留不少于 2m 的垂直于隧道开挖方向的超前距。

随着隧道的继续开挖，隧道逐渐穿过煤层顶板，煤层位于掌子面中下部时，掌子面上部煤体已经被超前支护。此时主要对掌子面下部煤体进行工作面突出危险性预测，一般可以沿着煤层布置 4 个工作面突出危险预测钻孔，分别控制掌子面前方及两次 2～4m 范围内煤体，其钻孔布置如图 9.36 所示。当煤层倾角较小时，需要进行多循环工作面突出危险性预测，但每个循环之间必须最少保留不少于 2m 的垂直于隧道开挖方向的超前距，直到掌子面底板穿过煤层顶板为止。

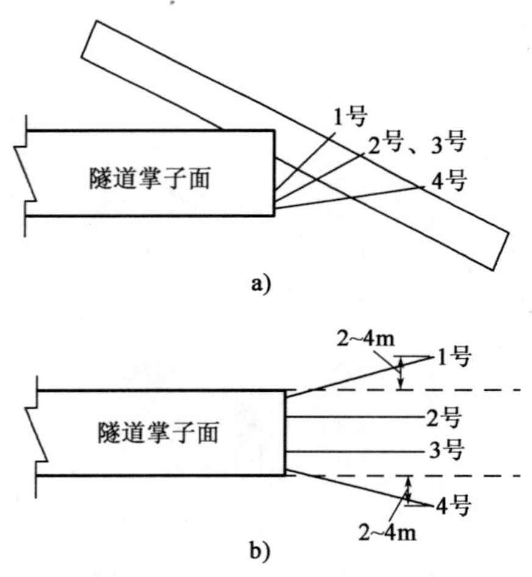

图 9.35 正向揭煤揭开煤层时工作面突出危险性预测钻孔布置示意图

a)正向揭煤钻孔布置立面图；b)正向揭煤钻孔布置剖面图

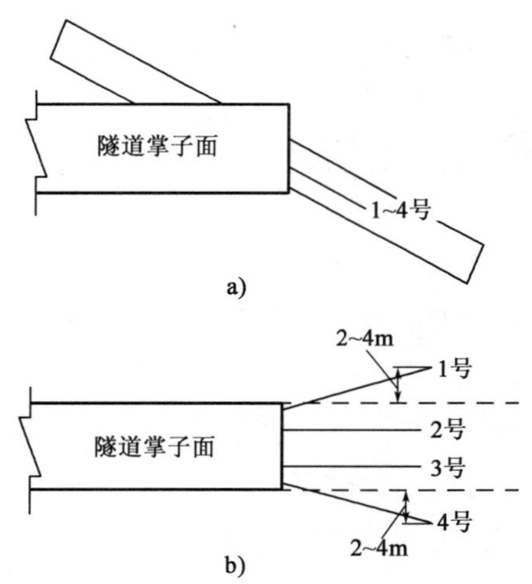

图 9.36 正向揭煤穿过煤层顶板时工作面突出危险性预测钻孔布置示意图

a)正向揭煤钻孔布置立面图；b)正向揭煤钻孔布置剖面图

2)反向揭煤工作面突出危险性预测钻孔布置

反向揭煤时，首先揭开煤层的顶板，煤层暴露于掌子面的下部。由于自重的作用，掌子面底板下方煤体的突出危险程度小于掌子面底板上方的煤体，因此，工作面突出危险性预测钻孔应尽量布置在掌子面底板以上部分。此时同样在掌子面布置 4 个 8～10m 直径 $\phi 42$ 的工作面突出危险性预测钻孔，分别控制掌子面前方煤体的左右和中部，其中中部 2 个钻孔，左右帮各

1个钻孔，左右帮控制隧道轮廓线外2～4m范围，其钻孔布置如图9.37所示。当煤层倾角较小时，需要进行多循环工作面突出危险性预测，但每个循环之间必须最少保留不少于2m的垂直于隧道开挖方向的超前距，直到隧道掌子面见不到煤层为止。

9.6.2　补充防突措施

突出煤层在揭煤过程中，需要实施防突措施，但由于要求防突措施控制的范围较大，钻孔施工较多，往往容易因人为钻孔施工偏差而导致防突措施不到位。揭开煤层后，在执行过煤门工作面突出危险性预测时，只要有一个预测钻孔预测指标超限，则视整个迎头前方预测钻孔控制范围内煤体均具有突出危险性，应立即进行防突措施。揭开煤层后补充防突措施一般为排放瓦斯，但当预测突出危险程度较高，突出危险区域较大时，也可以采用抽放瓦斯的补充防突措施。抽放瓦斯和排放瓦斯的控制范围及钻孔布置方式相同，只是抽放半径和排放半径有一定区别。

1)钻孔布置。

(1)正向揭煤补充防突措施钻孔布置。

当隧道掌子面在过煤门过程中发现煤体具有突出危险性时，补充防突措施控制的范围为：两侧轮廓线至少5m，下帮3m，上帮至少为隧道轮廓线与煤层顶板交汇处。当煤层倾角较大或煤层线位于掌子面中上部，施工顺层钻孔有困难时，可以布置穿层钻孔，穿层钻孔应穿过煤层顶板，其钻孔布置如图9.38所示。当煤层倾角较小或煤层线位于掌子面中下部，可以施工顺层钻孔时，应尽量采用顺层钻孔，其钻孔布置如图9.39所示。

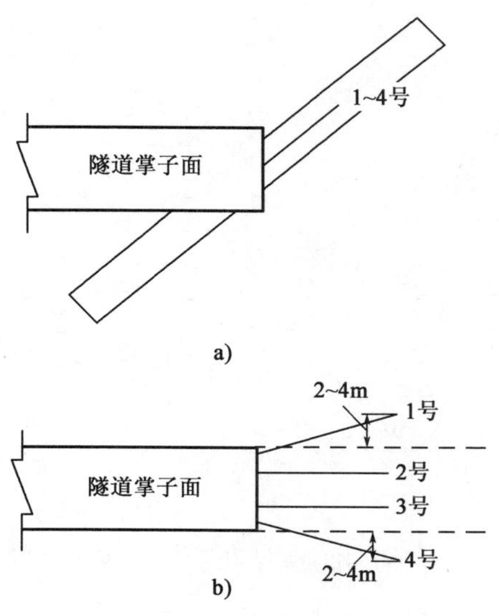

图9.37　反向揭煤穿过煤层顶板时工作面突出危险性预测钻孔布置示意图
a)反向揭煤钻孔布置立面图；b)反向揭煤钻孔布置剖面图

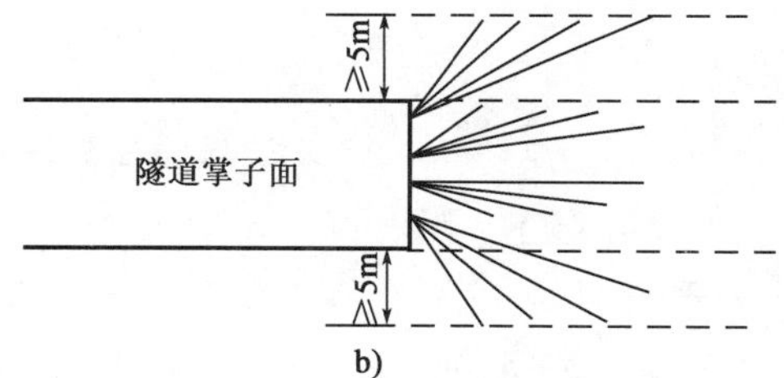

图9.38　正向揭煤穿层钻孔布置示意图
a)正向揭煤钻孔布置立面图；b)钻孔布置面图

(2)反向揭煤补充防突措施钻孔布置。

反向揭煤过煤门过程中的补充防突措施控制的范围与正向揭煤控制范围一致，但因反向揭煤首先揭开煤层的顶板,煤层暴露于掌子面的下部,有利于施工顺层钻孔,其钻孔布置如图9.40所示。

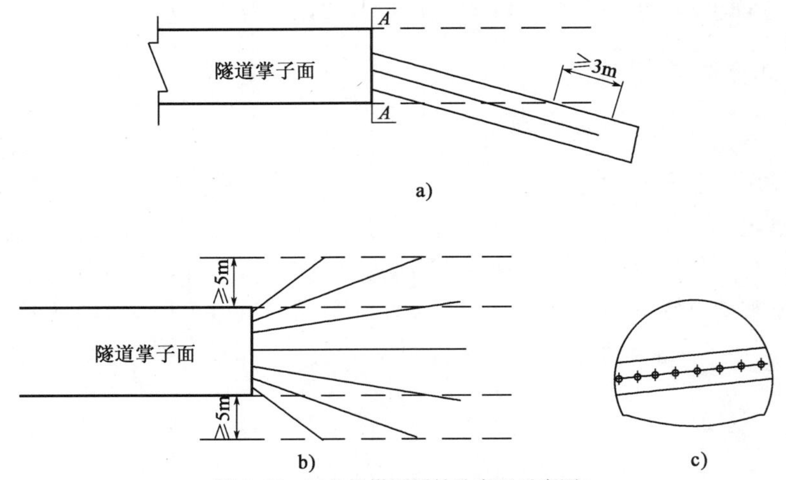

图9.39 正向揭煤顺层钻孔布置示意图

a)正向揭煤钻孔布置立面图;b)钻孔布置平面;c)A-A剖面图

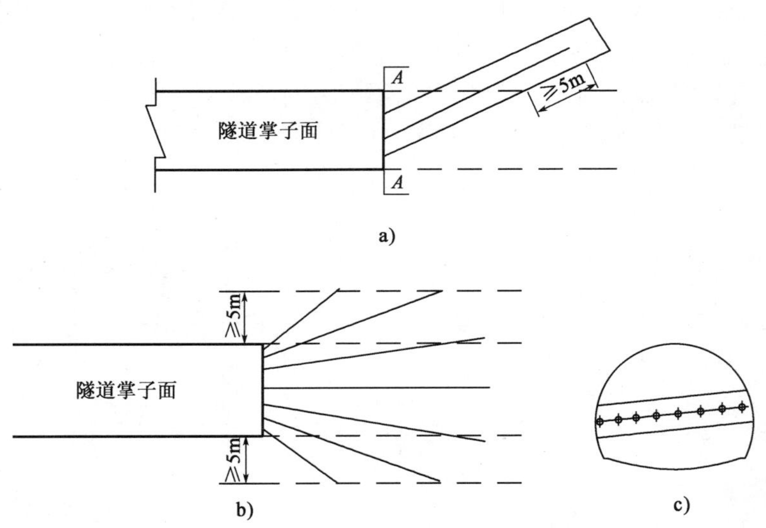

图9.40 反向揭煤钻孔布置示意图

a)反向揭煤钻孔布置立面图;b)钻孔布置平面;c)A-A剖面图

2)钻孔施工

过煤门的补充防突措施钻孔直径一般为75~120mm,抽(排)放钻孔间距需根据煤层透气性情况确定,一般抽放钻终孔间距为2~3m,排放钻孔终孔间距不大于1m。

抽(排)放钻孔可以采用矿用液压钻机施工,全煤层排放钻孔由于煤层相对松软,钻孔相对短。也可以采用矿用电动或者气动防突钻机施工,该钻机于矿用坑道钻机相比,具有设备质量轻巧、操作简单和施工效率高等特点。常用的气动防突钻机有ZJL系列架柱式电动钻机(图9.41)和ZQJ系列架柱式气动钻机(图9.42),常用的电动防突钻机有ZQS系列手持式气动钻机(图9.43),常用电气动钻机主要参数见表9.7。

图 9.41 ZJL 系列架柱式电动钻机

图 9.42 ZQJ 系列架柱式气动钻机

常用电气动钻机主要参数 表 9.7

钻机类型	钻机型号	外形尺寸（长×宽×高，mm）	质量（kg）	最大输出功率（kW）	适应煤层硬度系数	钻杆直径（mm）	最大钻进深度（m）
架柱式电动钻机	ZJL100/4	—	—	4	$f<7$	50、75	30
	ZJL-350	1 250×640×1 265	—	—	—	—	—
架柱式气动钻机	ZQJ-150/2	2 410×580×570	200	1.3～2.55	$f<6$	42、75	100
	ZQJ-300/6	2 320×590×1 500	150	3.9～8.0	$f<6$	75	75
手持式气动钻机	ZQS-20/0.8	247×300×280	14	0.6～1.0	$f<6$	38、45	15
	ZQS-40/1.6	686×236×125	—	4.0～5.0	$f<6$	38、75	50

9.6.3 加强支护

隧道施工支护顺序为先进行初期支护，再进行二次衬砌支护。由于隧道掘进断面大，为了防止隧道二次衬砌支护之前发生冒顶诱发突出，当隧道掌子面揭开煤层后或者揭煤区域围岩破碎时，一方面应及时进行初期支护，另一方面还必须加强揭煤段隧道的支护。加强支护一方面可以增加原有支护材料的支护密度，另一方面可以结合隧道的初期支护方式，在架设工字钢拱架前向隧道顶部打锚索加强支护。

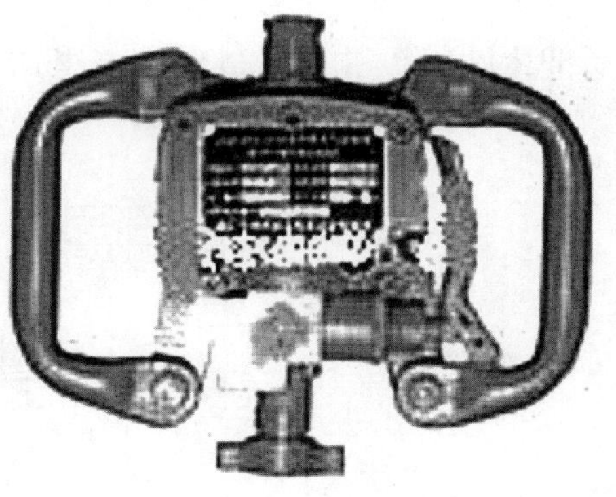

图 9.43 ZQS 系列手持式气动钻机

9.7 安全防护措施

在执行了突出危险性预测、防治突出措施和措施效果检验后，正常情况下，工作面是安全可靠的，但由于形成突出的因素随机性很大，还有可能由于施工水平、仪器误差、工作人员的知识水平、责任心等一系列因素发生误判。为此，必须做好安全防护措施，其目的在于当突出预测失误或防突措施无效且检验失误而导致突出时,避免造成人员伤亡的一种措施,从而建立起防止突出事故的第二道保障线。

安全防护措施可体现在三个层面:一是尽量减少工作人员在落煤时与工作面的接触时间,主要措施有远距离爆破等;二是突出后工作人员应有的一套完整的生命保证系统,主要有避难所、隔离式自救器、压风自救装置、急救袋、逃生管等;三是突出后防止灾害扩大装置,主要有反向风门、防护档栏等。考虑到公路隧道的巷道断面较大、布置简单、通风系统简单等特点,公路隧道揭煤过程中安全防护措施一般有远距离爆破、压风自救、挡栏和逃生管等。

9.7.1 远距离爆破

隧道揭煤过程中必须采取远距离爆破的安全防护措施。在采取远距离爆破时,必须制定爆破地点、避灾路线及停电、撤人和警戒范围等专项措施。

在实施揭煤爆破时,隧道内全部人员必须撤至隧道外,隧道内必须全部断电,隧道口附近20m范围内严禁有任何火源。并在隧道入口拉警戒线,有专人值守,禁止任何人员进入,放炮后进入掌子面检查的时间由技术负责人根据情况确定,但不得少于30min。

9.7.2 压风自救系统

高瓦斯隧道揭煤过程中有时会出现瓦斯异常大量涌出,在大多数事故中,职工伤亡均因瓦斯窒息引起。因此,在目前技术上尚不能完全杜绝瓦斯异常大量涌出的情况下,应建立压风自救系统,使工人在充满瓦斯的巷道中得到及时自救,具有重要意义。

由于管道压缩空气具有较高的压力和流量,不能直接用于呼吸,必须经减压、节流,使其达到适宜于人体呼吸的压力和流量值。此外,减压过程中会产生噪声,长期使用的管道内会产生锈渣和尘粒,压风自救系统解决了消声和空气净化的问题。压风自救系统是利用隧道内已装备的压风系统,由管路、自救装置和防护罩(应急袋)三部分组成,如图9.44所示。

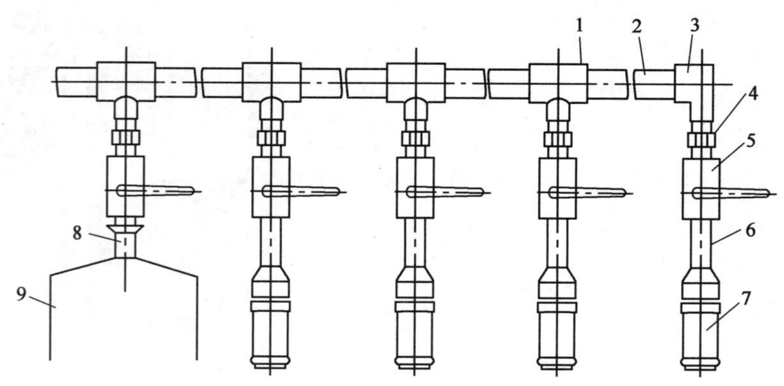

图9.44 压风自救系统安装示意图

1-三通;2-气管;3-弯头;4-接头;5-球阀;6-气管;7-自救器;8-卡子;9-防护袋

1)压风自救系统要求

(1)隧道施工项目管理部在按照《煤矿安全规程》有关要求建立压风系统的基础上,必须满足在灾变期间能够向所有作业地点提供压风供气的要求,进一步建设完善压风自救系统。

(2)空气压缩机应设置在隧道进口和出口地面工业场地内。

(3)压风自救系统的管路规格应按需风量、供风距离、阻力损失等参数计算确定,但主管路直径不小于100mm,支管路直径不小于50mm。

(4)每个隧道硐口至掘进施工作业迎头均应敷设压风管路,并设置供气三通阀门,供气三通阀门间隔不大于50m,并在三通阀门处设置压风自救装置。

(5)隧道施工揭煤与过煤层段时,在距掘进工作面25～40m的巷道内、爆破地点、撤离人员与警戒人员所在的位置以及隧道内有人作业处等地点至少设置一组压风自救装置;每组压风自救装置应可供5～8人使用。

(6)主送气管路上应装设集水放水器。在供气管路与自救装置连接处,要加装开关和汽水分离器。压风自救系统阀门应安装齐全,阀门扳手要在同一方向,以保证系统正常使用。

(7)压风自救装置应符合《矿井压风自救装置技术条件》(MT 390—1995)的要求,并取得煤矿矿用产品安全标志。

(8)压风自救装置应具有减压、节流、消噪声、过滤和开关等功能,零部件的连接应牢固、可靠,不得存在无风、漏风或自救袋破损长度超过5mm的现象。

(9)压风自救装置的操作应简单、快捷、可靠。避灾人员在使用压风自救装置时,应感到舒适、无刺痛和压迫感。压风自救系统适用的压风管道供气压力为0.3～0.7MPa;在0.3MPa的压力时,压风自救装置的供气量应在100～150L/min。压风自救装置工作时的噪声应小于85dB。

(10)压风自救装置安装在隧道内的压缩空气管道上,设置在宽敞、支护良好、水沟盖板齐全、没有杂物堆积的人行道侧,人行道宽度应保持在0.5m以上,管路敷设高度应便于现场人员自救应用。

(11)压风管路应接入避难硐室,并设置供气阀门;接入的压风管路应设减压、消声、过滤装置和控制阀,压风出口压力在0.1～0.3MPa,供风量不低于0.3m^3/(min·人),连续噪声不大于70dB。

(12)压风管路应敷设牢固平直,采取保护措施,防止灾变破坏。进入避难硐室前20m的管路应采取保护措施(如在底板埋管或采用高压软管等)。

常用的压风自救系统有ZY-J型和ZY-M型压风自救系统,其主要技术指标见表9.8。

常用压风自救系统主要参数　　表9.8

型　号	供气压力(MPa)	单个装置供气量(L/min)	噪声[dB(A)]	操作方式
ZY-J	0.4～0.6	150～200	≤75	一次手动快速供气
ZY-M	0.4～0.6	≥100(可调)	≤75	一次手动快速供气

2)隧道内压风自救系统要求

(1)压风自救装置安设在各施工隧道内的压缩空气管路上。

(2)压风自救装置应设在距隧道施工各掌子面25～40m的巷道内、放炮地点、撤离人员与警戒人员所在的位置以及隧道内有人作业处。长距离的掘进隧道中,除上述位置外,还应每隔

50m 设置一组压风自救装置,各隧道施工避难硐室内各设置 1 组压风自救装置。

(3)隧道内每个避难硐室的压风自救装置不得少于 20 个,每个压风自救装置的供风量每人不小于 0.3m^3/min;施工隧道内其他地点安设的每组压风自救装置不得少于 8～15 个,压缩空气供给量每人不小于 0.1m^3/min。压风自救系统必须经常检查与维护,保证正常供风的完好状态。

9.7.3 避难硐室

避难硐室是供现场工作人员在现场作业工程中突然遇到事故而无法撤退躲避待救的设施,一般隧道单向开挖长度超过 500m 时应设置避难硐室。避难硐室分永久避难硐室和临时避难硐室两种。煤矿上的永久避难硐室事先构筑在井底车场附近、采掘工作面附近或发爆地点;临时避难所是利用可利用的独头巷道、硐室临时修建的;临时避难所的设置应机动灵活,修筑方便,如果正确使用,临时避难所往往能发挥很好的救护作用。隧道避难硐室只是供开挖掘进期间临时使用,一般不设置永久避难硐室。

隧道避难硐室的具体位置根据实际情况定,可以选择在两条相邻隧道的人行横洞中设置,也可以另掘硐室。临时避难硐室还应满足下列条件:

(1)临时避难硐室应布置在稳定的岩(煤)层中,避开地质构造带、高温带、应力异常区,确保服务期间免受隧道围岩地压影响。前后 20m 范围内巷道应采用不燃性材料支护,围岩完整、支护完好,符合安全出口的要求,布置在煤层中时应有控制瓦斯涌入和防止瓦斯集聚、煤层自燃等措施,并用不燃材料支护围岩。

(2)临时避难硐室应由过渡室和生存室等构成,采用向外开启的两道隔离门结构。过渡室净面积应不小于 2.0m^2,内设压缩空气幕和压气喷淋装置,第一道隔离门上设观察窗,靠近底板附近设单向排水管和单向排气管。生存室净高不应低于 1.85m,长度、宽度根据设计的额定避险人数以及内配装备情况确定;每人应有不小于 0.5m^2 的使用面积,设计的额定避险人数应不少于 15 人;靠近底板附近设置不少于两趟的单向排水管和单向排气管。

(3)隔离门应不低于井下密闭门的标准,密封可靠,开闭灵活。隔离门墙周边掏槽或见硬顶、硬帮,墙体用强度不低于 C25 的混凝土浇筑,并与岩(煤)体接实,保证足够的气密性。

(4)临时避难硐室应采用锚网、锚喷、砌碹等方式支护,支护材料应阻燃,硐室地面高于巷道底板 0.2m。

(5)临时避难硐室应接入隧道进口或出口地面场地的压风、供水、监测监控、通信和供电系统。接入的压风管路,应设减压、消声、过滤装置和带有阀门控制的呼吸嘴,压风出口压力在 0.1～0.3MPa,连续噪声不大于 70dB;过滤装置具备油水分离功能。接入的供水管路,应有接口和供水阀。接入的安全监测监控系统应能对避难硐室内的 O_2、CH_4、CO_2、CO、温度等进行实时监测。硐室入、出口处应设人员定位基站,实时监测人员进出紧急避险设施情况。避难硐室内应设置有直通隧道进口或出口生产调度室的固定电话。

(6)临时避难硐室应配备独立的内外环境参数检测或监测仪器,实现突发紧急情况下人员避险时对避难硐室内的 O_2、CH_4、CO_2、CO、温度、湿度和避难硐室外的 O_2、CH_4、CO_2、CO、温度检测或监测。

(7)临时避难硐室应按设计的额定避险人数配备供氧和有害气体去除设施、食品和饮用水以及自救器、急救箱、照明、工具箱、灭火器、人体排泄物收集处理装置等辅助设施，备用系数不小于10%。

自备氧供气系统供氧量不低于0.3m^3/(min·人)；采用高压气瓶供气系统时应有减压措施。有害气体去除设施处理CO_2的能力应不低于每人0.5L/min，处理的能力应应能保证20min内将CO浓度由0.04%降到0.0024%以下。配备的食品不少于2000千焦/(人·d)，饮用水不少于0.5L/(人·d)。配备的自救器应为隔离式，连续使用时间不低于45min。

(8)避难硐室建设应有专门设计和施工作业规程。临时避难硐室建设完成后，应进行各种功能测试和联合试运行，并按要求组织验收，满足规定要求后方可投入使用。

避难硐室布置如图9.45所示。

避难硐室内设备可在满足相关规定的条件下根据需要配置，见表9.9。

为了确保临时避难硐室系统的可靠性，需要专门安排人员进行定期管理和维护，并组织在岗职工进行定期培训与应急演练。

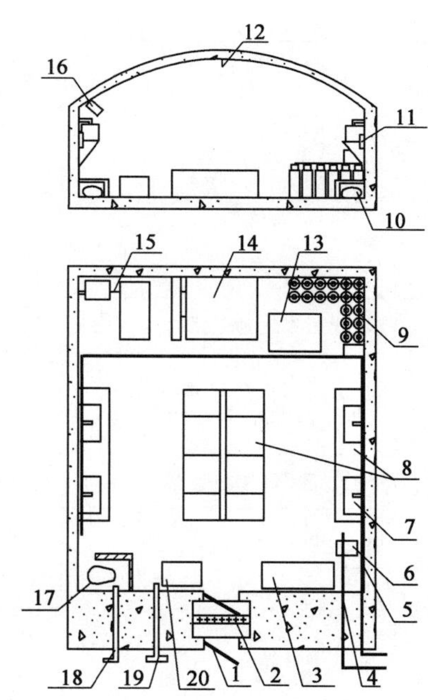

图9.45 避难硐室布置示意图

1-隔离门；2-喷淋系统；3-药品食品柜；4-供水管；5-压风管；6-人员管理系统终端；7-压风自救器箱；8-座椅；9-压缩氧供气系统；10-担架；11-环境参数监测仪器；12-矿用荧光灯；13-空气过滤系统；14-防爆空调；15-电源箱；16-矿用红外摄像仪；17-集便器；18-排水管；19-排气管；20-自救器及工具柜

避难硐室内设备清单 表9.9

序号	产品名称	型号	主要技术参数	备注
1	矿用隔爆型备用电池箱	KDD××××	定制	
2	矿用隔爆兼本安直流稳压电源	KDW××××	定制	
3	矿用隔爆型空气循环净化装置	FBFN0×××	定制	压缩氧供气时选用
4	矿用防爆空调装置	ZSK-××/380	定制	压缩氧供气时选用
5	压缩氧供气系统		定制	压缩氧供气时选用
6	红外甲烷传感器	GJG100H(A)	测量范围0～100%	
7	氧气传感器	GHY25	测量范围0～25%	
8	一氧化碳传感器	GTH500(B)	测量范围0～500×10^{-6}m	
9	温度传感器	GW50(A)	测量范围0～50℃	
10	红外二氧化碳传感器	GRG5H	测量范围0～5%	
11	作业人员管理系统终端	KJ251		
12	矿用红外摄像仪	SBT127/220G		
13	矿用电话		符合MT/T 289的有关规定	

续上表

序号	产品名称	型　号	主要技术参数	备　注
14	自动苏生器	MZS-30	自动肺换气量调整范围 12～25L/min； 呼吸阀供气量＞15L/min； 吸痰器吸引压力（－60～－3)kPa	
15	隔绝式压缩氧自救器	ZY45	额定保护时间 45min	
16	压风自救器	ZY-J	输出压力调整范围：0.09MPa； 单个装置耗气量 150～200L/min	
17	隔绝式正压氧气呼吸器	HYC120 或 HY4	正压式有效防护时间 2～4h	
18	集便器		自带集便箱，脚踏式打包，材质不锈钢	
19	矿用防爆日光灯		符合 GB 3836—2000，IEC—60079S 标准要求	
20	矿灯	KL2M(A)		
21	食品及饮用水		符合食品卫生有关规定	
22	急救箱、担架、工具箱			

注：避难硐室设施设备配备数量须按照安监总煤装[2011]15 号文件要求配置。

9.7.4 防护挡栏

防护挡栏是为降低爆破诱发突出的强度，减少对生产的危害，在掌子面设立的栅栏，可用金属、矸石或木垛等构成。金属挡栏一般是由槽钢组成，排列成棚状方格框架，棚状方格的尺寸为 0.4m×0.4m，槽钢彼此用卡环固定，使用时在迎工作面的框架上再铺上网眼为 20mm×20mm 的金属网，然后用木支柱将框架撑成 45°的斜面。一组挡栏通常由两架组成，其间距为 6～8m，距掌子面的距离可根据预计的突出强度在设计中确定。对于突出危险性较大的煤层采用特别的金属挡栏，其结构如图 9.46 所示；对于突出危险性较小的煤层可采用矸石堆或木垛挡栏，其结构如图 9.47、图 9.48 所示。

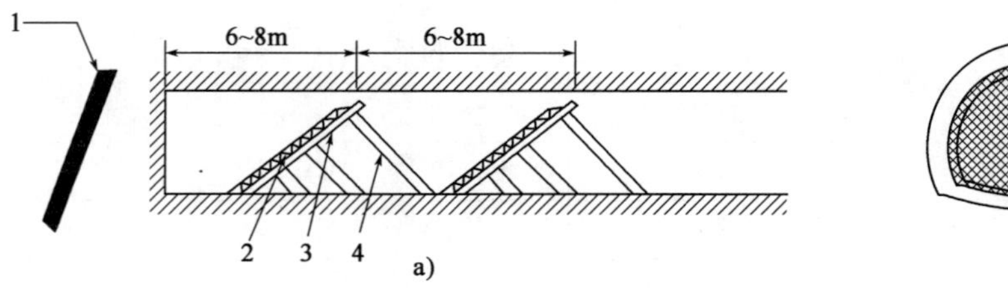

图 9.46　金属挡栏示意图

a)剖面图；b)断面图

1-突出危险煤层；2-金属网；3-框架；4-斜撑木支架

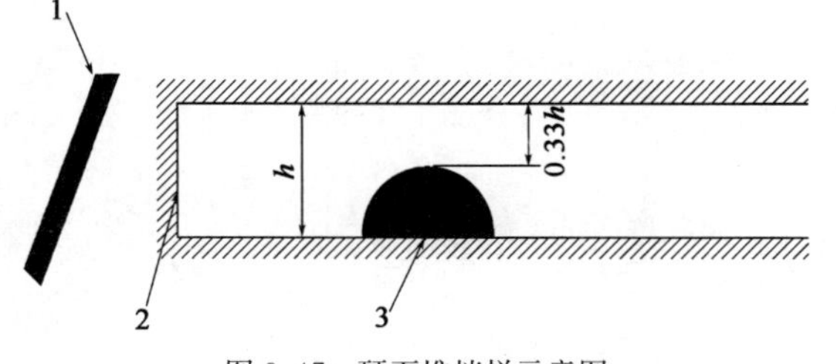

图 9.47 矸石堆挡栏示意图

1-突出危险煤层;2-掘进掌子面;3-矸石堆

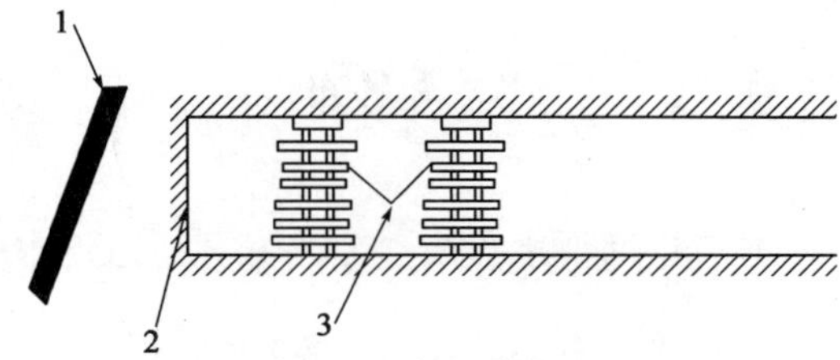

图 9.48 木垛挡栏示意图

1-突出危险煤层;2-掘进掌子面;3-木垛

9.7.5 逃生管道

为了预防隧道在开挖或揭煤过程中出现塌方而危及施工人员人身安全,应在Ⅳ、Ⅴ级及以上围岩地段或揭煤过程中预先设置逃生管道。

在隧道的掌子面开挖、喷锚、支护及仰拱部位的开挖、浇注混凝土的过程中,均必须确保逃生通道的完好,救生管道设置到位,并随着掌子面的不断掘进而向前移动。

逃生通道所用管材可采用 ϕ600～ϕ800mm 的承插钢管(或 ϕ600mm 耐压波纹塑料管),管节长度宜为 6～8m,壁厚不小于 10mm,管节间可采用直径大于逃生管道 10cm 的套管连接,每端连接 1m,采用橡胶圈或木楔临时固定。为保证管道承受坍塌体的压力,对采用的材质管材,必须确保其承压能力和连接头的牢固,并经实验室具体试验后,方可用于隧道中。

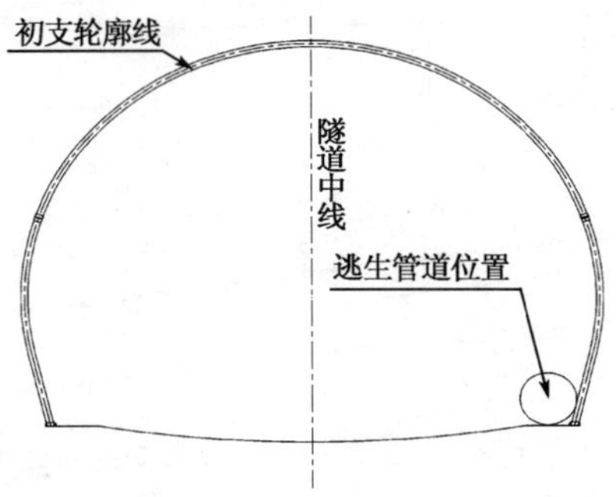

图 9.49 隧道逃生管道设置示意图

管道设置起点为爆破掌子面处,距掌子面不得大于 5m,管道长度一般不小于 40m。管道沿着初期支护的一侧向掌子面铺设,管内预留工作绳,方便逃生、抢险、联络和传输各种物品。承插钢管纵向连接可采用链条等措施,防止坍塌时将钢管冲脱。

逃生通道设置位置如图 9.49 所示。

9.7.6 安全防护装备

多数灾害事故发生初期,波及范围和危害程度都较小,作为发生事故时个人自救的必要装备,高瓦斯隧道必须配备个人安全防护装备。个人安全防护装备主要包括安全帽、纯棉防护服、矿灯、口罩、便携式自救器、便携式瓦检仪等。在隧道揭煤过程中,所有作业人员必须佩戴必要的安全防护装备。

除特殊工种需佩戴特殊安全防护装备外,其他人员需佩戴的安全防护装备如下:

(1)普通作业工:需佩戴纯棉防护服、安全帽、矿灯、口罩和便携式自救器。

(2)钻机工:需佩戴纯棉防护服、安全帽、矿灯、口罩、便携式自救器,且每班最少配备至少一台便携式瓦检仪。

(3)技术及管理人员:需佩戴纯棉防护服、安全帽、矿灯、口罩、便携式自救器和携式瓦检仪。

9.8 揭煤实例

本节将列举水盘高速公路发耳隧道近水平突出煤层的正向揭煤过程。

9.8.1 发耳隧道的基本情况

1)工程概况

水盘高速公路发耳隧道由贵州省路桥公司承建,隧道位于贵州六盘水市水城县发耳乡境内,为一座上下行分离的四车道高速公路长隧道。发耳隧道左线长 2 064m,右线长 2 099m,左、右线均为直线段,左线隧道纵坡为−2.1%下坡,右线隧道纵坡为−2.05%下坡,隧道最大埋深 210.47m。隧道剖面如图 9.50 所示。

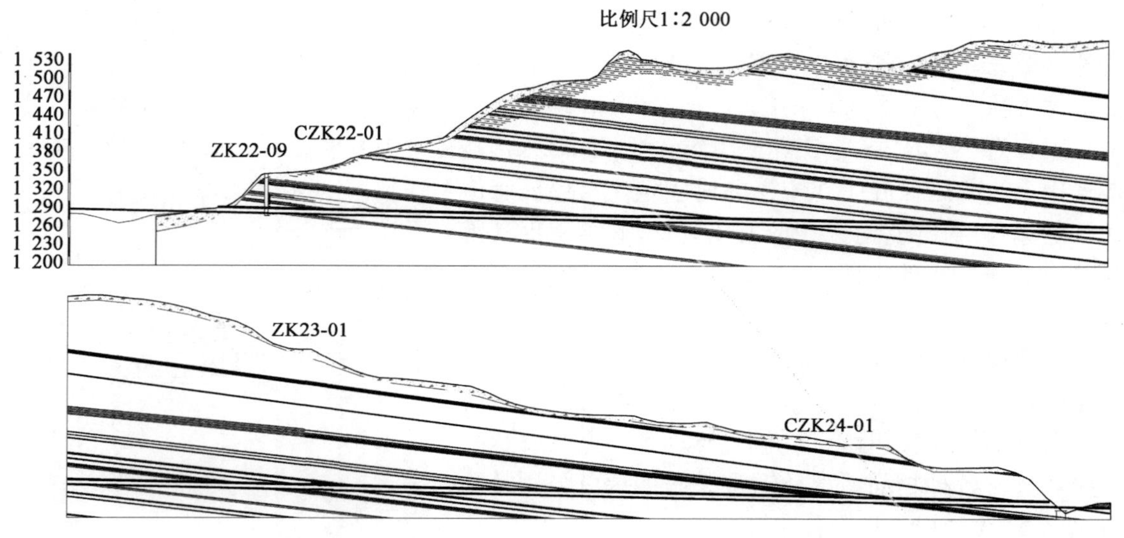

图 9.50 发耳隧道剖面图

发耳隧道根据围岩级别不同,Ⅳ级高瓦斯煤层地段的隧道开挖宽度为 12.72m,高度为 10.06m,Ⅴ级高瓦斯煤层地段的隧道开挖宽度为 13.02m,高度为 10.42m,隧道净宽为 10.25m,净高为 5m。

隧道采取双向掘进,上下台阶法施工,Ⅴ级围岩地段采用超短台阶法,台阶长度为 3~5m,Ⅳ级围岩地段可采用短台阶法,台阶长度为 1~1.5 倍洞跨或根据施工实际情况确定。隧道施工工序:①开挖上半断面→②施作上半断面初期支护→③开挖下半断面(左右交错开挖)→④边墙初期支护→⑤仰供开挖、支护、衬砌→⑥防水层施工、二次衬砌的浇筑。完成隧道上台阶开挖后,立即进行初期支护及封闭掌子面,初期支护完成后,应尽快施工做二次衬砌。

发耳隧道支护分为隧道开挖放炮之前的超前支护和开挖掘进之后的后期支护。超前支护分为隧道洞口长管棚支护、Ⅳ级高瓦斯煤层地段的超前锚杆支护、Ⅴ级高瓦斯煤层地段的超前小导管支护;后期支护运用新奥法原理,采用复合式衬砌,分为初期支护和二次衬砌。初期支护由系统锚杆、单层钢筋网、气密性喷射混凝土、工字钢钢拱架组成,结合超前预支护、气密性模筑钢筋混凝土作为二次衬砌，初期支护与二次衬砌之间铺设 ECB/EVA 共挤防水卷材作为防水层。

2）煤层及瓦斯情况

发耳隧道穿过区全部由二叠系上统大隆组（P_2d）煤系地层构成，隧道共穿过 17 层煤，编号分别为 M1～M17 号煤层。煤层厚度为 0.3～4.8m，其中超过 1m 的煤层 8 层，分别为 M1、M2、M4、M8、M9、M11、M14、M15，煤层倾角 0～12°，平均 6°左右。

发耳隧道位于发耳矿区内，矿区内主采煤层的瓦斯含量为 3.15～23.08m^3/t，瓦斯压力为 0～3.12MPa。发耳隧道煤层主要以亮煤为主，镜煤及暗煤次之，少有丝炭。煤岩类型有半亮型和半暗型，条带状结构，层状结构，同时也有块状和粒状，煤种为无烟煤。

本节将介绍进口左洞揭开 M4 煤层的整个过程。

9.8.2 超前地质预报

根据发耳隧道地质说明书，预计进口左洞见 M4 煤层的见煤点里程为 K22＋850m，煤层倾角约为 10°。因此，为了确保煤层最小法向距离大于 10m，经计算，超前地质探孔位置应在预计见煤点退后约 58m（K22＋792m）处。

M4 煤层的超前地质预报采用钻探法，即在 K22＋792m 处的上台阶掌子面向隧道掘进方向实施了 5 个超前地质探孔，其超前地质探孔布置如图 9.51 所示。钻孔成果见表 9.10。

M4 煤层超前探孔成果 表 9.10

钻孔编号	方位(°)	倾角(°)	孔深(m)	钻 探 情 况	备注
1	253	20	36.8	0 岩 21.9 煤 24.8 岩 36.8	有瓦斯
2	245	8	51.7	0 岩 39.5 煤 42 岩 51.7	有轻微喷孔
3	253	4	53.6	0 岩 49.3 煤 52.5 岩 53.6	有瓦斯
4	244	2	62.5	0 岩 55.9 煤 58.8 岩 52.5	有瓦斯
5	253	−5	64.4	0～64.4 岩	无瓦斯

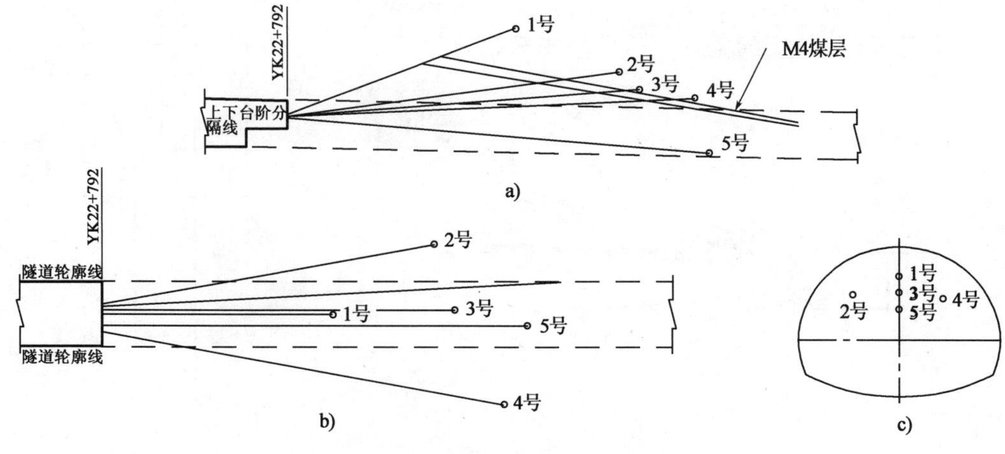

图 9.51 M4 煤层超前地质探孔布置图

a）正立面图（比例 1∶500）；b）平面图（比例 1∶500）；c）横断面图（比例 1∶250）

根据超前探煤成果表分析，掌子面探孔控制范围内仅有一层 M4 煤层，M4 煤层距离探煤点位置为 12.5m 左右，煤层倾角 8°～10°，煤层厚度 1.0～1.4m，煤层赋存稳定，无分层。从钻孔施工情况分析，M4 煤层具有一定的突出危险性。

9.8.3 区域综合防突措施

1)区域突出危险性预测

区域突出危险性预测采用瓦斯含量直接测定法，瓦斯含量取样孔与超前地质探孔共用，即分别在施工 1～4 号超前地质探孔时，分别在见煤点取 M4 煤层煤样，采用中煤科工集团重庆研究院生产的 DGC 型瓦斯含量直接测定装置测定 M4 煤层的瓦斯含量。测定结果表明 M4 煤层的瓦斯含量为 9.76～12.86m^3/t，平均 10.29m^3/t，大于 8m^3/t 的煤与瓦斯突出临界值。因此，判断 M4 煤层具有煤与瓦斯突出危险性，应在最小法向距离 7m 前实施区域防突措施。经计算，目前掌子面上台阶可以开挖 24m 约至 K22+816m。

2)区域防突措施

M4 煤层采取预抽瓦斯的区域防突措施，由于超前地质探孔探得煤层倾角仅为 8°～10°，根据区域防突措施的控制范围要求，预抽钻孔控制范围为：隧道轮廓线上下帮及左右两侧各 12m，且同时满足上下帮控制边沿与隧道轮廓线的距离不少于 5m，因煤层倾角仅为 8°～10°，则上下帮控制范围与轮廓线的距离保证大于 5m 时，控制范围远大于煤层方向 12m。若一个循环控制全部预抽区域煤层，则预计最深钻孔达到 280m 左右。考虑到钻机钻进的最长深度和施工长距离钻孔的难度及成孔率，决定采取两个循环控制的方式，第一循环和第二循环之间留 15m 的安全超前距。

(1)第一循环区域防突措施。

第一循环抽放钻孔在里程 K22+816m 处实施，抽放钻孔直径为 ϕ75mm，钻孔间距 8m，第一循环布置 9 排钻孔，每排 5 个钻孔，共施工预抽钻孔 45 个，其中最长钻孔为第九排钻孔，平均长度 96m。M4 煤层预抽钻孔布置如图 9.52 所示。

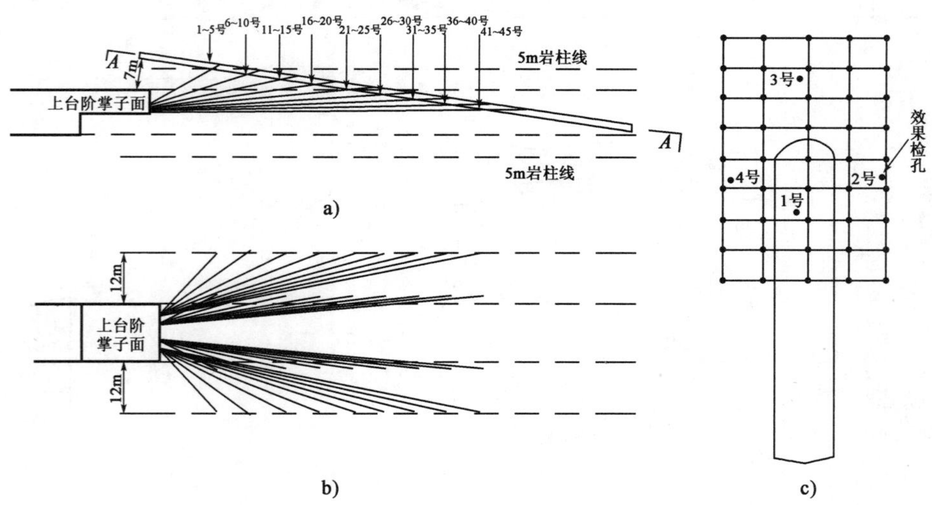

图 9.52　M4 煤层第一循环预抽钻孔布置图

a)预抽钻孔布置剖面图；b)预抽钻孔布置平面图；c)A-A 剖面图

(2)第一循环区域防突措施效果检验。

第一循环预抽钻孔施工完毕后，立即接入抽放系统，当预抽两个半月后，共抽放瓦斯1.820 9万m^3纯瓦斯，第一循环控制煤体内的瓦斯总量约为4.407 3万m^3，瓦斯抽放率为41.3%，计算其残余瓦斯含量为6.039m^3/t。因此，从抽采方面来讲，本次预抽瓦斯已经达标，可以停止抽放。

停止抽放后，对第一循环的瓦斯预抽效果进行检验，M4号煤层第一循环预抽瓦斯区域防突措施效果检验采用残余瓦斯含量法，即在第一循环预抽范围的中部，左右部及上部分别施工一个残余瓦斯含量检测钻孔(图9.52中*A-A*剖面图1～4号检测孔)。取煤样测定煤层的残余瓦斯含量，经检测，1～4号钻孔瓦斯含量为3.821～6.483m^3/t，未超过8m^3/t的突出临界值。因此，第一循环预抽瓦斯区域防突措施有效，可以掘进至第二循环预抽钻孔施工点。

(3)第二循环区域防突措施。

当第一循环区域防突措施效果检验有效后，掌子面掘进至第二循环钻孔施工处施工第二循环瓦斯预抽钻孔，第二循环抽放钻孔在里程K22+836m处实施，第二循环预抽瓦斯钻孔施工9排，每排5个钻孔，共施工预抽钻孔45个，钻孔编号为46～90号，钻孔布置如图9.53所示。

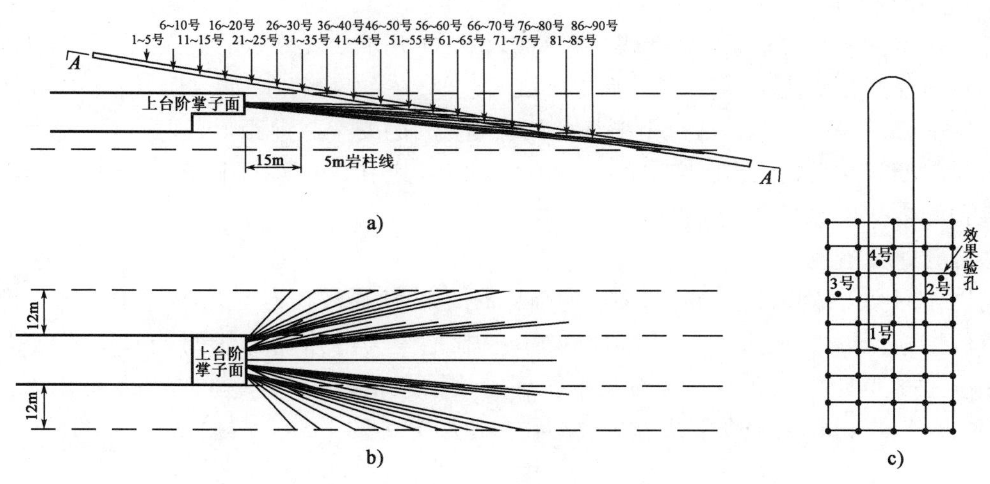

图9.53　M4煤层第二循环预抽钻孔布置图

a)预抽钻孔布置剖面图；b)预抽钻孔布置平面图；c)*A-A*剖面图

(4)第二循环区域防突措施效果检验。

第二循环经过将近2个月的预抽后，通过计算，瓦斯抽放率为38.8%，残余瓦斯含量为5.327m^3/t，故停止抽放，进行瓦斯预抽效果检验。预抽瓦斯区域防突措施效果检验钻孔分别在第二循环预抽钻孔控制范围的中部，左右部及上部分别施工一个残余瓦斯含量检测钻孔(图9.53中*A-A*剖面图1～4号检测孔)，经检测，1～4号钻孔瓦斯含量为5.326～7.236m^3/t，未超过8m^3/t的突出临界值。因此，第二循环预抽瓦斯区域防突措施也有效，可以正常掘进至最小法向距离5m处进行工作面突出危险性预测。

9.8.4 局部综合防突措施

第二循环预抽钻孔施工掌子面距离煤层最小法向距离已将近 2m,因此,可以直接进行接煤前最后突出危险性验证。

最后突出危险性验证采用钻屑瓦斯解吸指标法,在掌子面向 M4 煤层预揭煤区域用电煤钻实施了 5 个突出危险性验证钻孔,见煤后每米测定一次 K_1 值,直到穿过 M4 煤层为止。5 个突出危险性验证钻孔测定的 K_1 值最大 0.327mL/(g · $min^{1/2}$),最小 0.1mL/(g · $min^{1/2}$),均未超过突出临界值,突出危险性验证无突出危险。

9.8.5 揭开煤层

最后突出危险性验证确认无突出危险后,对掌子面采取了加强支护的安全防护措施,揭开 M4 煤层。发耳隧道揭煤采用了远距离放炮、压风自救系统、逃生管道及个人防护装备等安全防护措施。

9.8.6 过煤门

1)工作面突出危险性预测

M4 煤层揭开后,首先暴露在隧道上台阶掌子面的上部,为了确保过煤门的安全,采用钻屑瓦斯解吸指标法对掌子面的 M4 煤层进行多循环工作面突出危险性预测,每个循环布置 4 个突出危险性预测钻孔,分别掌子面揭煤区域的上部、左右两侧和中部煤层,钻孔长度为 10~12m,控制距离一般为 5~6m,每个循环之间保留 2m 的安全超前距,直到穿过煤层为止,M4 煤层过煤门期间共实施工作面突出危险性预测 22 次,其中第 11 循环和第 16 循环工作面突出危险性预测指标超过突出的临界值。

2)补充防突措施

对工作面突出危险性预测超过突出的临界值的第 11 循环和第 16 循环采取了补充排放钻孔的排放措施,排放钻孔沿着 M4 煤层布置,控制范围为隧道轮廓线两 5m,排放钻孔长度 12m,排放钻孔间距为 1.0m,掌子面一个循环排放钻孔布置 20 个。排放钻孔采用煤电钻施工,钻孔直径 ϕ80mm,补充防突措施排放钻孔布置如图 9.54 所示。排放钻孔排放 1~3d 后,对

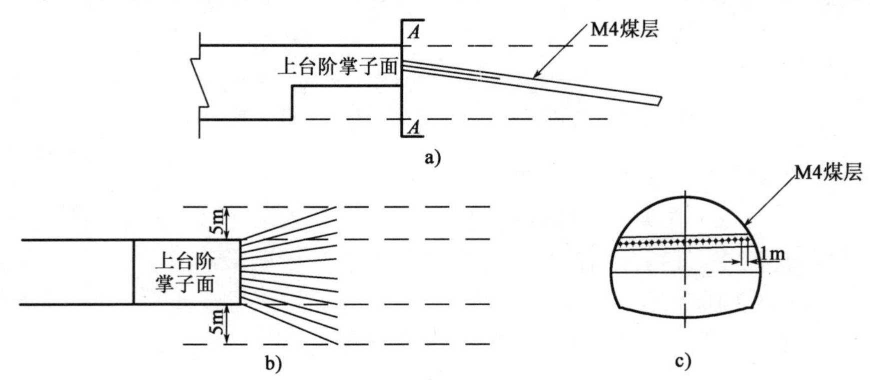

图 9.54 M4 煤层排放钻孔布置

a)排放钻孔布置立面图;b)排放钻孔布置平面图;c)A-A 剖面图

措施实施区域采取钻屑瓦斯解吸指标法进行效果检验，当检验不超过突出临界值时，才准许掘进。

3)加强支护

发耳隧道所揭煤层为近水平煤层，过煤层段较长，为了确保揭煤的安全，采取了加强支护方式，加强支护从上台阶掌子面距离煤层最小法向距离 2m 开始，穿过煤层后，下台阶掌子面距离煤层 2m 结束。

发耳隧道支护分为隧道开挖放炮之前的超前支护和开挖掘进之后的后期支护。超前支护分为隧道洞口长管棚支护、Ⅳ级高瓦斯煤层地段的超前锚杆支护、Ⅴ级高瓦斯煤层地段的超前小导管支护；后期支护运用新奥法原理，采用复合式衬砌，分为初期支护和二次衬砌。初期支护由系统锚杆、单层钢筋网、气密性喷射混凝土、工字钢钢拱架组成，结合超前预支护、气密性模筑钢筋混凝土作为二次衬砌，初期支护与二次衬砌之间铺设 ECB/EVA 共挤防水卷材作为防水层。结合隧道的初期支护方式，在架设工字钢拱架前向隧道顶部先打三根 8m 长的锚索加强支护，间距 3m，排距 3m，锚索布置如图 9.55 所示。

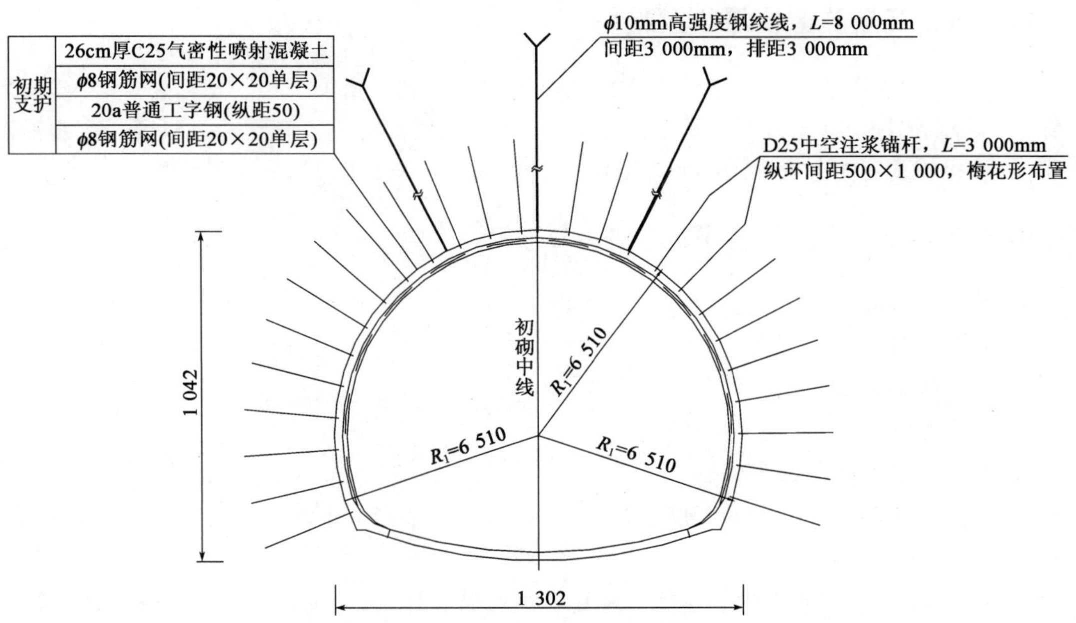

图 9.55　隧道揭突出危险性煤时加强支护锚索布置图(尺寸单位：mm)

第10章 公路瓦斯隧道钻爆作业技术

10.1 概述

10.1.1 瓦斯隧道钻爆作业流程

瓦斯隧道钻爆作业是在普通隧道常规钻爆流程的基础上增加了预防瓦斯燃烧、煤尘自燃、瓦斯突出、瓦斯爆炸、降尘以及消焰等内容，还包括使用煤矿许用安全炸药、毫秒雷管、水泡泥、封泥、正向装药及正向起爆、专用爆破电缆、一炮三检、三人连锁放炮等控制措施。

10.1.2 爆破员应符合下列条件

(1)年满十八周岁，从事过一年以上与爆破作业有关的工作。

(2)工作认真负责。

(3)具有初中以上文化程度。

(4)体检合格。

(5)进行过培训并考试合格。

(6)取得"爆破员作业证"的新爆破员，应在有经验的爆破员指导下实习三个月后，方准独立进行爆破工作。

(7)在高温、有沼气或粉尘等爆炸危险场所的爆破工作，必须由经验丰富的爆破员进行。

(8)爆破员从事新的爆破工作，必须经过专门训练。

(9)隧道内、外接触爆炸材料的人员，必须穿棉布或抗静电衣服。

10.1.3 爆破器材储存

(1)隧道使用年限在2年以下的地面临时性爆炸材料库的最大容量为炸药不得超过3t，雷管不得超过1万发，并不得超过该库所供应单位10d的需求量。并符合下列要求：

①库房必须选择在干燥的地方，并应有良好的通风和防潮措施。

②地面临时性爆炸材料库周围，必须设围墙或铁刺网，其高度不得低于2m，围墙或铁刺网距库房的距离不应小于5m。

③距离隧道口及其他可能危及爆炸材料库安全的距离应符合国家有关规定，并不得小

于 50m。

④有可靠防火、照明、防雷避雷措施和管理制度。

(2)在地面临时保管当天使用的爆炸材料时,可存放在棚子、帐篷、洞穴内或其他地点,但应遵守下列规定:

①爆炸材料箱上必须覆盖帆布,防止雨淋日晒,箱下必须垫有厚度 200mm 以上的垫木。

②炸药不得超过 3t,雷管不得超过 1 万发,不成箱的雷管必须放置在加锁的专用箱子内。雷管必须放在距离炸药 25m 以外的地点。

③保管爆炸材料的地点距有人的建筑物、公路、铁路等的安全距离,必须符合国家规定。

④保管爆炸材料的地点必须围有栅栏或铁刺网,并有警卫昼夜看守。

10.1.4 爆破器材领退要求

(1)隧道项目部必须建立爆炸材料领退制度、电雷管编号制度和爆炸材料丢失处理办法,以及必须按民用爆炸物品管理条例的规定,建立爆炸材料销毁制度。

(2)电雷管(包括清退入库的电雷管)在发给爆破工前,必须用电雷管检测仪逐个做全电阻检查,并将脚线扭结成短路。

(3)严禁发放电阻不合格的电雷管。

10.1.5 爆破器材运输

(1)隧道内采用机车或其他游走机械运送爆炸材料时,应遵守下列规定:

①炸药和电雷管不得在同一车内运输。如用同一列机车或其他运输机械运输,在装有炸药与装有电雷管的车辆之间以及装有炸药或电雷管的车辆与机车之间,必须用空车分别隔开或分开运输,隔开长度不得小于 3m。

②硝化甘油类炸药和电雷管必须装在专用的、带盖的有木质隔板的车厢内,车厢内部应铺有胶皮或麻袋等软质垫层,并只准放 1 层爆炸材料箱。其他类炸药箱可以装在车厢内,但堆放高度不得超过车厢上缘。

③爆炸材料必须由井下爆炸材料库负责人或经过专门训练的专人护送。跟车人员、护送人员和装卸人员均应坐在尾车(驾驶室)内,严禁其他人员乘车。

④车辆的行驶速度不得超过 2m/s。

⑤装有爆炸材料的车辆不得同时运送其他物品或工具。

⑥严禁用煤气车、拖拉机、自翻车、三轮车、自行车、摩托车、拖车运输爆炸材料。

(2)隧道内采用人力运送爆炸材料时,应遵守下列规定:

①电雷管必须由爆破工亲自运送,炸药应由爆破工或在爆破工监护下由其他人员运送。

②爆炸材料必须装在耐压和抗撞冲、防震、防静电的非金属容器内;电雷管和炸药严禁装在同一容器内;严禁将爆炸材料装在衣袋内。领到爆炸材料后,应直接送到工作地点,严禁中途逗留。

③携带爆炸材料进、出隧道时,携带爆炸材料的人员不得超过 4 人,其他人员不得随行。

④在交接班、人员集中进出隧道的时间内严禁携带爆炸材料人员随行。

10.1.6 爆破器材箱及起爆药卷装配

1)爆破器材箱的管理

爆破工必须把炸药和电雷管分开存放在专用的爆炸材料箱内并加锁,严禁乱扔、乱放。爆炸材料箱必须放在顶板完好、支护完整,避开机械、电气设备的地点。

爆破时必须把爆炸材料箱放到警戒线以外的安全地点。严禁人员敲打炸药、雷管箱。

2)起爆药卷装配

从成束的电雷管中抽取单个电雷管时,不得手拉脚线硬拽管体,也不得手拉管体硬拽脚线,应将成束的电雷管顺好,拉住前端脚线将电雷管抽出。抽出单个电雷管后,必须将其脚线扭结成短路。

装配起爆药卷时,必须遵守下列规定:

(1)必须在顶板完好、支护完整、避开电气设备和导电体的爆破工作地点附近进行,严禁坐在爆炸材料箱上装配起爆药卷。装配起爆药卷数量,以当时需要的数量为限。

(2)装配起爆药卷必须防止电雷管受震动、冲击,防止折断脚线和损坏脚线绝缘层。

(3)电雷管必须由药卷的顶部装入,严禁用电雷管代替竹、木棍扎眼。电雷管必须全部插入药卷内,严禁将电雷管斜插在药卷的中部或捆在药卷上。

(4)电雷管插入药卷后,必须用脚线将药卷缠住,并将电雷管脚线扭结成短路。

10.1.7 瓦斯隧道中的有瓦斯区段爆破作业,必须使用煤矿许用炸药和煤矿许用电雷管

1)煤矿许用炸药的选用

(1)低瓦斯区段的岩石掘进工作面必须使用安全等级不低于一级的煤矿许用炸药。

(2)低瓦斯区段的煤巷、半煤岩的掘进工作面必须使用安全等级不低于二级的煤矿许用炸药。

(3)高瓦斯区段必须使用安全等级不低于三级的煤矿许用炸药。

(4)煤与瓦斯突出危险区段,必须使用安全等级不低于三级的煤矿许用含水炸药。

(5)有瓦斯区段严禁使用黑火药和冻结或半冻结的硝化甘油类炸药。

(6)有瓦斯区段同一工作面不得使用两种不同品种的炸药。

(7)瓦斯隧道中高瓦斯区段和煤与瓦斯突出危险区段实体煤中,为增加煤体裂隙、松动煤体而进行的10m以上的深孔预裂控制爆破,可使用二级煤矿许用炸药,但必须制定安全措施。

2)煤矿许用电雷管选用

瓦斯隧道中的有瓦斯区段爆破时,必须使用煤矿的许用瞬发电雷管或煤矿许用毫秒延期电雷管。严禁使用秒或半秒级电雷管。

使用煤矿许用毫秒延期电雷管时,最后一段的延期时间不得超过130ms。不同厂家生产的或不同品种的电雷管,不得掺混使用,不得使用导爆管或普通导爆索,严禁使用火雷管。

在有瓦斯或有煤尘爆炸危险的瓦斯隧道,应采用毫秒爆破。

3)不得使用过期或严重变质的爆炸材料

不能使用的爆炸材料必须交回爆炸材料库。

爆炸材料新产品，须经国家授权的检验机构检验合格，并取得煤矿矿用产品安全标志后，方可在井下试用。

10.1.8　炸药装填结构

(1)采用电雷管起爆时，严禁反向装药。采用正向连续装药结构时，雷管以外不得装药卷。

(2)在岩层内爆破，炮眼深度不足 0.9m 时，装药长度不得大于炮眼深度的 1/2；炮眼深度为 0.9m 以上时，装药长度不得大于炮眼深度的 2/3。

(3)在煤层中爆破，装药长度不得大于炮眼深度的 1/2。

10.1.9　装药

(1)装药前，首先必须清除炮眼内的煤粉或岩粉，再用木质或竹质炮棍将药卷轻轻推入，不得冲撞或捣实。炮眼内的各药卷必须彼此密接，有水的炮眼，应使用抗水型炸药。

(2)装药后，必须把电雷管脚线悬空，严禁电雷管脚线、爆破母线与运输设备、电气设备以及采掘机械等导电体相接触。

10.1.10　封泥

(1)炮眼封泥应用水炮泥，水炮泥外剩余的炮眼部分应用黏土炮泥或用不燃性的、可塑性松散材料制成的炮泥封实。严禁用煤粉、块状材料或其他可燃性材料作炮眼封泥，无封泥、封泥不足或不实的炮眼严禁爆破，严禁裸露爆破。

(2)炮眼深度和炮眼的封泥长度应符合下列要求：

①炮眼深度小于 0.6m 时，不得装药、爆破。在特殊条件下，如挖底、刷帮、挑顶确需浅眼爆破时，必须制定安全措施，炮眼深度可以小于 0.6m，但必须封满炮泥。

②炮眼深度为 0.6～1m 时，封泥长度不得小于炮眼深度的 1/2。

③炮眼深度超过 1m 时，封泥长度不得小于 0.5m。

④炮眼深度超过 2.5m 时，封泥长度不得小于 1m。

⑤光面爆破时，周边光爆炮眼应用炮泥封实，且封泥长度不得小于 0.3m。

⑥工作面有两个或两个以上自由面时，在煤层中最小抵抗线不得小于 0.5m，在岩层中最小抵抗线不得小于 0.3m。浅眼装药爆破大岩块时，最小抵抗线和封泥长度都不得小于 0.3m。

10.1.11　爆破母线和连接线

(1)母线应采用具有良好绝缘性、阻燃性和柔软性的铜芯电缆及专用防爆连接装置。

(2)爆破母线和连接线、电雷管脚线和连接线、脚线和脚线之间的接头必须相互扭紧并悬挂，不得与轨道、金属管、金属网、钢丝绳、刮板输送机等导电体相接触。

(3)爆破母线应随用随挂。不得使用固定爆破母线，特殊情况下，在采取安全措施后，可不受此限制。

(4)爆破母线与电缆、电线、信号线应分别挂在巷道的两侧。如果必须挂在同一侧，爆破母线必须挂在电缆的下方，并应保持 0.3m 以上的距离。

(5)只准采用绝缘母线单回路爆破,严禁用轨道、金属管、金属网、水或大地等当作回路。

(6)爆破前、后,爆破母线必须扭结成短路。

(7)须采用串联连接方式。

(8)线路所有连接接头应相互扭紧,明线部分应包覆绝缘层并悬空。

(9)爆破前,脚线的连接工作可由经过专门训练的班组长协助爆破工进行。爆破母线连接脚线、检查线路和通电工作,只准爆破工一人操作。

10.1.12 严禁爆破情况

装药前和爆破前有下列情况之一的,严禁装药、爆破。

(1)掌子面支护未跟上,空顶距离超过作业规程规定,人员作业不安全。

(2)爆破地点附近 20m 以内风流中瓦斯浓度达到 1.0%。

(3)在爆破地点 20m 以内,矿车、未清除的煤、碎石或其他物体堵塞巷道断面 1/3 以上。

(4)炮眼内发现异状、温度骤高骤低、有显著瓦斯涌出、煤岩松散、透老窑采空区等情况。

(5)掌子面风量不足。

(6)炮眼封泥不足或不严不应进行爆破。

(7)隧道掌子面爆破前后,附近 20m 的巷道内,未洒水降尘。

10.1.13 爆破

1)原则

(1)隧道每台阶工作面应全断面一次起爆,不能全断面一次起爆的,必须采取安全措施。

(2)严禁在 1 个工作面使用 2 台发爆器同时进行爆破。

(3)在低瓦斯区段隧道工作面采用毫秒爆破时,若采用反向起爆,必须制定安全技术措施。高瓦斯、突出区段隧道工作面必须采用正向起爆。

(4)爆破作业必须执行“一炮三检制”和“三人连锁放炮制”。

“一炮三检制”是指:装药前、爆破前、爆破后必须检查爆破地点及其附近 20m 范围瓦斯浓度。

“三人连锁放炮制”是指:由放炮员、瓦检员、班组长三人联锁换牌。即放炮前,放炮员将警戒牌交给班长,由班组长派人设警戒,并检查顶板及支架情况完好后,再将自己的放炮命令牌交给瓦检员,瓦检员检查瓦斯、煤尘等符合要求时,将自己的放炮牌交给放炮员,放炮员发出放炮口哨至少 5s 后,才可放炮。

放炮后的等候时间和炮烟吹散间至少停 5min,班组长、放炮员、瓦检员才可同时进入放炮地点,检查瓦斯、检查是否有瞎炮,处理顶板活矸,认为无问题后,三牌才各归原主,班长方可撤除警戒、恢复生产。

(5)爆破工必须最后离开爆破地点,并必须在安全地点起爆。起爆地点到爆破地点的距离必须在作业规程中具体规定,有瓦斯区段起爆点位于隧道外。

(6)发爆器的把手、钥匙或电力起爆接线盒的钥匙,必须由爆破工随身携带,严禁转交他人。不到爆破通电时,不得将把手或钥匙插入发爆器或电力起爆接线盒内。爆破后,必须立即将把手或钥匙拔出,摘掉母线并扭结成短路。

(7)爆破前,班组长必须清点人数,确认无误后,方准下达起爆命令。

爆破工接到起爆命令后,必须先发出爆破警号,至少再等5s,方可起爆。

装药的炮眼应当班爆破完毕。特殊情况下,当班留有尚未爆破的装药的炮眼时,当班爆破工必须在现场向下一班爆破工交接清楚。

(8)有瓦斯区段爆破等候时间至少30min。

2)爆破前

(1)须加强对机器、液压支架和电缆等的保护或将其移出掌子面。

(2)爆破前,班组长必须亲自布置专人搜索警戒区内人员至警戒区外,并在警戒线和可能进入爆破地点的所有通路上担任警戒工作。警戒人员必须在安全地点警戒,警戒线处应设置警戒牌、栏杆或拉绳。

(3)每次爆破作业前,爆破工必须做电爆网路全电阻检查。严禁用发爆器打火放电检测电爆网路是否导通,应使用专用导通器检查。

(4)发爆器必须统一管理、发放。必须定期校验发爆器的各项性能参数,并进行防爆性能检查,不符合规定的严禁使用。

(5)瓦斯隧道中有瓦斯区段的爆破必须使用发爆器。无瓦斯区段的爆破工作可使用其他电源起爆,但电压不得超过380V,并必须有电力起爆接线盒。

发爆器或电力起爆接线盒必须采用矿用防爆型(矿用增安型除外)。

3)爆破后

待工作面的炮烟被吹散和等够等候时间后,观测瓦斯自动监测系统工作面和回风瓦斯浓度及其他有毒有害浓度,低于规定值以下时,首先必须由爆破工、瓦斯检查工和班组长巡视爆破地点,检查通风、瓦斯、煤尘、顶板、支架、拒爆、残爆等情况。如有危险情况,必须立即处理。

在瓦斯浓度小于1%,二氧化碳浓度小于1.5%,无安全隐患后,解除警戒,工作人员方可进入开挖掌子面工作。

4)拒爆处理

通电以后拒爆时,爆破工必须先取下把手或钥匙,并将爆破母线从电源上摘下,扭结成短路,再等一定时间(使用瞬发电雷管时,至少等5min;使用延期电雷管时,至少等15min),才可沿线路检查,找出拒爆的原因。

处理拒爆、残爆时,必须在班组长指导下进行,并应在当班处理完毕。如果当班未能处理完毕,当班爆破工必须在现场向下一班爆破工交接清楚。

处理拒爆时,须遵守下列要求:

(1)由于连线不良造成的拒爆,可重新连线起爆。

(2)在距拒爆炮眼0.3m以外另打与拒爆炮眼平行的新炮眼,重新装药起爆。

(3)严禁用镐刨或从炮眼中取出原放置的起爆药卷或从起爆药卷中拉出电雷管。不论有无残余炸药严禁将炮眼残底继续加深;严禁用打眼的方法往外掏药;严禁用压风吹拒爆(残爆)炮眼。

(4)处理拒爆的炮眼爆炸后,爆破工必须详细检查炸落的煤、矸,收集未爆的电雷管。

(5)在拒爆处理完毕以前,严禁在该地点进行与处理拒爆无关的工作。

10.2 钻爆设计

10.2.1 钻爆基础

对钻眼爆破的要求是要有良好的爆破效果：

(1)爆破后的巷道断面符合设计要求和验收标准。

(2)爆下的岩块有利装岩石及平行作业。

(3)对巷道围岩的震动和破坏要小,以利于巷道维护。

(4)消耗要低,炮眼利用率符合要求。

1)炮眼布置

炮眼布置按用途和位置分:掏槽眼、辅助眼和周边眼三类,如图10.1所示。

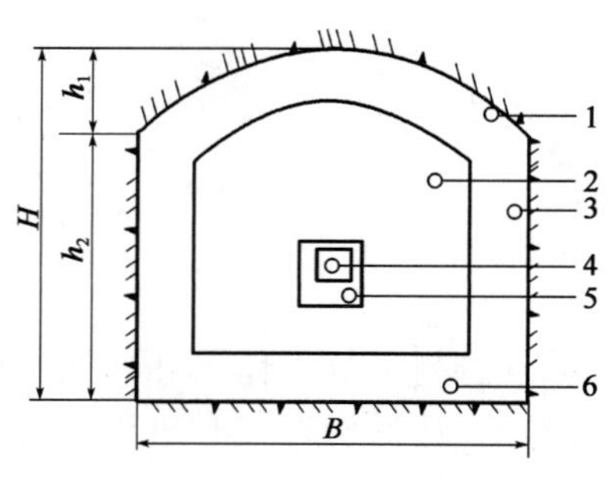

图10.1 各种用途炮眼名称

1-顶眼;2-崩落眼;3-帮眼;4-掏槽眼;5-辅助眼;6-底眼

(1)掏槽眼。

①作用:增加自由面,为其他炮眼爆破创造有利条件。掏槽效果好坏,对爆破效果起着决定性作用。

②位置:正常在巷道断面中央靠近底板处。若巷道断面上有易爆软弱岩层,布置在软弱岩层中。

③掏槽方式分为两大类:斜眼掏槽和直眼掏槽。

a.斜眼掏槽法(图10.2)。

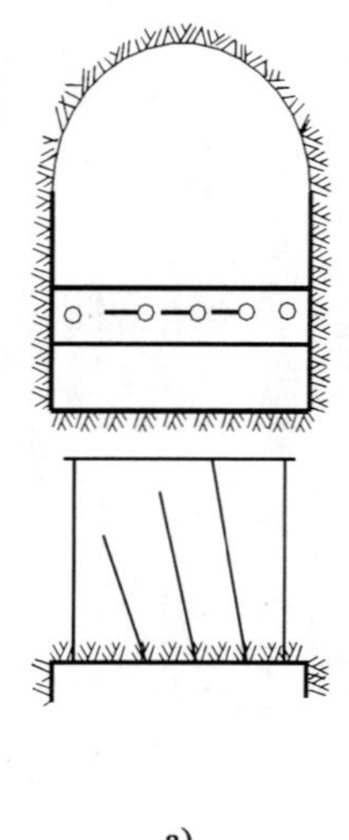

a)

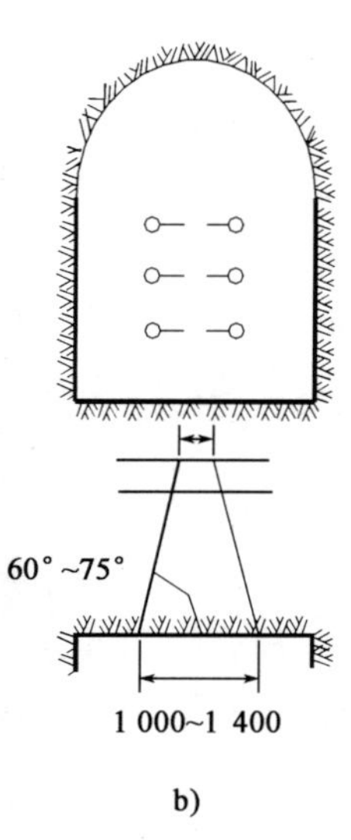

b)

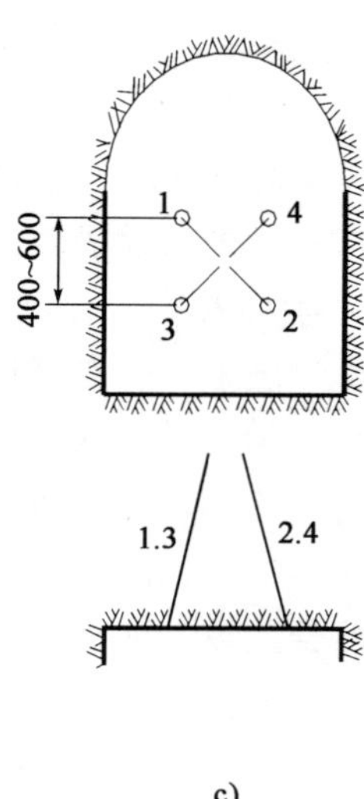

c)

图10.2 斜眼掏槽(尺寸单位:mm)

a)单向;b)多向楔形;c)多向锥形

(a)特点:能适应各种岩层,可充分利用自由面,逐步扩大爆破范围,掏槽面积较大,适用于较大断面的巷道。但抛渣距离较大,易损坏设备和支架。

(b)类型:单斜掏槽、锥形掏槽、楔形掏槽、扇形掏槽。

(c)每眼装药长度系数为0.4~0.6。

b.直眼掏槽法。

(a)特点:所有掏槽眼垂直于工作面,各炮眼之间必须保持平行,钻眼技术要求高,人为施工难度大,便于使用凿岩台车打眼,炮眼深度不受断面限制,可用于深孔爆破,直眼掏槽一般有不装药的空眼。作为附加自由面,不适宜有瓦斯涌出的地点。

(b)类型:分为缝形掏槽(直线)、角柱掏槽(大眼)、菱形掏槽(双空眼)、螺形掏槽。如图10.3~图10.7所示。

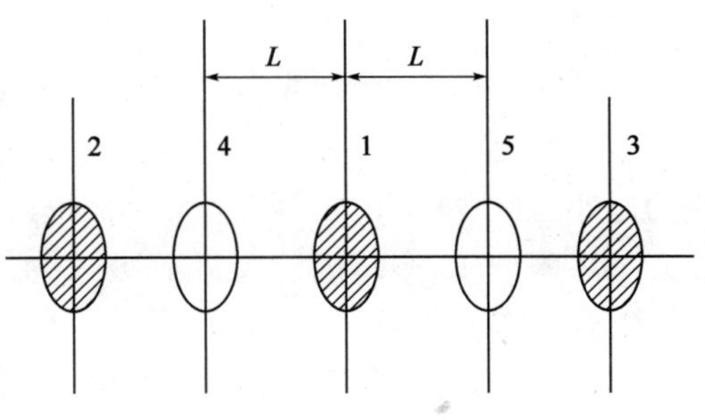

图10.3　直眼掏槽

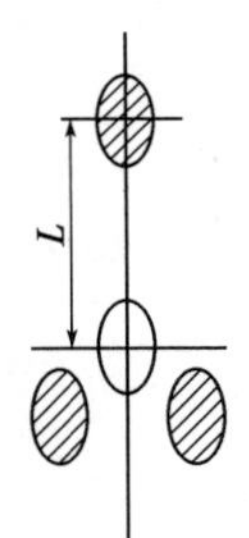

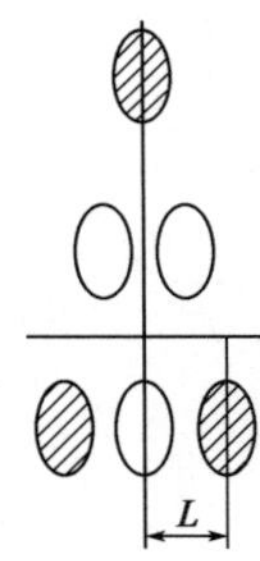

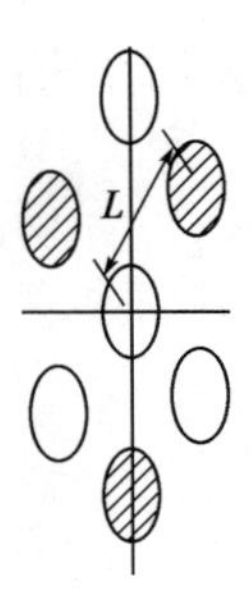

图10.4　三角形掏槽

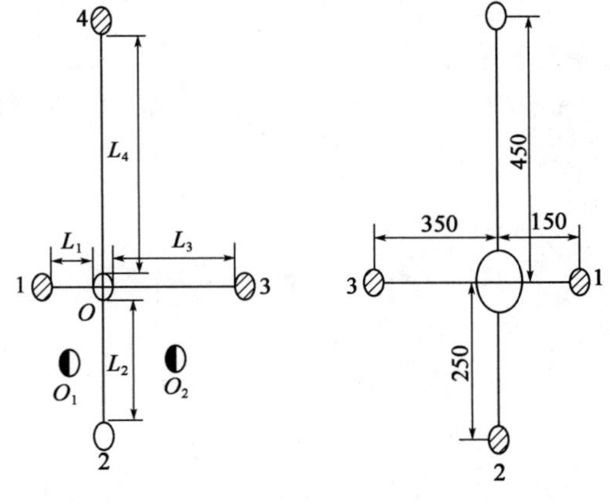

图10.5　螺旋掏槽(尺寸单位:mm)

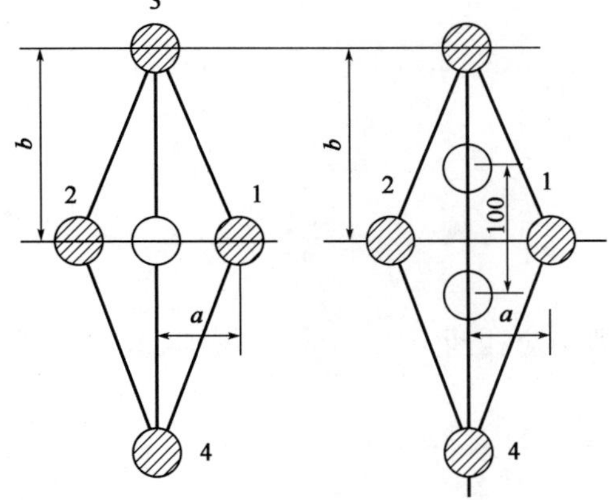

图10.6　菱形掏槽(尺寸单位:mm)

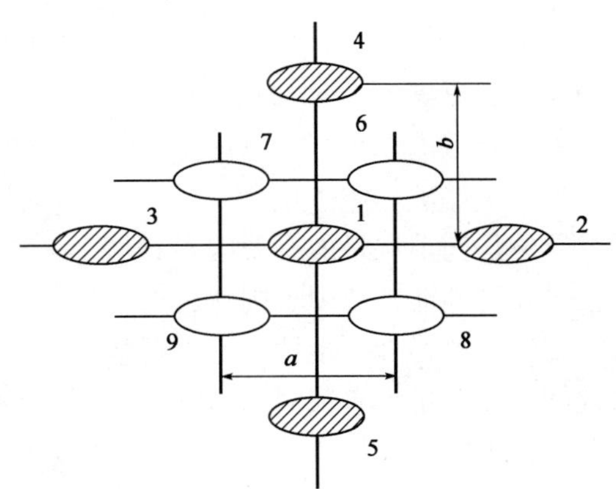

图10.7　五星掏槽

(2)辅助眼。

①作用:扩大掏槽,以利于周边眼的爆破。

②位置:均匀地布置在掏槽眼与周边眼之间,间距 500~700。

③要求:眼底应落在同一平面上。

④装药系数:0.45~0.6。

(3)周边眼。

①作用:爆破后,巷道断面符合设计要求。

②位置:位于巷道周边。

③要求:眼口和眼底根据岩性布置,以形成效果好为目的。

④光面爆破要求:$K=E/W$。K 为密集系数:0.6~1.0,岩硬,取大值;岩软,取小值。E 为周边眼距:400~600mm。W 为最小抵抗线。

⑤底眼要求:眼口高出底板 150~200mm,眼底低于底板 100~200mm 等。

2)爆破参数的确定

(1)炮眼直径:根据选择炸药规格,巷道断面大小,块度要求等考虑。多用直径为 42mm 钻头,炮眼直径为 45~47mm。

(2)炮眼深度:根据岩石性质,断面大小,循环作业方式,凿岩机类型,炸药威力,工人技术水平及装岩水平来确定。一般为 1~2m。

(3)炮眼数目:取决于岩石性质,断面,炮眼直径和炸药性能等。

采用估算公式为:

$$N=\frac{qsm\eta}{\alpha p} \tag{10.1}$$

式中:q——单位炸药消耗量,kg/m^3;

s——断面积,m^2;

η——炮眼利用率,%;

α——装药系数,0.5~0.7;

p——单个炸药质量,kg。

(4)炸药消耗量:爆破 $1m^3$ 岩体所需的炸药消耗量。

$$q=\frac{Q}{V} \tag{10.2}$$

式中:q——爆破 $1m^3$ 岩体所需的炸药消耗量;

Q——爆破炸药消耗总炸药量;

V——爆破岩体体积。

影响炸药消耗量的主要因素有:

①炸药性能。威力大则耗药少。

②岩石的物理力学性质。岩石坚固性系数大则相应耗药量大,岩石的层理、节理、裂隙发育程度对耗药量也有很大的影响。

③自由面的大小和数量。自由面的数量增加,耗药量减小等。

3)装药结构与起爆

装药结构按起爆药包所在位置不同,分正向装药结构和反向装药结构。

(1)正向装药结构。先将被动药包依次装入眼内,后装起爆药包,最后用炮泥填满炮眼。

其特征是:所有药卷和雷管的聚能穴都朝向眼底。

其优点是:炸药爆炸后爆轰波和火焰传播方向是朝向眼底,较为安全。

其缺点是:易造成残炮,降低炮眼利用率。炮眼越长越显著。

(2)反向装药结构。先将起爆药包装入眼内,后依次装入被动药包,最后用炮泥填满炮眼。

其特征是:所有药卷和雷管的聚能穴都朝向眼口。

其缺点是:炸药爆炸后爆轰波和火焰传播方向是朝向眼口,易引燃瓦斯和煤尘爆炸。

其优点是:爆破效果好。

在有煤与瓦斯突出的矿井严禁采用反向装药结构。

正向装药结构和反向装药结构一般用于掏槽眼和辅助眼,如图 10.8 所示。

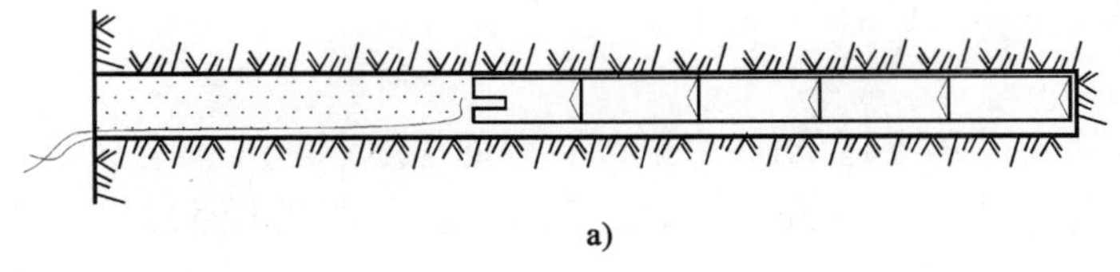

a)

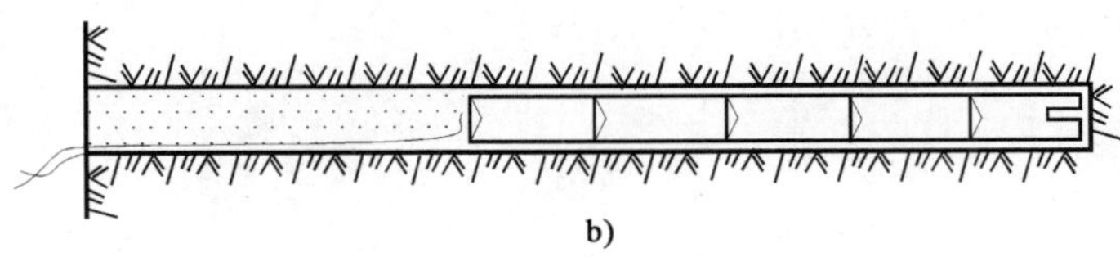

b)

图 10.8　掏槽眼和辅助眼装药结构

a)正向装药;b)反向装药

(3)空气柱装药。空气柱装药是在眼口充填炮泥,眼内炸药不全部装满,留有空气柱。空气柱装药分单段空气柱装药和空气间隔分节装药。

(4)细药卷不耦合装药。是指直径小药卷装于直径大炮眼。不耦合系数为炮眼直径/药卷直径,不耦合系数越大,光爆效果越好。

空气柱装药和细药卷不偶合装药用于周边眼,如图 10.9 所示。

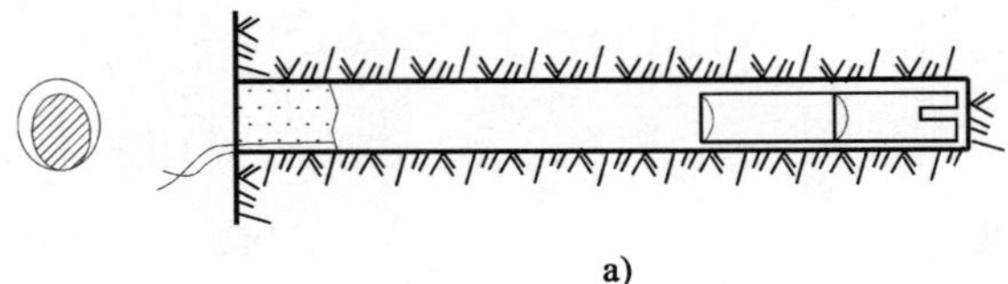

a)

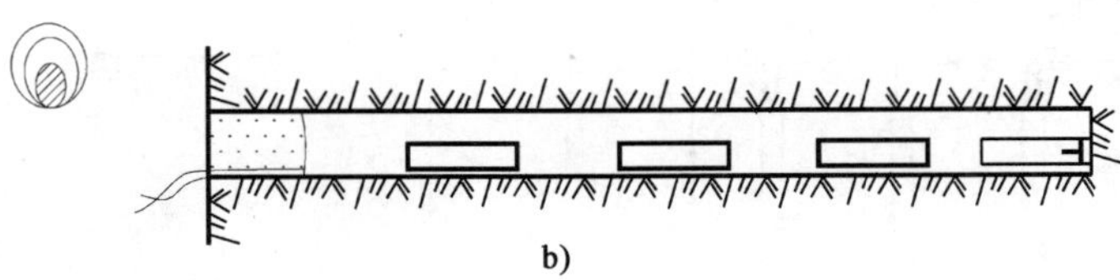

b)

图 10.9　周边眼装药结构

a)单段空气柱装药;b)空气间隔分节装药

4)爆破网路的连接方式

爆破网路是成组的电雷管一次通电起爆时,雷管脚线,母线和电源,连接组成一个爆破网路。常见有串联、并联、串并联这三种。

(1)串联。

是指位次将相邻两个雷管的脚线各一根互相连接起来。最后将两端剩余的两根脚线接到母线上,再用母线接入电源。

优点:

①接线操作简便;

②不易漏联或接错;

③接线速度快;

④便于检查;

⑤通过网路的电流小,网路计算简单。

缺点:

①网路上有一个雷管不导通或任一处开路,全部拒爆;

②起爆电能不足的情况下,有瞎炮(敏感度高的先爆,切断电路)。

(2)并联。

是指将所有雷管的两根脚分别接到两根母线上。

优点:电阻小。

缺点:不易检查。

(3)串并联。

是指分串并联和并串联:先串联后并联为串并联,先并联后串联为并串联。连接和网路计算比较复杂。

以上连接方法如图 10.10～图 10.13 所示。

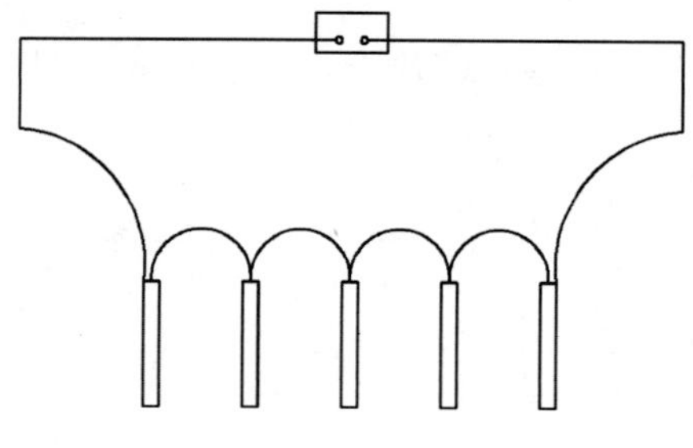

图 10.10　串联连接

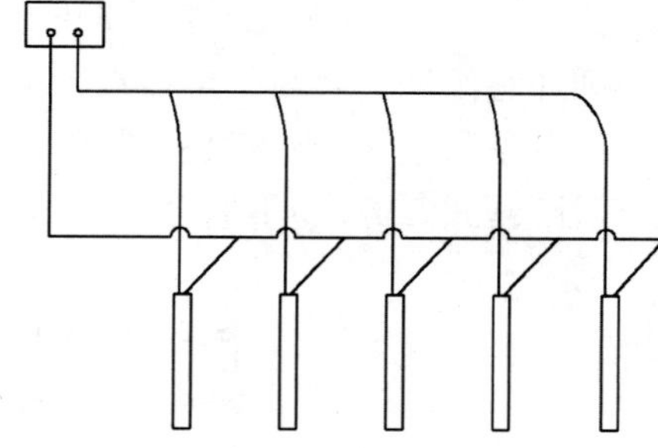

图 10.11　并联连接

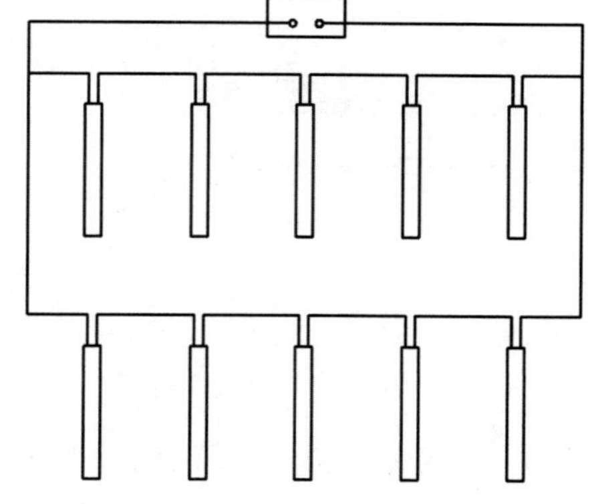

图 10.12　串并联连接

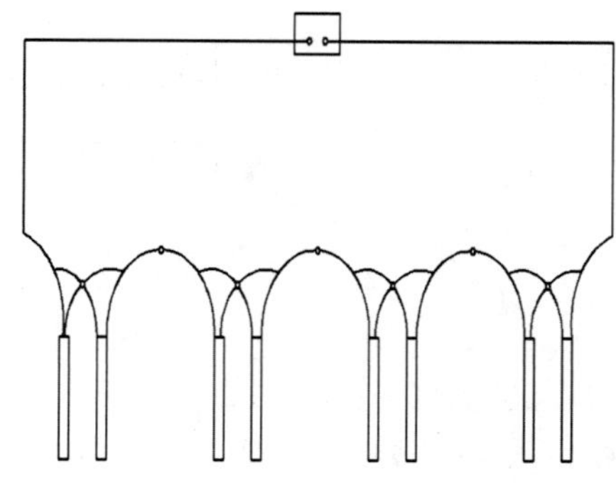

图 10.13　并串联连接

10.2.2　钻爆设计说明书

爆破作业说明书必须编入隧道掘进作业规程，并根据不同的地质条件和技术条件及时修改补充。

爆破作业必须编制爆破作业说明书，说明书须符合下列要求：

(1)炮眼布置图必须标明工作面的巷道断面尺寸、打眼范围、炮眼的位置、个数、深度、角度及炮眼编号，并用正面图、平面图和剖面图表示。

(2)炮眼说明表必须说明炮眼的名称、深度、角度，使用炸药、雷管的品种，装药量，封泥长度，连线方法和起爆顺序。

(3)爆破工必须依照说明书进行爆破作业。

爆破设计说明书应包括：

(1)文字(表格)部分。

①工程概况、环境与技术要求；

②爆破区地形、地貌、地质条件，被爆破结构、材料及爆破工程量计算；

③设计方案选择；

④爆破参数选择与装药量计算；

⑤药室与导洞布置，钻孔设计；

⑥爆破安全距离计算；

⑦安全技术与防护措施；

⑧施工机具、仪表及器材表；

⑨爆破施工组织；

⑩工程投资概算；

⑪主要技术经济指标。

(2)图纸部分。

①爆破环境平面图；

②爆破区地形、地质图或被爆体结构图；

③药包布置平面和剖面图；

④药室和导洞平面图、断面图；

⑤装药和填塞结构图；

⑥起爆网路敷设图；

⑦爆破安全范围及岗哨布置图；

⑧防护工程设计图。

1)开挖轮廓线的确定

(1)隧道开挖轮廓线应考虑隧道设计内轮廓尺寸、初期支护及二次衬砌设计厚度及预留周边围岩变形量的确定。当隧道采用构件支撑时，开挖应预留支撑沉落量，以保证衬砌设计厚度。

(2)当对双车道隧道采用复合式衬砌，隧道的开挖轮廓应预留变形量设计无规定时，可按表10.1选用。

开挖轮廓预留变形(单位:cm)　　表 10.1

围岩类别	Ⅳ	Ⅲ	Ⅱ	Ⅰ
预留变形量	3～5	5～7	7～10	特殊设计

2)钻爆设计

(1)隧道掘进施工前,应进行专门钻爆设计。设计应考虑以下因素:地质条件、开挖断面、开挖方法、掘进循环进尺、钻眼机具、爆破材料和出渣能力。

(2)开挖应采用光面爆破,分部开挖时,可采用预留光面层光面爆破。

(3)采用光面爆破时,应满足以下技术要求:

①根据围岩特点合理选择周边眼间距及周边眼的最小抵抗线。

②按爆破设计要求,严格控制周边眼的装药量,应保证装药结构符合设计要求。

③周边眼宜采用小直径药卷和低爆速炸药,可借助传爆线以实现空气间隔装药。对于Ⅱ类围岩宜采用双传爆线装药结构;Ⅲ～Ⅴ类围岩宜采用竹片、传爆线、小直径药卷间隔装药结构;破碎地段,周边眼采用钻密眼,人为切开一条缝不装药或隔孔装药措施。

④采用毫秒雷管微差顺序起爆,应使周边爆破时产生临空面。周边眼同段的雷管起爆时差应尽可能小。

⑤各光面爆破参数如周边眼间距(E)、最小抗线(V)、相对距(E/V)和装药集中度(q)等,应采用工程类比或根据爆破漏斗及成缝试验确定。

(4)周边眼参数的选用应遵守下列原则:

①当断面较小或围岩软弱、破碎或在曲线、折线处开挖成形要求高时,周边眼间距 E 应取最小值。

②抵抗线 V 应大于周边眼间距。软岩在取较小的周边眼间距的同时,抵抗线应适当增大。

③对于软岩或破碎性围岩,周边眼的相对距 E/V 应取最小值。

(5)爆破开挖一次进尺应根据围岩条件确定,开挖软弱围岩时,应控制在 1～2m 之内;开挖坚硬完整的围岩时,应根据周边炮眼的外插角及允许超挖量确定。

(6)一般周边眼、内圈眼按环形布孔,掘进眼按线性布孔。硬岩深孔爆破优选宽孔距、小抵抗的布孔方式。炮眼布置应符合下列要求:

①掏槽炮眼布置在开挖断面的中央稍靠下部,以使底部岩石破碎,减少飞石。

②周边炮眼应沿设计开挖轮廓线布置。

③辅助炮眼应交错均匀地布置在周边眼与掏槽眼之间,并垂直于开挖面打眼,力求爆下的石渣块体大小适合装渣的要求。

④开挖断面底面两隅处,应合理布置辅助眼,适当增加药量,消除爆破死角。

⑤宜用直眼掏槽,眼深小于 2m 时可用斜眼掏槽,两个掏槽炮眼间距不得小于 20cm。

⑥斜眼掏槽的方向,在岩层层理或节理发育时,不得与其平行,应呈一定角度并尽量与其垂直。

⑦周边炮眼与辅助的眼底应在同一垂直面上,保证开挖面平整。但掏槽炮眼应比辅助炮眼眼底深 10～20cm。

(7)掏槽中空孔的孔数、布置形式及其与装药眼间距,应根据中空孔和装药眼的直径、深度、地质条件和装药眼起爆顺序等来确定。

(8)装药形式应按掏槽眼孔径 r_h 与药卷径 r_c 的比值 D(不耦合系数)确定,也可按两者的体积之比 d 确定,D 值可取 2 左右,d 值可取 4～6。

选用小直径药卷时,应防止出现爆炸中断现象,岩石很软时可采用导爆管装药形式。眼深小于 2m 时,可采用空气柱装药形式。硬岩炮眼较深时,眼底可装一节加强药包,以保证爆破效果。

(9)当采用全断面开挖或台阶开挖时,应采用导爆管、毫秒雷管起爆周边眼,不得采用火花起爆。开挖断面一次起爆时,如毫秒雷管的间隔时间少,周边眼的雷管应与内圈炮眼的雷管跳段起爆。

(10)导坑或局部开挖,宜采用浅眼爆破,防止震动对支撑结构产生不良影响。

(11)当钻爆设计与围岩条件不相适应时,应及时调整使其合理。如图 10.14 所示为Ⅳ级围岩台阶法开挖钻爆设计图。

10.2.3　钻爆设计实例

以某隧道过煤系地层的爆破工程设计(简写)为例。

(1)在煤系地层采用钻爆开挖时,本设计按照两台阶(上、下台阶,上台阶比下台阶高 3m)开挖进行炮眼布置。其一,严格采用不低于三级的煤矿许用炸药和煤矿许用电雷管,五段毫秒电雷管总延期时间不得超过 130ms;其二,在穿煤过程中护顶工作要及时,尤其在半断面(上台阶断面)开挖时,要坚持做到短开挖、弱爆破、强支护、抢支护,采用密钻眼、少装药、多分段,衬砌紧跟开挖掌子面,尽量形成封闭环。

(2)周边眼布置在巷道轮廓线内 0.05m。

(3)底眼眼口比巷道底板高出 0.2m,以利于钻眼,眼底位于底板以下 0.1m。

(4)掏槽眼,每眼装药 0.60kg;辅助眼,每眼装药 0.45kg;周边眼,每眼装药 0.15kg;底板眼每眼装药 0.6kg。

(5)整个断面分上、下两个台阶进行施工,下部台阶滞后上部台阶 15m。

①炮眼数目计算:

$$N = 5.5 \times S^{\frac{1}{2}} \times f^{\frac{2}{3}} = 5.5 \times 56.10^{\frac{1}{2}} \times 4^{\frac{2}{3}} = 104(个) \tag{10.3}$$

式中:N——炮眼数目;

S——掘进断面积(上台阶断面),为 56.10m²;

f——岩石坚固性系数,取 $f=4$。

因此,炮眼数目计算结果为 104 个。

②单位装药量计算:

$$q = \frac{1.68 \times K_m \times f^{1.2}}{S^{0.75}} = 0.411(\mathrm{kg/m^3}) \tag{10.4}$$

式中:q——单位装药量,kg/m³;

K_m——煤层厚度影响系数,取 0.95。

③爆破进尺计算:

$$l = 2\mathrm{m} \times 0.80 = 1.6(\mathrm{m}) \tag{10.5}$$

钻孔设计参数表

炮眼名称		炮眼深度(cm)	炮眼个数(个)	装药类型	装药数量	单孔药量(kg)	总药量(kg)	线密度
上台阶	周边眼	220	55	20×200×5	5	0.5	10.5	0.15
	二圈眼	220	14	32×200×5	5	0.75	10.5	
	辅助眼	220	21	32×200×5	5	0.75	15.75	
	扩槽眼	220	14	32×200×6	6	0.90	12.60	
	掏槽眼	210	5	32×200×8	6	1.20	6.00	
	底板眼	220	11	32×200×6	6	0.90	9.00	
	小计		100				65.25	
下台阶	周边眼	170	10	20×200×5	5	0.50	5.00	
	辅助眼	170	21	32×200×8	8	1.20	45.20	
	底板眼	170	11	32×200×7	7	1.05	57.75	
	小计		42					
合计			142				123	
开挖面积		46/50m²(上台阶/下台阶)						
炮眼密度		1.92个/m²						
单位用药量		0.6kg/m³						
预计进尺		2.0m						
说明		本图尺寸均为示意，仅供参考						
周边眼装药结构示意								

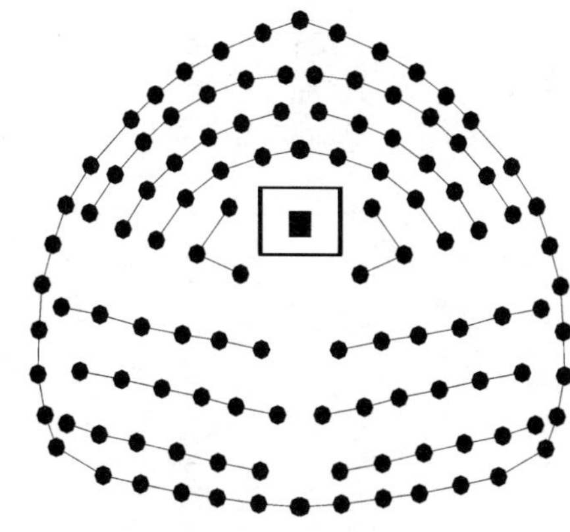

注：1.炸药使用安全等级不低于一般的煤矿许用炸药；
2.采用电力起爆并使用煤矿许用毫秒延期电雷管，最后一段的延期时间不得大于130ms；
3.爆破网络必须采用串联连接，线路所用接头应相互扭紧，明线部分应包覆绝缘并悬空；
4.采用绝缘母线单回路爆破，用防爆型起爆器作为起爆电源，一个开挖工作面不得同时使用两台及以上起爆器起爆；
5.图中爆破参数仅为参考，实际施工时应根据爆破实际具体调整，已达到最佳爆破效果；
6.当瓦斯浓度小于0.3%，可采用常规炸药爆破。

图10.14 Ⅳ级围岩台阶法开挖钻爆设计图

④爆破体积计算：

$$V = S \times l = 56.10\text{m}^2 \times 1.6\text{m} = 89.76(\text{m}^3) \tag{10.6}$$

⑤总装药量计算：

$$Q = V \times q = 89.75\text{m}^3 \times 0.411\text{kg/m}^3 = 36.89(\text{kg}) \tag{10.7}$$

实际装药量为 38.4kg，比设计多装药 1.51kg。

隧道煤系地层上断面爆破原始条件见表 10.2。

隧道煤系地层上断面爆破原始条件 表 10.2

名　称	单　位	数　量
隧道断面	m^2	56.1
岩石坚固性系数	—	4
炮眼深度	m	1.6
炮眼数目	个	104
雷管数目	个	104
单位装药量计算	kg/m^3	0.410 94
爆破进尺	m	1.6
爆破体积	m^3	89.76
总装药量(煤矿许用 3 号炸药)	kg	36.886 3

煤系地层隧道上断面爆破装药结构统计见表 10.3。

煤系地层隧道上断面爆破布置如图 10.15 所示。

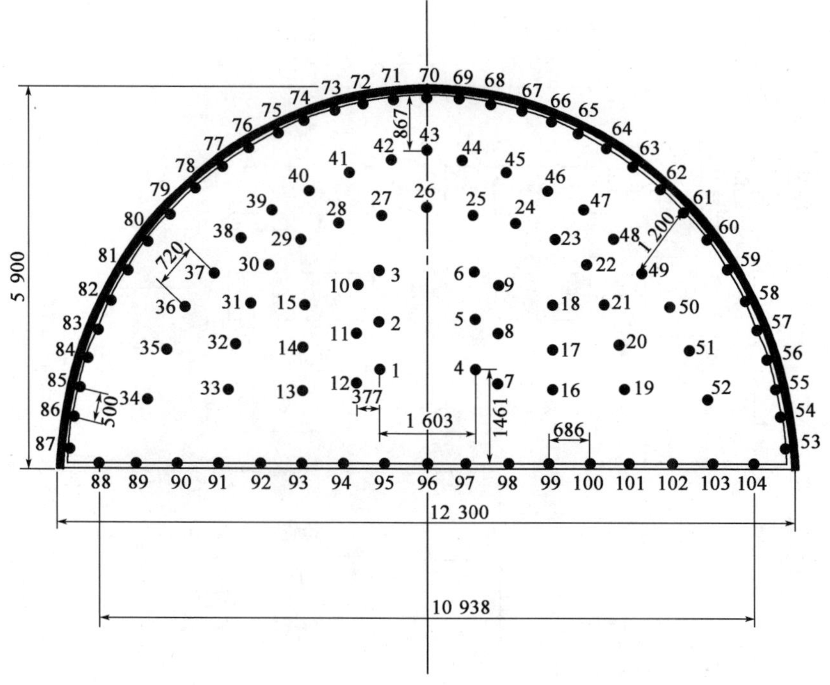

图 10.15 隧道上断面爆破布置图(尺寸单位：mm)

煤系地层隧道上断面爆破装药结构统计

表 10.3

炮眼编号	炮眼名称	炮眼数目	炮眼深度(m)	水平角度(°)	倾角(°)	装药量			雷管		装药顺序	起爆顺序
						单孔(支)	质量(kg)	小计(kg)	单孔(个)	小计(个)		
1～6	1 排掏槽眼	6	1.6	0°	0°	4	0.6	3.6	1	6	正向	Ⅰ
6～12	2 排掏槽眼	6	1.6	0°	0°	4	0.6	3.6	1	6	正向	Ⅱ
13～52	辅助眼	40	1.6	0°	见图 10.15	3	0.45	18	1	40	正向	Ⅲ
53～86	周边眼	34	1.6	0°	见图 10.15	1	0.15	5.1	1	34	正向	Ⅳ
87～100	底板眼	18	1.8	0°	见图 10.15	3	0.60	8.1	1	18	正向	Ⅴ
合计		104						38.4		104		

10.3 施工工艺

瓦斯隧道钻爆作业流程是在常规钻爆流程的基础上增加相应瓦斯控制相关内容。

常规钻爆作业流程至少包括钻爆准备、布孔、施钻、验孔、装药、连线、覆盖保护、警戒、起爆、检查和清点 11 个步骤，在此基础上增加了采取湿式钻进、水炮泥、一炮三检、三人连锁放炮、洒水等控制手段。

瓦斯隧道钻爆施工工艺流程如图 10.16 所示。

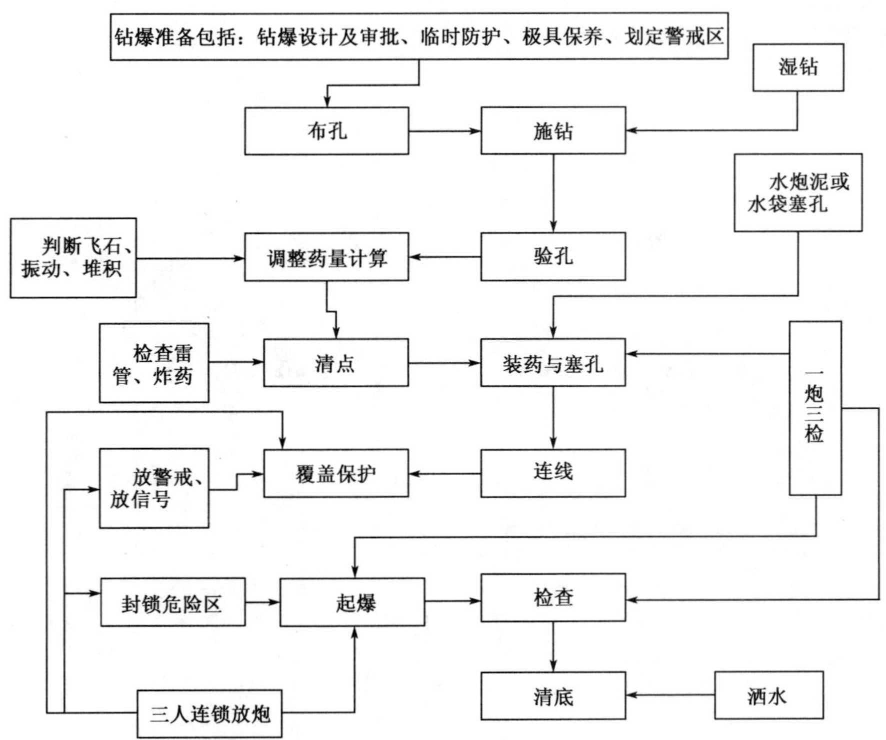

图 10.16 瓦斯隧道钻爆作业流程图

10.3.1　选用爆破器材

1)雷管

雷管分为瞬发电雷管、秒延期电雷管、毫秒延期电雷管。

(1)瞬发电雷管(瞬发雷管)。

通入足够的电流能在瞬时(约 10ms)立即起爆的电雷管为瞬发电雷管,其结构如图 10.17 所示。

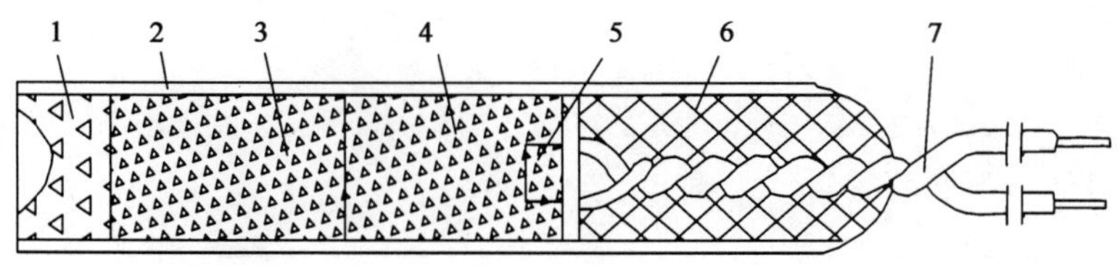

图 10.17　瞬发电雷管结构示意图

1-副起爆药(头遍药);2-纸管壳;3-副起爆药(二遍药);4-正起爆药;5-桥丝;6-硫黄;7-脚线

瞬发雷管分为普通型和煤矿安全许用型。普通型用于无瓦斯工作面;煤矿安全许用型用于任何条件工作面。煤矿许用型瞬发雷管的副起爆药中加入了消焰剂——氯化钾,可降温消焰,能有效防止瓦斯煤尘爆炸。

《煤矿安全规程》规定:不同厂家生产的或不同品种的电雷管不得掺混使用。

(2)秒延期电雷管(段发雷管)。

通入足够电流后,迟延若干秒(或半秒)依次爆炸的电雷管为秒(半秒)延期电雷管。用导火索长度控制延期时间的不同,其结构如图 10.18 所示。

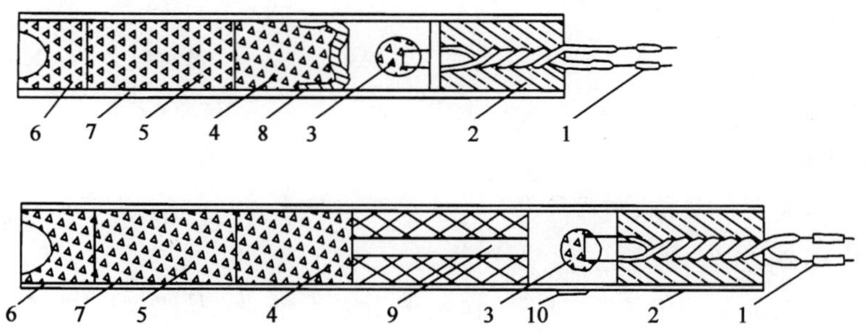

图 10.18　秒延期电雷管结构示意图

1-脚线;2-硫黄;3-引火药头;4-正起爆药;5-副起爆药(二遍药);6-副起爆药(头遍药);7-纸管壳;8-加强帽;9-导火索(延期引爆元件);10-出气孔

这种雷管为非煤矿许用型,只能用于无瓦斯隧道工作面爆破。

(3)毫秒延期电雷管(毫秒雷管)。

通入足够电流迟延若干毫秒依次爆炸的电雷管为毫秒延期电雷管。用延期药控制延期时间。此雷管分为普通型和煤矿许用型两种。普通型共 20 段。普通型只能用于无瓦斯的岩石爆破工作面。

煤矿许用型由于在副起爆药中加入消焰剂,并将延期药装入5个细铅管中及加厚管壁,从而能保证安全。它可用于隧道任何条件。

①普通型毫秒延期电雷管。如图10.19所示。

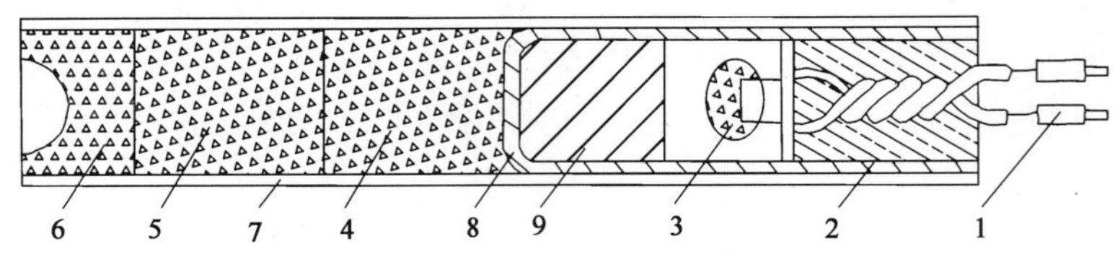

图10.19 普通型毫秒延期雷管结构图

1-脚线;2-硫黄;3-引火药头;4-正起爆药;5-副起爆药(二遍药);6-副起爆药(头遍药);7-纸管壳;8-内铜管;9-延期引爆药

②煤矿许用毫秒延期电雷管。如图10.20所示。

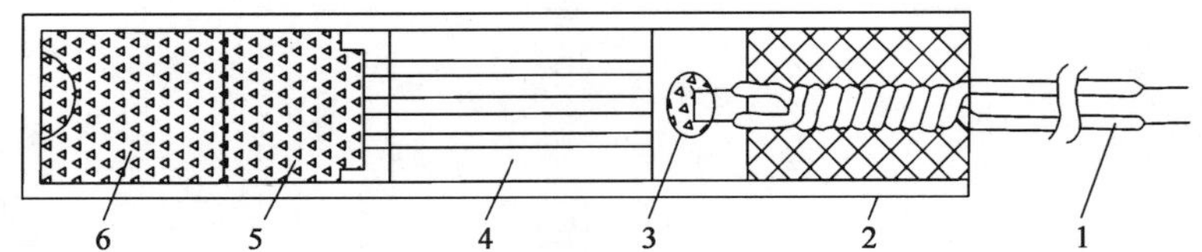

图10.20 煤矿许用型毫秒延期雷管结构图

1-脚线;2-铜管壳;3-引火药头;4-铅延期体;5-正起爆药;6-副起爆药

在瓦斯环境中必须选择符合规范要求的煤矿许用电雷管,即选用适应各级瓦斯等级的毫秒延期电雷管,1~5段均如此,且最后一段的延期时间不得超过130ms。一次爆破中,只能用同厂、同批生产的雷管,并逐个做全电阻检查,电阻差不应大于0.25Ω。

禁止在瓦斯环境中使用其他雷管和导爆管起爆。雷管的起爆能不足或雷管的延期时间过长,更容易引起爆炸。

2)炸药

工业用炸药分为单质猛炸药和硝铵类炸药。

(1)单质猛炸药。

①梯恩梯。为淡黄色晶体,吸湿性很小,几乎不溶于水,机械感度较低。其作用为:作为硝铵类炸药的敏化剂;单独使用是重要的军用炸药。

②黑索金。黑索金是白色晶体,不吸湿,几乎不溶于水,威力和爆速很高。常用于作为导爆索的药芯和雷管中的加强药。

③大恩炸药。大恩炸药是无色晶体,几乎不溶于水,爆炸威力高。

(2)硝铵类炸药。

硝铵类炸药是以硝酸铵为主要成分的混合炸药。由于硝酸铵易溶于水,易吸湿受潮、变硬,而受潮、变硬以后炸药的爆炸性能显著恶化。硝酸铵起爆感度很低,需要强力的起爆药卷起爆。

硝铵类炸药分为:铵梯炸药,铵油炸药,高威力硝铵炸药和乳化炸药。

①铵梯炸药。铵梯炸药主要成分为:硝酸铵、梯恩梯、木粉、石蜡、沥青、食盐等。其成分各自作用为:

a. 硝酸铵在炸药中起氧化剂作用，为爆炸反应提供所需的氧元素。

b. 梯恩梯为敏化剂，为改善炸药的爆炸性能，增加炸药的起爆感度并兼起可燃剂的作用。

c. 木粉起疏松作用，使硝酸铵不易结块并平衡硝酸铵中多余的氧。

d. 石蜡、沥青为防水剂，使炸药不易吸湿受潮。

e. 食盐为消焰剂，在爆炸过程中，起到吸热降温的作用，能防止引起瓦斯爆炸。

按使用范围分：煤矿硝铵炸药、岩石硝铵炸药、露天硝铵炸药、抗水型硝铵炸药可分为以下四种：

a. 煤矿硝铵炸药是供有瓦斯或煤尘爆炸危险的矿井中使用。其特点是：安全性能好，零氧平衡，有毒气体的生成受到限制。

b. 岩石硝铵炸药适用于无瓦斯或煤尘爆炸危险的岩石爆破作业。

c. 露天硝铵炸药适用于地面爆破作业。

d. 抗水型硝铵炸药适用于有水作业地点

在瓦斯隧道实际爆破中应选用煤矿许用安全炸药。因为在普通岩石炸药或变质炸药爆炸作用下，产生的固体颗粒、气体冲击波会起到催化作用，可能使瓦斯到达的最小点燃能量和长于瓦斯爆炸温度感应期，而引发瓦斯爆炸。

药卷结构：药卷为圆柱形状，直径有 27mm、32mm、35mm、38mm 四种，质量有 100g、150g、200g 三种。煤矿常用直径为 32mm、单条药卷质量为 150g、单条药卷长度为 200mm 的药卷。

药卷一端为平面封口，一端是向内凹陷的球面穴，此穴叫聚能穴，是爆轰波传播的方向。

②铵油炸药。铵油炸药是由 95%硝酸铵和 5%柴油搅拌制成。其特点是：不含 TNT，加工简单，使用安全，价格低廉。

③高威力硝铵炸药。高威力硝铵炸药在普通硝铵炸药中加入单质猛炸药。

④乳化炸药。乳化炸药是由氧化剂水溶液、燃料油、乳化剂和敏化剂四种基本成分组成的含水炸药。其优点是密度可调，适用范围广，爆炸性能好，生产和使用安全，不需要添加猛炸药，原料来源广；缺点是药卷容易变形，储存时间短。

乳化炸药分煤矿许用乳化炸药、岩石乳化炸药和露天乳化炸药。

煤矿许用乳化炸药可广泛用于煤矿各类采掘工作面，在一定情况下可代替被筒炸药处理的煤仑或煤斗等不易封填的地点进行爆破。

3)发爆器(放炮器)选型

发爆器的选型是按一个隧道掌子面施工的最大长度进行计算。

(1)放炮阻值 $R_{总}$ 计算。

$$R_{母线} = \frac{pl}{s} \tag{10.8}$$

$$R_{总} = Nr + R_{母线} \tag{10.9}$$

式中：l——需要的放炮母线最大长度，m；

N——雷管个数，个；

r——每个雷管(康铜桥丝)的全电阻，一般为 2～4Ω；

$R_{母线}$——放炮母线电阻，Ω；

p——放炮母线的电阻系数,铜丝为 0.018 4Ωmm²/m;

s——放炮母线断面积。

(2)准爆电流的计算。

根据规定,毫秒延期电雷管(康铜桥丝)直流准爆电流为 2A,每个电雷管的电阻为 4Ω,为保证串联电雷管群准爆,必须满足下列公式:

$$I=\frac{E}{(Nr+r_0)}\geqslant I_0 \tag{10.10}$$

$$E\geqslant I_0(Nr+r_0),E\geqslant 2\times 907.05=1\,814.1(\text{V}) \tag{10.11}$$

式中:E——放炮电源电压,V。

I_0——准爆电流,A。

I——通入电流值,A。

N——雷管总数,发。

r——每个雷管电阻,Ω。

r_0——放炮电源和放炮母线电阻,Ω。

(3)发爆器的选型。

经过以上计算,就能选用能满足掘进掌子面全部雷管群爆所需的发爆器。

瓦斯隧道内放炮必须使用发爆器,地面可用特殊起爆系统,目前使用的发爆器为电容式发爆器,多为 MFB 系列。

10.3.2 布孔

1)测量放样布眼

(1)中线、水平控制点布设。为便于检查开挖断面的尺寸及形状,在施工中应设置控制点。中线施工控制点在直线地段宜每 10m 设一个,曲线地段宜每 5m 设一个,中线控制点应设在拱顶处,水平施工控制点宜每 10m 设一个。

中线、水平基点布设:宜距开挖面每 50m 埋设一个中线桩,每 100m 设一个临时水准点。

(2)钻眼前应定出开挖断面中线、水平线,用红油漆准确绘出开挖断面轮廓线,并标出炮眼位置(误差不超过 5cm),经检查符合设计要求后方可钻眼。

测量方法宜用用激光准直仪定向,经纬仪、水平仪、钢尺相配合进行,控制点间可用挂线目测法进行。

2)定位开眼

定位开眼采用钻孔台车或风动凿岩机钻眼,其轴线与隧道轴线要保持平行。就位后按炮眼布置图正对钻孔。对于掏槽眼和周边边眼的钻眼精度要求比其他眼要高,开眼误差控制在 5cm 以内。

10.3.3 钻眼

钻眼按照不同孔位,将钻工定点定位。钻工应熟悉炮眼布置图,能熟练地操作凿岩机械,特别是钻周边眼,一定要由有较丰富经验的老钻工司钻,有专人指挥,确保周边眼有准确的外插角，使两茬炮交界处台阶不大于15cm。同时，根据眼口位置岩石的凹凸程度调整炮眼深度，保证炮眼底在同一平面上。

采用钻爆法施工时，工作面一般布置8台YT－23(7655)型气动凿岩机打眼，配 ϕ22mm中空六角钢，ϕ42mm一字型钻头湿式打眼，动力供风由地面空气压缩机站集中供给，台阶全断面光面一次爆破。

炮眼长度为1.8～2.0m，炮眼直径42mm，多台风钻作业，要求划分区域，互不干扰。

施工时控制好炮眼的角度、深度、密度，使之符合设计要求，是保证光爆质量的关键之一，为此，应符合下列精度要求：

(1)掏槽眼。眼口间距误差和眼底间距误差不得大于5cm。

(2)辅助眼。眼口排距、行距误差均不得大于5cm。

(3)周边眼。沿隧道设计断面轮廓线上的间距误差不得大于5cm；眼底不超出开挖断面轮廓线10cm，最大不得超过15cm；眼深误差不宜大于100mm。

周边眼外插角按钻机要求操作净空、孔深确定，一般以2°～3°为宜，国内常用支架式凿岩机的炮眼外倾斜率不应大于50mm/m，“长钎打短眼”的办法可以减小钻孔外斜率。

掏槽打眼误差在±0.5°，其他眼误差为±1°。

(4)内圈炮眼至周边眼的排距误差不得大于5cm，炮眼深度超过2.5m时，内圈炮眼与周边眼宜采用相同的斜率。

(5)当开挖面凸凹较大时，应按实际情况调整炮眼深度，并相应调整药量，力求除掏槽眼外的所有炮眼底在同一垂直面上。

(6)实际打眼总数为设计总数的95%及以上。

(7)钻眼采用湿钻，严禁采用冲击钻或干钻。

10.3.4 清孔及成孔检查

钻眼完成后，应严格成孔检查。按炮眼布置图进行检查并做好记录，有不符合要求的炮眼应重钻，经检查合格后才能装药爆破。装药前，用高压风水将炮眼内泥浆、石屑吹洗干净。

10.3.5 装药、塞孔、连线

1)装药

(1)装药需分片分组，按炮眼设计图确定的装药量自上而下进行，必须按起爆顺序，雷管要“对号入座”，要定人、定位、定段别，不得乱装药。最低要求：外圈眼的延时必须大于或等于内圈眼的延时。采用两种以上药卷时，必须分区装药，不得混合。

起爆顺序是：先掏槽眼，其次辅助眼，最后周边眼及底眼，掏槽方式为楔形掏槽。

(2)装药时，需用炮棍将药卷送入炮孔，使药卷接触并捣紧，最大药卷之间空隙不得超过2cm。特别注意不要弄破导爆管，以免瞎炮。

(3)实际单孔装药量不得超过设计装药量。实际总装药童误差为设计总装药量的±5%。

2)塞孔

(1)每个炮眼装药后，至少10min后必须堵塞炮泥，其堵塞长度不小于30cm。

(2)炮孔的堵塞质量对提高爆破效率,减少有害气体和防止炸药爆炸时火花外泄起很大作用,因此,装药完毕必须充填符合安全要求长度的炮泥,并捣实。炮泥湿度为18%~20%,用黏土搓成长度约$L=100$mm,直径约$\phi 25$mm的条状。这种炮泥既有良好的可塑性,又具有较大的摩擦系数,炮孔深度超过1m时,要求堵塞长度不小于0.3m。每眼使用2个水炮泥。水泡泥紧贴药卷,以降低放炮时产生的高温及粉尘。

3)连线

电雷管在领取进入隧道作业地点使用前,应在保管雷管地点的专门导通室逐个进行导通测试并编号,测试电阻值超标的电雷管不得领取使用。电雷管与放炮母线连接前,先检查放炮母线是否带电,若带电必须及时查明原因,排除杂散电流。

连线时必须将雷管脚线的接头刮净并扭结,且将放炮母线与雷管脚线连接处以及雷管脚线与脚线连接处用绝缘胶布包扎结实,以防止连接处产生电火花引起瓦斯燃烧或爆炸事故。电雷管与电雷管连接后,还未连接母线前,为确保全断面起爆,应采用电雷管导通表,导通电雷管网路。

放炮母线必须敷设在隧道无电缆和瓦斯抽放管一侧,并沿岩帮悬挂,放炮母线之间连接处,必须使用防爆接线盒连接。严禁出现明接头。

领入隧道作业现场使用的电雷管及炸药,必须分别存放在专门制作的、绝缘良好的雷管箱和炸药箱内,并上锁保管。

爆破网路必须采用串联连接。

10.3.6 警戒与信号

1)警戒

根据爆破设计计算的安全距离确定警戒范围,边界设立明显的标志并由专人负责站岗放哨,执行放哨的人员从装药开始到发出警戒接触信号为止必须坚守岗位。站岗放哨人员的多少根据警戒范围内的所有进入口决定,保证警戒范围处于可控状态。

高瓦斯、突出区段应撤出隧道内全部人员和行走作业机械,切断隧道内电源,在隧道外执行爆破。放炮地点须在隧道洞口20m外,且避开隧道轴线方向。

2)信号

信号有预警信号、起爆信号和解除信号。信号的发布由专门的信号工负责,发出预警信号后,警戒范围内开始清场,确定人员、机械等处到安全距离后发出起爆信号。爆破后至少等够规定时间并待炮烟吹散后,检查人员进入警戒区内检查,确认安全后方可发出解除信号。

各类信号均应使警戒区域及附近人员能清楚接收到。

10.3.7 起爆

(1)采用绝缘母线单回路爆破。

(2)用防爆型起爆器作为起爆电源,一个开挖工作面不得同时使用两台以上起爆器起爆。

(3)侧壁导坑法开挖中的左右侧导坑必须留5m的错台,而且必须防止左右侧导坑出现一次装药分次爆破的操作发生。因为先爆炮孔使未爆炮孔周围产生较大的裂隙,同时,瓦斯含量升高,局部通风死角的瓦斯浓度在短时间内不能降至安全范围,后爆孔的炸药爆炸产生的火焰从裂隙中喷出,可能引爆瓦斯,所以左右侧导坑的钻眼爆破工序应相互错开。单侧导坑的爆破,要严格执行一次装药一次起爆,并在爆破前检查距工作面20m内的瓦斯浓度,低于1%以下时,方可允许爆破。

10.3.8　爆后检查及处理

1)爆后检查

放炮后须待30min(无瓦斯区段15min)且炮烟吹散后,并且监控系统显示隧道内瓦斯浓度小于1%,再由瓦斯检查员、放炮员、班组长三人共同到隧道施工场所查看放炮情况,沿途瓦检员走在最前面,边走边检查瓦斯浓度,只有瓦斯浓度在1.0%以下方可继续往前走,否则查明原因采取措施处理后再继续往前查看。

检查人员应检查以下内容:

(1)瓦斯及其他毒有害气体的含量是否达到允许标准。

(2)确认是否有盲炮。

(3)是否有危岩存在。

(4)支撑结构是否有破坏。

检查以上正常经调度室值班领导同意后,方可恢复送电和施工作业。

2)处理

根据检查结果,若瓦斯或其他气体超标,可以加强通风,从而稀释气体浓度。若有盲炮,及时上报并重新设立警戒,由专业技术人员提出方案,然后采取重新起爆或其他措施;若有危岩存在,一般用长钢钎排除或机械挖除;若支撑遭到破坏,先设立临时支撑然后重新加固。

10.3.9　做好爆破作业安全质量记录

爆破作业安全、质量记录表应包括重要工序的作业与质量检验记录,记录应有相应责任人签字,并作为技术档案资料保存一定时间。

记录表格类别与格式可针对具体作业项目的需要和特点自行设计,一般应包括爆破器材检验、试验记录表,爆破器材领取、使用报表,爆破钻孔(药室)验收记录表,爆破作业通知单,爆破装药施工记录表,爆破效果与安全记录表,爆破安全监测记录表,盲炮处理登记卡片等。

10.3.10　爆破物品管理

(1)采购、运输管理。易燃易爆物品购置计划要经过上报审批;供货方安全资料和生产许可证手续要健全;易燃易爆物品必须办理准运证;运输车辆、途中押运情况、装卸情况、护送人员和炸药库保管人员交接手续符合要求。

(2)炸药库管理。炸药库必须经当地公安机关审批;库房、场地、围挡、消防设施、通信设施、报警设施要健全;库房保管人员要符合要求,并且是正式工,经当地公安机关培训考核,持证上岗;爆炸物品包装不得有破损、残缺、变形情况及物品不得有变质、分解现象;库房储存数量登记台账和实物必须相符,储存期间做到日清月结;有积压、过期情况符合爆炸物品销毁处理情况的,应经当地公安机关核查批准处置。

(3)发放管理。爆炸物品申请必须符合规定,"申请表""出库通知单"数量要相符。

(4)现场管理。安全员、爆破员、技术人员、单位负责人必须经安全培训教育并考核合格,并且持有有效的岗位证书;施工现场安全警示标志、宣传标语醒目;作业区防护、安全区围挡、警戒区岗哨和警标设置完好;要求填写火工品使用过程追踪卡。

(5)爆炸物品安全管理方案必须批复方可实施。

(6)掌握爆炸物品库及临时储存点分布情况,定期对爆炸物品安全检查,并填写检查记录。

10.4 常见爆破事故预防及处理

10.4.1 早爆的原因及预防

早爆是指比预定起爆时间提前爆炸的现象。

1)早爆的原因

(1)杂散电流。如电机车牵引网路的漏电电流,当机车启动时,其杂散电流可达数十安培,运行时达十几至数十安培,当其通过管路、潮湿的煤、岩壁导入雷管脚线时。

(2)雷管脚线或爆破母线与动力或照明交流电源一接触,又互相与另一接地电源接触时。

(3)雷管脚线或爆破母线不扭结短路,与漏电电缆接触时。

(4)雷管受到冲击、挤压时。

(5)各种起爆材料和炸药都具有一定的爆轰感度,当一处进行爆破作业,有可能引起附近另一处炮眼爆炸时。

(6)放炮信号不明等。

2)预防措施

(1)对杂散电流的预防。应在装药和爆破连线时不与其他物体接触,注意检查母线与网路连接前是否带杂散电流,将母线一端随时扭结短路。

(2)加强隧道内机电设备和电缆的检查和维修。

(3)存放炸药、电雷管和装配引药的处所须安全可靠,严防煤、岩块或硬质器件撞击电雷管和炸药。

10.4.2 瞎爆、残爆的原因、预防及处理

通电后,雷管不爆为瞎爆。雷管爆炸,炸药不炸为残爆。

1)拒爆的原因

(1)炸药变质。

(2)雷管电阻丝折断、雷管变质或雷管制造质量差。

(3)装药、装炮泥未按规定进行操作,雷管脚线折断或绝缘不良,造成不通电或电流短路。

(4)连接的雷管数超过发爆器的起爆数。

(5)发爆器的电流小或有故障,不能引发电雷管。

(6)发爆器与爆破母线、母线与脚线、脚线与脚线间连接不实,有短路;与水、金属、岩石等导体、非导体接触,造成断路、短路、漏电;或阻力大电流不能正常通过,不易起爆;连线时漏连、误接,使网路中无电流或电流太小,电雷管不能起爆。

2)拒爆的预防

(1)不领取变质炸药和不合格雷管。

(2)按上述规定装药。装药时用木或竹质炮棍轻轻将药推入孔中,防止损坏或折断雷管脚线。

(3)选用能力足够的发爆器并保持其完好;领取发爆器时认真检查其性能,随班领取,防止碰撞、摔打,及时更换电池,严禁用接线柱短路打火的方式检查残余电流;发爆器的起爆能力要大于一次爆破的雷管个数。

(4)在进行发爆器与母线、母线与脚线、脚线与脚线之间的连接时,爆破工的手要洗净擦干再拧接线头并要拧紧。

(5)要保持爆破母线的完好,妥善保管,及时检查处理。

(6)炮眼连线方式不要随意改动。连好线后,爆破工要全面检查一次,以防错连或漏连。

10.4.3　杂散电流的产生及对爆破工作的危害和预防

1)杂散电流的来源及危害

主要来源于直流的电流漏电(如电机车牵引网路的漏电)、动力和照明交流电流的漏电、大地自然电流、雷电感应电流和磁辐射感应电流等,水管路和轨道的杂散电流为最大。

电机车牵引网路引起的杂散电流和动力、照明漏电形成的杂散电流,都可以通过沿井巷的导电体,如管路和轨道形成电路。该杂散电流如与潮湿煤、岩壁接触,可造成煤、岩壁导电。漏电电源之一相与另一漏电电源之一相经爆破母线或脚线与之接触,就能发生意外爆炸事故,造成人员伤亡、生产停顿和国家财产损失。

2)预防方法

(1)降低电机车牵引网路产生的杂散电流。办法是采取用导线连接两轨间的接头,形成轨道电路,降低网路的电阻值。

(2)爆破母线不与压风、洒水等管路、轨道、钢丝绳、刮板运输机等导电体和动力、照明线路相接触;管路与电线不与母线同侧铺设,同侧铺设时要保持一定悬挂距离。

(3)电雷管脚线和连接线、脚线和脚线之间的接头,都必须悬空,不得同任何导电体和潮湿的煤岩壁相接触。

10.4.4　丢炮的原因、预防及处理

1)发生丢炮的原因

(1)使用了未经电阻测试和串联了不同厂家生产的同品种电雷管。

(2)爆破网路连接不合理、有错连或漏连。

(3)爆破网路连接的雷管太多,超过了发爆器可以起爆的数量。

(4)雷管脚线、连接线或母线受潮,连接不合要求,电阻大、漏电或将质量与规格不同的母线与脚线混用。

2)预防方法

(1)装药和爆破必须由爆破工专人负责。

(2)爆破工不领取、不使用未经导通的雷管。

(3)装配引药、向孔内装药和封泥时,都要小心谨慎,脚线要贴紧孔壁。

(4)不准装盖药和垫药。

(5)检查爆破母线、连接线和脚线及其连接是否符合要求,有无错接和漏接的地方。

3)处理方法

(1)发现丢炮时,在检查完工作面顶板、支架和瓦斯无问题后,再进行处理,而且应当班处理完毕,当班不能处理的,要标明记号,在交接班时交代清楚,由下班处理。

(2)当发现一处连接的炮眼未炸时,可以重新连线爆破。如果不响,再采用单个爆破的方法,这样可以最后检查出瞎炮,按规定重新打眼爆破。

(3)爆破后,如出现有隔三跳五的炮眼不响时,必须对每个雷管用测炮器重新检查,如灯都亮,可重新连线爆破;如果灯不亮,即按瞎炮处理。

(4)爆破崩出的炸药和雷管,爆破工要详细检查收集并妥善保存好,下班时一起交回火药库。

10.4.5 炮烟熏人的原因及预防

1)炮烟熏人的原因

(1)掌子面爆破后,炮烟尚未排除就急于进入隧道工作。

(2)通风机的风筒出口距掌子面太远,因风量不足,不能及时吹散炮烟或炮眼内装药量过多,所产生的炮烟超过通风机能力,致使不能在规定时间内将炮烟排除或冲淡。

(3)炸药的变质引起炸药的缓慢燃烧,所产生的一氧化碳、氮氧化物有所增加,使人中毒的可能性增加。

(4)长距离隧道掘进掌子面爆破后,炮烟长时间浮游在巷道中,使人慢性中毒。

(5)人员处于炮烟风流中。

2)预防方法

(1)爆破后待炮烟被吹散吹净,作业人员方可进入隧道内作业。

(2)不使用超期、硬化、变质的炸药。

(3)控制一次爆破炸药量,不使产生的炮烟量超过通风能力。

(4)不得串联通风等不合理通风方式。

(5)装药时,按要求填满炮泥,以抑制生成有害气体。

(6)爆破时,人员不能处于炮烟风流中,除警戒人员外,其他人员都要在隧道外等候;高瓦斯、突出隧道所有人员都要撤至隧道外,同时要有充足的风量。

(7)作业人员在通过有较高浓度炮烟区时,要用湿毛巾堵住口鼻,并迅速通过。

10.4.6　瞎炮产生的原因和预防办法

1)瞎炮产生的原因

(1)雷管或炸药本身不合要求,如雷管桥丝折断,未经电阻测试,受潮;炸药受潮、硬化变质等。

(2)以下为不合要求操作工艺:

①爆破网路连接不合理,有错连或漏连。

②在装药、填装炮泥时,因操作不当将雷管脚线捣断。

③雷管脚线、爆破母线受潮,当与外界导电体或潮湿物体接触时,造成漏电。

④裸露在眼外的雷管脚线互相接触,造成短路。

⑤装药时,用炮棍送药用力过大,炸药被压实,使其敏感度降低。

⑥混用了不同规格、不同厂家、不同材质的电雷管。

⑦对有水或极潮湿的炮眼,未使用抗水炸药,药卷被水浸湿而失效。

2)预防措施

(1)经常检查发爆器具,保持其良好性能。发爆器、爆破母线要执行专人使用,专人保管。

(2)实行雷管测试和炸药检查验收制度,不合格的不领取。

(3)按有关装药的规定装药。

(4)做好爆破前的检查工作,尤其是对连接网路、发爆器和爆破母线作认真检查。

3)处理瞎炮必须遵守的有关规定

处理拒爆、残爆时,必须在班组长指导下进行,并应在当班处理完毕。如果当班未能处理完毕,当班爆破工必须在现场向下一班爆破工在现场交接清楚。处理拒爆时,必须遵守下列规定:

(1)由于连线不良造成的拒爆,可重新连线起爆。

(2)在距拒爆炮眼至少0.3m以外另打与拒爆炮眼平行的新炮眼,重新装药起爆。

(3)严禁用镐刨或从炮眼中取出原放置的起爆药卷或从起爆药卷中拉出电雷管;不论有无残余炸药,严禁将炮眼残底继续加深;严禁用打眼的方法往外掏药;严禁用压风吹拒爆(残爆)炮眼。

(4)处理拒爆的炮眼爆炸后,爆破工必须详细检查炸落的煤、矸,收集未爆的电雷管。

(5)在拒爆处理完毕以前,严禁在该地点进行与处理拒爆无关的工作。

10.4.7　发生残爆和爆燃的原因及预防

1)原因

(1)在装药时装了盖药和垫药。由于它们是在炮眼传爆方向的背面,所以往往不能起爆,即使起爆,盖药常常被抛到煤、岩堆中,或在燃烧中散落在煤、岩堆上,垫药则被留在眼底。

(2)装药时,炮眼内煤、岩粉未被清除,或因操作失误,致使炮眼药卷受到阻隔或分离,影响了药卷间的传爆。

(3)装药时,药卷被捣实,增加了药卷的密度,降低了爆轰的稳定性。

(4)炸药质量不好或变质,或炮眼内炸药受潮湿而失效。

(5)雷管起爆能力不足,起爆后炸药达不到稳定爆轰,由于某些不利影响致使爆轰中断,产生残爆或爆燃。

(6)在深孔小直径装药爆破中,由于管道效应而使爆轰方向末端药卷压死造成拒爆成为残药。

2)预防措施

(1)采取合理的装药方法。

(2)装药前必须将炮眼内煤、岩粉清除干净。

(3)加强对炸药的检查和保管,不使用超期和变质的炸药。

(4)装药时不要用炮棍捣实炸药。

(5)处理残炮的方法与处理瞎炮的方法基本相同。

10.4.8 放空炮的原因及预防

1)原因

(1)充填炮眼的炮泥质量不好。如以煤块、煤岩粉和药卷纸等做充填材料或充填的长度不合规定,致使炸药爆破后的爆破力克服不了煤岩眼最小抵抗线的阻力,而由炮眼口即阻力最小处冲出,产生空炮。

(2)炮眼间距过大,炮眼方向与最小抵抗线方向重合,两者都会使爆破力由抵抗最弱点(炮口)冲出,造成眼壁和炮眼口不同程度的破坏,产生放空炮。

2)预防方法

(1)充填炮眼的炮泥质量要符合《煤矿安全规程》的有关规定。

(2)保证炮泥的充填长度符合《煤矿安全规程》的有关规定。

(3)布孔的间距和孔深要合理,并根据煤、岩硬度、炮眼的角度选择合适的装药量。

10.4.9 爆破崩人的原因及预防

1)常见原因

(1)爆破母线短,躲避处选择不当,造成飞煤、飞石伤人。

(2)爆破时未执行有关爆破警戒的规定,误伤进入爆破区的人员。

(3)处理瞎炮(拒爆)未按规定的程序和方法操作,致使瞎炮突响崩人。

(4)通电以后装药炮眼不响时,等候进入工作面的时间过短,或误认为是网路故障而提前进入,造成崩人。

(5)未能防止杂散电流,造成突然爆炸而伤人。

(6)爆破制度执行不严,工作混乱,往往发生在工作面有人工作时,另有他人用发爆器爆破,造成崩人。

2)预防措施

(1)爆破母线要有足够的长度,躲避处的选择要能避开飞石、飞煤的袭击;掩护物要有足够的强度。

(2)爆破时安全警戒必须执行《隧道施工作业规程》规定。

(3)通电以后装药炮眼不响时,如使用瞬发雷管至少等 5min;如使用延期电雷管至少等 15min,方可沿线路检查,找出不响的原因,不能提前进入工作面,以免炮响崩人。

(4)采取措施,避免因杂散电流造成突然爆炸崩人。

第11章 公路瓦斯隧道施工防尘技术

11.1 概述

11.1.1 粉尘的基本概念及性质

粉尘(矿尘、岩尘)是在生产过程和施工过程中产生并能长时间悬浮于空气中的各种岩土的微细颗粒。矿尘的大小称为粒度,即尘粒的平均直径,常用微米(μm)表示。尘粒大于5μm的粉尘吸入人的呼吸器官后,大部分可以排出体外,而小于5μm的粉尘能到达并沉积于肺泡中,这部分粉尘称为呼吸性粉尘。

为了保证职工的健康,《铁路隧道工程施工安全技术规程》(TB 10304—2009)中明确规定了符合国家有关规定的隧道施工环境,即每立方米空气中含有10%以上的游离SiO_2的粉尘量不得大于2mg,含有10%以下的游离SiO_2的粉尘量不得大于4mg。《公路隧道施工技术规范》(JTG F60—2009)中对于隧道内空气中粉尘的规定如表11.1所示。

工作场所空气中粉尘容许浓度　　表11.1

名　称	最高容许浓度(mg/m^3)	短时间接触容许浓度(mg/m^3)
白云石粉尘	8	10
沉淀二氧化硅	5	10
大理石粉尘	8	10
电焊烟尘	4	6
沸石粉尘	5	10
硅灰石粉尘	5	10
硅藻土粉尘	6	10
滑石粉尘	3	4
煤尘	4	6
膨润土粉尘	6	10
石膏粉尘	8	10
石灰石粉尘	8	10

续上表

名　称	最高容许浓度(mg/m^3)	短时间接触容许浓度(mg/m^3)
石墨粉尘	4	6
水泥粉尘	4	6
炭黑粉尘	4	8
含10%～80%SiO_2	0.7	1.5
稀土粉尘	2.5	5
萤石混合物	1	2
云母粉尘	2	4
珍珠岩粉尘	8	10
蛭石粉尘	3	5
重晶石粉尘	5	10
其他粉尘	8	10

1)粉尘的成分及游离SiO_2的含量

岩石被粉碎成粉尘后，化学成分基本上无改变。从安全卫生角度考虑，主要了解矿尘中是否含有有毒物质、放射性物质、燃烧与爆炸性物质和游离SiO_2，以便采取相应的预防措施。游离状态的SiO_2(主要是石英)是许多矿岩的组成成分，如常见的页岩、砂岩、砾岩和石灰岩等中游离SiO_2的含量通常多在20%～50%，煤尘中的含量一般不超过5%，半煤岩中的含量在20%左右。其中游离SiO_2的含量是危害人体的决定因素，其含量越高，危害越大。

SiO_2是地壳上最常见的氧化物，是许多种岩石和矿物的重要组成部分，它有两种存在状态：一种是结合状态的SiO_2，即硅酸盐矿物，如长石($K_2O \cdot Al_2O_3 \cdot 6SiO_2$)，石棉($CaO \cdot 3MgO \cdot 4SiO_2$)，高岭土($Al_{23} \cdot 2SiO_2 \cdot 2H_2O$)，滑石($3MgO \cdot 4SiO_2 \cdot H_2O$)等。另一种是游离状态的$SiO_2$，主要是石英，在自然界中分布很广。粉尘中的游离$SiO_2$的含量是引起并促进尘肺病及病程发展的主要因素，含量越高，其危害越大。

许多矿岩都含有游离SiO_2，煤系地层由于沉积环境不同、岩性不同，其游离SiO_2含量变化较大，煤层中以煤为主，或者时也伴有夹石等，从煤种来看，无烟煤的SiO_2的含量高于烟煤。

2)粉尘的粒径

粉尘颗粒大小的尺度称为粒径，其单位用μm($1\mu m = 10^{-6} m$)表示。粉尘的形状很不规则，不能直接用直径表示；一般采用有不同定义的"当量粒径"，根据测定方法与目的确定。常规浮尘的粒度范围如表11.2所示。

按粒径大小，粉尘可分为：

①粗尘。粒径大于40μm，相当于一般筛分的最小颗粒，在空气中极易沉降。

②细尘。粒径为10～40μm，肉眼可见，在静止空气中做加速沉降。

③微尘。粒径为0.25～10μm，用光学显微镜可以观察到，在静止空气中做等速沉降。

④超微尘。粒径小于0.25μm，要用电子显微镜才能观察到，在空气中做扩散运动。

常规浮尘的粒度范围　表 11.2

悬浮颗粒类型	大小范围(10^{-6}m)	
	下限	上限
呼吸性粉尘	—	7
煤尘及其他岩尘	0.1	100
正常空气灰尘	0.001	20
柴油烟气	0.05	1
病毒	0.003	0.05
细菌	0.15	30
烟草烟气	0.01	1
引起过敏的花粉	18	60
尘雾	5	50
薄雾	50	100
细雨	100	400

3)粉尘的分散度

在全部粉尘中各种粒径的尘粒所占的百分比称为粉尘的分散度。粉尘分散度有两种表示方法。

(1)数量分散度,指各粒径区间尘粒的颗粒数占总颗粒数的百分比,表示为:

$$P_{n_i} = \frac{n_i}{\sum n_i} \times 100 \tag{11.1}$$

式中:n_i——某粒径区间尘粒的颗粒数。

(2)质量分散度,指各粒径区间尘粒的质量占总质量的百分比,表示为:

$$P_{m_i} = \frac{m_i}{\sum m_i} \times 100 \tag{11.2}$$

式中:m_i——某粒径区间尘粒的质量,mg。

粉尘分散度是衡量粉尘颗粒大小构成的一个重要指标,是研究粉尘性质与危害的一个重要参数。粉尘总量中微细颗粒多,所占比例大时,称为高分散度粉尘;反之,如果粉尘中粗大颗粒多,所占比例大,就称作低分散度粉尘。粉尘的分散度越高,危害性越大。

同一粉尘组成,用不同方法表示的分散度,在数值上相差很大,必须说明。矿山多用数量分散度,粉尘一般划分为 4 个粒径区间:小于 2μm、2～5μm、5～10μm 和大于 10μm。实行湿式作业情况下,粉尘分散度(数量)大致是:小于 2μm 占 46.5%～60%;2～5μm 占 25.5%～35%;5～10μm 占 4%～11.5%;大于 10μm 占 2.5%～7%。一般情况下,5μm 以下尘粒占 90%以上,说明粉尘危害性很大也难于沉降和捕获。

4)粉尘的密度

由于粉尘的产生或实验条件不同,其获得的密度值亦不相同。因此,一般将粉尘的密度分为真密度和堆积密度，如表 11.3 所示。

粉尘密度的定义　　表 11.3

真密度	不包括粉尘之间的空隙时，单位体积粉尘的质量称为粉尘的真密度，用 ρ_P 表示	$\rho_P=\dfrac{粉尘的质量}{粉尘的体积}$，kg/m³ 或 g/cm³
堆积密度	粉尘呈自然扩散状态时，单位容积粉尘的质量称为粉尘的堆积密度，用 ρ_b 表示	$\rho_b=\dfrac{粉尘的质量}{粉尘占据的容积}$，kg/m³ 或 g/m³

一般情况下，粉尘的真密度与组成此种粉尘的物质的密度是不同的，通常粉尘的物质密度比其真密度大 20%～50%。只有表面光滑而又密实的粉尘的真密度才与其物质密度相同。

5)粉尘的比表面积

粉尘的比表面积与粒度成反比，粒度越小，比表面积越大，因而这两个指标都可以用来衡量粉尘颗粒的大小。煤岩破碎成微细的尘粒后，首先其比表面积增加，因而化学活性、溶解性和吸附能力明显增加；其次更容易悬浮于空气中，如表 11.4 所示为在静止空气中不同粒度的尘粒从 1m 高处降落到底板所需的时间；另外，粒度减小容易使其进入人体呼吸系统。据研究，只有 5μm 以下粒径的粉尘才能进入人的肺内，是隧道防尘的重点对象。

尘 粒 降 沉 时 间　　表 11.4

粒度(μm)	100	10	1	0.5	0.2
沉降时间(min)	0.043	4.0	420	1 320	5 520

6)粉尘的电性质

粉尘是一种微小粒子，因空气的电离以及尘粒之间的碰撞、摩擦等作用，使尘粒带有电荷，可能是正电荷，也可能是负电荷，带有相同电荷的尘粒，互相排斥，不易凝聚沉降；带有相异电荷时，则相互吸引，加速沉降。因此有效利用粉尘的这种荷电性，也是降低矿尘浓度、减少矿尘危害的方法之一。

7)粉尘的爆炸性

煤尘和有些粉尘(如硫化矿尘)在空气中达到一定浓度并在外界高温热源作用下，能发生爆炸，称为爆炸性矿尘。矿尘爆炸时产生高温、高压，同时产生大量有毒有害气体，对安全生产有极大的危害，防止煤尘的爆炸是具有煤尘爆炸危险性隧道的主要安全工作之一。

11.1.2　粉尘的来源

隧道施工中各作业工序和环节均能产生粉尘，如凿岩钻孔、爆破、装渣、运输、锚喷衬砌等工序，其中主要以凿岩、爆破、装渣、锚喷等作业产尘量较大，主要地点为工作面。下面分别介绍几种工序粉尘的产生。

1)粉碎作业

当岩层受到撞击、磨蚀、碾压、切割、磨损或爆破时,就能够产生粉尘。对于任何性质的岩层,破坏它所需要的能量都与其破碎后的表面积成正比。因为当粉尘数量很多时,总表面积将很大,所以对于产生大量粉尘的破碎过程,总是伴随着能量利用率的降低。

对物料进行破碎时,将累计质量分数与其粒径的关系绘制在双对数坐标图上。可以看出,当粒径较小时,两者之间的关系呈现为直线,而当粒径较大时,直线开始变得弯曲。随着粒径的增大,每个粒径范围的粉尘质量也随着增大,这说明只有很小部分破碎的岩石成为粉尘。对1t的煤炭进行粉碎,产生的小于7μm的粉尘仅有5~9kg(即为总质量的0.5%~0.9%),这些粉尘中只有很小部分变为呼吸性粉尘。

煤岩在粉碎过程中,虽然主体都变成较大的碎片,但是,产生的小粉尘数量却很大,其中大部分附着在较大的碎片表面。粉尘随空气扩散的程度取决于岩石的性质,同时也与粉碎过程有关。对于脆性材料,其碎片具有较强的“爆炸性”,由此引起的表面振动促进了粉尘在空气中的扩散。而对于韧性材料,尽管粉碎时可能产生较多的粉尘,但是大部分都会附着在较大碎片的表面,从而不扩散在空气中。一般每吨煤岩产生0.2~3.0g呼吸性粉尘。

2)支护作业

在进行支护或喷浆时,支架、喷浆机等都产生大量粉尘。这种情况在长隧道衬砌支护中很突出。安置的支架越多、支架的屈服载荷越大,则产生粉尘的量也就越大。喷浆时混凝土的湿度越小、黏结性越差产生的粉尘量也会相应增加。这个问题可以通过安装宽网格的顶板横梁或在喷浆机口增加降尘装置来加以改善。

3)爆破作业

爆破会产生大量的粉尘和瓦斯,其产生的最大浓度往往会超出通风的稀释能力。这就要求在爆破以后,进行一段时间排尘通风,工人方能进入工作面,其时间根据通风网络的性质和风流的速度来决定。

将原料碎片推向空气的爆炸冲击波,比直接崩落岩石更容易使产生粉尘浓度剧增。但是,后者在装载和运输作业中,将有更多的碎片转化为空运粉尘。采用水炮泥就是为减轻爆破作业中粉尘的扩散。爆破后,为加快排尘,另一个方法是向逆着爆破的方向喷洒细小的水雾,有助于粉尘的凝聚和沉降。在装载爆破下的岩堆之前,可以先向其表面喷水雾。

4)装载作业

这是隧道施工过程中又一个能够产生大量粉尘的工序,装载作业的粉尘来自掘进过程的岩石堆积物,以及装载时粉碎的岩块。

除了适当的风流之外,控制粉尘的主要方法包括进行水喷雾和确保装载机不受扰动。在装载地点,风速不得低于0.5m/s。应尽量减少装载机与底板的摩擦,装载司机的技术可以显著的影响粉尘产量。例如选择较好的铲斗插入点,可以减少铲斗与物料之间的碰撞,从而减少的对物料的扰动。

5)运输作业

运输过程的大部分环节都能够产生粉尘,包括传送带、抓斗机和轨道运输等。轨道运输的制动装置上要安装减速器,以减轻对车辆和物料的撞击载荷。要充分地对轨道进行维修,并且禁止其方向和坡度的急剧变化。

岩石在运出隧道的整个过程中，都应该设法使其保持潮湿。装卸点应设置喷雾装置。能够起到很好的作用。另外，在运输转载点前方5～10m的地方设置喷雾洒水装置。

11.1.3 粉尘的危害

1)尘肺病

粉尘被人们长期吸入呼吸器官，容易引起尘肺病，影响劳动能力甚至危及生命，由吸入粉尘引起的呼吸器官疾病统称为尘肺病。

一般情况下，粉尘并不直接致命，而是通过使肺部空气容量逐渐减少，使患者更易感染轻微的呼吸疾病(如伤风或流感)以及肺结核、慢性支气管炎和肺气肿。实际上，是这些病加速了死亡。慢性支气管炎是一种呼吸系统气管内黏膜炎症，伴随着周期或持续的咳嗽。肺气肿是指由肺泡气压过大而造成的肺泡间隔破坏，这经常是支气管内收缩的结果。肺泡间隔断裂经常发生在咳嗽期间，临近的肺泡破裂而相互融合，即使在很轻微的活动下，也将逐渐导致反常的呼吸困难。呼吸困难还将导致心脏过度紧张并有可能导致心脏病并发症。

纤维变性反应：前面已介绍纤维变性粉尘促进了肺泡结缔内纤维组织的异常增生，它开始产生在纤维组织，然后向外辐射形成纤维原细胞。肺泡壁的气体交换受到阻滞，失去原有弹性，导致有效容积缩小。此外，噬菌细胞的生成量减少会加剧肺泡内粉尘的聚集。较多的纤维聚集还会扭曲和破坏血管，引起心脏功能衰竭。

煤肺病：指很多种粉尘(包括煤尘)只会引起微弱的生理学反应，然而长时间充分暴露在粉尘的滞留聚集区会在肺部组织形成色斑。通过X射线可以观察到黑色的小圆斑。这些粉尘包括铁(肺铁末沉着症)、锡(锡肺尘)和铝(铝尘肺)。被雇用的最初10～15年里，煤矿工人一般不会察觉患有煤肺病，也不会意识到劳动能力的逐渐丧失。

硅肺症：这是尘肺病中最危险的一类，它由游离的SiO_2粒子所引起(包括石英、砂石和燧石)，而不是黏土或耐火土中的硅酸盐造成。含有硅石的岩石的采掘和粉碎操作中新产生的粉尘以及喷砂器中喷出的沙尘所具有的危险性最大。人们怀疑许多严重的煤肺病病例是因为吸入的煤尘中混有石英颗粒。在硅肺症的早期阶段也可以在X光片上看到许多粉尘聚积的局部病灶。X光片显示，硅尘聚积到一定水平后，肺部表面会逐渐产生严重的纤维症。纤维化可能是由硅酸反应或者粉尘的电化学表面活性造成的。

2)工作环境恶化

粉尘进入机械设备的油液或零部件中，会加快设备的磨损，缩短使用寿命。

3)粉尘爆炸

粉尘爆炸是指某些粉尘(如煤尘、硫化物)在一定条件下发生爆炸，造成人员伤亡和经济损失等重大事故。煤被破碎成煤尘后，其比表面积显著增大，与氧的接触面积及吸附氧分子的数量亦相应增加。在高温热源作用下，氧分子与碳发生氧化反应而生热，并促进了煤尘粒子在高温下的热分解而产生可燃气体，如挥发成分含量为20%～26%的1kg焦煤，受热后能放出可燃气体295～350L，这些可燃气体与空气混合后便着火燃烧。局部燃烧放出的热量以分子热传导、辐射、对流等复合传热方式传给附近悬浮着的煤尘，又使这些煤粒子受热分解，产生可燃气体而着火燃烧,于是燃烧便如此循环地继续下去,随着每个循环的逐次进行,反应速度也逐次加快,定常燃烧非常迅速地转变成激烈的非定常燃烧,从而在极短的时间内,使空间气体的压力猛烈增高,形成了煤尘爆炸。

11.2 防尘技术

11.2.1 综合防尘技术

在长期的施工实践中,创造和总结出通风除尘、湿式作业防尘、个体防护和科学管理等综合防尘技术,积累了丰富的经验,使劳动条件得到显著改善,实践证明这些综合防尘措施是行之有效的。

1)通风除尘

通风除尘的作用是稀释和排出隧道内空气中的粉尘,其中绝大部分是小于 10μm 的粉尘,进入空气之中,微细粉尘能长时间悬浮于空气中。为了保证通风除尘的效果,必须使新鲜风流有良好的风质。新鲜风流中粉尘浓度应小于 0.5mg/m³。

风速增大时可以稀释或排出更多的粉尘数量,但是风速过大时,却导致已沉降的粉尘再度被吹起,是粉尘浓度增高。能使对人体最有危害的微细粉尘(≤5μm)保持悬浮状态并随风流运动的最低风速称为最低排尘风速,最低排尘风速一般由实验方法确定。我国煤炭、冶金及铁道部门颁发的有关规定要求掘进巷道的最低排尘风流速度不得小于 0.15m/s。具体风流对粉尘的稀释作用可由下式表示:

$$Q=\frac{G}{c-c_0} \tag{11.3}$$

式中:G——产尘强度,mg/s;

c——稀释后的粉尘浓度,mg/m³;

c_0——新鲜风流中的粉尘浓度,mg/m³。

2)湿式作业除尘

湿式作业是矿山、铁路、交通等各种行业施工中普遍采用的一项重要的防尘技术措施,其设备简单、使用方便、费用低,效果较好。

洒水降尘:在装渣运输等产尘较大的工序和工点,都应喷雾洒水,可显著地减少产尘量和防止尘土飞扬。洒水要用喷雾器进行,这样喷洒均匀,面积大,湿润效果好,耗水量较少。洒水量应根据落渣数量、性质、块度、原湿润程度及允许含湿量等因素确定,一般一吨落渣的用水量为 10~20L。

湿式凿岩:湿式凿岩就是在钻孔过程中,用水湿润炮眼中的粉尘,使其在炮眼中充分湿润并随水流出而不至于飞扬于工作面空气中。采用湿式凿岩,可以明显地降低钻孔时的粉尘浓度,一直可降低到 10mg/m³ 左右。

目前煤矿行业使用的气动湿式孔口除尘器如图 11.1 所示。

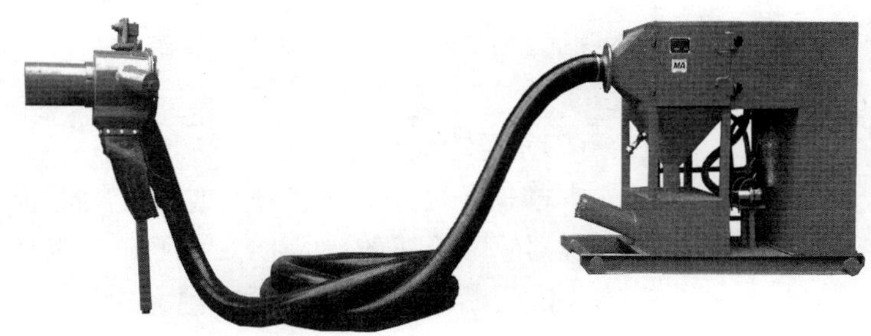

图 11.1 KCS-12KQ 型矿用气动湿式孔口除尘器

《铁路隧道工程施工安全技术规程》(TB 10304—2009)中规定,钻眼作业必须采用湿式凿岩,仅在水源缺乏、容易冻结、岩石性质不适于湿式凿岩的地区,可采用带有捕尘设备的干式凿岩。

喷雾防尘:用水捕捉悬浮在空气中的粉尘,是把水雾化成微细水滴并喷射于空气中,使与尘粒碰撞接触,尘粒被水捕捉而附于水滴上或者被湿润的尘粒互相凝集成大颗粒,从而加快其沉降速度。目前常用的高压喷雾降尘系统由高压喷雾泵站、高压管路、高压精密水质过滤器和喷雾降尘器几部分组成,能在爆破后 5~10min 内使粉尘浓度快速降低,但耗水量是一般常规喷雾设备的 1/3,如图 11.2 所示。

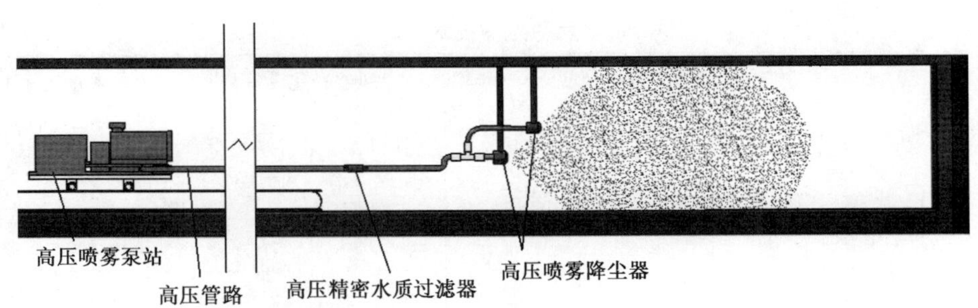

图 11.2 高压喷雾降尘系统

水封爆破:用装水的塑料袋代替部分炮泥充填于炮烟内,爆破时水袋被炸裂,由于爆破时的高温、高压作用,使水大部分汽化,然后重新凝结成极微细的雾粒与同时产生的粉尘相接触,尘粒被雾滴所湿润而起到降尘作用,水泡泥布置如图 11.3 所示。相关资料表明,水封爆破比泥封爆破工作面粉尘浓度降低 40%~70%,对 5μm 以下的粉尘也有较好的效果,同时还可以减少爆破产生的有毒、有害气体,自动封口炮泥如图 11.4 所示。

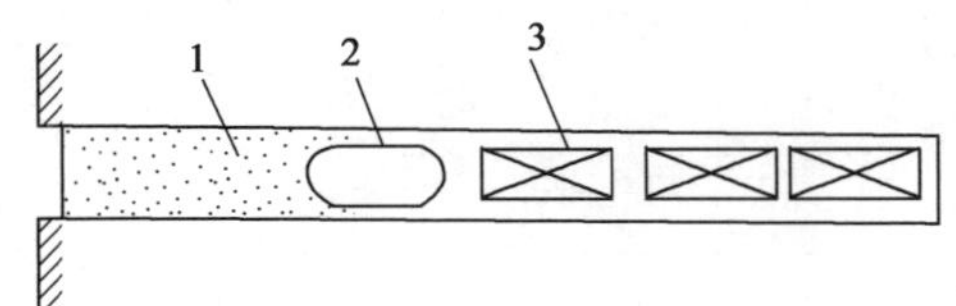

图 11.3 水炮泥布置图

1-黄泥;2-水袋;3-炸药

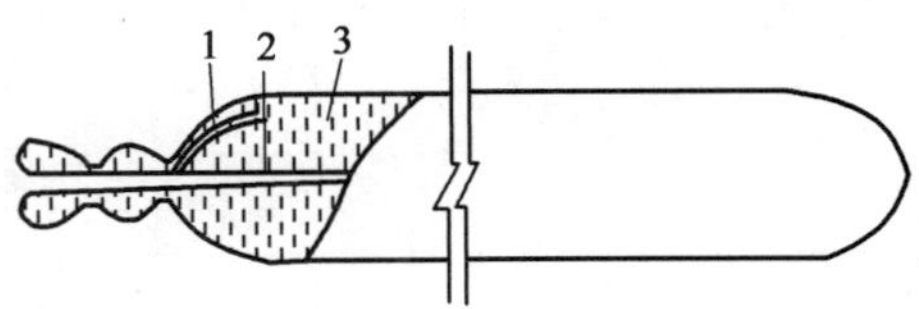

图 11.4 自动封口炮泥

1-逆止阀注水后位置;2-逆止阀注水前位置;3-水

3)净化风流

净化风流是使隧道中含尘的空气通过一定的设施或设备,将矿尘捕获的技术措施。目前使用较多的是水幕和湿式除尘装置。

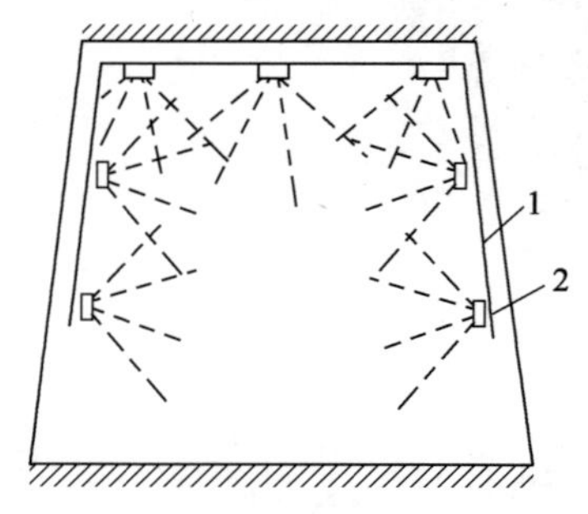

图 11.5 巷道水幕示意图
1-水管;2-喷雾器

(1)水幕净化风流。

水幕是在敷设于隧道顶部或两帮的水管上间隔地安上数个喷雾器喷雾形成的,如图 11.5 所示。喷雾器的布置应以水幕布满隧道断面尽可能靠近尘源为原则,净化水幕应安设在支护完好、壁面平整、无断裂破碎的巷道段内。

水幕的控制方式可根据隧道条件,选用光电式、触控式或各种机械传动的控制方式。选用的原则是既经济合理又安全可靠。水幕是净化进风流和降低回风流粉尘浓度的有效方法。经第三道水幕后,降尘率可达到 98.6%。

(2)除尘器。

除尘器是指把气流或空气中含有的固体粒子分离并捕集起来的装置。根据是否利用水或其他液体,除尘装置可分为干式和湿式两大类。煤矿一般采用湿式除尘装置。

目前我国常用的除尘器有 SCF 系列除尘风机、KGC 系列掘进机除尘器、TC 系列掘进机除尘器、MAD 系列风流净化器及奥地利 AM-50 型掘进机除尘设备,德国 SRM-330 掘进除尘设备等。如表 11.5 所示为部分除尘设备的技术性能。

常用除尘器技术性能 表 11.5

技术指标	SCF 系列除尘风机			风流净化设备		掘进机除尘器	
	SCF-5 型	SCF-6 型	SCF-7 型	TC-1 型掘进除尘器	MAD-Ⅱ风流净化器	KGCⅡ型	AM-50 型
处理风量(m^3/s)	2.83	3.75	6.8	2.5～3.33	2.5～5.0	2.5～3.0	3.0
风压(kPa)	21.73	29.33	40.8			40.0	137.3
阻力(kPa)				1.47	0.29～0.49	1.76	6.86
吸风口直径(mm)	460	610	760	600	380～480	600	600～800
主机功率(kW)	11	18.5	37	18.5	11kW 局部通风机	18.5	111
泵功率(kW)	1.5	2.2	5.5	2.0	静压供水	4.0	
外形尺寸(mm×mm×mm)	205×960×690	2 961×974×1 276	3 615×1 260×1 740	3 000×800×1 400	ϕ600×1 000	2 264×780×1 075	9 400×1 200×1 400
质量(kg)	690	1 575	2 200	250	45	1 200	7 800
除尘全尘(%)	80～95	80～95	80～95	80～95	95～98	80～96	95
效果吸尘(%)	90～98	90～97	90～98	90～98	80	85～90	98

11.2.2　防治粉(煤)尘爆炸

1)粉尘爆炸的条件

粉尘按状态可分为粉尘层和粉尘云两类。粉尘层是指堆积在物体表面上的静止状态的粉尘,粉尘云则指悬浮在空间的运动状态的粉尘。在粉尘爆炸研究中,把粉尘分为可燃粉尘和不可燃粉尘两类。可燃粉尘是指与空气中氧反应能放热的粉尘。一般有机物都含有 C、H 元素,它们与空气中的氧反应都能燃烧,生成 CO_2、CO 和 H_2O,许多金属粉可与空气中氧反应生成氧化物,并放出大量热,以上为可燃粉尘。相反,与氧不发生反应或不发生放热反应的粉尘统称为不可燃粉尘或惰性粉尘。从工业卫生角度来说,各种粉尘对人体都是有害的,粉尘的化学组成及其在空气中的浓度直接决定对人体的危害程度,粉尘中含游离 SiO_2 的量越高,危害越严重。

粉尘爆炸的条件归纳起来有以下五个方面:

(1)要有一定的粉尘浓度。粉尘爆炸所采用的化学计量浓度单位与气体爆炸不同,气体爆炸采用体积百分数表示,而粉尘浓度采用单位体积所含粉尘粒子的质量表示,单位是 g/m^3 或 mg/L,如果浓度太低,粉尘粒子间距过大,火焰难以传播。

(2)要有一定的氧含量。一定的氧含量是粉尘得以燃烧的基础。

(3)要有足够的点火源。粉尘爆炸所需的最小点火能量比气体爆炸大 1～2 个数量级,大多数粉尘云最小点火能量在 5～50mJ 量级范围。

(4)粉尘必须处于悬浮状态,即粉尘云状态。这样可以增加气固接触面积,加快反应速度。

(5)粉尘云要处在相对封闭的空间,压力和温度才能急剧升高,继而发生爆炸。前三个条件是必要条件,即粉尘爆炸三要素,后两个条件是充分条件。

煤尘爆炸式粉尘爆炸中较为典型的一种,煤尘爆炸机理是:煤尘粒子受热后生成挥发气体,主要成分是甲烷,还有乙烷、丙烷、氢气和 1%左右的其他碳氢化合物。这些可燃气体集聚于煤尘颗粒的周围,形成气体外壳。当这些气体外壳内的气体达到一定浓度并吸收一定能量时,链反应过程开始,游离基迅速增加,发生颗粒的闪燃,若氧化放出的能量有效地传递给周围的颗粒,并使之参与链反应,反应速度急剧增加,达到一定程度时,便发展成爆炸。

研究表明,煤尘爆炸必须同时具备三个条件:煤尘本身具有爆炸性;煤尘悬浮在空气中(即形成煤尘云)并达到一定的浓度;存在具有足够的能量,能引起煤尘爆炸的着火源。

具有如下特征:

(1)燃烧速度或爆炸压力上升速度比气体爆炸药小,但燃烧时间长,产生的能量大,所以破坏和焚烧程度大。

(2)发生爆炸时,有燃烧粒子飞出,如果飞到可燃物或人体上,会使可燃物局部严重炭化和人体严重烧伤。

(3)静止堆积的粉尘被风吹起悬浮在空气中时,如果有点燃源就会发生第一次爆炸。爆炸产生的冲击波又使其他堆积的粉尘扬起,而分散的火花和辐射热可提供点火源又引起第二次爆炸,最后使整个粉尘存在场受到爆炸破坏。

(4)即使参与爆炸的粉尘量很小,但由于伴随有不安全燃烧,燃烧气体中含有大量的 CO,所以会引起中毒。在煤矿中因煤粉爆炸而死亡的人员中,有一大半是由于 CO 中毒所致。

2)粉尘爆炸的防治措施

隧道施工过程中的爆破过程、衬砌过程、支护过程等各个环节均产生粉尘,从而决定了隧道施工过程中粉尘防治的重要性和紧迫性,防治粉尘爆炸的措施可以分为以下两个方面:组织措施和技术措施。

(1)组织措施。

做到加强领导。加强领导是做好煤矿防尘工作的根本。防尘是一项政策性和技术性都很强的工作,必须在隧道项目部的统一领导下,各生产业务部门既要明确分工,又要密切配合,认真做好这项工作;要有卫生知识的科学普及教育。卫生知识的科学普及教育是搞好防尘工作的基础。防止粉尘危害是关系到广大工人身体健康的事情,只有使他们认识到粉尘的危害性,尘肺发生发展的科学道理,不断地提高他们的卫生知识水平,才能调动他们搞好防尘的积极性,使防尘工作有一个良好的群众基础;需建立健全防尘专业队伍和规章制度。建立健全防尘专业队伍和规章制度是做好粉尘工作的保证。实践证明,做好防尘工作光凭一般的号召是不行的,还必须根据施工地点的实际情况建立一支专业的防尘队伍和健全规章制度,把防尘工作纳入生产作业规程,才能收到良好的防尘效果。

(2)技术措施。

目前隧道防尘技术措施具体有采取消除和限制产尘源、降低产尘浓度、拟制和捕捉已产生的浮游粉尘等方法来降低作业环境空气中的粉尘浓度。

湿式作业:湿式作业是以水来湿润粉尘,使粉尘不能或很少扩散到生产环境的空气中去,主要有湿式凿岩、喷雾洒水、水封爆破和高压注水等。有条件的情况下,可采用湿式孔口除尘设备。

通风除尘:通风是隧道施工作业不可缺少的重要条件,通风的任务不仅是向隧道施工区域不断供应足够量的新鲜空气,满足作业场所人员正常呼吸生理的需要,冲淡并排出生产过程中产生的一氧化碳、氧氮化物、二氧化硫、二氧化碳等有害气体,调节隧道内的温度和湿度,冲淡和排出生产过程中产生的粉尘或煤尘。

定期清除落尘:定期清除落尘,防止沉积的爆炸性粉尘参与爆炸可有效地降低爆炸威力,使爆炸由于得不到补充而逐渐熄灭。

撒布岩粉:撒布岩粉是指定期在隧道中撒布惰性岩粉,增加沉积煤尘或其他爆炸性粉尘的灰分,抑制煤尘爆炸的传播。

惰性岩粉一般为石灰岩粉和泥岩粉。对惰性岩粉的要求是:

①可燃物含量不超过5%,游离 SiO_2 含量不超过10%。

②不含有害有毒物质,吸湿性差。

③粒度应全部通过50号筛孔(即粒径全部小于0.3mm),且其中至少有70%能通过200号筛孔(即粒径小于0.075mm)。

撒布岩粉时要求把隧道的顶、帮、底及背板后侧暴露处都用岩粉覆盖;岩粉的最低撒布量在做煤尘爆炸鉴定的同时确定,但煤尘和岩粉的混合煤尘,不燃物含量不得低于80%,对巷道中的煤尘和岩粉的混合粉尘,每三个月至少应化验一次,如果可燃物含量超过规定含量时,应重新撒布。

设置水棚:水棚包括水槽棚和水袋棚两种,设置应符合以下基本要求。

①主要隔爆棚组应采用水槽棚,水袋棚只能作为辅助隔爆棚组。

②水棚组应设置在隧道的直线段内。其用水量按巷道断面计算，主要隔爆棚组的用水量不小于 400L/m²，辅助水棚组不小于 200L/m²。

③相邻水棚组中心距为 0.5～1.0m，主要水棚组总长度不小于 30m，辅助水棚组不小于 20m。

④首列水棚组距工作面的距离，必须保持在 60～200m 范围内。

⑤水槽或水袋距顶板、两帮距离不小于 0.1m，其底部距轨面不小于 1.8m。

⑥水内如混入煤尘量超过 5%时，应立即换水。

其他除尘方法，目前煤矿行业研究了某些新型的防尘措施，主要有泡沫除尘、湿润剂除尘、磁化水除尘、黏结剂除尘、超声波除尘、静电除尘等。

11.3　防尘管理及个人防护

11.3.1　粉尘测定

粉尘测定分为浓度监测、粒度分析和游离 SiO_2 测定。粉尘浓度监测方式有采样器测定、便携式检测仪测定和综合监控系统传感器监测，粉尘粒度分析和游离 SiO_2 测定均通过实验室测定，下面分别进行介绍。

1)粉尘浓度测定

《铁路隧道工程施工安全技术规程》(TB 10304—2009)规定隧道施工应采取综合防尘措施，并配备专用检测设备及仪器，按规定时间测定粉尘和有害气体浓度。定期测定施工隧道中的粉尘浓度，是及时了解隧洞内粉尘状况、检查防尘效果的重要手段。根据相关规定，隧道内每月至少测定粉尘浓度一次。

我国采用质量法测定粉尘浓度，目前普遍采用滤膜测尘法。滤膜测尘法的原理是用抽气装置抽取一定量的含尘空气，使其通过装有滤膜的采样器，滤膜将粉尘截留，然后根据滤膜所增加的质量和通过的空气量计算出粉尘的浓度。

滤膜测尘系统如图 11.6 所示，在抽气机作用下，使一定体积(用流量计测定)的含尘空气，通过滤膜，粉尘被阻留于滤膜上，用式(11.4)计算空气中矿尘浓度 C。

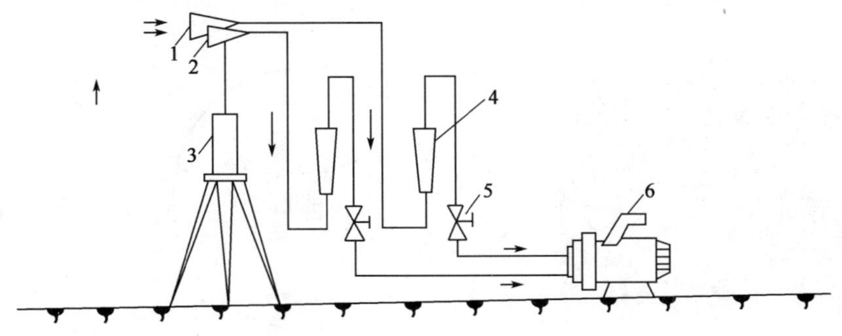

图 11.6　滤膜测尘系统示意图

1-滤膜；2-采样头；3-三脚架；4-转子流量计；5-螺旋夹；6-抽气机

$$C = \frac{m_2 - m_1}{QT} \times 1\,000 \tag{11.4}$$

式中：m_1——采样前滤膜的质量，mg；

m_2——采样后滤膜与矿尘的质量，mg；

Q——采样流量，L/min；

T——采样时间，min。

便携式测尘仪的原理是采用采、测一体化装置，将粉尘采样与浓度监测两个过程设计在同一装置中进行，使粉尘采集更加方便、快捷、可靠，避免了采样滤膜在转移过程中粉尘脱落造成的人为误差，使得测定结果更加准确。

图 11.7 为国内通用的 CCGZ-1000 型直读式测尘仪。

2)粉尘分散度测定

粉尘分散度的测定方法和仪器类别很多，按测定原理分为筛分法、显微镜法、沉降法、细孔通过法等。测定数量分散度常用显微镜法，质量分散度常用沉降法。目前矿山普遍采用的是显微镜观测法，现介绍如下。

(1)样品制备。

①滤膜涂片法是利用滤膜可溶于有机溶剂而矿尘不溶的原理，将采样后的滤膜，按均分法取有代表性的一部分，放于瓷坩埚(或其他器皿)中，加 1～2mL 醋酸丁酯溶剂，使溶解并充分搅拌制成均匀的悬浮液；取一滴加于载物玻璃片的一端，再用玻璃片推片，一分钟后形成透明薄膜，即为样品。如尘粒过于密集，可再加入适量的增溶剂，重作样品。

②滤膜透明法。即将采样后滤膜，受尘面向下，铺于载物玻璃片上，在中心部位滴一小滴二甲苯(或醋酸丁酯)，溶剂向周围扩散并使滤膜溶解形成透明薄膜，即为样品，滤膜上积尘过多时，不便观测。

(2)观测。

①显微镜放大倍数的选择。一般选取物镜放大倍数为 40 倍，目镜放大倍数为 10～15 倍，总放大倍数为 400～600 倍，也可用更高些放大倍数。

②目镜测微尺的标定。目镜测微尺是测量尘粒大小的尺度，置于目镜镜筒中。图 11.8 是常用的一种形式，它每一分格所度量尺寸的大小，与显微镜的目镜与物镜放大倍数有关，使用前必须用标准尺(物镜测微尺)标定。

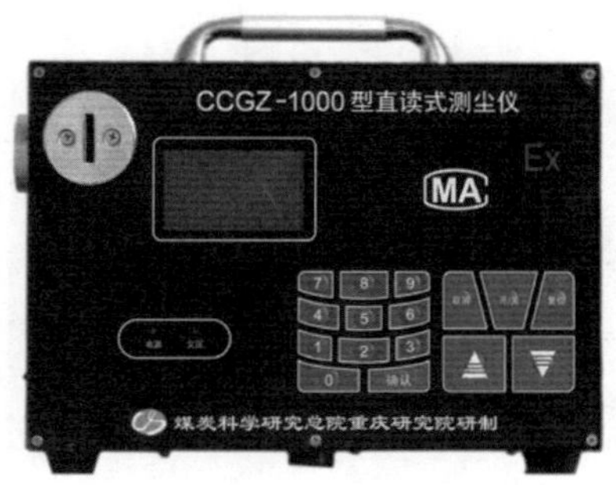

图 11.7　CCGZ-1000 型直读式测尘仪

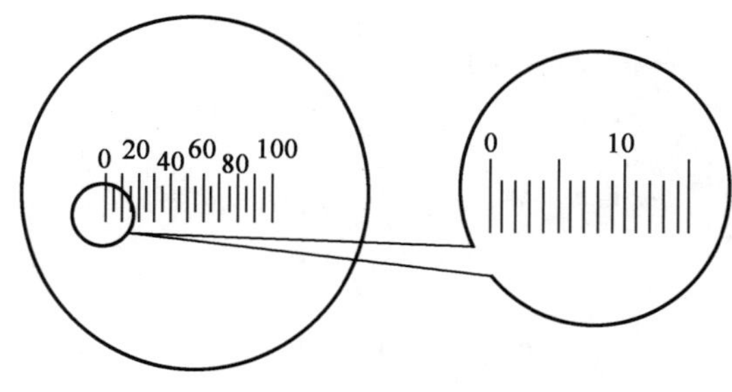

图 11.8　目镜测微尺

③物镜测微尺是一标准尺度，图 11.9 中每一小刻度为 10μm。

标定时，将物镜测微尺放在显微镜载物台上，选定目镜并装好目镜测微尺。先用低倍物镜找到物镜测微尺刻度线并调到视野中心，然后换为选用倍数的物镜，调整焦距（先将物镜调至低处，注意不使碰到测微尺，然后目视目镜，缓慢向上调整），直到刻度清晰。再调整载物台，使物镜测微尺的一个刻度线与目镜测微尺的一个刻度线对齐，同时找出另一相互重合的刻度线，分别数出该区间两个尺的刻度数，即可算出目镜测微尺的一个刻度的度量尺寸。如图11.10所示，两尺的 0 线对齐，另一重合线为目镜测微尺的 32 格与物镜测微尺的 14 格，则目镜测微尺每一刻度所度量的长度为：

$$\frac{14 \times 10}{32} = 4.4(\mu\text{m}) \tag{11.5}$$

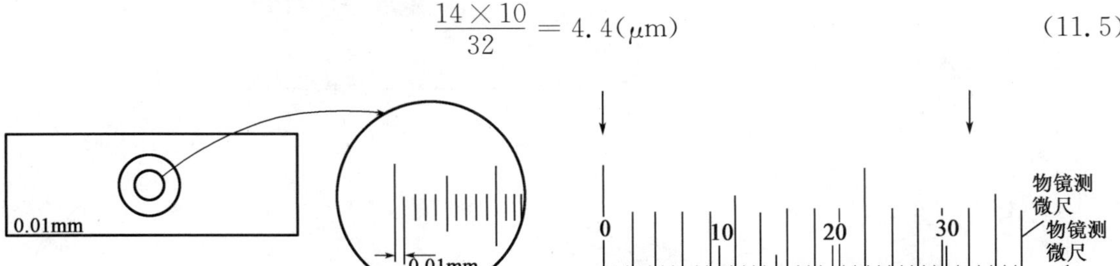

图 11.9　物镜测微尺

图 11.10　目镜测微尺标定示意图

取下物镜测微尺，将样品放在显微镜载物台上，选定目镜和物镜，调好焦距，用目镜测微尺度量尘粒尺寸并记数，如图 11.11 所示。观测时，首先根据矿尘粒径分布状况及测定要求，划定计测粒径的区间。测定尘粒的投影定向粒径，常用的观测方法有两种，一种是在一固定视野范围内，计测所有尘粒，另一种是以目镜测微尺的刻度为基准，向一个方向移动粉尘样品，计测所有通过刻度尺范围内的尘粒。观测时对尘粒不应有所选择，每次需计测 200 粒以上，至少测两次。计数时，最好用分档计数器（如血球分类计数器）进行分档计数、统计。

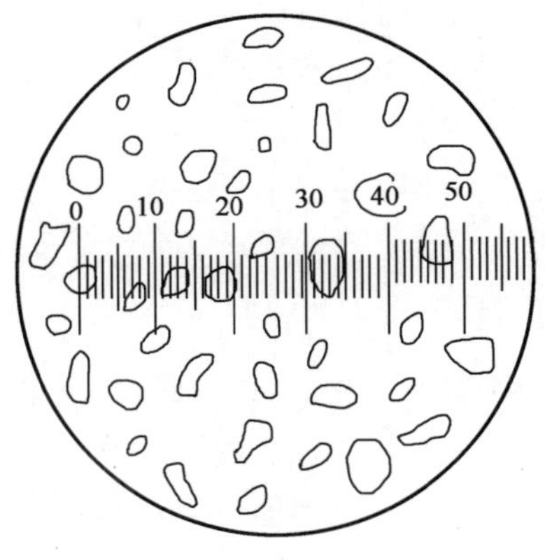

图 11.11　分散度测定示意图

3)游离二氧化硅测定

测定粉尘中游离 SiO_2 含量的方法，有化学法（如焦磷酸质量法、碱熔钼蓝比色法等）和物理法（如 X 射线衍射法、红外分光光度法等）两类。目前，普遍采用的是焦磷酸质量法，其测定原理是，取一定量（0.1～0.2g）的粉尘样品，经焦磷酸在 245～250℃处理，则粉尘中的硅酸盐及金属氧化物等能完全溶解，而游离 SiO_2 则几乎不溶，称量处理后的残渣质量，即可算出游离 SiO_2 含量，以质量百分数表示。焦磷酸质量法适用于大多数矿尘，但焦磷酸不能溶解少数矿物，如绿柱石、黄玉、碳化硅、硅藻土等。对含有焦磷酸不能溶解物质的矿尘，可对焦磷酸处理后的残渣（包括游离 SiO_2 和未溶解物质）再用氢氟酸处理，使残渣中的游离 SiO_2 溶解，再称量残渣的质量，可求出游离 SiO_2 含量。焦磷酸质量法适用范围广，可靠性较好，但分析程序复杂，需要一定的熟练技术。矿尘中游离 SiO_2 含量，一般每年测定一次，如需要测定的样品较少，可委托专业机构测定。

此外也可采用便携式的仪器进行测定,现有的粉尘采样器是采用浮子流量计,采样流量可调节,精度较高。

图 11.12 为国内通用的 AZF-03 型粉尘采样器。

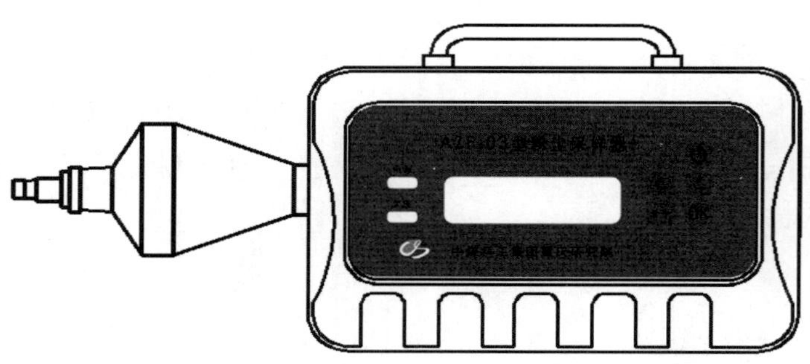

图 11.12　AZF-03 型粉尘采样器

11.3.2　防尘供水设施

综合防尘供水,要求水质清洁,不影响降尘效果,不易发生堵塞风钻进水孔,钎子中心孔等,目前隧道防尘就其水源和供水方式主要有静压供水和动压供水两种。两者相比各有利弊,从安全可靠的观点看,静压供水较好,动压供水虽有机动灵活、移动方便的优点,但因其水源和电器故障等多种因素影响,动压供水限只在一定范围内使用。

1)防尘耗水量计算

(1)降尘喷雾耗水量。

降尘喷雾耗水量一般按照下式计算:

$$Q_r = \frac{60}{1\,000}CNq_1 \tag{11.6}$$

式中:C——漏水或供水不均衡系数,一般为 1.03~1.05;

N——喷雾个数;

q_1——喷雾器额定耗水量。

(2)湿式打眼耗水量。

$$Q_1 = \frac{60}{1\,000}CNq_1 \tag{11.7}$$

式中:C——供水备用系数,一般为 1.1~1.2;

N——同时使用凿岩机台数;

q_1——凿岩机额定耗水量。

(3)水封爆破耗水量。

$$Q_r = \frac{60}{1\,000}NV \tag{11.8}$$

式中:V——每个水炮泥冲水量;

N——每分钟水炮泥充水个数。

(4)其他工序防尘耗水量。

隧道施工作业中还有某些工序需要消耗水量,如净化空气的湿式除尘器,定期洒水、钻孔施工、隔爆水袋设置等,均应予以考虑,并逐项加以计算。

2)防尘水池的容积

隧道防尘静压水池容积应对防尘水量进行综合考虑,水池可设在地面适当位置。静压水池的设计容积应满足每天生产防尘用水需求,计算时可参照下式:

$$V = Q_{总} \cdot B \cdot n \tag{11.9}$$

式中:$Q_{总}$——隧道防尘总耗水量;

B——每班作业时间;

n——每天作业的班次。

11.3.3 个体防护

个体防护是指通过佩戴各种防护面具以减少吸入人体粉尘的最后一道措施。因为隧道施工各生产环节虽然采取了一系列防尘措施,但仍会有少量微细矿尘悬浮于空气中,甚至个别地点不能达到卫生标准,因此个体防护是防止矿尘对人体伤害的最后一道关卡。

个体防护的用具主要有防尘口罩、防尘风罩、防尘帽、防尘呼吸器等,其目的是使佩戴者能呼吸净化后的清洁空气而不影响正常工作。

1)防尘口罩

要求所有接触粉尘作业人员必须佩戴防尘口罩,对防尘口罩的基本要求时:阻尘率高,呼吸阻力和有害空间小,佩戴舒适,不妨碍视野。普通纱布口罩阻尘率低,呼吸阻力大,潮湿后有不舒适的感觉,应避免使用。目前主要防尘口罩的技术特征见表 11.6。

主要防尘口罩的技术性能 表 11.6

名称	滤　料	阻尘率(%)	呼气阻力(Pa)	吸气阻力(Pa)	质量(g)	有害空间(cm^3)	妨碍视野(°)
武安—3 型	聚氯乙烯布	96~98	11.8	11.8	34	195	1
上劳—3 型	羊毛毡	95.2	27.4	25.9	128	157	8
武安—1 型	超细纤维桑皮棉纸	99	25.5	22.5~29.4	142	108	5
武安—2 型	超细纤维	99	29.4	15.7~22.5	126	131	1

2)防尘安全头盔

中煤科工集团重庆研究院研制出 AFM—1 型防尘安全帽(头盔)或称送风头盔(图 11.13)与 LKS-7.5 型两用矿灯匹配,在该头盔间隔中,安装有微型轴流风机、主过滤器、预过滤器,面罩可自由开启,由透明有机玻璃制成,送风头盔进入工作状态时,环境含尘空气被微型风机吸入,预过滤器可截留 80%~90%的粉尘,主过滤器可截留 99%以上的粉尘。经主过滤器排出的清洁空气,一部分供呼吸,剩余气流带走使用者头部散发的部分热量,由出口排出。其优点是与安全帽一体化,减少佩戴口罩的憋气感。

AFM-1 型送风头盔的技术特征,LKS-7.5 型矿灯电源可供照明 11h、同时供微型风机连续工作 6h 以上,阻尘率大于 95%;净化风量大于 200L/min;耳边噪声小于 75dB。

安全帽(头盔)、面罩具有一定的抗冲击性。

3)AYH 系列压风呼吸器

AYH 系列压风呼吸器是一种隔绝式的新型个人和集体呼吸防尘装置。它利用的矿井压缩空气在经离心脱去油雾、活性炭吸附等净化过程中,经减压阀同时向多人均衡配气供呼吸。目前生产的有 AYH-1 型、AYH-2 型和 AYH-3 型三种型号。

个体防护不可以也不能完全代替其他防尘技术措施。防尘是首位的,鉴于目前绝大部分矿井尚未达到国家规定的卫生标准的情况,采取一定的个体防护措施是必要的。

新型的滤尘送风式防尘口罩具有重量轻、佩戴方便等特点,过滤精度和阻尘虑较普通纱布口罩高,阻尘虑达 99%,容尘量大,采用主动式送风,初试送风量达 120L/min,避免了佩戴时间过长造成的使用者舒适性较差的缺点,并且送风量可调节,呼吸阻力较低,最低至 196Pa,使用寿命长。

KLS120 型滤尘送风式防尘口罩如图 11.14 所示。

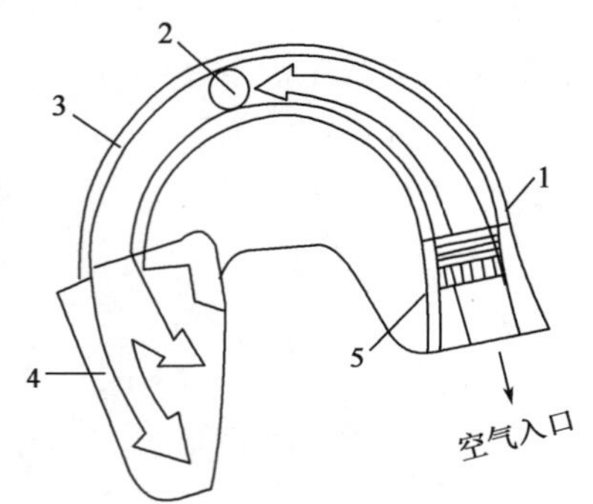

图 11.13　AFM-1 型防尘送风头盔

1-轴流风机;2-主过滤器;3-头盔;4-面罩;5-预过滤器

图 11.14　KLS120 型滤尘送风式防尘口罩

第12章

公路瓦斯隧道施工防灭火技术

在高瓦斯公路隧道揭煤过程中，瓦斯的涌出及煤层在空气中长时间暴露都容易引起瓦斯燃烧和煤层自燃等火灾。由于隧道里空间小，工作场所窄，电气设备及各种电缆线路杂乱，坑木等易燃物多，且煤本身就可以引燃，再加上防火设施不健全，灭火器材不齐全，隧道内又有新鲜风流，一旦发生火灾，不像地面火灾那样容易扑救。而且各种火灾（如电气失火、油料起火、瓦斯燃烧形成的火灾及煤炭自燃等）都会发生，扑救方法也各不相同。如果灭火不及时或处理不当，就会蔓延发展，往往酿成大火，这就使得灭火工作更加困难，同时，隧道内工作人员集中，遇有火灾，难于躲避和疏散，这都会加重火灾造成的损失，因此，对于高瓦斯隧道来说，防治瓦斯及煤层燃烧是一项重要任务。

12.1 火灾基本知识

12.1.1 火灾的分类

为了正确认识火灾发生的原因、规律和能够正确地采取防灭火方法，必须要对矿井火灾按照不同的分类标准进行分类。

1)引火原因分类

分为内因火灾和外因火灾，它是目前最常用的分类方法之一。

(1)内因火灾。

内因火灾是指破碎的成堆积状态的煤在适宜的风量供给条件下煤与氧气发生物理化学吸附和化学反应而产生热量，在产热速率大于热量损失速率的情况下，热量会发生积聚使得煤体温度升高达到煤炭燃点而发生火灾，这种矿井火灾没有外部热源，是由煤炭自身自热引起的，因此叫内因火灾。内因火灾也叫煤的自燃火灾或者自然发火，多发生在采空区、破裂的煤柱和煤壁、集中堆积的浮煤等区域。

在现场，内因火灾的发生是一个非常缓慢的过程，需要数十天甚至数月，根据预兆是能够早期予以发现。但内因火灾火源隐蔽，火势发展往往缓慢，且很难准确地找到火源。

内因火灾发展过程较慢，在对人员造成重大伤亡前一般都能够察觉。但是内因火灾发生的次数多,范围广,隐蔽性强,而且往往导致其他灾害发生,例如瓦斯爆炸,出现明火而导致外因火灾,其危害性不容小觑。

(2)外因火灾。

外因火灾是指火灾的发生存在外部热源,使煤炭或者气体可燃物温度达到着火点而发生燃烧形成灾害。外因火灾也叫外源火灾,即引起火灾是由外部热源的作用,如瓦斯煤尘爆炸、放炮作业、机械摩擦,电气设备运转不良,电源短路以及其他明火,吸烟,烧焊等引起的火灾。

外因火灾的特点是发生突然,来势迅猛,如果不能及时发现和控制,往往会酿成重大事故,最易造成人员的伤亡。在煤矿行业的矿井火灾的总数中,外因火灾所占比重虽然较小(4%~10%),但危害很大,不容忽视。据统计,国内外有记载的重大恶性火灾事故,90%以上属于外因火灾。外因火灾的火焰一般是在燃烧物的表面,如果及时发现和扑救还是容易熄灭的。

2)消防分类

从选用灭火剂的角度出发,消防上根据物质及其燃烧特性对火灾进行如下分类:

(1)A类火灾。煤炭、木材、橡胶、棉、毛、麻等含碳的固体可燃物质燃烧形成的火灾。

(2)B类火灾。指汽油、煤油、柴油、甲醇、乙醇、丙酮等可燃液体燃烧形成的火灾。

(3)C类火灾。指煤气、天然气、甲烷、乙炔、氢气等和可燃气体燃烧形成的火灾。

(4)D类火灾。像钠、钾、镁等可燃金属燃烧形成的火灾,其特点是火源温度高。

3)其他分类

除上述三种常用分类方法外,还有按火源特性,可分为原生火灾与再生火灾。原生火灾是指发火地点以前从未发生过的火灾;再生火灾是指发火地点以前发生过火灾而又复燃的火灾。

12.1.2 火灾的条件及特征

1)煤层自燃

暴露在空气中的煤,由于氧化放热导致温度逐渐升高,至70~80℃以后温度升高速度骤然加快,当达到煤的着火点(300~350℃)时,引起燃烧,这种现象称为煤层自燃。

(1)煤层自燃条件。

从煤的氧化自燃过程可以看出,煤炭自燃的必要充分条件是:

①煤炭具有自燃的倾向性,并呈破碎状态堆积存在,堆积厚度一般大于0.4m。

②连续的通风供氧维持煤的氧化过程不断地发展,实验表明,氧浓度>15%时,煤炭氧化方可较快进行。

③煤氧化生成的热量能大量蓄积,难以及时散失。

④以上三个条件共存的时间大于煤层的自燃发火期。

(2)煤的自燃因素分析。

①煤的炭化程度。煤层的自燃性一般随煤炭的变质程度的增高而降低,一般情况下挥发分含量在12%以下的无烟煤难以自燃,但若有其他原因,也可能产生自燃。

②煤岩组分。煤层中有集中的镜煤和亮煤,特别是含有丝煤时,煤的自燃倾向就大,而暗煤多的煤,一般不易自燃。

③煤的含硫量。含硫分越高,吸氧能力越大,越易自燃,含黄铁矿、黄铜矿结核较多,也具有自燃危险性。

④煤的破碎程度。煤的破碎程度大，增加了煤的氧化表面积，使煤的氧化速度加快，容易自燃。脆性与风化率较大的煤易于自燃。

⑤煤的水分。水分能加速煤的氧化过程，同时使煤体疏松、造成细微裂隙，加大吸氧能力，并降低着火温度，但过多水分则可抑制煤的氧化。

⑥地质构造。地质构造复杂、围岩及煤层破碎带易引起煤层自燃。

⑦施工条件及通风方式。施工方法与通风方式若选择不合理，往往造成揭露煤层后封闭不及时或封闭不严，给煤层自燃造成良好条件，增加自燃的可能性。

(3)煤的自燃过程。

煤炭的自燃过程按其温度和物理化学变化特征，分为潜伏(准备)、自热、自燃和熄灭四个阶段，如图 12.1 所示，图中虚线为风化进程线。潜伏期和自热期之和为煤的自然发火期。

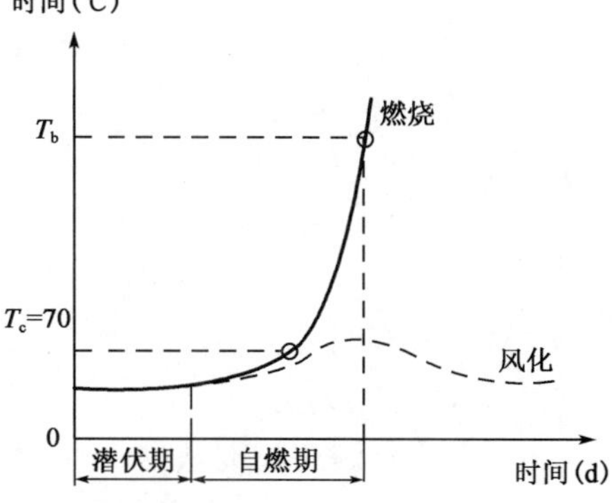

图 12.1　自燃过程温度与时间的关系

①潜伏(自燃准备)期。煤接触空气起至煤温开始升高的时间区间称为潜伏期，煤与氧的作用是以物理吸附为主，放热很小，无宏观效应；经过潜伏期后煤的燃点降低，表面的颜色变暗。

②自热阶段。温度开始升高起至温度达到燃点的过程称为自热阶段。自热过程是煤氧化反应自动加速、氧化生成热量逐渐积累、温度自动升高的过程。其特点是：

a. 氧化放热较大，煤温及其环境(风、水、煤壁)温度升高。

b. 产生 CO、CO_2 和碳氢(C_mH_n)类气体产物，并散发出煤油味和其他芳香气味。

c. 有水蒸气生成，火源附近出现雾气，遇冷会在巷道壁面上凝结成水珠，即出现“挂汗”现象。

d. 围观结构发生变化。

③燃烧阶段。煤温达到自燃点后，若能得到充分供氧，则发生燃烧，出现明火。这时会生成大量的高温烟雾，其中含有 CO、CO_2 以及碳氢类化合物。若煤温达到自燃点，但供风不足，则只有烟雾而无明火，此即为干馏或阴燃。

④熄火。熄火时应及时发现，采区有效的灭火措施，煤温降至燃点以下，燃烧熄灭。

(4)煤的自燃发火期。

从(火源处的)煤层被开采破碎、接触空气之日起，至出现自燃现象或温度上升到自燃点为止，所经历的时间称为煤层的自然发货期，以月或天为单位。煤层的自燃发火期取决于煤的内部结构和物理力学性质、煤的堆积形态参数(分散度)、裂隙或孔隙度、通风供氧、蓄热和散热等外部等因素。

2)瓦斯燃烧

瓦斯暴露在空气中，如遇火源将发生燃烧或爆炸。瓦斯燃烧是瓦斯和空气的混合气体在火源或灼热固体残渣的诱发下发生的一种迅猛的氧化还原反应，同时释放出大量的热量和有毒有害气体，使人员发生中毒或窒息事故。这些气体主要包括一氧化碳、二氧化碳、硫化氢、二氧化硫等。它们的化学反应方程式如下：

$$C+O_2=CO_2 \tag{12.1}$$

$$CH_4+O_2=CO_2+2H_2O \tag{12.2}$$

$$2C_2H_2+5O_2=4CO_2+2H_2O \tag{12.3}$$

瓦斯燃烧应该同时具备以下三个条件：

(1)瓦斯必须暴露在适合的空气中(有足够的氧气浓度)。当氧气浓度减少到12%以下时，瓦斯遇火将发生燃烧。

(2)有一定的瓦斯浓度。当瓦斯浓度在16%或低于5%时，遇火发生燃烧，若瓦斯浓度在5%～16%时，将发生瓦斯爆炸，如图12.2所示。

(3)需要有明火火源。

3)其他外因火灾

(1)产生外因火灾的条件

产生外因火灾的三个必要条件是：有可燃物存在、有足够的氧气和足以引起火灾的热源。这也称为火灾三要素，如图12.3所示。缺少任何一个要素，火灾都不能发生，或者正在发生的火灾也会熄灭。

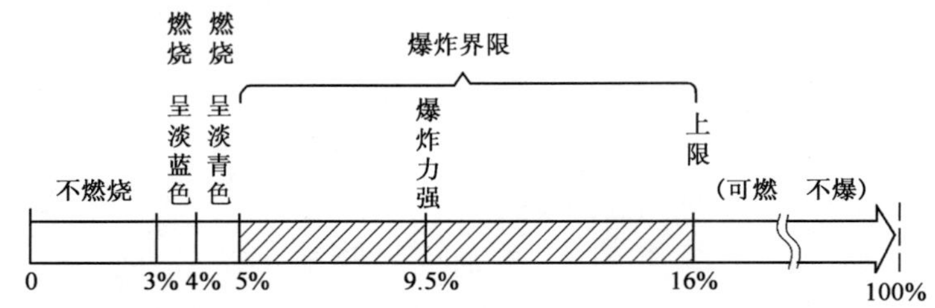

图12.2 瓦斯燃烧界限示意图

图12.3 火灾三要素

①可燃物。在含煤层的瓦斯隧道里，煤炭本身就是一个大量而且普遍存在的可燃物。另外，在生产过程中产生的煤尘，涌出的瓦斯以及所用的坑木，运输机胶带，电缆，机电设备，油料、炸药等都具有可燃性。它们的存在是发生火灾的前提条件。

②热源。对内因火灾来说，热源是煤(或者黄铁矿等)的低温氧化生成热并且热量大量积聚而形成的，并且内因火灾热源的形成需要持续一定时间。

对外因火灾来说，最常见的热源主要是机械摩擦、瓦斯煤尘爆炸、炸药爆破引起的瓦斯燃烧，电源短路火花、电焊和喷灯焊等引发的。

③氧气。在一般通风的隧道中，空气中的氧气含量基本与地面的空气相同，因此，隧道内为燃烧提供的氧气充足。但在通风不良的地段，为燃烧提供的氧气量可能不足，就不会产生明火燃烧。所有的有火焰的燃烧都会在氧气浓度低于10%～12%时熄灭，但是低温干馏性的燃烧却要在氧气浓度低于2%时才会熄灭。在氧浓度低于12%的空气中，瓦斯会失去爆炸性。

(2)燃烧具有的特征。

①存在激烈的氧化反应。所谓燃烧，就是指可燃物与氧化剂作用发生的放热反应，通常伴

有火焰、发光和发烟的现象。燃烧区的温度很高，使其中白炽的固体粒子和某些不稳定(或受激发)的中间物质分子内电子发生能级跃迁，从而发出各种波长的光；发光的气相燃烧区就是火焰，它的存在是燃烧过程中最明显的标志；由于燃烧不完全等原因，会使产物中混有一些微小颗粒，这样就形成了烟。

从本质上说，燃烧是一种激烈的氧化还原反应，但其放热、发光、发烟、伴有火焰等基本特征表明它不同于一般的氧化还原反应。燃烧现象十分普遍，但其发生必须具备一定的条件。作为一种特殊的氧化还原反应，燃烧反应必须有氧化剂和还原剂参加，此外还要有引发燃烧的能源。

②产生热、辐射和烟流，具体如下：

a. 热量。燃料的发热量(或称热值)是指单体质量或单位体积(对气体燃料而言)的燃料完全燃烧时所能释放出的最大热量，一般用 kJ/kg(kcal/kg)(对固体和液体燃料)或 kJ/Nm^3 (kcal/Nm^3)(对气体燃料)来表示。它是衡量燃料燃烧放热的指标，燃料发热量的高低显然决定于燃料中含有可燃物质的多少。

b. 热辐射。是物体因其自身温度而发射出的一种电磁辐射，它以光速传播，当一个物体被加热其温度上升时，一方面它将通过对流损失部分热量(若置于流体中，如空气)，同时也通过热辐射损失部分热量。火灾中的热辐射包括物体表面的能量交换。

c. 烟流。所谓“烟”，即单指燃烧产物中颗粒相和冷凝相组分。而“烟气”中的“气”则包括三部分：一是空气中原有空气中经燃烧后剩余的气体；二是燃烧过程中产生的气体；三是烟气在运移过程中外部空气的混入。烟气中的气体成分含有较多的氮气、CO_2 和 CO，而含有的氧气量相对较少。烟雾在形态和构成上有着很大的差异，在燃料阴燃和热解过程中经常产生微小的液相颗粒，这时其烟雾为浅色。而在明火燃烧过程中经常产生固相含炭颗粒，这时其烟雾为黑色。火焰辐射的大部分能量来源于火焰中炭颗粒的黑体辐射，应该指出的是，微小的烟颗粒，尤其是液相颗粒，在其运动中会不断变化，例如在液滴表面发生的冷凝和汽化、蒸汽凝结产生新液滴、两个或多个颗粒的结合等。

12.1.3 隧道的火灾特点

隧道里空间小，工作场所狭窄；电气设备多，易燃物多，煤本身就可以引燃，再加上防火设施不健全，灭火器材不齐全，隧道内又有新鲜风流，一旦发生火灾，不像地面火灾那样容易扑救。而且各种火灾(如电气失火、油料起火、瓦斯燃烧形成的火灾及煤炭自燃等)都可能发生，扑救方法也各不相同。如果灭火不及时或处理不当，就会蔓延发展，往往酿成大火，这就使得灭火工作更加困难。同时，隧道内工作人员集中，遇有火灾，难于躲避和疏散，这都会加重火灾造成的损失。

12.1.4 火灾的危害

隧道里空间小，工作场所窄，电气设备多，坑木等易燃物多，煤本身就可以引燃，再加上防火设施不健全，灭火器材不齐全，隧道内又有新鲜风流，一旦发生火灾，就不像地面火灾那样容易扑救。而且各种火灾(如电气失火、油料起火、瓦斯燃烧形成的火灾及煤炭自燃等)都会发生，扑救方法也各不相同。如果灭火不及时或处理不当，就会蔓延发展，往往酿成大火，这就使得灭火工作更加困难。同时,隧道内工作人员集中,遇有火灾,难于躲避和疏散,这都会加重火灾造成的损失。

隧道火灾是由于隧道内的可氧化和可燃物发生缓慢或者激烈的氧化反应形成持续燃烧而造成的,其微观表现主要是氧化反应及其引发其他复杂的物理化学变化,而其宏观表现主要有两个方面,一是热的产生及其传递,二是有毒有害气体的产生。

火灾发展到明火阶段或者说是比较猛烈的阶段,就可能出现的许多火灾的伴生现象,主要有:

(1)产生大量的高温火烟。

随着火灾的发展,火烟越来越浓,同时温度也越来越高。火源附近温度往往超过 1 000℃以上,而高温的烟流即便是在离火源很远的地点,也能达到 100℃以上,这给灭火工作带来巨大困难。同时,在这些火烟中带有大量的有害和有毒气体,如 CO 和 CO_2 等以及其他的可燃有毒气体,严重地威胁现场工作人员的安全。

(2)可燃气体或煤尘爆炸。

这种现象是矿井发火后救灾过程中常常碰到的危险现象。不论是高瓦斯矿井,还是低瓦斯矿井都是可能的,因此必须给予应有的重视。

在瓦斯隧道里,正常情况下,含有的可燃物质有沼气和煤尘等。发生火灾时则还会混入一些煤干馏的产物如甲烷(CH_4)、乙烯(C_2H_4)、乙炔(C_2H_2)和氢气(H_2)等,以及一氧化碳(CO)和一些不完全燃烧的碳质微粒;火灾时测得的一氧化碳(CO)量,至今还很少有超过 6%的情况。从爆炸的观点看,单纯这一部分一氧化碳(CO)还构不成爆炸危险,因为 CO 的爆炸下限为 13%。但是,一旦和那些爆炸下限比较低的碳氢化合物(甲烷 5%、乙烯 4%、苯 2.5%)混合在一起,情况就不同了。因为它们的爆炸下限都较 CO 低,容易形成易爆的混合气体。除此以外,在火烟的成分中还含有不少的炭质微粒,也是能够构成爆炸的因素。

(3)再生火源。

隧道内发生火灾时,如果在高温的火烟流经的路程上渗入新鲜风流将会在渗风地点重新发生燃烧,并引燃可燃物或煤壁形成再生火源。再生火源的产生有两种情况:

①火烟中含有可燃性成分。在这种情况下,当火烟产生的开始阶段可能由于缺氧没有燃烧,但它的温度依然很高。这种高温的火烟在其流动的路程上,一旦渗入了新鲜风流,增加了氧量,它就有可能重新燃烧起来,继之引燃木支架或煤壁。这种现象大多发生在巷道的交叉点。因为在这些地方,缺氧而没有燃烧的火烟即会由于重新得到氧气而着火。

②火烟内不含可燃性成分。尽管火烟不含有可燃性成分,但是如果它的温度甚高,在其流经的沿途完全有可能使木支架或者巷道两帮的煤壁加热到着火温度。一旦有新鲜风流流入此处,支架或煤壁就会燃烧起来,造成再生火源。

1932 年波兰的赫瓦沃维茨矿即发生过类似的现象,当时在回风石门的地方由于外因引起了一场木支架火灾。在这种情况下,可以说火烟不会含有大量的可燃物质,但是在离火源几百米石门穿过煤层的地方却又出现了火源,使木支架和煤壁都着了火。这说明尽管火烟本身不含有可燃性物质,但它的温度很高,也是可以引燃它所碰到的易燃物质形成第二火源的。

由上述可见,矿井发生火灾时,救护人员不仅需要对火区采取措施,迅速予以扑灭,而且还要注意高温火烟流经的路途,以免发生再生火源,使救灾工作复杂化。

12.2　内因火灾防治

根据内因火灾的发火特征，隧道内因火灾的防治主要从预测预报、加强支护、加强通风管理、喷洒阻化剂和预注浆等方面着手。

12.2.1　内因火灾预测预报

1)煤层自燃发火危险因素

从煤的氧化自燃过程可以看出，煤炭自燃必须具备以下三个条件：

(1)煤炭具有自燃的倾向性，并呈破碎状态堆积存在。

(2)连续的通风供氧维持煤的氧化过程不断地发展。

(3)煤氧化生成的热量能大量蓄积，难以及时散失。

第一条为煤的内部特性，它取决于成煤物质和成煤条件，表示煤与氧相互作用的能力；后两条为外因，决定于隧道的地质条件和通风技术条件。

2)煤的自燃因素分析

引起煤自燃的因素较多，主要如下：

(1)煤的炭化程度。煤层的自燃性一般随煤炭的变质程度的增高而降低，一般情况下挥发分含量在12%以下的无烟煤难以自燃，但若有其他原因，也可能产生自燃。

(2)煤岩组分：煤层中有集中的镜煤和亮煤，特别是含有丝煤时，煤的自燃倾向就大；而暗煤多的煤，一般不易自燃。

(3)煤的含硫量：含硫分越高，吸氧能力越大，越易自燃，含黄铁矿、黄铜矿结核较多，也具有自燃危险性。

(4)煤的破碎程度：煤的破碎程度大，增加了煤的氧化表面积，使煤的氧化速度加快，容易自燃。脆性与风化率较大的煤易于自燃。

(5)煤的水分：水分能加速煤的氧化过程，同时使煤体疏松、造成细微裂隙，加大吸氧能力，并降低着火温度，但过多水分则可抑制煤的氧化。

(6)地质构造：地质构造复杂、围岩及煤层破碎带易引起煤层自燃。

(7)施工条件及通风方式：施工方法与通风方式若选择不合理，往往造成揭露煤层后封闭不及时或封闭不严，给煤层自燃造成良好条件，增加自燃的可能性。

3)煤层自燃发火危险性预测

煤样送有关研究单位实验室，进行煤的工业分析、元素分析、破碎性、自燃倾向等级、矿物结构X-射线衍射、色谱吸氧、吸氧速度、氧化气体产物及激烈氧化温度、激烈氧化速率、DSC法测吸热放热特性以及煤自燃潜伏期实验，由获得的煤吸氧氧化动力学特性，热力学特性，预测煤层的发火危险性，并给出煤自燃发火预测气体指标。

4)煤层自燃发火安全监控

根据隧道的安全生产条件，为确保安全生产、提高劳动效率，可以采用矿用安全监测监控系统对隧道内部的环境参数实施监控，若发现隧道内环境参数发生异常变化，则可提前预警，对尽快灭火争取有利时机。

目前国内先进的监测系统主要为中煤科工集团重庆研究院研制生产的KJ90系列煤矿综合监控系统。该系统由地面主站、分站及各种传感器等组成,能连续监测隧道中各种环境参数,如瓦斯、一氧化碳、风速、负压、温度、烟雾、煤位等,还可以根据需要增加其他监控参数的传感器,该系统可由地面主站计算机对各种信息进行分析、判断,实时显示、报警、控制及打印,并提供调度决策,制定最佳调度方案。

常用的用于煤层自燃监控的传感器见表12.1。

煤层自燃监控的传感器配备 表12.1

产品名称	型号	产品名称	型号
高低浓度甲烷传感器	KJ9001C	瓦斯抽放管温度传感器	GW50A
低浓度甲烷传感器	GJ4	风筒传感器	GFK70(A)
温度传感器	GW50A	远程断电器	KDG2
一氧化碳传感器	GTH500(B)	远程馈电断电器	KDG3K
烟雾传感器	GQF0.1(A)	远程馈电断电器	DG0.35/660
氧气传感器	GYH25	隔爆兼本安型馈电断电器	KJD-18
硫化氢传感器	S-100H		

5)自燃发火位置与范围的判断

对于穿过具有自燃发火倾向性煤层的瓦斯隧道来说,若煤层发生自燃,第一时间准确找到火源点位置和发火范围十分重要。隧道开挖过程中,新暴露的煤层往往很快被封闭支护,但有时候存在漏风而使封闭的煤层可能发生自燃。此时,一般可采用以下方法进行确定火源点及范围:

(1)打钻探火法。是根据隧道内气体分析确定的火源点大概位置向该处打探测钻孔,根据钻孔中流出水温或以钻孔温度计测孔底温度来确定火源点位置。找准位置以注泥浆或注凝胶浆就可熄灭该处火点。

(2)测温法。测温是最便捷的发现火源点的方法。可是普通温度计、便携式测温仪只能测量人能接触的煤壁或空气温度,非接触红外温度计也仅能测可视范围的煤壁温度,均不能用于隐蔽火源点探测。钻孔温度计要钻孔到达火源位置才能测到高温。

12.2.2 加强支护

具有自燃倾向性的煤层发生自燃是煤层暴露空气中的时间必须超过其自燃发火期的,因此,预防煤层自燃的措施主要是及时支护、及时喷浆封闭暴露的煤壁,防止煤层长时间与空气接触氧化自燃。

隧道支护形式分为隧道开挖放炮之前的超前支护和开挖掘进之后的后期支护。超前支护分为隧道洞口长管棚支护、Ⅳ级高瓦斯煤层地段的超前锚杆支护、Ⅴ级高瓦斯煤层地段的超前小导管支护。

隧道过煤层段施工过程中要严格按支护工艺及时进行支护,减少煤层暴露时间。

12.2.3　加强通风管理

通风方面的安全技术措施主要是从合理的风量及风速进行设计，合理的风速能及时将煤炭氧化的热量带走，防止煤炭氧化热积聚升温而引起煤炭自燃，合理的风量能及时将揭露煤体涌出的可燃浓度瓦斯稀释至可燃浓度以下。

1)通风方式选择

对穿煤层的瓦斯隧道，通风方式应选择压入式通风。其通风路线为：

进风：地面隧道口通风机→隧道风筒→掘进掌子面。

回风：掘进掌子面→隧道→地面。

2)风量计算

计算的风量除满足隧道施工的正常供风外，还必须满足巷道最低风速要求，即煤层段不低于 0.25m/s，岩层段及已永久支护地段不低于 0.15m/s。隧道内的风量计算方法参照第六章。

3)通风日常管理

(1)现场作业通风每班必须有专人负责通风机的管理、检修和风筒吊挂、接长等工作，并按要求随时测试硐内风速、风量、气温、瓦斯浓度等，作好详细记录，计算有效风量及时报告主管工程师。

(2)施工期间应保持连续通风，无特殊理由，不得停风。在特殊情况下停风时，应先切断隧道里一切电源，停止工作，撤出人员。恢复通风前应首先检查瓦斯浓度，并应符合下列规定：

隧道内最低风速：0.15m/s；

隧道内空气中氧气含量：不小于 20%；

隧道回风流中甲烷浓度：不超过 0.5%；

一氧化碳最高允许浓度：0.002 4%；

氧化氮(换算成 NO_2)最高允许浓度：0.000 25%；

二氧化硫最高允许浓度：0.000 5%；

硫化氢最高允许浓度：0.000 66%；

氨最高允许浓度：0.004%；

二氧化碳最高允许浓度：0.5%；

粉尘最高允许浓度：每立方米空气中含有 10%以上游离二氧化硅的粉尘为 2mg；

硐内气温：小于 26℃。

12.2.4　喷洒阻化剂

1)防灭火技术原理

喷洒阻化剂防灭火技术是通过雾化器加速、加压使阻化剂水溶液变为微小雾滴，雾滴渗透到煤层裂隙中，覆盖在已揭露的煤体表面，对煤体产生物理和化学的综合作用，减少煤体表面与空气的接触面，抑制煤体表面活化物氧化反应速度，达到防止煤体外部松软煤炭氧化聚热自燃的目的。

2)技术特征

阻化剂防灭火是目前国内外正积极推广应用的一种防止煤层自燃的新方法，阻化剂防灭火技术较先进、工艺系统简单、投资较少,且阻化剂来源广、阻化率高、价格低廉。国内阻化剂材料众多,目前最常用的阻化剂有煤矿使用的阻化剂有:氯化钙($CaCl_2 \cdot H_2O$)、氯化镁($MgCl_2 \cdot 6H_2O$)、氯化铵(NH_4Cl)以及水玻璃($xNa_2O \cdot ySiO_2$)等。从目前的应用结果来看,氯化钙、氯化镁、氯化铝、氯化锌等氯化物对褐煤、长焰煤和气煤有较好的阻化效果,水玻璃、氢氧化钙对高硫煤有较高阻化率。

3)系统构成

阻化剂主要采用流动气雾阻化剂灭火系统喷洒,流动气雾阻化剂防灭火系统由储液箱、高压泵、过滤器、电器开关、高压胶管、雾化器等组成,如图 12.4 所示。

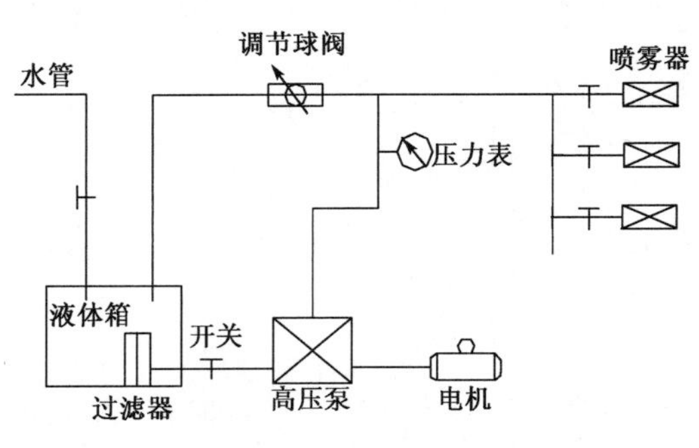

图 12.4 流动气雾阻化剂灭火系统示意图

4)喷洒药量计算

一次喷洒药液量可按下式计算:

$$V_1 = K_1 \cdot K_2 \cdot A \cdot L \cdot H \cdot S \cdot r/R \quad (12.4)$$

式中:K_1——易自燃部位药液量加量系数,一般取 1.2;

K_2——遗煤密度,t/m^3;

A——吸液量,t/t;

r——阻化剂溶液密度,t/m^3;

L——巷道周长,m;

H——底板遗煤走向长度,m;

S——底板遗煤厚度,m;

R——雾化率,%。

一次喷洒所需阻化剂用量可按下式计算:

$$V_2 = V_1 \times \rho \quad (12.5)$$

式中:V_1——一次喷洒药液量,t;

ρ——阻化剂浓度,%。

实施时,每班 1 只喷枪对煤壁暴露区喷雾,喷雾工作时间为 1h/班。

5)掌子面日喷洒次数

掌子面作业形式为:阻化剂的循环喷洒进度按照围岩级别支护形式,Ⅳ级围岩按 0.75m 每循环,Ⅴ级围岩按 0.5m 每循环进行喷洒。

6)注意事项

采用阻化剂防灭火时,应遵守下列规定:

(1)选用的阻化剂材料不得污染空气和危害人体健康。

(2)必须在使用中对阻化剂的种类和数量、阻化液配比浓度、阻化效果等主要参数作准确把握。

(3)应采取防止阻化剂腐蚀机械设备、支架等金属构件的措施,包括:

①高压胶管、喷雾器必须保持完好,严禁泄露。

②喷雾器必须对准煤层顶区及煤壁喷雾,不得在风速较大的地点开启喷雾器。

③喷洒工作安排在放炮出渣后及喷浆前进行。

④每班喷洒前应对喷洒地点附近的各种设备、材料采取保护措施；每班喷洒完毕后，要及时用清水冲洗喷洒地点附近的各种设备、材料，防止因风速较大点的雾状阻化剂漂移附着在设备、材料上。

12.2.5　煤体灌浆

1)防灭火技术原理

灌浆灭火是一种常用的灭火方法。灌浆就是把黏土、粉碎的页岩、电厂飞灰等固体材料与水混合、搅拌，配制成一定浓度的浆液，借助输浆管路注入或喷洒在发火区域内，达到防火和灭火的目的。

灌浆防灭火的作用为：充填煤岩裂隙及其孔隙的表面，增大氧气扩散的阻力，减小了煤与氧的接触和反应面；浆水浸润煤体，增加煤的外在水分，吸热冷却煤岩；加速采空区冒落煤岩的胶结，增加采空区的气密性。灌浆防火的实质是，抑制煤在低温时的氧化速度，延长自燃发火期。

2)系统构成及操作过程

灌浆系统由制浆、输浆和灌浆三部分组成。

(1)浆液的制备。

浆材必须满足下列基本要求：

①不含或少含可燃和自燃物质。

②不含催化物质。

③粒度一般不大于2mm，而且细小颗粒应占大部分。对于黏土，$d \leqslant 0.1$mm的颗粒应占60％～70％；对于页岩，$d \leqslant 0.077$mm者应占70％～75％。

④比重一般要求为2.5～2.6。

⑤胶体混合物浓度(按MgO计)25％～30％。

⑥塑性指数IP适中。根据原苏联经验认为IP＝9～11最适宜用于灌浆，IP＜7的岩浆不适合灌浆。

我国灌浆主要材料有黄土、粉碎的页岩、粉碎的矸石、电厂飞灰及水泥等，隧道灌浆一般采用水泥作为浆材。

(2)浆液的输送。

隧道内注浆可以采用高压注浆泵通过钻孔注入煤体。注浆系统布置如图12.5所示。

灌浆系统所需主要设备有：潜水泵、泥浆搅拌机、减速器、下液式泥浆泵、注浆管、高压胶管和供水管等。

(3)灌浆管理。

加强灌浆管理对保证灌浆质量，提高灌浆效果至关重要。随采随灌时注意观察灌入水量与排水量比例，如果排出水量过少，则说明灌浆区可能有泥积存，应停止灌浆。如果排出水里含泥量过大或过于集中，说明灌浆区域已形成泥浆沟，灌浆不均匀，应移动管口位置。灌

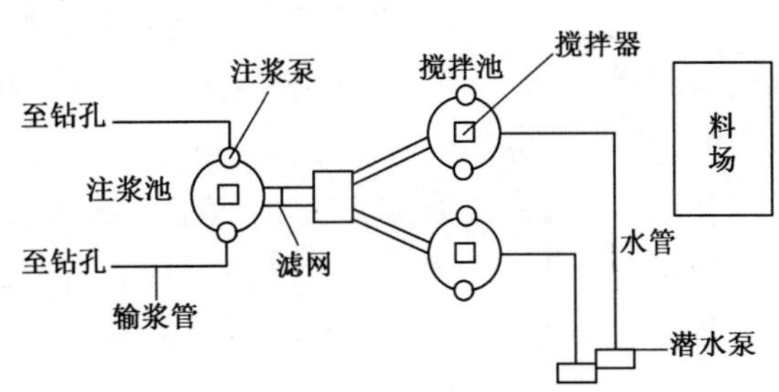

图12.5　注浆系统布置示意图

浆后应再灌几分钟清水,清洗管道,以免泥浆在管道内沉淀。

3)灌浆量计算

根据《公路隧道设计细则》(JTG TD70—2010),注浆量采用下式计算:

$$Q=\pi R^2 H\eta\beta \tag{12.6}$$

式中:Q——注浆用量,m^3;

R——浆液扩散半径,m;

H——压浆段长度,m;

η——岩层孔隙率,可取1%~5%;

β——浆液裂隙内的有效充填系数,可取0.3~0.9,视岩层性质定。

12.3 外因火灾防治

预防外因火灾发生有两个方面:一是防止火源产生;二是防止已发生的火灾事故扩大,以减少火灾损失,预防外因火灾的主要技术措施有以下几个方面:

12.3.1 加强外因火灾预测预报

加强外因火灾预测的任务是,通过对隧道内可燃物和潜在火源分布调查,确定可能产生外因火灾的空间位置及其危险等级。准确的预测,可以使外因火灾的预防更有正对性,灭火准备更充分。

外因火灾预测可遵循如下程序:

①调查隧道内可能出现火源(包括潜在火源)的类型及其分布。

②调查隧道内可燃物的类型及其分布。

③划分火灾危险区(可燃物和火源同时存在的地区视为危险区)。

外因火源的预报可以采用人工预报与自动预报相结合的方式进行:

(1)利用人体生理感觉预报火灾。

①嗅觉。可燃物受高温或火源作用,会分解生成一种正常时大气中所没有的、异常气味的火灾气体,可以通过嗅觉进行报警。

②视觉。人体视觉发现可燃物起火时产生的烟雾进行报警。

③感(触)觉。当可燃物发生燃烧火灾在燃烧初级阶段都会产生大量有毒有害气体,当接近火源时,会有头痛、闷热、精神疲乏等不适感觉,可以进行报警。

(2)利用自动监控系统进行预报。

利用监控系统对隧道内主要有毒有害气体进行监控,如CH_4、CO、CO_2、H_2S及SO_2等。若发现以上有毒有害气体浓度发生异常变化,随即发出火灾警报,预防矿井外因火灾的主要措施是防止井下出现明火、电火、炮火。

12.3.2 加强通风管理

加强通风管理主要是从合理的风量、风速进行设计,合理的风速能及时将积存的瓦斯带走，防止瓦斯积聚而引起瓦斯燃烧、爆炸造成的外因火灾。

(1)加强通风管理，隧道每个掌子面必须根据规定配足风量，按瓦斯绝对涌出量计算风量时，隧道内所有地点的瓦斯浓度需稀释到0.5%以下，隧道中的风速不宜小于1m/s，并应保证连续通风。

(2)压入式通风机必须装设在洞外，避免污风循环。

(3)加强隧道瓦斯浓度监测，对于隧道内易于积聚瓦斯的地方，强化管理，要经常检查其浓度，尽量使其通风状况合理，若发现瓦斯超限应及时处理。

12.3.3　防止明火

火源是外因火灾必不可少的要素，要想防止外因火灾的发生，首先需在隧道作业区域内防止一切明火，隧道内防止明火主要做到以下几点：

(1)建立健全入隧道搜身制度，禁止携带一切火源及易燃物品入隧道。

(2)隧道入口20m范围内和隧道洞口内部不准从事电焊、气焊和使用喷灯接焊等工作。如果必须使用，则须制定安全措施，并报上级批准，该措施必须有针对性，不准搞“通用”措施。

(3)对电弧、火花也要进行严格的管理，应选用矿用安全型、矿用防爆型或矿用安全火花型电气设备。在使用中要做到电器设备性能完好，电路敷设符合要求，过流、接地、检漏装置等保护系统要安装齐全。

(4)隧道口和通风机附近20m范围内，不得有烟火或用火炉取暖。

(5)停电、停风时，要通知瓦斯检查人员检查瓦斯；恢复送电时，要经过瓦斯检查人员检查后，才准许恢复送电工作。

(6)严格执行“一炮三检”制度。同时还必须加强对放炮工作的管理，封泥量一定要达到相关规定的要求，决不允许在炮泥充填不够或混有可燃物及炸药变质的情况下放炮。

12.3.4　建立消防设施

(1)在瓦斯工区内必须设置消防水池和消防用砂，水池应保持不少于200m^{3}的储水量，并保持一定的水压。

(2)在瓦斯工区内须设置消防管路系统，并每隔100m设置一个消防阀门或消防栓。

(3)瓦斯作业区内应设置灭火器及消防设施，并经常保持良好状态。

12.3.5　加强电气设备防爆管理

(1)必须选用经检验合格的并取得煤矿矿用产品安全标志的阻燃电缆，电缆主线芯的种类、截面等必须符合《煤矿安全规程》第四百六十七条的规定。

(2)电气设备的检查、维护和调整，必须由取得特种作业资格证的专职电气维修工进行。高压电气设备的修理和调整工作，应有工作票和施工安全技术措施。

(3)隧道内防爆电气设备的运行、维护和修理，必须符合防爆性能的各项技术要求。防爆性能遭受破坏的电气设备，必须立即处理或更换，严禁继续使用。

(4)电气设备使用的绝缘油的物理、化学性能检测和电气耐压试验，每年应进行1次，但对操作频繁的电气设备使用的绝缘油，应每6个月进行1次耐压试验。

油断路器经3次短路故障后,其绝缘油应加试1次耐压试验,并检查有无游离碳。

不符合标准的绝缘油必须及时处理或更换。油浸电气设备的绝缘油量应定期检查,并保持规定油量。

更换和试验矿用设备绝缘油应有专门记录并明确专门部门保存备查。

(5)隧道中电气设备保护应符合下列规定:

①隧道中使用的电气设备必须是煤矿许用防爆设备。

②矿用隔爆型高压真空配电装置须具有过载保护、短路保护、欠压脱扣保护、漏电保护等功能。

③低压磁力起动器具有过载保护、短路保护和失压保护等功能。

④矿用隔爆型照明综合控制装置具有短路保护、漏电及漏电闭锁、电缆绝缘危险指示功能。

⑤根据配电网络的最大三相短路电流校验开关设备的分断能力和动、热稳定性以及电缆的热稳定性,用最小两相短路电流校验保护装置的可靠动作系数。

⑥隧道中设有完整的接地系统,电气设备的金属外壳和构架必须进行保护接地,接地网任一保护接地点测得的接地电阻值不超过2Ω,每一移动式和手持式电气设备至局部接地极之间的接地线的电阻值,不得超过1Ω。局部接地极、辅助接地极及其连接母线,均按规程规范要求和设计文件要求安装敷设和运行管理。

⑦进入隧道中的电力电缆、通信及信号电缆均应在隧道入口处设防雷装置和熔断器。

⑧进入隧道中的各种管道必须在隧道入口附近设不少于两处的良好的防雷电接地装置,在隧道中的管道每隔20m须用金属线跨接,以防电磁感应波及隧道里。金属结构与管道、铠装电缆之间的距离小于100m时,每隔20m须用金属线跨接,此外,管接头、弯头等接触不可靠的地方,也应用金属线跨接。

⑨隧道中出来的架空排水管,在隧道出口处采取可靠的接地。

⑩管线及轨道敷设及其他。风筒、风管、水管、电缆线等吊挂方式须采用施工临时加工的金属挂钩吊挂在隧道的两壁。进入隧道的风管、瓦斯管等管路在隧道入口处设置两组接地极防止雷电及杂散电流入井。

进入隧道内安装使用的通风风筒、塑料管必须具有阻燃、抗静电性能。

进入隧道内所有作业人员,必须使用煤矿用防爆专用矿灯,并具有短路保护器;矿灯房人员应及时检查、维修使用后收回的矿灯,严禁将失爆、不完好的矿灯发放给进入隧道的人员使用。

12.3.6 加强装载、运输设备管理

(1)装载与运输。采用防爆型装岩机装煤矸,采用防爆型运输设备将煤矸运输至地面矸石场。

(2)混凝土搅拌及喷浆设备。隧道各施工作业场所进行喷浆支护,必须使用符合煤矿防爆标准的专用混凝土搅拌机及喷浆机。

(3)隧道中,应备有灭火器材,灭火器材包括高倍泡沫灭火器、灭火砂、灭火软管等,其数

量、规格和存放地点，应符合有关规定并在灾害预防和处理计划中确定。

(4)装载机、运输设备必须进行防爆、防火特殊处理，确保在启动、运行等操作时不产生火花和温热废气。

(5)装载机装载时必须采用人工洒水将矸石浇湿，降低其温度及减少粉尘飞扬。

12.3.7　外因火灾治理

外因火灾治理的主要内容即为扑灭外因火灾，实质上就是把正在燃烧体系内的物质冷却，将其温度降低到燃点之下，使燃烧停止。常用灭火方法分为直接灭火、隔绝灭火和联合灭火三大类。其中直接灭火方法有：用水灭火、用化学灭火器灭火(液体泡沫灭火器、干粉灭火器等)、用高倍数泡沫灭火、用沙子灭火等。

1)直接灭火方法

采用灭火剂或挖出火源等方法把火直接扑灭，称为直接灭火法。在隧道内，凡是能用直接灭火的，均应尽量采用直接灭火。常用灭火剂有水、泡沫、干粉、二氧化碳、四氧化碳、卤代烷、惰气、沙子或岩粉等。

(1)水。

水是不燃液体，是消防上常用的灭火剂之一。使用方法有水射流和水幕两种形式。应注意，以下外因火灾是不宜用水扑灭：电气(带电)火灾；轻于水和不溶于水的液体和油类火灾；遇水能燃烧的物质(如电石、金属钾钠等)火灾；精密仪器火灾；硫酸、硝酸和盐酸等火灾。

用水直接灭火时，要注意：

①要有充足的水量，并应先从火源外围逐渐向火源中心喷射水流。

②要保持正常通风，并要有畅通的回风道，以便及时将高温气体和水蒸气排出。

③用水灭电气设备火灾时，首先要切断电源。

④灭火人员一般不准在火源的回风侧，以避免火烟、蒸汽伤人。

(2)泡沫。

泡沫是一种体积小，表面被液体围成的气泡群。泡沫的相对密度小(d=0.1～0.2)，且流动性好，可实现远距离立体灭火，具有持久性和抗燃烧性，导热性能低，黏着力大。泡沫覆盖在火源周围，形成严密的覆盖层，并能保持一定时间，使燃烧区与空气隔绝，具有窒息作用；覆盖层具有防辐射和热量向外传导作用；泡沫中的水分蒸发可以吸热降温，起到冷却作用。泡沫灭火剂可分为化学灭火剂和空气泡沫灭火剂两类。

①化学泡沫灭火剂。化学泡沫是由两种化学泡沫粉与水混合后发生化学反应而生成的水溶液，经发泡机后形成。化学泡沫灭火剂对扑灭石油和石油产品以及其他油类火灾十分有效。但不宜用于扑灭醇类、醚类和酮类等水溶液的火灾以及电器火灾。化学泡沫灭火剂的性能好，但成本高。

②高倍空气泡沫。空气泡沫可分为普通蛋白泡沫、氟蛋白泡沫、抗溶性泡沫以及中倍泡沫和高倍泡沫多种。高倍泡沫(发泡倍数在500～10 000)主要用于火源集中、泡沫易堆积场合的火灾，如井下巷道、采掘工作面、室内仓库和机场设施等处火灾。

(3)干粉。

干粉是靠加压气体的压力从喷嘴内喷出，形成一股雾状气流，射向燃烧物，接触火焰和高温后,受热分解,吸热并放出不燃气体[NH_3 和 $H_2O(g)$],可以稀释火区范围内的氧浓度;干粉及其热解产物可抑止碳氢自由基生成,破坏燃烧链反应;细的粉末在高温作用下溶化、胶结,形成覆盖层具有良好的“热帐”作用。

干粉灭火剂可以扑灭 A、B、C、D 类和电气火灾,常见的灭火器有灭火手雷和喷粉灭火器。

(4)卤代烃灭火剂。

常用的卤代烃灭火剂是用氟、氯、溴取代甲烷和乙烷中的氢而成,因此也叫卤代烷灭火剂。其种类有二氟一氯一溴甲烷(CF_2ClBr)、三氟一溴甲烷(CF_3Br)等。为了读写方便,根据其原子数用 4 个阿拉伯数字作为它的代号。例如,二氟一氯一溴甲烷可用 1211 代替,三氟一溴甲烷用 1301 代替,依此类推。

(5)沙子和岩粉。

沙子和岩粉在煤矿广泛应用于扑灭电气火灾。在井下机电硐室、井上下变电所等地方设有防火沙或岩粉池。

2)隧道灭火注意事项

(1)要保持隧道的通风原状,即风机停止运转的不要随便开启,风机开启后不要盲目停止。

(2)如发火巷道有爆炸危险,不得入内灭火,而要在远离火区的安全地点建筑密闭墙,或者等待专业救援队伍进行灭火。

(3)火灾发生时,瓦斯浓度不超过 2%时,可在通风的情况下采用干粉灭火器、水等直接灭火。灭火后,必须仔细清查阴燃火点,防止复燃。若瓦斯浓度超过 2%仍在继续上升,要立即把人员撤到安全地点,等待专业救援队伍。

(4)火灾发生在隧道的中段时,灭火过程中必须检测流向火源的瓦斯浓度,防止瓦斯经过火源点,如果情况不清不应盲目进入灭火。

12.4 防灭火管理

防灭火管理要求如下:

(1)加强电气设备的检查和维护,严禁带电检修和搬迁电器设备,电器设备严禁有失爆现象。掌子面配备不少于 3 个灭火器,挂在距掌子面 30m 处。二衬台车上配备好不少于 3 个灭火器。

(2)监测工在隧道内安设温度、一氧化碳传感器,温度、一氧化碳传感器应和瓦斯传感器 T2 的安装位置相同,温度传感器的报警值为 26℃。一氧化碳传感器的报警值为 24ppm。

(3)监测信号必须在监测屏幕上显示,监测中心值班人员必须经常注意监测屏幕上的监测情况,出现异常时必须立即向现场揭煤领导小组值班领导汇报,现场揭煤领导小组必须派人立即调查清楚原因,采取措施进行处理。

(4)监测工必须每天对温度、一氧化碳传感器进行维护,保证监测探头灵敏、准确、可靠。安全监控系统出现故障时,必须待安全监控系统恢复正常后方可恢复掘进。

(5)隧道内不得进行电焊、气焊工作。特殊不可避免的焊接,在焊接过程中瓦检员必须随时检查检查焊接地点前后各 10m 范围内的瓦斯浓度。只有瓦斯浓度低于 0.5%、焊接地点前后各10m范围内无可燃物、焊接地点有可供水的水管和三个灭火器的情况下方可焊接。焊接结束后必须派专人检查，在确认无残火后人员才能离开。

(6)隧道内不准存放各种油类。一切油类应运到隧道外处理，不得洒在隧道内。隧道硐内不得乱丢棉纱，布头和纸张。必须存放时，应放在盖严的铁制容器里。隧道内用过的棉纱、布头和废纸，应由专人送到隧道外处理。

(7)掘进过程中，当出现火情时，现场人员应采取一切尽可能的办法灭火，若火势大，无法直接扑灭时，应立即将人员撤出至隧道外广场，并向现场揭煤领导小组值班领导汇报，现场揭煤领导小组值班领导应按《灾害预防与处理计划》组织抢险救灾。

第13章 公路瓦斯隧道施工防治水技术

隧道开挖过程的防治水主要有防治滴水和防治突水两种。漏水的长期作用,可能造成隧道侵蚀破坏,危害隧道结构的耐久性;寒冷地区,尤其是严寒地区,隧道衬砌渗水反复的冻融循环,在衬砌内部造成衬砌混凝土冻胀开裂破坏;隧道漏水还将使隧道拱部和侧墙产生冰凌侵入净空;隧道滴水将使路面结冰,降低轮胎与路面的附着力,恶化隧道的营运条件,危及行车安全;隧道渗漏水还将极大地降低隧道内各种设施的使用功能和寿命;隧道突水过程中常伴有涌泥、涌砂甚至滚石现象,往往造成隧道淹没、机械毁坏,导致施工中断、工期拖延。在高压富水区发生的突水灾害往往具有很强的破坏性,极易造成重大的人员伤亡事故,对隧道施工期安全极具危害。

因此,隧道防排水设计应对地表水、地下水进行妥善处理,结合隧道支护衬砌采取可靠的防水、排水措施,使洞内外形成一个完整的通畅的防排水系统。

13.1 防治水基本知识

13.1.1 水害分类

1)按水的来源分类

根据水的来源可分为地下水害、地表水害和老窑积水水害。

(1)地表水。

地表水体包括河流、湖泊、池沼和水库等,大气降水也是地表水的水源。其水源可能通过隧道入口、裂隙、断层带及封闭不良、钻孔充水或导水进入隧道。

(2)地下水。

地下水是指赋存于地表以下岩层空隙中的重力水,岩层的空隙是地下水存在的先决条件,也是地下水储存和运动的场所。地下的岩层分为隔水层和含水层,由于隔水层和含水层的存在并具备一定的隔水界面与之相组合时,就会形成储水构造。该种模式决定了含水层中的地下水承受静水压力,称之为承压水。

地下水根据含水岩空隙性质不同可以分为孔隙水、裂隙水和岩溶水。大气降水是地下水的主要补给来源。

(3)老窑积水。

古代的小煤窑和近代煤矿的采空区及废弃巷道由于长期停止排水而保存的地下水，称为老窑积水。尤其是年代久远缺乏足够资料的这种老窑积水，是隧道开挖中最危险的水患之一。

老窑积水某种程度上讲，也属于地下水。

2)按突水量的大小分类

按照突水点每小时突水量的大小，将突水点划分为小突水点、中等突水点、大突水点、特大突水点四个等级。

(1)小突水点：$Q \leqslant 60m^3/h$。

(2)中等突水点：$60m^3/h < Q \leqslant 600m^3/h$。

(3)大突水点：$600m^3/h < Q \leqslant 1\,800m^3/h$。

(4)特大突水点：$Q > 1\,800m^3/h$。

13.1.2　突水预兆

1)一般预兆

(1)煤层变潮湿、松软；煤帮出现滴水、淋水现象，且淋水由小变大；有时煤帮出现铁锈色水迹。

(2)掌子面气温降低，或出现雾气或硫化氢气味。

(3)有时可听到水的“嘶嘶”声。

2)底板灰岩含水层突水预兆

(1)掌子面压力增大，底板鼓起。

(2)掌子面底板产生裂隙，并逐渐增大。

(3)沿裂隙或煤帮向外渗水，随着裂隙的增大，水量增加，当底板渗水量大到一定程度时，煤帮渗水可能停止，此时水色时清时浊，底板活动时水变浑浊、底板稳定时水色变清。

(4)底板破裂，沿裂缝有高压水喷出，并伴有“嘶嘶”声或刺耳水声。

(5)底板发生“底爆”，伴有巨响，地下水大量涌出，水色呈乳白色或黄色。

3)松散孔隙含水层突水预兆

(1)突水部位发潮、滴水且滴水现象逐渐增大，仔细观察可以发现水中含有少量细砂。

(2)发生局部冒顶，水量突增并出现流沙，流沙常呈间歇性，水色时清时混，总的趋势是水量、沙量增加，直至流沙大量涌出。

(3)顶板发生溃水、溃砂，这种现象可能影响到地表，致使地表出现塌陷坑。

13.1.3　公路隧道防治水一般要求

1)公路隧道防排水要求

(1)高速公路、一、二级公路的防排水应满足以下要求：

①拱部、边墙、路面、设备箱洞不渗水。

②有冻害地段的隧道衬砌背后不积水，排水沟不冻结。

③车行横通道、人行横通道等服务通道拱部不滴水，边墙不淌水。

(2)三、四级公路的防排水应满足以下要求：

①拱部、边墙不滴水，路面不积水，设备箱洞不滴水。

②有冻害地段的隧道衬砌背后不积水，排水沟不冻结。

2)隧道洞体防漏水要求

(1)隧道采用复合式衬砌时，在初期支护与二次衬砌之间应设置防水板及无纺布，要求如下：

①无纺布密度不小于 $300g/m^2$。

②防水板应采用易于焊接的防水卷材，厚度不小于 1.0m，接缝搭接长度不小于 100mm。

(2)隧道二次衬砌应满足抗渗要求。混凝土的抗渗等级，有冻害地段及最冷月份平均温度低于$-15°$的地区不低于 S8，其余地区不低于 S6。

(3)隧道二次衬砌的施工缝、沉降缝、伸缩缝应采取可靠的防水措施。

(4)有侵蚀性地下水时，应针对侵蚀类型，采用抗侵蚀混凝土、压注抗侵蚀浆液或铺设抗侵蚀防水层。

(5)围岩破碎、涌水易塌陷地段，宜向围岩内预注浆。向衬砌背后压浆时，应防止因压浆而堵塞衬砌背后的排水管道。

(6)当隧道位于常水位以下，又不宜排泄时，隧道衬砌应采用抗水压衬砌。

3)隧道内地面排水要求

(1)隧道洞内宜按地下水和运营清洗污水、消防水分离排放的原则设置纵向排水系统，应能保证排水畅通，避免洞内积水。

(2)隧道内排水应符合下列规定：

①路面两侧应设纵向排水沟，引排营运清洗水、消防水和其他废水。

②隧道纵向排水坡宜与隧道纵坡一致。

③路侧边沟可设置为开口式明沟或暗沟。当边沟为暗沟时，应设沉沙池、滤水篦，其间距宜为 20～30m。

④检修道或人行道面应考虑排水，可酌情设 0.5%～1.5%的横坡，亦可在墙脚与检修道交角处设宽 50mm、深 30mm 的纵向凹槽，以利用道面清洁排水。

(3)路面结构底部排水设施应符合下列规定：

①路面结构下宜设纵向中心水沟(管)，集中引排地下水。

②中心水沟(管)断面积应根据隧道长度、纵坡、地下水渗流量，通过水力计算确定。

③中心水沟(管)纵向应按间距 50m 设沉沙池，并根据需要设检查井。检查井的位置、构造不得影响行车安全，并应便于清理和检查。

④隧底应设横向导水管，以连接中心水沟(管)与衬砌墙背排水盲管。横向导水管的直径不宜小于 100mm，横向坡度不应小于 2%，其纵向间距应根据地下水量确定，一般可按 30～50m 设置。当不设隧底中心水沟(管)时，横向导水管的纵向间距不宜小于 10m。

⑤路面底部应设不小于 1.5%的横向排水坡度。

⑥寒冷和严寒地区有地下水的隧道，最冷月份平均气温低于$-10°$时，应采用深埋中心水沟最冷月份平均气温低于$-25℃$时，应在隧道下设防寒泄水隧洞。

⑦当地下水发育，含水层明显，又有长期充分补给来源时，可利用辅助坑道排水或设置泄

水洞等截、排水设施。

⑧当洞内水质有侵蚀时，应采取适当措施，防止排水造成环境污染。

4)隧道衬砌外排水要求

隧道衬砌外排水设施应符合下列规定：

(1)在衬砌两侧边墙背后底部应设沿隧道的纵向排水盲管(沟)，其孔径不应小于80mm。

(2)沿衬砌背后环向应设置导水盲管，其纵向间距不应大于20m，遇水量较大时，环向盲管应加密。对有集中出水处，应单独设竖向盲管。环向盲管、竖向盲管的直径不应小于50mm。

(3)环向盲管、竖向盲管应与边墙底部的纵向排水盲管(沟)连通；纵向排水盲管(沟)应与横向导水管连通，以形成完整的纵横向排水系统。环向盲管、竖向盲管、纵向排水盲管应用无纺布包裹。

5)洞口外防排水要求

(1)隧道、辅助坑道的洞口及明洞应设置截水沟和排水沟，洞口边坡、仰坡应采取防护措施，防止地表水的下渗和冲刷。

(2)为防止洞外水流入隧道内，可在洞口外设置反向排水边沟或采取截流措施。

(3)明洞防排水要求如下：

①明洞顶部应设置必要的截、排水系统。

②回填土表面宜铺设隔水层，并与边坡搭接良好。

③靠山侧边墙底或边墙后宜设置纵向和竖向盲沟，将水引至边墙泄水孔排出。

④衬砌外缘应敷设外贴式防水层。

⑤明洞与隧道接头处应做好防水处理。

6)特殊地段防排水要求

当隧道通过浅埋、严重偏压、岩溶流泥地段、砂土层、砂卵(砾)石层、回填土、自稳性差的软弱破碎地层、断层破碎带以及大面积淋水或涌水地段时，应至少提前探水，并超前排放水。

(1)超前钻孔排水设计应遵循下列原则：

①采取排水措施，保证钻孔排出的水迅速排出洞外。

②超前钻孔的孔底应超前开挖面1～2个循环进尺。

(2)超前导洞排水设计应遵循下列原则：

①导洞应和正洞平行或接近平行。

②导洞底标高应低于正洞底高程。

③导洞应超前正洞10～20m，至少应超前1～2个循环进尺。

13.1.4　公路隧道防治水的总体原则

隧道工程的防治水，应采取“防、排、截、堵”相结合，“因地制宜，综合治理”的原则，采取切实可靠的施工措施，保障结构物和设备的正常使用和行车安全。对水文环境有严格要求的隧道，防排水应采取“以堵为主、限量排放”的原则。对地表水和地下水应作妥善处理，使洞内外应形成一个完整的防排水系统。

“防”：要求隧道衬砌、防水层具有防水能力，防止地下水透过防水层、衬砌结构渗入洞内。

"排":隧道应有畅通的排水设施,将衬砌背后、路面结构层下的积水排入洞内中心水沟或路侧边沟,排出衬砌背后的积水,能减少或消除衬砌背后的水压力,排得越好,衬砌渗漏水的概率就越小,防水也就更容易;排出路面结构层下的积水,能防止路面冒水、翻浆、结构破坏。

"截":对易于渗漏到隧道的地表水,应采用设置截(排)水沟、清除积水、填筑积水坑洼地、封闭渗漏点等措施。对于地下水,应采取导坑、泄水洞、井点降水等措施。

"堵":针对隧道围岩有渗漏水地段,采用注浆、喷涂、堵水墙等方法,将地下水堵在围岩体内的措施。隧道防排水工作,应结合水文地质条件、施工技术水平、材料来源和成本等,因地制宜,选择适宜的方法,以满足保证使用期内结构和设备的"正常使用和行车安全"的目的。

13.2 地表水防治

隧道地表沟谷、坑道积水、渗水对隧道有影响时,宜采用疏导,勾补、铺砌和填平等处理措施。废弃的坑穴、钻孔等应填实封闭。隧道附近的水库、沼泽、溪流、井泉水、地下水,当有可能渗入隧道时,应采取防止或者减少其下渗水的处理措施。

13.2.1 洞口及地表防排水

为防止地表水在施工期间继续渗入洞顶地层,影响围岩强度和施工条件,对地表水采取以下防治措施:

(1)在隧道进洞前应对隧道轴线范围内的地表水进行了解,分析地表水的补给方式、来源情况,并适时采取相应的处理措施,做好地表防排水工作。

(2)在隧道洞口上方按设计要求做好天沟,并用浆砌片石砌筑,将地表水排到隧道穿过的地表外侧,防止地表水的下渗和对洞口仰坡冲刷,并与路基边沟顺接成排水系统。

(3)对通过隧道洞顶且底部岩层裂缝较多的沟谷,在地表上方开挖截水沟,用浆砌片石铺砌沟底,必要时用水泥砂浆抹面。

(4)开沟疏导隧道附近封闭的积水洼地,不得积水。

(5)对塌方地段洞顶地表的所有裂缝,先挖沟槽,然后用黏土人工夯填,并高出地面 20cm 以上,靠近塌坑的部分裂缝,除夯填黏土外,还采用了厚 20cm 左右的混凝土封顶。

(6)在地表有泉眼的地方,为防止水流渗入洞内,应埋设导管进行泉水引排,考虑防冻要求,铸铁管埋置深度不小于 1.0m。

(7)若在洞顶设置高压水池时,应做好防渗防溢设施,且水池宜设在远离隧道轴线处。

(8)在洞口应设与施工排水量相匹配的小型污水处理厂,或设沉淀池、过滤池、净化池等设施处理施工污水。在渗透性较强的地层,施工污水应汇入有铺砌的沟渠或管道中,再纳入污水处理系统。

洞口的排水系统应满足以下要求:

①洞顶截水沟结构尺寸符合设计要求,砌体质量符合规范要求,排水顺畅,无堵塞、无淤积、无开裂、无漏水,且两侧已接入路基排水边沟中。

②盲沟等临时排水工程能满足施工正常排水需要,完善排水系统。

13.2.2　地表水防漏注浆

隧道通过地区地表有村落、农田水利设施、河流、泉水时，应限量排放以注浆堵水和保水为主。

(1)注浆方法。在围岩裂隙面渗水和涌水的地方，采用纯水泥浆液进行全断面注浆，以加强塌体和软弱围岩。

(2)压浆孔布设。压浆孔按梅花形均匀布设，孔口间距视其注浆效果，选用1.0～1.5m。

(3)注浆材料及配合比。水泥用普通或早强型的硅酸盐水泥，强度等级为42.5以上，水灰比一般控制在0.7左右。

(4)注浆压力。由于围岩裂隙较发育，可注性较好，设计注浆压力控制在0.6～1.0MPa，孔扩散半径为2.5～3.0m。

13.3　地下水防治

13.3.1　涌水的地质特征

根据工程地质和水文地质以及我国大量隧道施工中产生涌(突)水的部位分析，可能产生涌(突)水的地质条件主要有：

(1)向斜盆地形成的蓄水构造。向斜盆地轴部往往富含地下水，如圆梁山毛坝向斜的富水溶洞。

(2)背斜轴部逆冲断层的上升盘。隧道穿越背斜分水岭时，往往产生逆冲挤压断层带，断层的下盘受压，虽破碎但挤压紧密，不易透水，而上升盘由于牵引作用，张裂隙发育，多成为导水通道，富水性强。

(3)断层破碎带、不整合面和侵入岩接触带。特别是活动性断层，其未胶结构造岩和派生构造常形成断层含水构造。如南岭隧道岩溶断层和大谣山隧道9号断层等。

(4)可熔岩与非可熔岩接触面、膏溶面和碳酸盐岩层间滑动带，极易发生强烈溶蚀生成溶洞，很多岩层面走向发育的地下河都处在层间滑动带上，在石灰岩、白云岩与碎屑岩或煤系地层的接触面上最易汇集地下水而形成溶洞。

(5)其他含水构造、含水体，如层状隔水层形成的含水体、岩溶地层中的孤立含水体等，可能产生涌水。

13.3.2　超前地质预报

在隧道开挖过程中，有必要进行超前地质预报，超前地质预报是确保施工安全以及隧道完成后安全运营的一项重要技术措施。根据预报结果及时采取恰当的设计与施工措施，从而确保工程的安全建成。针对隧道地质的复杂性和多变性，施工中采取综合超前地质预报的手段，即按照长短结合、上下对照、定性与定量相结合的方法提高前方地质判断的准确性，根据各种探测方法的特点，可分为长距离控制预报和短距离验证预报。

1)超前地质预报原则及方法

(1)超前地质预报原则。

超前地质预报的原则是“有疑必探、先探后挖、不探不挖”。根据长大隧道的特点,为提高超前地质预报的准确性,主要采取四结合原则:长距离和短距离相结合原则,宏观和微观探测相结合原则,构造探测和水探测相结合原则,物探与地质、钻探相结合原则。

(2)超前地质预报方法。

超前预报方法主要有长距离 TSP203 探测法、地质雷达探测法、超前水平钻孔、地质素描、超前导洞法、红外线探水法、高密度电阻率法以及水平波剖面法等。每种方法都有其优点和一定的局限性,其比较分析如表 13.1 所示。

超前地质预报方法比较　表 13.1

方　法	优　点	缺　点
TSP203 探测法	①一次探测距离长,一般为 100～150m; ②操作时间短,约 30min,对施工干扰少; ③对断层破碎带等构造探测准确度较高	①对岩溶探测准确性不高; ②对地下水无法探测; ③费用较高
地质雷达探测法	①对断层破碎带探测有较高的准确性,对岩溶探测有一定的准确性; ②基本不占用工作面,对施工干扰少	①对地下水无法探测; ②一次探测距离较短,一般为 10～40m; ③费用较高
超前水平钻探法	①可根据工程需要选择合适的钻机,一次探测距离可以选择,达 30m; ②探测的准确度较高; ③浅孔钻探占用施工时间不长,费用不高	①深孔钻探需要专用钻孔机械; ②深孔钻探占用工作面时间较长,费用高; ③一孔之见,只能反映局部
超前导洞法	①通过辅助导坑对正洞有较好的预报效果; ②长大隧道普遍采用	①费用很高; ②短隧道很少采用
地质素描	①直观方便,隧道每次开挖后都可以观察,预测开挖进尺范围内比较可靠; ②费用低	①探测的距离特别短,1～3m; ②需要专门人员负责,每次开挖后进行素描,工作烦琐
红外线探水法	①对水构造能定性判定; ②费用低; ③不占用工作面时间	①对水量大小无法预测,对断层破碎构造无法探测; ②预报距离短,一般为 20～30m
高密度电阻率法	①对水构造判定较好,对断层破碎带能探测; ②一次预报较长,一般为 50～100m	①受施工空间限制; ②在隧道工程中较少采用,经验少; ③费用高
水平波剖面法	①对岩溶探测有一定的准确性; ②基本不占用工作面,对施工干扰少	①主要应用于岩溶揭示后几何形态的确定; ②费用较高; ③一次预报预距离较短,一般为 30～50m

根据不同的隧道风险等级,选择不同的方法和手段开展超前地质预报。

2)超前地质预报的工作流程及步骤

(1)超前地质预报流程。

为了保障隧道超前地质预报的质量，在采用的方法和技术手段上做到：采用两种或两种以上的方法和技术手段连续在本标段隧道进行长期超前地质预报。短期地质预报只在重点地段，如断层破碎带、多水富水区段进行。施工中同时采用两种或三种长期和短期预报进行综合性超前地质预报。综合超前地质预报工艺流程框图如图13.1所示。

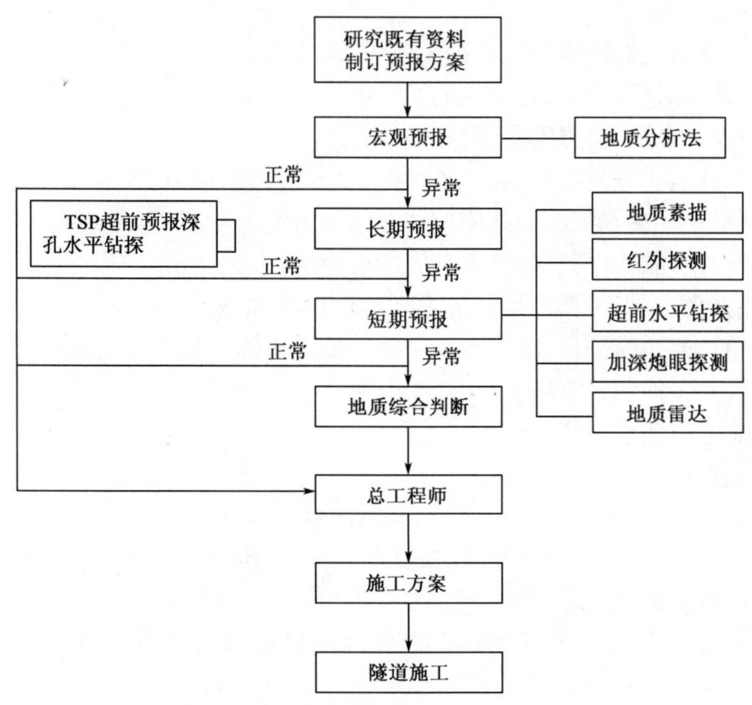

图13.1　综合超前地质预报工艺流程框图

(2)超前地质预报步骤。

具体超前地质预报应按照下列步骤进行：

①获取地质资料。

a.区域地质资料。区域地质资料分析是宏观预报的重要基础。研究的区域地质资料，主要包括隧道隧洞所在地区的有关资料：大地构造环境、构造体系、构造复合与构造演化资料；沉积建造环境、建造特征、建造演化资料；岩浆侵入和喷溢的地质环境、岩浆活动的特征资料；还包括它们与区域地壳运动的关系资料等。

上述资料主要从隧道隧洞所在地区的各种比例尺区域地质图、区域构造体系图及其说明书中获取。

b.地质勘查资料和设计书提供的资料一般情况下，业主和施工单位都提供这些资料。

c.第一手的隧道地面地质调查资料。它是预报者本人亲自收集而得到的第一手资料，是隧道隧洞不良地质宏观预报的更重要的基础。主要包括：通过地面详查获得的地面地层地质、地质构造、岩浆岩侵入体、岩溶地质、煤系地层和水文地质等地面地质资料。主要采用的方法是：沿隧道中线实测地层或构造剖面的野外地质工作。

②地质分析。

在获取上述资料的基础上，应用各种地质学理论，特别是地质力学理论进行区域地质分析

和隧道隧洞不良地质的具体分析。具体分析理论方法和达到的目标如下:

区域地质分析,是应用大地构造学、构造地质学,特别是地质力学的理论,应用沉积岩石学和沉积建造理论,应用岩浆岩石学和岩浆建造等理论,分析所收集的各种区域地质资料,初步了解隧道隧洞所在地区的情况,如:主要构造方位、力学性质和构造多期活动特征及其不同方位构造对隧道隧洞围岩稳定性的影响程度;主要地层类型(如煤系地层、灰岩、白云岩等可熔岩地层等)、特征及其隧道隧洞围岩稳定性的影响程度;主要岩浆岩的类型(如侵入岩、喷出岩)、特征、空间分布及其隧道隧洞围岩稳定性的影响程度。

③不良地质和施工地质灾害宏观预报。

在隧洞区域不良地质分析的基础上,预报标段施工可能遇到的不良地质类型、规模、大约位置和方向,特别是主要突水突泥的地质构造和地下岩溶的类型;宏观预报发生各类施工地质灾害的类型和发生的可能性,特别是突水突泥的可能性。

隧道综合超前地质预报工作包括隧道主要不良地质和施工地质灾害宏观预报、隧道洞身主要不良地质体的长期超前预报、隧道洞身主要不良地质体的短期超前预报、超前钻探和施工地质灾害临近警报共 5 种预报方法。

3)长距离超前地质预报方法

(1)TSP203 超前地质预报。

TSP(Tunnel Seismic Prediction,隧道地震勘探)设备是由瑞士安伯格公司开发、生产的,目前国内外最先进的隧道长期超前地质预报设备,是目前国际上超前地质预报中的最重要技术手段之一。与其他超前地质预报设备相比,TSP 最大优点是:探测距离远(有效预报距离 100~150m),分辨率高(最高分辨率为 1m),抗干扰能力强(基本不受干扰),影响施工少(钻孔和测试在侧壁进行,洞内探测时间仅需 45min)。

通过小药量的爆破所产生的地震波信号沿着隧道右侧或者左侧的爆破剖面在岩层中以球面波的方式传播,岩层中存在着断层或者是性质不同的岩层将使波的传播发生某些变化,一部分信号将会在上述断层或者是性质不同的岩层处发生反射,而其他的部分将会继续传播。反射信号经过一定时间的传播将会传输到高精度的接收器。

假定声波在岩石中的传播速度已知,通过分析反射声波所需要的时间,就可以计算出不连续界面的具体位置。最终,显示屏上将会显示出断层与隧道轴相交所呈现的角度以及断层离隧道掌子面的具体位置。

①TSP 解决的主要技术问题

a. 预报掌子面前方断层破碎带、软岩、岩溶陷落柱等不良地质体的性质、位置和规模。

b. 预报涌水量大于 $5m^3/h$ 的富水地质体的位置和规模。

c. 粗略地预报围岩级别(类别)。

d. 定性地预报发生塌方、突泥突水等施工地质灾害的危险性。

②TSP 的主要技术指标

a. 探测距离一般为掌子面前方 300~500m,但有效预报距离一般为掌子面前方 100m。

b. 最高分辨率为 1m 地质体。

c. 水平较高者,预报不良地质体位置的精度可达 90%以上。

d. 水平较高者,预报不良地质体的规模精度可达 85%以上。

(2)TSP203 超前预报系统构成。

TSP203 超前预报系统主要由记录单元、信号接收器(传感器)、附件和引爆设备等组成，如图 13.2 所示。

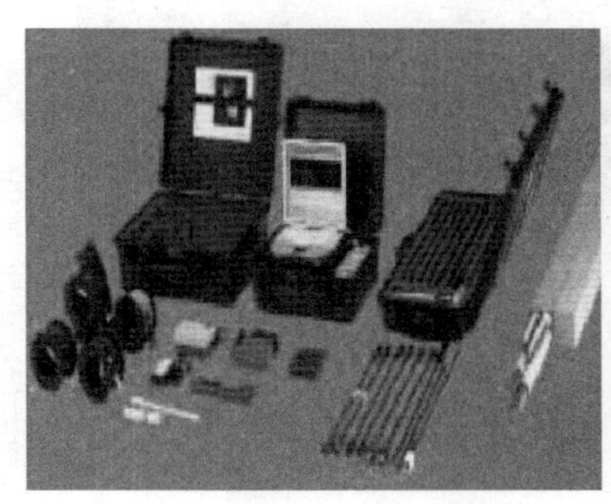

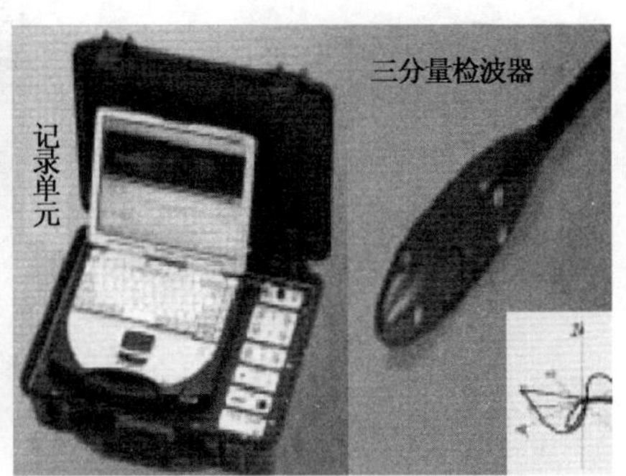

图 13.2　TSP203 系统主要构成实物图

(3)地质雷达。

地质雷达(Ground Penetrating Radar，简称 GPR)方法属于电磁波物探技术，是一种用于探测地下介质分布的广谱电磁技术。地质雷达是利用无线电波检测地下介质分布和对不可见目标或地下界面进行扫描，以确定其内部形态和位置，通过测定与岩溶含水性有关的介电常数的变化来探测充水的地质体，如含水的断层、岩性界面和溶洞等，其对隧道底部、边墙和隧道顶部外围岩体的不良地质探测效果最好，其探测距离一般小于 30m，较准确预报的距离约 10m，在隧道超前地质预报中地质雷达主要用来判断前方不良地质体的范围和大小。

雷达波检测具有如下技术特点：对混凝土有很强的穿透能力，可测较大深度、可实现非接触探测，可作实时检测，探测速度快、以减小波长和增大频率宽度，实现高分辨率的探测、微波有极化特性，可确定缺陷的形状和取向。

一套完整的地质雷达通常由雷达主机、超宽带收发天线、毫微秒脉冲源和接收机以及信号显示、存储和处理设备等组成，目前常见的用于探水的地质雷达如由意大利 IDS 公司制造的 RIS 雷达和美国地球物理公司的 SIR-20 型地质雷达等，RIS 雷达如图 13.3 所示。经由发射天线耦合到地下的电磁波在传播路径上遇到介质的不均匀体(面)后，产生反射波，接收机将接收到的回波信号送到信号显存设备，通过显示的波形或图像可以判断地下不均匀体(面)的深度、大小和特性等。与其他地下目标探测设备相比，地质雷达具有探测效率高、操作简便、分辨率高、可探测目标的种类多等优点。

图 13.3 为典型地质雷达实物图。

(4)FDG－A 多功能高密度电法仪。

电法勘探通常是通过测量地下岩体的视电阻率，根据水、岩体和地质构造异常体视电阻率的差异来区分和探测目标，水或含水体是典型的低电阻体，易于被电法勘探识别。

FDG-A 多功能高密度电法仪主要由主机、高压电源箱、电缆、铜电极、资料处理系统等部分组成。如图 13.4 所示。

FDG-A 多功能高密度电法仪具有如下特点：具有井下常规电法、高密度电法和超前探测法等多种功能，能对顶板、底板、侧帮探测，一次探测信息量大，资料易于解释。

FDG-A 多功能高密度电法仪主要用于探测矿井含水构造(包括陷落柱)、含水层、积水老窑等水体，也可用于地面水文、工程地质勘查。

图 13.3　地质雷达系统构成实物图

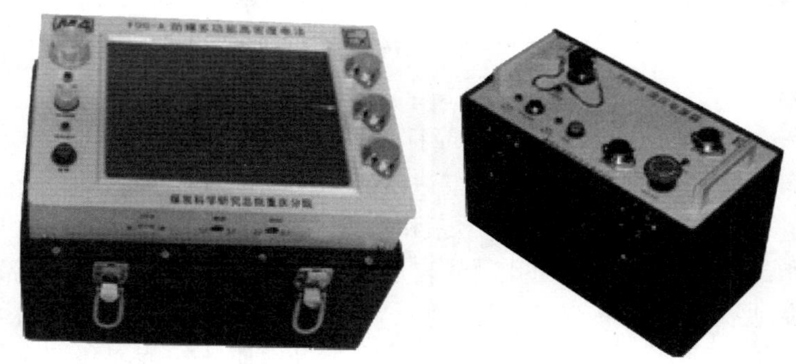

图 13.4　FDG-A 多功能高密度电法仪系统构成实物图

4)短距离超前地质预报方法

短期超前地质预报是在长期超前地质预报的基础上进行的,预报的精度一般超过长期超前地质预报,特别是对不良地质性质的预报,预报距离一般为掌子面前方 15～30m。具体地说:预报不良地质体性质基本正确,预报位置的精度可达 95%以上,预报规模的精度可达 90%以上,还可以较准确地预报围岩级别。短期超前地质预报,主要采用红外线法和掌子面编录预测法(地质素描法)。

(1)红外线探水。

红外探水仪是根据探测红外场强的变化来预测掌子面前方是否有含水体存在。在隧道中,围岩每时每刻都在向外部发射红外线能量,并形成红外辐射场。场有密度、能量、方向等信息,岩层在向外发射红外辐射的同时,必然会把它内部的地质信息传递出来。当隧道掌子面前方及周边介质单一时,所测得的红外场为正常场,当前面存在隐伏含水构造或有水时,他们所产生的场强要叠加到正常场上,从而使正常场产生畸变。可据此判断掌子面前方一定范围内有无含水构造。

目前常用的红外线探水有 HY-303 型红外探水仪和 HW304 型红外探水仪,HY-303 型红外探水仪如图 13.5 所示。

红外探水的特点:一是测速快,基本不占用施工时间;二是资料分析快,测量完毕即可得出初步结论,室内成果整理及报告编写可在两小时内完成;三是对前方有水无水的准确率较高,特别在石灰岩洞段,预报准确率高达 80%。

图 13.5　HY-303 型红外探水仪实物图

(2)超前水平钻探。

超前水平钻探是目前被广泛采用的最有效的超前地质预报方法，分为取芯钻探和不取芯钻探。钻孔取芯虽然造价高、时间长，但能反映实际地质情况，且取得的岩心可以进行各种室内试验，以确定最佳的施工方法、支护方式、防水处理、衬砌结构等，通常在地质特别复杂的情况下使用，特别是对富水带超前探测、排放、控制突水和洞内泥石流的发生有重要参考价值。可从岩心编录，钻速，钻头压力，转动力矩以及地球物理综合测井，获得精度很高的综合柱状图。不取芯钻探主要根据钻速，钻头压力，转动力矩，回水颜色、浓度，漏水和涌水以及涌出物来判断前方地质情况，也可兼做超前泄水孔进行泄压排水。超前水平钻探主要用来验证 TSP 探测或地质雷达探测到的不良地质体的确切范围和规模。

(3)掌子面编录法(地质素描法)。

掌子面编录法是短期超前地质预报的一种方法和技术手段，包括岩层岩性和层位预测法、地质体延伸预测法这两种具体方法。

①岩层的层位、岩性预测。

其基本原理是：在掌子面和隧道隧洞两壁出露的岩层与地表某段岩层证为同一和确认标志层的前提下，用地表岩层的层序预报掌子面前方将要出现的岩层。关键技术是证为同一和确认标志层。

②地质体延伸预测。

基本原理是：在长期超前地质预报得出的不良地质体厚度的基础上，依据掌子面以揭露的不良地质体的产状和单壁始见的位置，经过一系列的三角函数运算，求得条带状不良地质体在隧洞掌子面前方延伸和消失的位置。关键技术是正确的三角函数运算。

该方法主要应用于长期超前地质预报所确定的重点区段和主要不良地质分布区段。

③掌子面编录预测法的方法和步骤。

掌子面编录预测法主要是通过掌子面已揭露地质体进行观测与编录，首先对掌子面实见地质体向掌子面前方延伸情况进行有依据的推断。该方法分为岩层岩性及层位预测法、条带状不良地质体影响隧道长度预测法和不规则地质体影响隧道长度预测法三种。

其次对掌子面已揭露出的岩层进行地质编录(观察岩石的矿物成分及其含量，结构构造特征和特殊标志)，给予准确定名，测量岩层产状和厚度。

再者测量该岩层距离已揭露的标志性岩层或界面的距离，并计算其垂直层面的厚度。将该岩层与地表实测地层剖面图和地层柱状图相比，确定其在地表地层(岩层)层序中的位置和层位。

最后依据实测地层剖面图和地层柱状图的岩层的层序，结合 TSP 探测的成果，反复比较分析，最终推断出掌子面前方一定范围内即将出现的岩层在隧道中的位置和规模。

主要内容包括：掌子面地质素描、岩体结构面调查，涌水量观测，水质试验，连通试验，对地表水、地下水的调查和洞内有害气体监测等，通过调查已揭露段地质情况，预测施工地质情况。

在施工过程中，每次爆破后由地质工程师进行掌子面地质记录，内容包括：掌子面正面及侧面稳定状态、岩层产状、岩性风化程度、节理裂隙发育程度(产状、间距、长度、充填物、数量)、喷射混凝土开裂、掉块现象、涌水情况、水质情况、水的影响、不良气体浓度等。绘制掌子面地质素描图和洞身地质展开图。

5)超前水平钻

根据宏观预报和长期、短期超前地质预报结果，重点对断层破碎带等软弱、破碎围岩段，特别是富水带等不良地质地段实施超前钻探，是系统超前地质预报的第三道工序。超前水平钻是现代地下工程施工过程中常用的超前地质预报手段之一，是隧道施工期地质超前预报方法中最直接的方法，是对其他探测手段成果的验证和补充。它可以和其他的长、短地质超前预报方法相互检验、相互校正，从而大大提高了对于隐伏含水构造的超前预报精度。

隧道施工地质超前预报超前水平钻孔能最直接地揭示掌子面前方的地质特征，准确率很高。通过钻孔钻进速度测试和所采取的钻孔岩芯的观察及相关试验获取隧道掌子面前方岩石的强度指标、可钻性指标、地层岩性资料、岩体完整程度及地下水、气状况等诸方面的资料，对高地应力地段岩石应力提前释放行之有效，也是中短期超前地质预报必不可少的手段。

布置超前水平钻孔应当遵循下列规定：

(1)探放老空水、陷落柱水和钻孔水时，探水钻孔成组布设，并在巷道前方的水平面和竖直面内呈扇形。钻孔终孔位置以满足平距 3m 为准，厚煤层内各孔终孔的垂距不得超过 1.5m。

(2)探放断裂构造水和岩溶水等时，探水钻孔沿掘进方向的前方及下方布置。底板方向的钻孔不得少于两个。

(3)煤层内，原则上禁止探放水压高于 1MPa 的充水断层水、含水层水及陷落柱水等。如确实需要的，可以先建筑防水闸墙，并在闸墙外向内探放水。

(4)探水钻孔除兼作堵水或者疏水用的钻孔外，终孔孔径一般不得大于 75mm。

13.3.3 涌水量预测

涌水量预测方法众多，一般使用较多的是量桶容积法、巷道容积法、水泵排量法、浮标测流法和水仓水位法。

1)量桶容积法

当流量小于 1L/s 时，常用此法。容器一般用量桶或水桶，为了减少测量误差，计量容器的充水时间不应小于 20s 流量计算公式：

$$Q = \frac{V}{t} \tag{13.1}$$

式中：V——容器的容积，L；

t——充满容器的时间，s。

2)巷道容积法

在发生突水时，利用水流淹没倾斜巷道的过程中，经常不断地测量巷道与自由水面相交断面面积($F=ab$)，用单位时间内水位上涨高度(H)来计算水量，公式如下：

$$Q = ab \cdot \frac{H}{t} \tag{13.2}$$

式中：H——t 时间内水位上涨高度，m；

t——水位上涨高度为片时的时间，h；

a——巷道内自由水面的平均宽度，m；

b——巷道内自由水面长度，m。

3)水泵排量法

利用水泵实际排水量和水泵运转时间，来计算涌水量：

$$Q=\text{水泵铭牌排水量}\times\text{实际效率}\times\text{开动时间}\times\text{台数} \tag{13.3}$$

式中：Q——涌水量，m^3/d。

4)浮标测流法

采用水面浮标的流水沟道地段及实测断面应符合下列要求：

(1)沟道顺直，沟床地段规则完整，长度为3～5倍的沟宽。

(2)水流均匀平稳，无漩涡及回流。

(3)沟道地段内无阻碍水流的杂草、杂物。实测程序如下：

①选定了实测地段后，按相等距离布设三个断面：上断面、基本断面(中断面)和下断面，测量每个断面的横断面积，单位为 m^2。

②在上断面上游附近投放浮标，以便使浮标在接近上断面时，已具有通航水流的流速，测出浮标从上断面至下断面的时间 t，求出流速。

③浮标从上断面至下断面的漂流历时一般应不短于20s，如流速较大，可酌情缩短，但不能短于10s。

(4)投放浮标的数量，视沟道宽度而定，一般不少于两个，每个至少重复投放两次，若两次漂流历时相差不超过10%，则取其平均历时计算，公式如下：

$$Q = K_f V_f F \tag{13.4}$$

式中：Q——断面流量，m^3/s；

K_f——断面浮标系数，据经验数值一般介于0.6～0.8；

V_f——虚流速，即 $V_f=L/t$ 计算时采用浮标平均流速，m/s；

L——上、下两断面的间距，m；

t——所选有效浮标的平均历时，s；

F——过水断面面积，m^2。

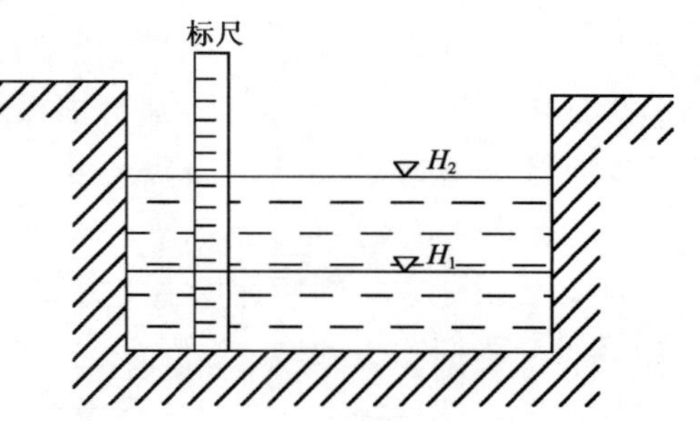

图13.6　水仓水位法测定示意图

5)水仓水位法(图13.6)

水仓水位法涌水量即可用下式计算：

$$Q = \frac{H_1 - H_2}{t} \cdot F \tag{13.5}$$

式中:Q——涌水量,m^3/min;

H_1——停泵时水仓水位,m;

H_2——停泵时间 t 时水仓水位,m;

F——水仓底面积,m^2。

t——水仓水位从 H_1 上升到 H_2 所需的时间,min。

13.3.4 治水技术

突涌水的治理原则是“以堵为主,堵排结合,综合治理,保护环境”。根据涌水量的大小和浑浊程度决定是采用开挖前堵水还是开挖后堵水,遵循“浑水不放过,清水看大小,大堵小排,堵排结合”的原则。目前国内外处理涌水的主要技术措施有注浆堵水、地层冻结技术、压气技术等,但应用最广技术最成熟的是注浆技术。

1)开挖前堵水

(1)堵水方案选择。

针对隧道施工中遇到的断层破碎带、岩溶富水段等不良地质体,为保证隧道施工安全、施工质量以及隧道建成后的运营安全,防止地下水的大量流失,保护环境,根据现场条件,主要采取注浆堵水和加固来处理富水段,保证隧道的正常开挖和有效减小透水地层的渗透能力,增大透水途径,降低渗漏水等。

(2)注浆材料。

注浆材料主要采用普通水泥单液浆、普通水泥+水玻璃双液浆、HSC 浆液或 TGRM 浆液。注浆材料配比采用普通水泥单液浆,普通水泥+水玻璃双液浆,HSC 或 TGRM 浆液。现场注浆施工中根据情况进行浆液种类和配比的选择调整。注浆材料使用时按以下原则选择:对探孔注浆、径向注浆、破碎带注浆以及帷幕注浆以普通水泥浆为主,局部水大时兼用水泥+水玻璃双液浆,对砂层地段宜采用 HSC 浆液或 TGRM 浆液等超细型注浆材料;对高压富水段应综合采用各种注浆材料。浆液浓度的选择和变换应根据涌水类型(断层涌水和岩溶涌水)和涌出物颗粒大小以及涌水量大小综合考虑,一般原则是由粗到细,由单液到双液,由高浓度到低浓度(大涌水)或由稀到浓(小裂隙)。

(3)注浆顺序与工艺。

注浆顺序按由下到上、由外到内、由远水源处到近水源处、间隔调孔的原则进行。注浆工艺采用全孔一次性注浆和分段注浆相结合的混合注浆法,当钻孔中涌水较小时采用全孔一次性注浆,当钻孔涌水较大和围岩破碎时采用分段注浆工艺。分段长度视涌水量大小和围岩破碎程度而定,一般以 5m 为一分段长度。

(4)效果检查及评定。

注浆效果评定是判断开挖施工方案的依据。注浆效果检查评定通常采用分析法、钻孔检查法和力学指标法三种,要注意检查注浆时的过程控制。若达不到注浆效果应进行补孔注浆。检查孔位置根据现场钻孔注浆情况设计。

2)开挖后治水

当开挖通过富水地段时,对于隧道围岩的局部渗漏水段,如不及时处理将会出现由渗向滴水—线状渗水—集中涌水—高压喷水的转变,当隧洞由渗、滴水段进入线状渗水段时,应对渗漏水严重的地段进行注浆治水，此时注浆堵水主要采用局部注浆和径向注浆方式。开挖后注浆堵水是在岩层已经揭露情况下进行的，由于岩层裂隙贯通和外露，注浆堵水作业较为困难，处理方法是找出渗漏水的主要裂隙，由钻孔引流，将面上的渗漏水变为点上的渗漏水，注浆时采用凝胶时间较短的CS双液浆或超细水泥浆液。在洞口应设与施工排水量相匹配的小型污水处理厂，或设沉淀池、过滤池、净化池等设施处理施工污水。在渗透性较强的地层，施工污水应汇入有铺砌的沟渠或管道中，再纳入污水处理系统。

第14章 公路瓦斯隧道瓦斯治理费用计算

与普通公路隧道相比，公路高瓦斯隧道增加费用主要为瓦斯治理所产生的额外增加费用，这部分费用包括内容繁多，数额较大，本章将重点对公路高瓦斯隧道的瓦斯治理费用增加部分的计算方法进行阐述。

14.1 瓦斯治理费用构成

公路高瓦斯隧道瓦斯治理增加费用计算范围主要包括隧道安全施工所需的揭煤防突工程费、瓦斯治理设备及安装工程费、瓦斯治理其他增加费、风险费、专家咨询费等全部投资费用。如图14.1所示。

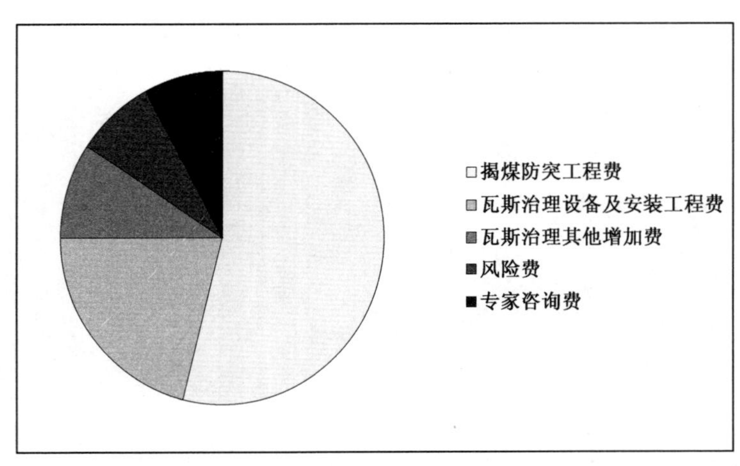

图14.1 高瓦斯公路隧道瓦斯治理增加费用构成

其中：

(1)揭煤防突工程费：主要包括超前探测、瓦斯压力测定、揭煤时的突出危险性预测、防突措施、防突措施效果检验等所需要的钻孔施工费用。

(2)瓦斯治理设备及安装工程费：主要包括机械设备改装费、防爆电器设备及揭煤防突设备增加费、隧道通风系统增加费、爆破器材增加费、安全防护器材增加费、瓦斯监测监控设备增加费等。

(3)瓦斯治理其他增加费：主要包括人员培训费(指瓦斯治理专业技能和管理人员培训费)、瓦斯治理人员增加费(指瓦斯治理所需增加人员产生的工资和管理费)、电费(瓦斯治理过程中加强通风等所产生的额外电费消耗)、窝工费(指与普通隧道相比，瓦斯治理期间所增加的时间内人员的工资及管理费)。

(4)风险费：主要为瓦斯治理所产生的风险费。

(5)专家咨询费：主要为聘请有丰富经验的煤矿管理专家的工资及管理费。

14.2　费用计算依据

14.2.1　费用构成及取费标准

各项费用计算时所需要考虑的具体内容和取费标准依据中国煤炭建设协会中煤建协字[2007]第90号文颁发的《煤炭建设工程费用定额及造价管理有关规定》中的《煤炭建设工程费用规定》。

14.2.2　数量及取费依据

1)揭煤防突工程量及单价

揭煤防突工程主要依据实际揭煤工程或揭煤防突专项设计工程量；揭煤防突各项工程单价主要依据中国煤炭建设协会中煤建协字[2007]90号文颁发的《煤炭建设井巷工程消耗量定额(2007基价)》和《煤炭建设井巷工程辅助费综合定额》(2007基价)。揭煤防突工程单价在计算过程中需考虑工人工资、企业管理费、组织措施费、钻机及配件、油脂、材料、燃料、税金、利润等。

2)瓦斯治理设备及安装工程费

依据采用合同采购价、生产厂家出厂价格或市场询价，不足部分参照中国联合会信息中心主编的《中国机电产品报价手册》。设备价格应计算相关运杂费，设备或耗材中能重复利用的需考虑折旧，一般采用双倍余额折旧法计算使用费用，例如折旧年限为 N 年，按 M 年提取折旧，则年折旧率为 $I\times M/N\times100\%$，不能重复利用的设备或耗材按其价格一次性摊销。安装工程费依据原煤炭工业局煤规字[2000]第183号颁发的《煤炭建设机电安装工程概算指标》(99统一基价)。

3)瓦斯治理其他增加费

人员培训费主要依据市场询价；瓦斯治理人员配置依据实际人数或当前行业标准配置，人员工资当地目前相关行业平均工资；电费单价依据当地目前工业用电单价；人员窝工费根据当地人工基价及规费计取，数量以监理签认实际数量为准。

4)风险费

按工程费用5%计算。

5)专家咨询费

依据市场询价。

14.3 费用编制方法

14.3.1 钻孔工程单价计算方法

1)钻孔工程费率取费方法

钻孔工程取费费率主要由企业管理费率、利润率、组织措施费率、规费费率和税金费率等构成,具体如表14.1所示。

钻孔工程取费费率构成表　　表14.1

序号	费率名称	组成	说明
1	企业管理费率	基本费率+取暖费率	依据《煤炭建设工程费用定额及造价管理有关规定》中的《煤炭建设工程费用规定》
2	利润率	利润率	
3	组织措施费率	安全施工费率+文明施工费率+环境保护费率+临时设施费率+冬雨季、夜间施工费率	
4	规费费率	规费费率	
5	税金费率	税金费率	

2)钻孔工程单价计算方法

公路高瓦斯隧道瓦斯治理钻孔工程一般有超前探测探孔、突出危险性预测钻孔、瓦斯预抽钻孔、瓦斯排放钻孔、效果检验钻孔等。其钻孔工程单价主要由直接工程费、技术措施费、企业管理费、利润、组织措施费、价差、规费和税金等构成。具体如表14.2所示。

钻孔工程单价表　　表14.2

序号	费用项目名称	计算基础	备注
1	(一)直接工程费 1.定额人工费 2.定额材料费 3.定额机械费	中国煤炭建设协会中煤建协字[2007]90号文颁发的《煤炭建设井巷工程消耗量定额(2007基价)》和《煤炭建设井巷工程辅助费综合定额》(2007基价)	
2	(二)企业管理费	[(一)]×相应费率	
3	(三)利润	[(一)+(二)]×相应费率	
4	(四)组织措施费	[(一)+(二)+(三)]×相应费率	
5	(五)价差	按规定计算	
6	(六)规费	[(一)+(二)+(三)+(四)+(五)]×相应费率	
7	(七)税金	[(一)+(二)+(三)+(四)+(五)+(六)]×相应费率	
8	(八)总造价	(一)+(二)+(三)+(四)+(五)+(六)+(七)	

其中:价差为计算基础所列人工基价与当年平均人工基价的价差,如 2007 年人工基价为 60 元/(工・日),2012 年人工基价为 133 元/(工・日),则 2012 年与 2007 年人工基价价差为 73 元/(工・日)。

14.3.2 瓦斯治理设备及安装工程费用计算方法

1)安装工程费率取费方法

瓦斯治理设备及安装工程取费费率主要由其他直接费费率、现场经费费率、间接费费率、利润率和劳动保险费率等构成。具体如表 14.3 所示。

瓦斯治理设备及安装工程取费费率构成　表 14.3

序号	费率名称	构成	说明
1	其他直接费费率	其他直接费费率	依据《煤炭建设工程费用定额及造价管理有关规定》中的《煤炭建设工程费用规定》
2	现场经费费率	临时设施费率+现场管理费率	
3	间接费费率	企业管理费率+财务费率+其他费率	
4	利润费率	利润费率	
5	劳动保险费率	劳动保险费率	

2)瓦斯治理设备及耗材费用计算方法

瓦斯治理设备费主要包括一次性摊销设备的设备费、可重复利用设备的折旧费和额外耗材费。

其中:

可重复利用设备折旧费=设备价格×折旧率+(设备价格-设备价格×折旧率)×折旧率

3)安装工程费用计算方法

瓦斯治理设备及耗材安装工程费用主要包括设备运杂费、耗材运杂费、设备安装费、耗材安装费及安装工程所需人工工资。具体计算方法如表 14.4 所示。

瓦斯治理设备及耗材安装工程费用计算方法　表 14.4

序号	费用名称	计算方法
1	设备运杂费	设备总费用×设备运杂费率
2	耗材运杂费	耗材总费用×耗材运杂费率
3	设备安装费	设备总费用×设备安装费率
4	耗材安装费	耗材总费用×耗材安装费率
5	安装工程人工工资	(设备安装费+耗材安装费)×人工工资比率
6	总费用合计	总费用=(1)项+(2)项+(3)项+(4)项+(5)项

4)瓦斯治理设备、耗材及安装工程费用计算方法

瓦斯治理设备、耗材及安装工程费用主要包括瓦斯治理设备费、耗材费、设备运杂费、耗材运杂费、设备安装费、按照人工综合取费及税前造价综合取费等。具体计算方法如表 14.5 所示。

瓦斯治理设备、耗材及安装工程费用计算方法 表 14.5

序 号	费 用 名 称	计 算 方 法	说 明
1	瓦斯治理设备及耗材费		
2	瓦斯治理设备及耗材工程安装工程费	见表 14.4	
3	人工综合取费	安装工程人工工资×瓦斯治理设备及安装工程取费费率	瓦斯治理设备及安装工程取费费率计算方法见表 14.3
4	税前造价综合取费	瓦斯治理设备及耗材费×税金率	税金率一般按 3.35%计算
5	总费用合计	总费用=(1)项+(2)项+(3)项+(4)项	

第15章

瓦斯隧道施工事故应急救援预案

15.1 工程概况

××隧道为高瓦斯隧道，是××高速公路的关键控制性工程，瓦斯浓度在国内已建公路瓦斯隧道中排位前茅。该隧道是一座上下行分离式四车道高速公路长隧道，隧道左线长 2 064m，右线长 2 099m，左、右线均位于直线段，左线纵坡－2.1%，右线纵坡－2.05%。隧道最大埋深位于 K23＋440 处，埋深 210.47m，下穿××乡街道和 S212 省道。

设计地质资料揭露隧道洞身共穿越 17 层煤，煤层平均厚度在 1.01～4.80m，最大瓦斯含量 8.63m^3/t，瓦斯压力在 1.5～3.12MPa，属高瓦斯隧道；同时该隧道整个洞身穿越煤系地层，所处地理位置又为煤与瓦斯突出矿区，洞身围岩均为Ⅳ、Ⅴ级，围岩极其破碎，施工支护十分困难，安全管理措施要求极高，且在 K22＋900、K23＋500 处还存在 F_1、F_2 两处断层，断层是煤与瓦斯突出的高发区，施工期需严格按照开拓巷道防治煤与瓦斯突出规定进行，施工难度加大。

15.2 事故类型和危害程度分析

根据××隧道工程的地质条件、围岩等级、煤层瓦斯含量、地下水系分布等情况，××在隧道施工过程中，存在冒顶片帮、透水、瓦斯爆炸等事故风险，一旦发生事故，可能导致群死群伤的严重后果和重大财产损失。

15.3 事故等级、事故报告及调查处理

1)事故等级

根据生产安全事故(以下简称事故)造成的人员伤亡或者直接经济损失，事故一般分为以下等级：

(1)特别重大事故，是指造成 30 人以上死亡，或者 100 人以上重伤(包括急性工业中毒，下同)，或者 1 亿元以上直接经济损失的事故。

(2)重大事故,是指造成 10 人以上 30 人以下死亡,或者 50 人以上 100 人以下重伤,或者 5 000万元以上 1 亿元以下直接经济损失的事故。

(3)较大事故,是指造成 3 人以上 10 人以下死亡,或者 10 人以上 50 人以下重伤,或者 1 000万元以上 5 000 万元以下直接经济损失的事故。

(4)一般事故,是指造成 3 人以下死亡,或者 10 人以下重伤,或者 1 000 万元以下直接经济损失的事故。

2)事故报告

事故发生后,事故现场有关人员应当立即向本单位负责人报告;单位负责人接到报告后,应当于 1 小时内向事故发生地县级以上人民政府安全生产监督管理部门和负有安全生产监督管理职责的有关部门报告。

情况紧急时,事故现场有关人员可以直接向事故发生地县级以上人民政府安全生产监督管理部门和负有安全生产监督管理职责的有关部门报告。

自事故发生之日起 30 日内,事故造成的伤亡人数发生变化的,应当及时补报。道路交通事故、火灾事故自发生之日起 7 日内,事故造成的伤亡人数发生变化的,应当及时补报。

事故报告包括以下内容:

(1)事故发生单位概况。

(2)事故发生的时间、地点以及事故现场情况。

(3)事故的简要经过。

(4)事故已经造成或者可能造成的伤亡人数(包括下落不明的人数)和初估计的直接经济损失。

(5)已经采取的措施。

(6)其他应当报告的情况。

3)事故调查

造成死亡的事故调查由事发地有关人民政府、安全生产监督管理部门、负有安全生产监督管理职责的有关部门、监察机关、公安机关以及工会派人组成事故调查组实施调查;未造成人员伤亡的一般事故,根据当地县级人民政府的以委托,由本单位组织事故调查组进行调查。

4)事故处理

有关机关根据人民政府的批复,依照程序进行处理后,事发单位对处罚决定不服时,可申请行政复议。

事发单位应根据事故调查报告,及时组织教育学习,吸取事故教训,按照事故处理“四不放过”的原则进行处理。

15.4 应急体系及原则

1)应急指挥机构的组成

项目部成立以项目经理为总指挥,项目总工程师、副经理为副总指挥,各部门负责人为成员的应急救援指挥机构。

组织机构人员组成:应急组织机构人员名单及职务

2)应急指挥机构职责

(1)收集编制应急预案所需的法律法规、技术标准、国内外同行业事故案例分析和施工技术资料。

(2)在危险因素分析及事故隐患排查、治理的基础上,确定本项目的危险源、可能发生事故的类型和后果,以及事故可能产生的次生衍生事故。

(3)对本项目的应急装备、应急队伍等应急能力进行评估,强化本项目应急能力建设。

(4)针对可能发生的事故,按照有关规定和要求编制专项应急救援预案,组织全体人员学习应急预案,使所有事故有关人员掌握危险源的危险性、应急处置方案和技能。

(5)组织本项目有关人员对应急预案按进行评审和发布。

(6)接到事故报告后,立即组织营救受害人员,组织撤离或者采取其他措施保护危害区域内的其他人员。

(7)迅速控制事态,测定事故的危害区域、危害性质及危害程度。

(8)消除危害后果,做好现场恢复。

(9)查清事故原因,按照事故处理“四不放过”的原则进行处理。

3)总指挥职责

负责组织指挥整个应急救援工作,向上级有关部门报告,对救援人员、物资、经费进行总体调度,对整个救援工作负责。

4)副总指挥职责

负责应急救援的具体指挥工作,紧急情况下总指挥不在位时,履行总指挥职责。

5)组员职责(部门负责人)

(1)质安科:负责保护事故现场,维护现场次序,协助事故调查。

(2)机料部:负责抢险救援物资的调配。

(3)综合科:负责事故现场通信联络、对外联系和行政车辆调度。

(4)工程技术科:负责事故现场的技术措施和指导。

(5)合同科:负责救援现场记录(包括数据记录和图片记录)。

(6)财务科:负责救援所需资金的准备,保障事故应急用款。

(7)工区:根据事故救援实际需要,负责所需人员、设备、设施的调度和事故现场善后处理。

6)应急队伍的组成

工区成立以工区长为队长,现场技术员、安全员为副队长,班组负责人、现场带班人员、井下电工、瓦检员为成员的应急救援队,在应急救援指挥机构的领导下,负责本工区紧急情况发生后的应急救援工作,并根据需要协助相邻工区或附近紧急情况发生后,服从应急指挥系统调度,参与相邻工区或附近的应急响应工作。

应急队伍人员组成如下:

一工区:

(应急队伍人员名单及职务)

二工区：

(应急队伍人员名单及职务)

7)功能部门

功能部门包括××乡(镇)卫生院、××乡(镇)派出所、××县人民医院、××县矿山救护队。

8)应急原则

应急工作必须坚持“预防为主、常备不懈”的应急理念和“高效预警、日常控制、及时响应、有序救援”的原则。

15.5 预防与预警

1)危险源监测及预控措施

(1)加强从业人员的瓦斯防治和应急知识教育培训，督促作业人员严格遵守操作规程和劳动纪律，杜绝违章指挥和违规操作，防止人的不安全行为导致生产安全事故。

(2)编制瓦斯隧道施工临时用电设计及揭煤防突等方案，经监理单位审查批准后组织实施。

(3)严格按照专项方案组织施工，所使用的雷管、炸药必须符合安全要求，爆破作业严格执行“一炮三检查”制度；开挖工序完毕后，应先检查围岩的稳定性，清理拱璧危石。支护过程中，工字钢的规格及支护间距、锚杆的规格及设置数量、喷射混凝土厚度等必须满足设计要求，每榀工字钢的环状连接必须牢固，中空锚杆应作注浆锚固处理；不良地质地段施工应设逃生通道，塌方地段的施工应严格按照变更设计或专项施工方案施作；初期支护施作完毕后，应及时按照设计及规范要求将二衬跟进；洞内禁止动火作业。

(4)隧道施工前，应仔细查看地质钻探、设计等资料，了解地质情况及施工工艺等；隧道施工过程中，应主动与地质预报单位联系，充分了解前方地质情况，并严格执行先探后掘的管理规定。若发现地下积水，必须应进行排放处理，处理过程中必须采取切实有效的安全措施，保证施工安全。

2)预警行动

在施工现场、值班室设置预警平台，当出现安全状态特别严重时，为Ⅰ级预警，用红色表示；受到事故的严重威胁时，为Ⅱ级预警，用橙色表示；警情处于事故的上升阶段时，为Ⅲ级预警，用黄色表示；生产活动处于正常生产状态时，为Ⅳ预警，用蓝色表示。

预警管理体系基本框架如图15.1所示。

预警信息管理系统流程图如图15.2所示。

(1)预警条件。

当发现紧急情况时，预警人员根据风险严重程度，发出相应的预警信号，并随着警情变化适时调整预警级别，确保预警信息能够及时、准确地传递出去。

(2)预警方式信息发布程序。

情况处于正常状态，不影响施工生产时，出示蓝色预警信号；情况逐渐恶化，可能导致事故时，出示黄色预警信号；情况进一步恶化，给人员生命、财产构成严重威胁时，出示橙色预警信号；情况特别严重时，出示红色预警信号。

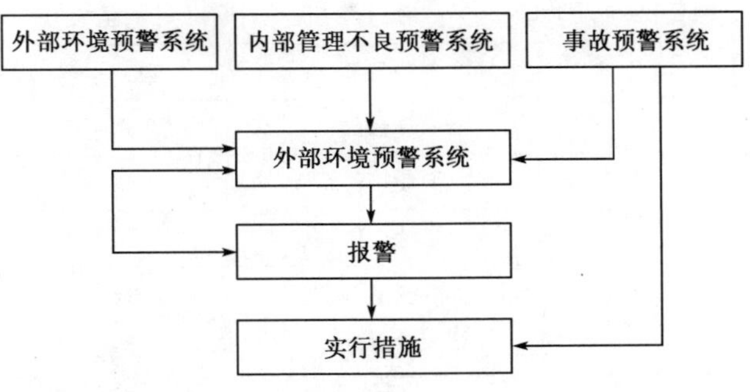

图 15.1　预警管理体系基本框架

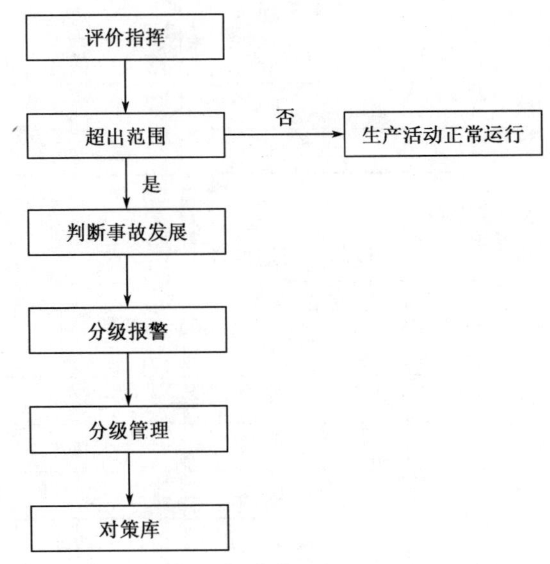

图 15.2　预警信息管理系统流程图

15.6　应急处置

1)信息报告程序

紧急情况发生后，现场有关人员立即报告应急救援领导小组办公室，办公室值班人员接到事故报告后，立即报告应急救援领导小组组长（项目负责人），应急救援领导小组组长接到报告后，根据实际情况决定响应级别，并启动应急资源，组织救援，同时报告上级有关部门。

2)应急联络

(1)应急指挥体系通信录（表 15.1）。

应急指挥体系通信录　　表 15.1

序　号	姓　名	部　门	职　务	联系电话
1		项目部	总指挥	
2		项目部	副总指挥	
3		项目部	副总指挥	
4		质安科	成员	
5		综合科	成员	
6		测量组	成员	
7		机料科	成员	
8		工程技术科	成员	
9		试验室	成员	
10		财务科	成员	
11		合同计量科	成员	
12		一工区	成员	
13		二工区	成员	

(2)应急队伍通信录(表 15.2)。

应急队伍通信录　　表 15.2

序　号	姓　名	部门/工区	职　务	联系电话
1		一工区	队长	
2		一工区	副队长	
3		一工区	副队长	
4		一工区	队员	
5		一工区	队员	
6		一工区	队员	
7		一工区	队员	
8		一工区	队员	
9		二工区	队长	
10		二工区	副队长	
11		二工区	队员	
12		二工区	队员	
13		二工区	队员	
14		二工区	队员	
15		二工区	队员	
16		二工区	队员	

(3)功能部门通信录(表 15.3)。

功能部门通信录　　表 15.3

序　号	单位/部门	联 系 电 话	备　　注
1	项目部		
2	驻地办		
3	总监办		
4	医院		
5	公安		
6	消防		
7	矿山救护队		
8	地方政府		
9	安监部门		
10			

3)应急处置程序

(1)根据事故的性质、严重程度、事态发展趋势和控制能力,实行分级响应机制,并根据事故的通报范围、应急中心的启动程度、应急力量的出动、设备物资的调集规模、疏散范围、应急总指挥的位置等分为三级。

一级紧急情况:必须利用所有有关部门及一切资源的紧急情况,或者需要各个部门同外部机构联合处理的各种紧急情况。

二级紧急情况:需要两个或多个部门响应的紧急情况。

三级紧急情况:能被一个部门正常可利用的资源处理的紧急情况。

发生紧急情况后,按照分级负责和及时响应的原则,明确应急响应级别,及时组织救援。

(2)接到事故报告后,按照工作程序,对险情作出判断,初步确定响应的级别,如果事故不足以启动应急救援体系的最低级别,响应关闭。如果应急响应过程中,现场情况进一步恶化,现有资源不能满足救援要求时,应扩大应急(升级),启动更高一级的响应程序。

4)应急处置措施

(1)隧道生产安全事故发生后,现场有关人员立即组织救援,将伤员和被困人员撤到安全位置,同时报告应急救援总指挥,并做好现场警戒,禁止无关人员进入事故现场。

(2)发生物体打击事故后,立即通知洞外值班人员报告应急救援总指挥,并视伤员具体情况采取适当措施将伤者送到洞外,洞外应急人员做好接应工作。

(3)发生机械伤害事故后,应关停运转机械,现场有关人员立即将伤员送到洞外。

(4)发生车辆伤害事故后,车辆应立即制动,现场有关人员立即将伤者送到洞外,应急人员做好接应工作。

(5)发生触电事故后,电工应切断洞内电源,现场有关人员立即将伤者送到洞外,应急人员做好接应工作。电工查找触电事故发生的原因,并向有关领导报告后,对配电设施或用电设备进行检修。

(6)发生高处坠落(主要指从台车上坠落)事故后,现场有关人员立即将伤者送到洞外,应急人员做好接应工作。

(7)发生冒顶片帮事故后,现场有关人员立即组织将被困人员转移到安全地点,并做好现场警戒,禁止人员靠近,同时通知洞外值班人员,请求支援。救援过程中应注意检查事发现场存在的危险因素,并做好预防措施方能进行救援,防止二次和次生伤害。若有人员被埋,尽可能采用人工清理渣石,如果采用机械清理,必须确认所清理部位无人员被困,否则不宜采用机械清理。

(8)发生透水事故后,被困人员应尽可能选择高处避险,等待救援,救援人员应穿戴好救生用具(救生衣、救生圈),并将携带的救生用具发放给被困人员,监督其正确穿戴。

(9)发生放炮伤害事故后,首先由原爆破员和爆破安全员对事发现场进行检查排险,确认隐患降到最低后,现场有关人员应立即组织抢救伤员,洞外人员做好接应工作,以最快速度将伤员送到就近医院救治。

(10)发生中毒窒息事故后,应急人员佩戴呼吸机、携带化学氧自救器赶到事发现场,将被困人员救出,未佩戴呼吸机的人员禁止进入隧道参与救援,隧道口值班员严格执行进出洞登记制度,洞外接应人员充分做好应急准备,保证中毒人员得到及时抢救。

(11)发生煤与瓦斯突出事故后,电工切断洞内一切电源,现场管理人员立即在距洞口50m范围外设置警戒线,警戒线内杜绝任何火源;通风工修复通风设施,保证救援现场新鲜空气的供给;钳工及时修复供水设施,保证水幕降尘用水;救援人员在应急总指挥的安排下,佩戴呼吸机,携带担架、矿灯、供被困人员呼吸用的氧气、急救箱等有序进入隧道展开救援,有关人员在洞外做好外应;禁止在洞内从事任何可能产生摩擦火花的活动,进入隧道人员禁止穿化纤服装,禁止携带火源进入隧道;被困人员主动组织自救互救,撤到新鲜空气供应点或其他安全地点等待救援。

(12)发生瓦斯爆炸事故后,现场管理人员立即在距洞口50m处设置警戒线,禁止无关人员进入,通风工立即修复通风设施,恢复通风;瓦检员进入事发隧道检查瓦斯浓度,安全员进入洞内了解人员伤亡情况和设备设施的完好情况;救援人员在现场总指挥的安排下佩戴呼吸机,携带急救箱、氧气、担架、矿灯等应急器材进入隧道有序救援,洞外人员做好接应;被困人员尽可能组织自救互救,撤到安全地点,尽可能降低身体高度或趴在地上,等待救援。

15.7 应急保障

1)应急物资、设备(表15.4)

应急物资、设备表 表15.4

序号	名称	规格型号	单位	数量	分布情况
1	指挥车		辆		
2	应急车		辆		
3	呼吸机				
4	化学氧自救器				
5	担架		副		

续上表

序号	名　称	规格型号	单位	数量	分布情况
6	隔爆对讲机		对		
7	阻燃工作服				
8	矿用安全帽		顶		
9	医药急救箱		个		
10	救生圈		个		
11	救生衣		件		
12	氧气袋		个		
13	警戒带		m		
14					
15					

2)应急物资、设备管理、维护和使用

(1)建立应急物资、设备台账,并指定专人管理,定期对应急物资、设备进行维护、保养或更换,随时保持应急物资、设备处于战备状态。

(2)定期组织应急人员开展应急知识和业务技能培训,使应急人员了解各自的工作职责,熟悉应急物资、设备的使用、操作程序。

附录1 名词解释

1.001 瓦斯

瓦斯是从煤(岩)层内逸出的各种有害气体的总称,其主要成分为甲烷(CH_4)。

1.002 煤系地层

在成因上有共生关系并含有煤层(或煤线)的沉积岩地层称为煤系地层。

1.003 瓦斯区段

瓦斯区段是地层含有瓦斯的隧道施工区间范围。

1.004 瓦斯含量

瓦斯含量是每吨煤含有的瓦斯数量,系游离瓦斯与吸附瓦斯量之总和,以 m^3/t 计。

1.005 瓦斯压力

煤(岩)中瓦斯气体产生的压强称为瓦斯压力。

1.006 瓦斯涌出

瓦斯涌出是由受采动影响的煤层、岩层,以及由采落的煤、矸石向隧道空间均匀地放出瓦斯的现象。

1.007 岩柱

岩石坑道开挖工作面与煤层之间的岩体称为岩柱,其厚度即开挖工作面与煤层之间的法向距离。

1.008 隧道揭煤

隧道揭煤是隧道掘进自距煤层底部(顶部)岩层法线距 10m 开始至过完煤层并进入煤层顶部(底部)岩层的全过程。

1.009 密闭门

巷道中为隔离瓦斯而安装的专用门为密闭门。

1.010 瓦斯检测断面

隧道中设置瓦斯检测点的断面为瓦斯检测断面。

1.011 瓦斯浓度(也称甲烷浓度)

瓦斯浓度是空气中瓦斯(甲烷)占有量与空气体积之比,以百分数表示。

1.012 瓦斯(甲烷)逸出

瓦斯逸出指从隧道围岩中或衬砌背后释放出的瓦斯(甲烷)。

1.013 煤(岩)与瓦斯突出

在地应力和瓦斯压力共同作用下,破碎的煤(岩)与大量瓦斯从煤体内突然喷向开挖空间的现象为煤与瓦斯突出。本规程第二编第四章所指的突出是煤与瓦斯突出、煤的突然倾出、煤的突然压出、岩石与瓦斯突出的总称,简称突出。

1.014 煤层倾角

煤层层面与水平面斜交的煤层,当倾角为8°～25°时,称缓倾斜煤层;倾角为25°～45°时,称倾斜煤层;当倾角为大于45°时,称急倾斜煤层。

1.015 煤层厚度

煤层厚度煤层顶底板之间的垂直距离。厚度小于1.3m的为薄煤层;厚度在1.3～3.5m的为中厚煤层;厚度大于3.5m的为厚煤层。

1.016 超前探孔

为探明开挖工作面前方煤层位置及赋存条件和瓦斯情况的钻孔称为超前探孔,简称探孔。

1.017 预测孔

预测孔为用以预测煤层各项突出危险性指标的钻孔。

1.018 检验孔

检验孔为检验防突措施是否有效的钻孔。

1.019 排放孔

排放孔是指专门排放开挖工作面前方煤层中的瓦斯和缓解应力的钻孔。

1.020 打钻动力现象

钻孔过程中大量的瓦斯、煤浆、煤粉、水从钻孔中喷出(喷孔、喷水)或高压瓦斯将钻杆向外推(顶钻)、夹钻、抱钻、顶水等现象称为打钻动力现象。

1.021 震动爆破

在隧道揭煤时,用增加炮眼数量、加大装药量等措施诱导煤与瓦斯突出的特殊爆破作业称为震动爆破。

1.022 微震动爆破

微震动爆破是用于揭煤的一种低爆破力的震动爆破。

1.023 煤矿许用炸药

煤矿许用炸药是指允许用于有瓦斯和煤尘爆炸危险的地下工程爆破的专用炸药。

1.024 气密性

气密性是在一定的压力和时间条件下气体透过混凝土的程度,以透气系数衡量。

1.025 透气系数

在规定压力下,单位时间、单位面积内混凝土或其他介质的透气量为透气系数。

1.026 气密性混凝土

透气系数不大于 10～11cm/s 的混凝土为气密性混凝土。

1.027 耦合装药

耦合装药是指装药直径与炮孔直径相同。

1.028 不耦合装药

不耦合装药是指装药直径小于炮孔直径。

1.029 不耦合系数

炮孔直径与装药直径的比值称为不耦合系数。

1.030 隧道瓦斯等级

根据隧道的瓦斯涌出量和涌出形式等所划分的隧道瓦斯危险程度等级称为隧道瓦斯等级。

1.031 突出煤(岩)层

在矿井井田范围内发生过煤(岩)与瓦斯(二氧化碳)突出的煤(岩)层或者经过鉴定(预测、

评估)具有突出危险的煤层称为突出煤层。

1.032 煤(岩)与瓦斯(二氧化碳)突出隧道

煤与瓦斯突出隧道是指在隧道开挖过程中发生过一次煤(岩)与瓦斯(二氧化碳)突出或开挖经鉴定(预测、评估)具有突出危险的煤(岩)层。

1.033 瓦斯(二氧化碳)喷出

瓦斯喷出是从煤体或岩体裂隙、孔洞、钻孔或爆破孔中大量涌出瓦斯(二氧化碳)的异常涌出现象。在20m巷道范围内,涌出瓦斯(二氧化碳)量大于或等于1.0m^3/min且持续8h以上时定为瓦斯(二氧化碳)喷出。

1.034 瓦斯动力现象

瓦斯动力现象是指隧道发生的有瓦斯参与或伴随大量瓦斯涌出,且产生明显动力效应的现象。

1.035 喷孔

喷孔是钻孔(炮眼)施工过程中,在瓦斯压力的作用下,从钻孔(炮眼)短时、断续喷出瓦斯和煤粉,且喷出距离一般大于0.5m的异常动力现象。

1.036 拒爆(瞎炮)

拒爆是指发爆后,炸药未爆炸的现象。

1.037 爆破飞石

爆破飞石是指在爆炸能作用下,从爆炸区抛出飞散的个别石块。它具有较大随机性,对人员、设备均具较大危害作用。

1.038 炮烟

炮烟为炸药爆炸后生成的烟雾,有CO、CO_2、N_2、NO、NO_2的水蒸气和一些细小粉尘等各种有毒有害气体。

1.039 杂散电流

在隧道内,存在的任何不按指定通路流动的电流称为杂散电流。

1.040 串联通风

串联通风用风地点的回风再次进入其他用风地点的通风方式。

1.041 扩散通风

扩散通风是利用空气中分子的自然扩散运动,对局部地点进行通风的方式。

1.042 独立风流

隧道任一掌子面回风不经过其他用风地点而直接进入回风系统的风流为独立风流。

1.043 火风压

发生火灾时,高温烟流流经有高差的井巷所产生的附加风压为火风压。

1.044 局部通风

局部通风是利用局部通风机或主要通风机产生的风压对局部地点进行通风的方法。

1.045 循环风

局部通风机的回风,部分或全部再进入同一部局部通风机的进风风流中称为循环风。

1.046 主要通风机

主要通风机是安装在地面的,向隧道内各用风地点供风的通风机。

1.047 局部通风机

局部通风机是向隧道内局部地点供风的通风机。

1.048 煤尘爆炸危险煤层

经煤尘爆炸性试验鉴定证明其煤尘有爆炸性的煤层称为爆炸危险煤层。

1.049 岩粉

岩粉是专门生产的、用于防止爆炸及其传播的惰性粉尘。

1.050 不燃性材料

受到火焰或高温作用时,不着火、不冒烟、也不被烧焦者,包括所有天然和人工的无机材料以及建筑中所用的金属材料称为不燃性材料。

1.051 永久性爆炸材料库

使用期限在两年以上的爆炸材料库称为永久性爆炸材料。

1.052 硝化甘油类炸药

硝化甘油类炸药是硝化甘油被可燃剂和(或)氧化剂等吸收后组成的混合炸药。

1.053 瞬发电雷管

通电后瞬时爆炸的电雷管称为瞬发电雷管。

1.054 延期电雷管

延期电雷管是指通电后隔一定时间爆炸的电雷管。按延期间隔时间不同，分秒延期电雷管和毫秒延期电雷管。

1.055 最小抵抗线

从装药重心到自由面的最短距离称为最小抵抗线。

1.056 正向起爆

正向起爆是起爆药包位于柱状装药的外端，靠近炮眼口，雷管底部朝向眼底的起爆方法。

1.057 反向起爆

反向起爆是起爆药包位于柱状装药的里端，靠近或在炮眼底，雷管底部朝向炮眼口的起爆方法。

1.058 裸露爆破

在岩体表面上直接贴敷炸药或再盖上泥土进行爆破的方法称为裸露爆破。

1.059 矿用一般型电气设备

矿用一般型电气设备是专为煤矿井下条件生产的不防爆的一般型电气设备，这种设备与通用设备比较对介质温度、耐潮性能、外壳材质及强度、进线装置、接地端子都有适应煤矿具体条件的要求，而且能防止从外部直接触及带电部分及防止水滴垂直滴入，并对接线端子爬电距离和空气间隙有专门的规定。低瓦斯隧道可参照使用。

1.060 矿用防爆电气设备

矿用防爆电气设备系指按《爆炸性环境　第1部分：设备通用要求》(GB 3836.1—2010)标准生产的专供煤矿井下使用的防爆电气设备。除了符合《爆炸性环境　第1部分：设备通用要求》(GB 3836.1—2010)的规定外，还必须符合专用标准和其他有关标准的规定，其形式包括：

(1)隔爆型电气设备 d 具有隔爆外壳的防爆电气设备，该外壳既能承受其内部爆炸性气体混合物引爆产生的爆炸压力，又能防止爆炸产物穿出隔爆间隙点燃外壳周围的爆炸性混合物。

(2)增安型电气设备 e 在正常运行条件下不会产生电弧、火花或可能点燃爆炸性混合物的高温的设备结构上，采取措施提高安全程度，以避免在正常和认可的过载条件下出现这些现象的电气设备。

(3)本持安全型电气设备 i 全部电路均为本质安全电路的电气设备。所谓本质安全电路，是指在规定的试验条件下，正常工作或规定的故障状态下产生的电火花和热效应均不能点燃规定的爆炸性混合物的电路。

高瓦斯、突出隧道应使用此设备。

1.061 阻燃电缆

阻燃电缆是遇火点燃时,燃烧速度很慢,离开火源后即自行熄灭的电缆。

1.062 接地装置

接地装置是各接地极和接地导线、接地引线的总称。

1.063 总接地网

总接地网是用导体将所有应连接的接地装置连成的一个接地系统。

1.064 局部接地极

局部接地极是在集中或单个装有电气设备(包括连接动力铠装电缆的接线盒)的地点单独埋设的接地极。

1.065 接地电阻

接地电阻是接地电压与通过接地极流入大地的电流值之比。

1.066 粉尘

粉尘是煤尘、岩尘和其他有毒有害粉尘的总称。

1.068 呼吸性粉尘

呼吸性粉尘是能被吸入人体肺泡区的浮尘。

附录2

隧道瓦斯等级鉴定中瓦斯涌出量计算方法

1. 绝对瓦斯涌出量计算方法

绝对瓦斯涌出量是指单位时间内该隧道涌出的瓦斯总量，取鉴定月 3 个测定日中最大的日平均值。绝对瓦斯涌出量为隧道风排瓦斯涌出量与抽采瓦斯量之和。

风排瓦斯涌出量为所有进、回风测点瓦斯流量之差，当测定隧道有多个进、回风巷道时，绝对瓦斯涌出量包括所有通风回路瓦斯涌出量之和；抽采瓦斯量取当月抽采瓦斯量（包括地面、隧道内抽采量）的平均值（不包括排放到隧道回风巷的局部抽采瓦斯量）。

测定期间每个通风回路的绝对瓦斯涌出量可按照式(附 2.1、附 2.2)计算：

$$q_{绝} = q_{排} + q_{抽} \tag{附 2.1}$$

式中：$q_{绝}$——测定隧道绝对瓦斯（或二氧化碳）涌出总量，m^3/min；

$q_{抽}$——测定隧道抽采瓦斯（或二氧化碳）纯量，m^3/min，取鉴定月的平均值；

$q_{排}$——测定隧道日平均风排瓦斯（或二氧化碳）量，m^3/min。

$$q_{排} = \frac{1}{n}\sum_{i=1}^{n} q_{排i} = \frac{1}{100 \times n}\sum_{i=1}^{n}(Q_{回i} \cdot C_{回i} - Q_{进i} \cdot C_{进i}) \tag{附 2.2}$$

式中：n——班制，隧道采用三班制时 $n=3$，采用四班制时 $n=4$；

i——测定班序号，采用三班制的隧道 $i=1,2,3$；采用四班制的隧道 $i=1,2,3,4$；

$q_{排i}$——第 i 班的风排瓦斯（或二氧化碳）量，m^3/min；

$Q_{回i}$——第 i 班回风巷风流中的风量，取当班测定 3 次的平均值，m^3/min；

$C_{回i}$——第 i 班回风巷风流中的瓦斯（或二氧化碳）浓度，取当班测定 3 次的平均值，%；

$Q_{进i}$——第 i 班进风巷风流中的风量，取当班测定 3 次的平均值，m^3/min；

$C_{进i}$——第 i 班进风巷风流中的瓦斯（或二氧化碳）浓度，取当班测定 3 次的平均值，%。对独立通风隧道而言，一般为 0。

2. 相对瓦斯涌出量计算方法

隧道相对瓦斯涌出量为日绝对瓦斯涌出总量与月平均日产煤量的比值。相对瓦斯涌出量可按式(附 2.3)计算：

$$q_{相} = 1440 \times \frac{q_{max}}{D} \tag{附 2.3}$$

式中：$q_{相}$——相对瓦斯涌出量，m^3/t；

q_{max}——绝对瓦斯涌出量，m^3/min；

D——月平均日产煤量，t/d。

对隧道而言，无煤炭产量，因而，瓦斯等级鉴定采用相对瓦斯涌出量意义不大。

附录3

煤与瓦斯突出基本特征和突出后的煤量及瓦斯涌出量计算方法

煤与瓦斯突出可分为煤与瓦斯突然喷出(以下简称突出)、煤的压出伴随瓦斯涌出(以下简称压出)和煤的倾出伴随瓦斯涌出(以下简称倾出)三种类型,其基本特征如下。

1. 突出的基本特征

(1)突出的煤向外抛出的距离较远,具有分选现象。

(2)抛出煤的堆积角小于自然安息角。

(3)抛出煤的破碎程度较高,含有大量碎煤和一定数量手捻无粒感的煤粉。

(4)有明显的动力效应,如破坏支架,推倒矿车,损坏或移动安装在巷道内的设施等。

(5)有大量的瓦斯涌出,瓦斯涌出量远远超过突出煤的瓦斯含量,有时会使风流逆转。

(6)突出孔洞呈口小腔大的梨形、舌形、倒瓶形、分岔形或其他形状。

2. 压出的基本特征

(1)压出有两种形式,即煤的整体位移和煤有一定距离的抛出,但位移和抛出的距离都较小。

(2)压出后,在煤层与顶板之间的裂隙中常留有细煤粉,整体位移的煤体上有大量的裂隙。

(3)压出的煤呈块状,无分选现象。

(4)巷道瓦斯涌出量增大,抛出煤的吨煤瓦斯涌出量大于 $30m^3/t$。

(5)压出可能无孔洞或呈口大腔小的楔形、半圆形孔洞。

3. 倾出的基本特征

(1)倾出的煤按自然安息角堆积、无分选现象。

(2)倾出的孔洞多为口大腔小,孔洞轴线沿煤层倾斜或铅锤(厚煤层)方向发展。

(3)无明显动力效应。

(4)常发生在煤质松软的急倾斜煤层中。

(5)巷道瓦斯涌出量明显增加,抛出煤的吨煤瓦斯涌出量大于 $30m^3/t$。

4. 瓦斯动力现象抛出煤量和瓦斯涌出量计算原则和方法

(1)抛出的煤量指由瓦斯动力现象抛出的煤量。煤量可按照实际清理出的煤量为准,或按照煤炭的堆积体积计算。计算时堆积煤炭的密度取值范围为 0.8～1.0t/m^3,抛出煤炭的粒度差别较大时,可分段按照不同堆积密度计算。

(2)抛出煤的瓦斯涌出量为发生瓦斯动力现象后回风巷中的瓦斯从升高开始,截至恢复到瓦斯动力现象发生前状态的增量。对瓦斯涌出量长时间不能恢复到瓦斯动力现象发生前的瓦斯涌出状态的,计算截止时间为瓦斯涌出量降到 1.0m^3/min 时或瓦斯涌出量降到稳定状态时。

(3)瓦斯涌出量可根据隧道掌子面、隧道回风流中的瓦斯浓度和风量的测定值计算,并应尽量选用瓦斯浓度测值没有超过测量仪器(或传感器)量程的测点资料计算。

瓦斯涌出量可根据瓦斯浓度和风量的测值变化规律,采用曲线拟合后再积分的方法或者采用分段取平均值的方法计算。

附录4 煤的破坏类型

煤的破坏类型见附表4.1。

煤的破坏类型　　附表4.1

破坏类型	光泽	构造与构造特征	节理性质	节理面性质	断口性质	手试强度
Ⅰ类（非破坏煤）	亮与半亮	层状构造，块状构造，条带清晰明显	一组或二三组节理，节理系统发达，有次序	有充填物（方解石），次生面少，节理、劈理面平整	参差阶状，贝状，波浪状	坚硬，用手难以掰开
Ⅱ类（破坏煤）	亮与半亮	（1）尚未失去层状，较有次序；（2）条带明显，有时扭曲，有错动；（3）不规则块状，多棱角；（4）有挤压特征	次生节理面多，且不规则，与原生节理呈网状节理	节理面有擦纹、滑皮；节理平整，易掰开	参差多角	用手极易剥成小块，中等硬度
Ⅲ类煤（强烈破坏煤）	半亮与半暗	（1）弯曲呈透镜体构造；（2）小片状构造；（3）细小碎块，层理紊乱无次序	节理不清，系统不发达，次生节理密度大	有大量擦痕	参差及粒状	用手捻之可成粉末、碎粒
Ⅳ类煤（粉碎煤）	暗淡	粒状或小颗粒胶结而成，形似天然煤团	无节理，成黏块状		粒状	用手捻之可成粉末
Ⅴ类煤（全粉煤）	暗淡	（1）土状构造，似土质煤；（2）如断层泥状			土状	易捻成粉末，疏松

附录5

煤层瓦斯压力的测定方法

测定煤层瓦斯压力时，通常是从隧道围岩(联络巷或围岩钻场)向煤层打孔径为 50～70mm 的钻孔，孔中放测压管，将钻孔密封后，用压力表直接进行测定。为了测定煤层的原始瓦斯压力，测压地点的煤层应为未受采动影响的原始煤体。

测压封孔方法分填料法和封孔器法两类。根据封孔器的结构特点，封孔器分为胶圈、胶囊和胶圈黏液等几种类型。

1. 填料封孔法

填料法是应用最广泛的一种测压封孔方法。采用该方法时，在打完钻孔后，先用水清洗钻孔再向孔内放置测压管，最后用充填材料封孔。附图 5.1 为人工充填法封孔示意图。

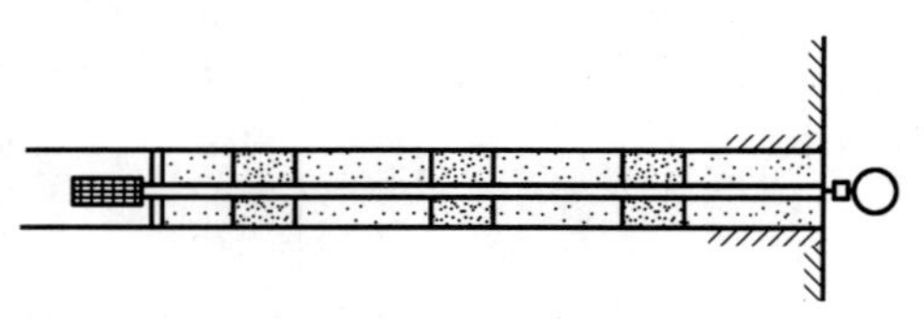

附图 5.1 人工充填法封孔示意图

为了防止测压管堵塞，在测压管前端焊接一段直径稍大于测压管的筛状管或直接在测压管壁打筛孔。为了防止充填材料堵塞测压前端，在测压前端后部套焊一挡料圆盘。测压管为紫铜管或细钢管，充填材料用水泥和沙子或黏土。填料可用人工或压风送入钻孔。充填时每充填 1m 左右，送入一段木楔，并用堵棒捣固。人工封孔的封孔深度一般不超过 5m；用压气封孔时，借助喷浆罐将水泥砂浆由孔底向孔口逐渐充满，压气封孔深度可达 10m 以上。为了提高填充密封效果，可使用膨胀水泥。

填料法封孔的优点是不需特殊装置，简单易行；缺点是人工封孔长度短，封孔时间长且对裂隙发育岩层和煤层封孔不严。

2. 封孔器封孔

1)胶圈封孔器

胶圈封孔是一种简便的封孔方法，它适用于岩柱完整致密的条件。附图 5.2 为胶圈封孔器结构示意图。封孔器由内外套管、挡圈和胶圈组成，内套管即为测压管。封直径为 50mm 的钻孔时，胶圈外径为 49mm，内径 21mm，长度为 78mm，测压管上焊有环形固定挡圈，当拧紧压紧螺帽时，外套管移动压缩胶圈，即达到封孔目的。北票矿务局台吉煤矿一

550m 水平西 5 石门用胶圈封孔器实测的 10 层煤瓦斯压力高达 8.1MPa。

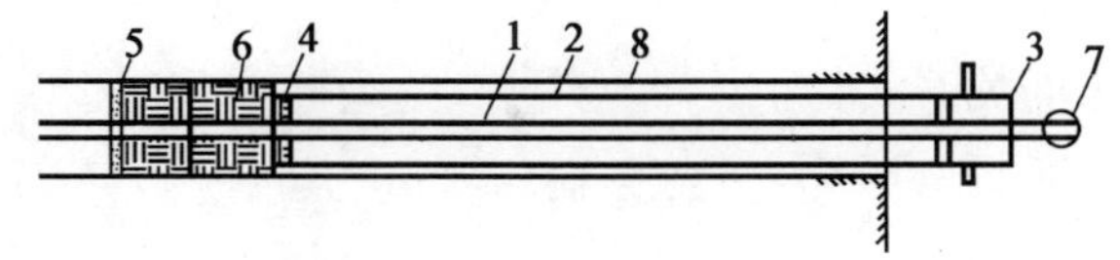

附图 5.2 胶圈封孔器结构示意图

1-测压管;2-外套管;3-压紧螺栓;4-活动挡圈;5-固定挡板;6-胶圈;7-压力表;8-钻孔

该方法的主要优点是简单易行,封孔器可重复使用;缺点是封孔深度小,且要求封孔段岩石必须致密、完整。

2)胶圈—压力黏液封孔器

胶圈—压力黏液封孔器与胶圈封孔器的主要区别是在两组封孔胶圈之间,充入带压的黏液。这是中国矿业大学研制成功的一种新的封孔方法。胶圈—压力黏液封孔器结构如附图 5.3 所示。

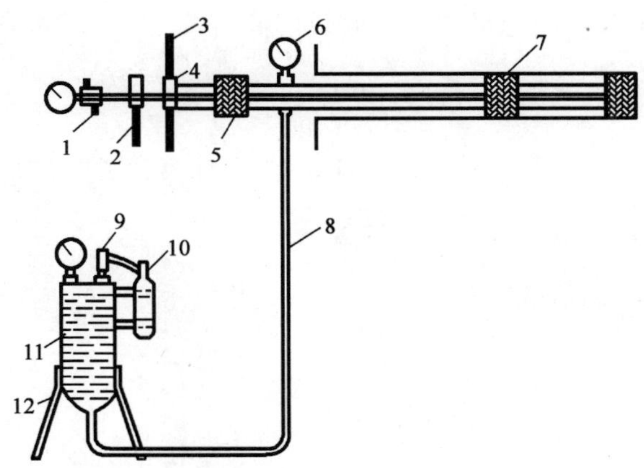

附图 5.3 胶圈—压力黏液封孔器结构

1-补充气体入口;2-固定把;3-加压手把;4-推力轴承;5-胶圈;6-黏液压力表;7-胶圈,8-高压胶管;9-阀门;10-二氧化碳;11-黏液;12-黏液罐

该封孔器由胶圈封孔系统和黏液加压系统组成。为了缩短测压时间,本封孔器带有预充气口,预充气压力略小于预计的煤层瓦斯压力。与其他封孔器相比,这种封孔器的主要优点:一是增大了封孔段的长度;二是压力黏液可渗入封孔段岩(煤)体裂隙,增大该段的密封效果。胶圈—压力黏液封孔器在阳泉、焦作和鹤壁等矿务局的试验证明,该封孔器能满足岩巷直接测定煤层瓦斯压力的要求。该封孔器的主要技术参数如下:

钻孔直径(mm):62;

封孔深度(m):11～20;

封孔黏液段长度(m):3.6～5.4;

煤层坚固性系数:$f \geqslant 0.5$;

封孔器重量(长 15m)(kg):120。

3. 间接测压法

间接法快速测定煤层瓦斯压力同样是基于煤样解吸瓦斯的规律,如前所述的直接测定煤

层瓦斯含量的方法,在求出煤层瓦斯含量的基础上,利用瓦斯解吸特征值 V_1,建立起求瓦斯压力 P 值的模型。

瓦斯含量与瓦斯压力的关系式为:

$$W=\alpha\sqrt{P} \tag{附 5.1}$$

式中:W——瓦斯含量,m^3/t;

P——瓦斯压力,MPa;

α——煤层瓦斯含量系数,$m^3/t\cdot MPa^{\frac{1}{2}}$。

瓦斯压力与 V_1 值的关系式为:

$$P=\left(\frac{AV_1+B}{\alpha}\right)^2 \tag{附 5.2}$$

式中:A、B——回归系数。

中煤科工集团重庆研究院快速间接测压法是根据瓦斯解吸试验及现场测定的 K_1 指标进行计算。在实验室通过瓦斯解吸试验确定待测煤层的系数 A 和 B,再用测出的 K_1 值,按下式计算煤层瓦斯压力:

$$K_1=AP^B \tag{附 5.3}$$

在未进行瓦斯解吸试验的情况下,A、B 值选用以下计算参考值:

$$A=0.2304\Delta P^{0.5413}\cdot A_{ad}^{-0.1826} \tag{附 5.4}$$

$$B=0.5633 \tag{附 5.5}$$

式中:ΔP——煤样瓦斯放散初速度。

附录6

煤层瓦斯含量测定方法

煤层瓦斯含量测定方法可分为直接测定法和间接测定法两类。

1. 煤层瓦斯含量直接测定法

1)地勘钻孔煤层瓦斯含量测定法(解吸法)

该方法是以测量煤中解吸的瓦斯数量和解吸特征为基础的一种方法,瓦斯含量由实测的瓦斯解吸量、实测的瓦斯残存量和推算的瓦斯损失量三部分组成。为了准确测定煤层的原始瓦斯含量,必须使用专门的仪器在地勘钻孔中采样和测量,以保证采样过程中损失的瓦斯量最小,并通过测定和计算对损失的瓦斯量进行尽可能准确的补偿。测定的主要步骤如下。

用普通岩芯管采取煤芯(煤样),当煤芯(煤样)提升至地表之后选取 300～400g 立即装入密封罐中,在采样过程中,注意记录开始提芯、煤芯提至地表和装罐前在空气中暴露的时间。

(1)瓦斯解吸量测定。

煤样装入密封罐后,先将穿刺针头插入罐盖上的胶垫圈,再拧紧罐盖,并通过针头将密封罐与解吸仪(附图 6.1)连接,开始测量煤样解吸瓦斯量随时间的变化。测量 2h 后,得出累计瓦斯解吸体积 V_1,然后取出针头,将密封罐送至实验室,进行脱气和气体分析。

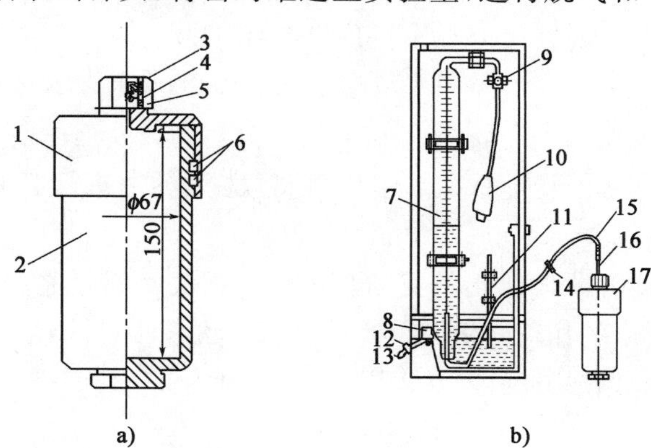

附图 6.1 瓦斯解吸量测定仪(尺寸单位:mm)

1-罐盖;2-罐体;3-压紧螺栓;4-垫片;5-胶垫;6-O 形密封圈;7-量管;8-水槽;9-螺旋夹;10-吸气球;11-温度计;12、14-弹簧夹;13-放水管;15-排气管;16-穿刺针头;17-密封罐

(2)瓦斯损失量推算。

煤样解吸测定前损失的瓦斯量取决于煤样在钻孔内及空气中的暴露时间和煤样解吸瓦斯的特征,通过试验和理论分析得出,煤样在最初暴露的一段时间内,累计解吸瓦斯量与煤样解吸时间的平方根成正比:

$$V_S = K\sqrt{t_o + t} \tag{附 6.1}$$

式中:V_S——煤样自暴露时起,至进行解吸测定时间为 t 时的解吸瓦斯总体积,mL;

t_o——煤样在解吸测定前的暴露时间,min, $t_o = \frac{1}{2}t_1 + t_2$;

t_1——提钻时间,根据经验,煤样在钻孔内暴露的时间取为 $\frac{1}{2}t_1$,min;

t_2——解吸测定前煤样在地面的暴露时间,min;

t——煤样解吸瓦斯测定的时间,min;

K——比例常数,$mL/min^{1/2}$。

显然,解吸测定的解吸瓦斯量 V_1 仅为煤样总解吸量的一部分(即从 t_o到 t 间的部分)。解吸测定前煤样在暴露时间 t_o 时已损失的瓦斯量 $V_2 = K\sqrt{t_o}$,由此:

$$V_1 = K\sqrt{t_o + t} - V_2 \tag{附 6.2}$$

上式为直线方程式,可用最小二乘法求出常数 K 和 V_2。V_2 即为所求的瓦斯损失量。

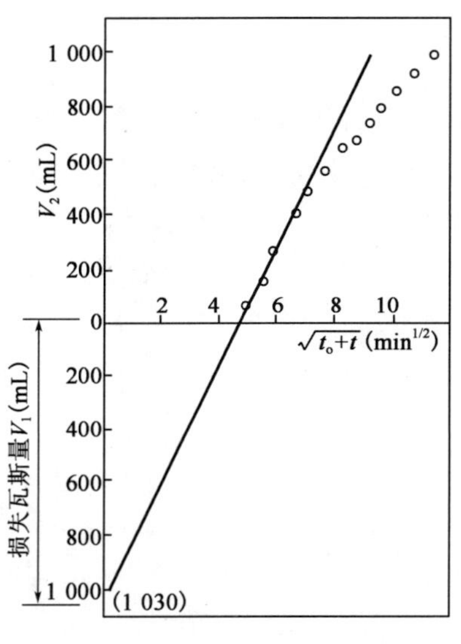

附图 6.2 瓦斯损失量计算图

为简便起见,也可用图解法求算瓦斯损失量(附图 6.2)。以实测累计瓦斯解吸量 V 为纵坐标,以 $\sqrt{t_o + t}$ 为横坐标,把全部解吸观测点标绘在图中,将开始解吸一段时间内呈直线分布的测点相连,并延长连接线与纵坐标轴相交,其截距即为所求的损失瓦斯量。

(3)瓦斯残存量实验室测定。

经过解吸测定的煤样,在密封状态下应尽快送到实验室进行粉碎前加热(95℃)真空脱气,脱气后将煤样粉碎到粒度小于 0.2mm 的质量大于总质量的 80%,再进行粉碎后脱气,最后进行气体组分分析。脱气、粉碎和气体分析均为残存瓦斯含量的测定步骤,以得出实验室煤样粉碎前后的脱出瓦斯量 V_3、V_4。最后将煤样称重并进行工业分析。

(4)煤层瓦斯含量计算。

煤层瓦斯含量是上述各阶段泄出的瓦斯总体积与损失瓦斯量之和,同煤样质量的比值。应当指出的是,各阶段放出的瓦斯体积均应换算为标准状态(0℃、103.33kPa)下的体积,并按气体分析的结果换算成原始成分的体积,以甲烷组分为例:

$$X'_0 = \frac{V'_1 + V'_2 + V'_3 + V'_4}{G} \tag{附 6.3}$$

式中:X'_0——煤层原始瓦斯(甲烷)含量,mL/g 或 mL/g^v(可燃基);

V'_1——煤样解吸测定中累计解吸的瓦斯(甲烷)体积,mL;
V'_2——推算出的瓦斯(甲烷)损失量,mL;
V'_3——实验室煤样粉碎前脱出的瓦斯(甲烷)量,mL;
V'_4——实验室煤样粉碎后脱出的瓦斯(甲烷)量,mL;
G——煤样质量,g,或纯煤(可燃基)质量,g^r。

2)井下快速测定煤层瓦斯含量法

这是近年来基于煤样瓦斯解吸规律基础上研究的一种间接方法,可以在井下快速测定煤层瓦斯含量。煤样卸压后其瓦斯解吸过程随时间呈幂函数的规律变化,在卸压后的60min内瓦斯解吸速度的衰减系数(K_t)为常数,而在第一分钟时的解吸速度值(V_1)则随吸附瓦斯压力大小而变化。

(1)利用煤样瓦斯解吸特征,求出测定煤层的瓦斯解吸特征指标 V_1 值和 K_t 值。

(2)利用郎格缪尔方程式,在实验室计算不同吸附瓦斯压力下煤样的瓦斯含量,同时测出相应压力的 V_1 值和 K_t 值。

(3)利用 V_1 值确定煤层瓦斯含量的模型:

$$W = AV_1 + B \tag{附 6.4}$$

式中:W——煤样在一定吸附压力下的瓦斯含量,mL/g;
V_1——煤样暴露第一分钟时的瓦斯解吸速度,mL/(g·min);
A、B——回归系数。

使用专门的仪器,通过井下煤层打钻采集1~3mm粒度的煤样,就能够在回采和掘进工作面上快速测定煤层瓦斯含量。

2. 试验室间接测定煤层瓦斯含量法

煤层瓦斯含量由游离瓦斯和吸附瓦斯两部分组成。试验室间接测定法是在试验室测定煤样孔隙体积和吸附等温线的基础上,根据矿井实测的煤层瓦斯压力计算这两部分相应的瓦斯量。

1)吸附瓦斯含量

$$X_1 = \frac{abP}{1+bP} \times \frac{1}{1+0.31M_{ad}} \times e^{n(t_s-t)} \tag{附 6.5}$$

式中:X_1——纯煤(可燃基)的吸附瓦斯含量,m^3/t;
a——吸附常数,试验温度下纯煤的极限吸附量,m^3/t;
b——吸附常数,MPa^{-1};
P——瓦斯压力,MPa;
t_s——进行吸附试验的试验温度,℃;
t——煤层温度,℃;
M_{ad}——煤样水分,%;
n——系数,$n = \dfrac{0.02t}{0.993+0.07P}$。

2)游离瓦斯含量

$$X_2 = \frac{10KP}{k} \qquad (附 6.6)$$

式中:X_2——纯煤的游离瓦斯含量,m^3/t;

K——煤的孔隙体积,m^3/t;

k——甲烷的压缩系数。

3. 纯煤的瓦斯含量

$$X = X_1 + X_2 = \frac{abP}{1+bP}\frac{1}{1+0.31M_{ad}}e^{n(t_s-t)} + \frac{10KP}{k} \qquad (附 6.7)$$

4. 原煤的瓦斯含量

$$X_0 = X\frac{100-A-M_{ad}}{100} \qquad (附 6.8)$$

式中:X_0——原煤的瓦斯含量,m^3/t;

A——原煤灰分,%。

附录7

煤层透气性系数的测定方法

煤层透气性系数的测定是在我国广泛采用中国矿业大学提出的方法。这一方法是在煤层瓦斯向钻孔流动的状态属径向不稳定流动的基础上建立的。采用该法时按下列步骤进行。

1. 打钻孔测定煤层瓦斯压力

打钻孔测定煤层瓦斯压力指由隧道掌子面或其他围岩巷道向煤层打测压钻孔，钻孔与煤层交角应尽量接近 90°，钻孔要打穿煤层全厚，孔径不限。钻孔打完后，清洗钻孔，封孔测瓦斯压力。封孔用的测压管一般用直径 8～10mm 的紫铜管；当钻孔瓦斯流量大时，测压管应选内径不小于 15mm 的钢管。为便于卸压，在压力表外端设卸压阀门，如附图 7.1 所示。当压力表读数上升至稳定的最高位时，即为煤层原始瓦斯压力值。

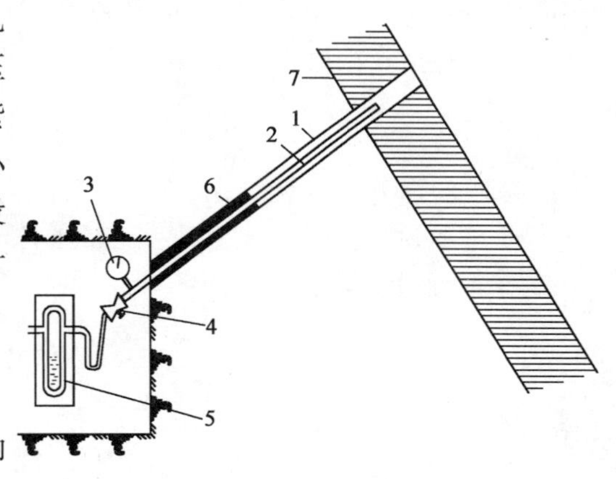

附图 7.1　煤层透气性测定方法示意图

1-钻孔；2-测压管；3-压力表；4-阀门；5-流量计；6-钻孔密封段；7-煤层

2. 卸压测定钻孔瓦斯流量

卸压测定钻孔瓦斯流量要打开卸压阀门，卸除瓦斯压力，记下卸压时间，开始排放瓦斯。测定钻孔瓦斯流量的时间，应在卸压 1d 以后进行，测量计算出的透气性系数是流动场煤层透气性系数的平均值。

3. 测定煤的瓦斯含量系数

煤层的瓦斯含量系数一般是在实验室通过吸附试验确定的。

4. 透气性系数的计算方法

钻孔瓦斯流动是径向不稳定流动，求出其流动方程的解析解是困难的。通过在实验室用相似模型试验的方法进行试验，并以相似准数表达其试验的结果。

径向不稳定流动的计算公式为：

$$Y = aF_0^b \tag{附 7.1}$$

式中:Y——流量准数,无因次;

F_0——时间准数,无因次;

a、b——无因次系数。

$$Y = \frac{qr_1}{\lambda(p_0^2 - p_1^2)} \tag{附 7.2}$$

$$F_0 = \frac{4\lambda p_0^{1.5}}{\alpha r_1^2} \tag{附 7.3}$$

式中:p_0——煤层原始绝对瓦斯压力(表压力加 0.1),MPa;

p_1——钻孔中的瓦斯压力,一般为 0.1MPa;

λ——煤层透气性系数,$m^2/(MPa^2 \cdot d)$;

r_1——钻孔半径,m;

α——煤层瓦斯含量系数,$m^3/[m^3 \cdot (MPa)^{1/2}]$;

q——在排放时间为 t 时,钻孔煤壁单位面积的瓦斯流量,$m^3/(m^2 \cdot d)$。

$$q = \frac{Q}{2\pi r_1 L} \tag{附 7.4}$$

式中:Q——在时间为 t 时测出的钻孔流量,m^3/d;

L——钻孔见煤长度,一般为煤层厚度,m。

$$\alpha = \frac{X}{\sqrt{p}} \tag{附 7.5}$$

式中:X——煤的瓦斯含量,m^3/m^3;

p——确定煤瓦斯含量时的瓦斯压力,MPa。

为了简化计算,根据式(附 7.3)~(附 7.7),导出如下计算透气性的公式:

$$Y = \frac{A}{\lambda} \tag{附 7.6}$$

式中:

$$F_0 = B\lambda \tag{附 7.7}$$

$$A = \frac{qr_1}{p_0^2 - p_1^2} \tag{附 7.8}$$

$$B = \frac{4 \times p_0^{1.5}}{\alpha r_1^2} \tag{附 7.9}$$

由于流量准数与时间准数的关系难以用简单的公式表达,故按时间准数 F_0 分段表示,得出以下专门计算透气性系数的公式:

$$\left.\begin{array}{l}
F_0 = 10^{-2} \sim 1: \lambda = A^{1.61} \cdot B^{1/1.64}; \\
F_0 = 1 \sim 10: \lambda = A^{1.39} \cdot B^{1/2.56}; \\
F_0 = 10 \sim 10^2: \lambda = 1.11 \cdot A^{1.25} \cdot B^{1/4}; \\
F_0 = 10^2 \sim 10^3: \lambda = 1.83 \cdot A^{1.14} \cdot B^{1/7.3}; \\
F_0 = 10^3 \sim 10^5: \lambda = 2.1 \cdot A^{1.11} \cdot B^{1/9}; \\
F_0 = 10^5 \sim 10^7: \lambda = 3.14 \cdot A^{1.07} \cdot B^{1/14.4}。
\end{array}\right\} \tag{附 7.10}$$

由于计算透气性系数公式(附 7.10)式子较多,须采用试算法来确定选取的计算式,即先选用其中任一个式子计算出 λ 值,然后将算出的 λ 值代入式(7.10),校验 F_0 值是否在选用公式的适用范围内。如在适用范围,则选式正确,算出的值即为煤层透气性系数;如不在适用范围,则需重新选公式计算 λ 值,重新校验 F_0 值是否在选用公式的适用范围内。

测定透气性系数时应注意如下事项:

(1)打测压钻孔时要注意有无喷孔,如有喷孔,应测定喷出煤量,然后折合计算孔径。

(2)测定钻孔瓦斯流量时,可在不同时间多测几个瓦斯流量值,以便分析距钻孔不同距离煤体透气性的变化规律。

(3)卸压后到测定流量时间长时,钻孔见煤长度可不取实测值(如钻孔与煤层面斜交),而取等于煤厚;如时间短,则 L 值可取为钻孔见煤长度。

附录8

钻屑指标法

1. 钻屑量大小(简称钻屑量)的测定方法

(1)重量法。每钻 1m 钻孔,收集全部钻屑,用弹簧秤称重。

(2)容量法。每钻 1m 钻孔,收集全部钻屑,用量具测量钻屑体积。

2. 钻屑瓦斯解吸指标(简称钻屑解吸指标)的测定方法

(1)钻屑解吸指标(Δh_2)的测定。

打钻时,在预定的位置取出钻屑,用孔径 1mm 和 3mm 的筛子筛分(ϕ1mm 的筛子在下,ϕ3mm 的筛子在上),将筛分好的 ϕ1~3mm 粒度的试样装入 MD-2 型解吸仪的煤样瓶中,试样装至煤样瓶刻度线水平(10g 左右),自钻孔打至该采样段起经 3min 后,启动秒表,转动三通阀,使煤样瓶与大气隔离,在 2min 时记录解吸仪的读数,该值即为 Δh_2,单位为 Pa。

(2)钻屑解吸指标(K_1)的测定

打钻取样同(1),使用仪器为 WTC 型突出预测仪,测量方法如下:

每钻进 2m,取一次钻屑作解吸特征测定。取样时,把秒表、筛子准备好(ϕ1mm 的筛子在下,ϕ3mm 的筛子在上),钻孔钻到预定深度时,用组合筛子在孔口接钻屑,同时启动秒表,一面取样,一面筛分,当钻屑量不少于 100g 时,停止取样,并继续进行筛分,最后把已筛分好的 ϕ1~3mm的煤样装入 ATY 仪器的煤样罐内,盖好煤样罐,准备测试。当秒表走到 t_0 时(通常规定 t_0 为 1~2min),启动仪器采样键进行测定,经 5min 后,当仪器显示 t_0 时,用键盘输入 t_0,按监控键。仪器显示为 L_0,输入 L_0,按监控键,仪器进行计算,并显示 F_i,此值即为 K_1 值。整个测定完成,可进行下一个煤样的测定。

附录9

煤的坚固性系数（f）的测定方法

1. 仪器设备及用具

捣碎筒，计量筒，分样筛(孔径 20mm、30mm 和 0.5mm 个)，天平(最大称量 1 000g，感量 0.5g)，小锤、漏斗、容器。

2. 采样与制样

(1)沿新暴露的煤层厚度的上、中、下部各采取块度为 10cm 左右的煤样两块，在地面打钻取样时应沿煤层厚度的上、中、下部各采取块度为 10cm 的煤芯两块。煤样采出后应及时用纸包上并浸蜡封固(或用塑料袋包严)，以免风化。

(2)煤样要附有标签，注明采样地点、层位、时间等。

(3)在煤样携带、运送过程中应注意不得摔碰。

(4)把煤样用小锤碎制成 20～30mm 的小块，用孔径为 20mm 或 30mm 的筛子筛选。

(5)称取制备好的试样 50g 为一份，每 5 份为一组，共称取三组。

3. 测定步骤

(1)将捣碎筒放置在水泥地板或 2cm 厚的铁板上，放入试样一份，将 2.4kg 重锤提高到 600mm 高度，使其自由落下冲击试样，每份冲击 3 次，把 5 份捣碎后的试样装在同一容器中。

(2)把每组(5 份)捣碎后的试样一起倒入孔径 0.5mm 分样筛中筛分，筛至不再漏下煤粉为止。

(3)把筛下的粉末用漏斗装入计量筒内，轻轻敲打使之密实，然后轻轻插入具有刻度的活塞尺与筒内粉末面接触。在计量筒口相平处读取数 l(即粉末在计量筒内实际测量高度，读至毫米)。

当 $l \geqslant 30$mm 时，冲击次数 n，即可定为 3 次，按以上步骤继续进行其他各组的测定。

当 $l < 30$mm 时，第一组试样作废，每份试样冲击次数 n 改为 5 次，按以上步骤进行冲击、筛分和测量，仍以每 5 份作一组，测定煤分高度 l。

4. 坚固性系数的计算

坚固性系数按下式计算：

$$f = \frac{20n}{l} \quad \text{(附 9.1)}$$

式中：f——坚固性系数；

n——每份试样冲击次数，次；

l——每组试样筛下煤粉的计量高度，mm。

测定平行样 3 组(每组 5 份)，取算数平均值，计算结果取一位小数。

5. 软煤坚固性系数的确定

如果取得的煤样粒度达不到测定值所要求粒度(20～30mm)，可采取粒度为 1～3mm 的煤样按上述要求进行测定，并按下式换算：

当 $f_{1-3}>0.25$ 时，

$$f=1.57f_{1-3}-0.14 \quad \text{(附 9.2)}$$

当 $f_{1-3}\leqslant 0.25$ 时，

$$f=f_{1-3} \quad \text{(附 9.3)}$$

式中：f_{1-3}——粒度为 1～3mm 时煤样的坚固性系数。

附录10

瓦斯放散初速度指标（Δp）测定方法

1. 仪器设备及用具

Δp 测定仪，真空泵，甲烷瓶（浓度大于 95%），分样筛（孔径 0.2、0.25mm 各一个），天平（最大称量 250g，感量 0.5g），小锤，漏斗。

2. 采样与制样

1）采样

在煤层新暴露面上采取煤样 250g，地面打钻取样时取新鲜煤芯 250g。煤样要附有标签，注明采样地点、层位、采样时间等。

2）制样

将所采煤样进行粉碎，筛分出粒度为 0.2～0.25mm 的煤样。每一煤样取 2 个试样，每个试样重 3.5g。

3. 测定步骤

（1）把 2 个试样用漏斗分别装入 Δp 测定仪的 2 个试样瓶中。

（2）启动真空泵对试样脱气 1.5h。

（3）脱气 1.5h 后关闭真空泵，将甲烷瓶与试样瓶连接，充气（充气压力 0.1MPa）使煤样吸附瓦斯 1.5h。

（4）关闭试样瓶和甲烷瓶阀门，使试样瓶与甲烷瓶隔离。

（5）开动真空泵对仪器管道死空间进行脱气，使 U 形管汞真空计两端汞面相平。

（6）停止真空泵，关闭仪器空间通往真空泵的阀门，打开试样瓶的阀门，使煤样瓶与仪器被抽空的死空间相连并同时启动秒表计时，10s 时关闭阀门，读出汞柱计两端汞柱差 p_1（mm），45s 时再打开阀门，60s 时关闭阀门，再一次读出汞柱计两端差 p_2（mm）。

4. 瓦斯放散初速度指标的计算

（1）瓦斯放散初速度指标按下式计算：

$$\Delta p = p_2 - p_1$$

（2）同一煤样的两个试样测出 Δp 值之差不应大于 1mmHg，反之则需要重新进行测定。

附录11

瓦斯隧道管理规章制度及操作规程

1. 安全检查员岗位安全职责

1)安全检查员的地位和作用

安全检查工作是企业管理工作的一部分,其安全检查机构是属于企业内部的职能部门,是由各级安全第一责任者直接领导的。因此,安全检查员首先是安全检查机构的执法者,他的一言一行都体现着国家保障职工在生产、建设过程中的安全与健康,安全检查员工作的好与坏,对安全生产起着决定性的作用;其次,安全检查员又是安全生产方针、政策和法律、法规的宣传员,贯彻落实的监督员,对安全执法工作可以起到强有力的推动作用;其三,安全检查员也是职工生命安全和国家财产的保护神,只要他们心系职工,尽职尽责,必将对保障工人生命安全与健康,保护国家财产不受损失发挥重要的作用。因此安全检查员在安全生产活动中占有举足轻重的地位。安全检查员的作用,归纳起来有以下六个方面:

(1)及早发现和纠正不安全行为。人的操作有很大的自由性,常受心理因素和生理因素影响,尤其是繁重、毒害、单调重复的作业,最易违反规定,即使是危险作业,在安全生产一段时间后,麻痹大意、疏忽侥幸的思想也会增长,形成自由操作。安全检查员就是通过监督检查、了解取证,及早地发现不安全行为,并通过提醒、说服、劝告、批评、警告,直至处分等手段,消除不安全行为,提高安全生产的可靠性。

(2)及时发现不安全状态,改善劳动条件,提高本质安全程度。由于腐蚀、老化、磨损等原因,设备易发生故障,作业环境温度、湿度、整洁等也因时而异,设备的损坏、物料变化等也会产生各种各样的问题。安全检查员就是要通过安全检查,及时发现并排除隐患,保证安全生产。

(3)及时发现和弥补管理缺陷。计划管理、生产管理、技术管理和安全管理等的缺陷,都会影响安全生产。安全检查员就是要直接查找或通过分析判断去发现管理缺陷,并及时予以纠正弥补。

(4)发现潜在危险,制定防范措施。按照事故发生的规律进行逻辑判断,观察、研究、分析能否发生重大事故,发生重大事故的条件,可能波及的范围及遭受的损失和伤亡进而制定防范措施和应急对策,这是安全检查员从系统、全局出发,发挥着宏观指导的作用。

(5)及时发现并推广安全生产先进经验。安全检查员在日常检查活动中,既是为了检查问题,又可以通过实地调查研究,比较分析,发现安全生产先进典型,推广先进经验,以点带面,努力开创安全生产新局面。

(6)结合实际,宣传贯彻安全生产方针、政策和法律、法规。安全检查员也是党和国家安全生产方针、政策和法律、法规的宣传员,由于在运用安全生产方针、政策、法律、法规的过程中,结合安全生产实际,容易深入人心,收到实效。

2)安全检查员的职责

(1)依照国家矿山安全法律、法规和煤炭行业安全规程、规定、技术标准及安全生产规章制度,检查煤矿企业的安全生产状况。

(2)检查企业安全生产责任制、业务保安责任制、安全生产规章制度的落实情况和特种作业人员持证上岗情况。

(3)协助领导组织定期的安全检查和专业检查,对查出的问题进行登记、上报,并督促落实整改。

(4)协助领导制定、修改安全管理规章制度和临时性危险作业的安全措施。

(5)负责组织安全例会、安全活动日,开展安全竞赛和总结推广安全生产先进经验。

(6)制止"三违"(违章指挥、违章作业、违反劳动纪律),对于危及职工生命安全的紧急情况,可以采取临时处置措施。

(7)参与建设工程安全设施的设计审查和工程竣工验收。

(8)参加企业事故调查、分析、处理和提出防范措施。

(9)负责事故和"三违"统计、上报。

(10)法律、法规规定的其他职责。

3)安全检查员的权利

(1)实地检查权。安全检查员在所管辖范围内,根据工作需要,有权随时进入任何作业场所进行安全检查。任何单位和个人不得拒绝和阻挠。

(2)询问权。安全检查员有权向受检单位包括领导和职工询问与安全生产有关的情况。

(3)查阅资料权。安全检查员认为必要时,有权查阅、复制受检单位的有关安全资料,如内部规章制度、事故记录、检修记录、职业病记载和作业环境检测结果等。

(4)处置权。安全检查员有权制止违章指挥、违章作业、违反劳动纪律的行为,并按有关规定,有权给责任者一定的经济处罚。发现有危及人身安全的紧急情况,有权令有关人员纠正或停止作业及撤离人员,并通知单位领导人迅速处理或限期解决。

(5)上告权。对企业领导拒不接受正确意见,坚持违章指挥,冒险生产或因工作打击报复,安全检查人员有权越级上告。

4)安全检查员的义务

(1)开展安全检查活动时出示证件,向被检查者证实自己的身份。

(2)遵守有关法律、法规的规定,秉公执法,不徇私情。

(3)不得向他人泄露案情及企业有关保密资料。

(4)为检举和举报人员保密。对检举、举报人员以及反映了不宜公开情况的被询问人的姓名等有关情况,要严守秘密。

(5)不得利用职权牟取私利,要公正廉洁,克己奉公。上述义务,既是保证安全检查人员检查公正、合法的需要,也是保护被检查单位和有关人员合法权益的需要,安全检查人员必须严格遵守。

5)安全检查员的素质

安全检查员是生产的“安全卫士”,肩负着监督检查、宣传贯彻党和国家的安全生产方针、保证职工安全健康、保卫国家财产不受损失以及促进生产发展的重要使命。因此,教育安全检查员热爱安全检查工作,树立全心全意为煤矿服务的思想,培养良好的工作作风,掌握过硬的技术业务本领,对确保安全检查工作的顺利开展是十分重要的。

(1)安全检查员的思想建设。

安全检查员应成为有理想、有道德、有文化、有纪律的“安全卫士”,坚定不移地执行“安全第一,预防为主”的方针,牢固树立主人翁思想,增强责任感和事业心,热爱本职工作,努力完成工作任务。具体应该做到以下几点:

①积极宣传并认真执行党和国家的安全生产方针、政策、法律、法规。

②热爱安全检查工作,敬业进取,忠于职守,钻研业务,精益求精。

③遵守社会公德,举止文明,仪表端正,坚持原则,以理服人。

④秉公执法,不越权,不渎职,廉洁自律,不徇私情。

⑤严格执行对责任者的处罚规定,不自作主张,擅自提高或降低处罚标准。

(2)安全检查员的作风建设。

多年来的实践证明,安全检查员有没有一种良好的工作作风,是安全检查人员能否顺利开展工作的关键。因此,安全检查员的作风建设也是一项重要的素质建设。具体应该做到以下几点:

①认真严肃的工作作风。严肃对待自己从事的工作,不马虎,不粗心大意,善于细心观察、细致分析。

②实事求是的工作作风。安全检查员在检查工作中,反映汇报问题要真实准确,不抱成见,不带框子,没有“水分”,不说假话,说话、办事要可靠、信得过。

③雷厉风行的工作作风。决策要果断,行动要迅速,工作不拖拉,工作讲究高速度、高效率、高质量。

④密切联系群众的工作作风。首先,心中要有群众,只有心中有群众,才能接近群众,依靠群众,了解和反映群众对安全生产的呼声和愿望;其次,要经常深入现场,处处维护职工群众的利益,保障职工群众在安全生产中的民主权利和安全健康;第三,经常同工会部门联系,互相配合,并积极协助群众安全监督网的工作,充分发挥安全群监网员的作用。

(3)安全检查员的业务建设。

安全检查工作是一项业务性很强的工作,不仅要求安全检查员具有较高的政策水平,一定的组织、决策、协调能力和管理水平,而且需要掌握多方面的专业技术知识,具有丰富的现场实践经验。因此,加强安全检查员的业务建设,这既是生产特殊条件的要求,也是搞好安全检查工作的基本保证。具体应做到以下两点:

①掌握与安全生产有关的法律、法规。我国现行的矿山安全法律、法规主要分为以下五个层次:一是全国人大颁布的有关劳动安全方面的法律;二是国务院发布的有关劳动安全方面的条例、命令、决议等;三是国务院各部、委制定的规程、规范、标准、指令、办法等;四是拥有立法权的各级地方政府制定的行政规章和规范性文件;五是煤矿企业及主管部门制定的行政规章

制度。

②学习有关安全的专业技术知识。尤其要做到熟知本专业的安全生产技术知识和各生产环节容易发生的问题，以便有针对性地进行检查和采取相应的对策。重点应掌握以下9个方面内容：了解隧道开掘系统；了解隧道建设和生产过程；熟悉挖掘工作面作业组织；了解井隧道主要机电设备的基本性能；掌握隧道工程质量标准；掌握隧道各种灾害的发生原因、预兆、规律、预防措施及灾害发生时的处理方法；掌握安全检查本专业的基本理论知识；学习和掌握一些安全管理方面的新理论、新技术；了解和熟悉与安全生产检查有关的其他方面知识。

2. 爆破材料管理工岗位安全职责

1)爆破材料管理工的地位、作用及基本要求

爆破材料管理工是直接从事爆破材料危险品的管理人员，其素质和责任心对爆破材料危险品的安全保管十分重要，一旦发生事故或被盗丢失，就会造成严重的后果。所以矿山爆破材料管理工必须坚决贯彻落实"安全第一，预防为主"的安全方针，严格执行《煤矿安全规程》、《爆破安全规程》(GB 6722—2011)、《中华人民共和国民用爆炸物品管理条例》等各项规定，在工作中一定要认真负责、一丝不苟，对违反规程的行为坚决抵制，模范遵守国家有关政策法令，发现事故征兆，立即采取措施或及时报告上级。要认真学习有关爆破材料管理的各种法规、规程、规定、条例以及爆破材料安全技术，做到懂规程、会操作、知险情、会处理事故，保证安全生产和职工的安全健康。

2)爆破材料管理工的岗位责任制

(1)执行爆破材料管理的有关规定。

①执行《中华人民共和国安全生产法》《中华人民共和国民用爆炸物品管理条例》《煤矿安全规程》及行业的有关规定。

②必须遵守安全岗位责任制度。

③爆炸材料库必须具有当地公安机关核发的爆炸物品储存许可证，且储存量不得超过核定的库存量。

④安全距离不符合要求的，要采取限量储存措施。

⑤严格执行对爆炸材料出、入库检查和登记制度，收存和发放安全管理制度，严防爆炸材料在储存过程中丢失和被盗。

(2)爆破材料管理工上岗条件。

①必须政治可靠，忠于职守，责任心强，遵守有关法律法规。

②必须掌握爆炸材料性能和《煤矿安全规程》等法律、法规中的有关规定，掌握炸药、雷管的存放知识，并经培训考试合格，持证上岗。

(3)爆破材料管理工岗位责任制爆破材料管理工的岗位责任制主要有以下内容：

①检查、验收、核实新进库的爆破材料，严格执行入库手续。

②发放、收回、统计和保管爆破材料，账目清楚准确。

③对电雷管进行编号和导通(包括清退入库的电雷管)。

④参加爆破材料的库存清点和检查、试验工作。

⑤参加爆破材料库的安全、消防、导除静电、雷电安全设施的检查。

⑥参加爆破材料的销毁工作。

⑦认真履行职责,严格执行规程、条例规定,对无提货单或无放炮作业证的人员不发给爆破材料;无要害证的人员不准进入爆破材料库。

⑧经常检查和核实爆破材料的库存情况,包括数量、品种和规格。

⑨填报工作班中的有关爆破材料报表。

3. 井下爆破工岗位安全职责

爆破作业是特种作业,作业过程的每一个环节都要严格按照《作业规程》的有关规定执行。爆破工也必须作为专职人员固定在每个爆破作业地点,认真履行自己的职责,确保爆破工作安全顺利地进行。

1)爆破工的安全工作资格

《煤矿安全规程》规定:爆破工必须经过专门培训,由有两年以上采掘工龄的人员担任,并经考试合格,持证上岗。爆破工必须依照爆破作业说明书进行爆破作业。

2)爆破工的基本职责

(1)严格执行《煤矿安全规程》《煤矿作业规程》和《煤矿操作规程》的有关规定。严格执行"一炮三检制"和"三人连锁放炮制"。

(2)严格遵守爆破材料领退制度,保证爆破材料不丢失。

(3)严格遵守爆破材料运送制度,保证沿途安全。

(4)严格遵守放炮各项操作规定,保证放炮过程安全。

(5)严格遵守处理放炮故障(瞎炮、残炮、拒爆)及特殊情况下放炮的规定和要求。

(6)经常检查工作地点及所使用设备、仪器的安全状态,确保爆破工作顺利进行。

(7)严格遵守劳动纪律,坚决制止任何人违章作业,拒绝接受任何人违章指挥。

4. 电气防爆检查工岗位安全职责

防爆电气设备的操作和维护人员必须认真执行岗位责任制和操作规程。"岗位责任制"应规定有关人员的工作范围、岗位职责。"安全操作规程"则是对工作人员在操作使用、维护检修中应注意的和必须遵守的事项的具体规定。岗位责任制和操作规程是衡量和检查有关人员工作质量的依据,是防止发生人为的设备损坏事故和人身事故的有效措施。

1)对电气防爆检查工的基本要求

(1)爱岗敬业、遵章守纪、刻苦钻研本专业知识。

(2)熟悉防爆电气设备的性能、工作原理及操作方法和检修工艺。

(3)能对所有防爆电气设备进行正确的维护保养,有处理各种事故的能力。

(4)熟悉与本工种相关的安全规程、操作规程、完好标准和检修质量标准的规定。

(5)认识各种机械、电气符号,懂得机械制图、识图、机械基础及电工、电子的部分知识,能看懂机械装配图、电气原理图。

(6)能正确使用各种仪器、仪表和其他检查、检修、测量工具。

2)电气防爆检查工的岗位安全责任制

(1)认真学习和执行安全生产方针,遵守有关安全生产的法律、法规、条例和指令。

(2)严格遵守劳动纪律和各项管理制度,服从班组长的指挥,按时参加班前会,做到坚守工作岗位,坚持现场交接班制度。

(3)严格执行安全规程、操作规程、设备完好标准和检修质量标准等的规定,做到上标准岗、干放心活,安全生产、文明生产。

(4)努力钻研业务技术知识,熟练掌握防爆电气的构造、原理、性能和作用。做到判断事故准确无误,处理事故安全迅速。

(5)持证上岗,并对职责范围内防爆电气设备的安全运行和维修质量负责,对作业现场的安全工作负责。

(6)严把防爆电气设备、小件入井关,按规定检查并办理相关使用手续,防止不合格设备工作。

(7)每班都要对所管辖防爆电气设备做好巡回检查,加强设备的维修和保养,保持设备经常处于完好状态,严禁设备带病运行。

(8)每班至少检查1次电气设备的防爆性能,杜绝检修过程中造成失爆。经常注意检查电气绝缘情况及各种仪表、保护装置是否灵敏可靠,发现问题及时处理。

(9)要配合有关部门进行的防爆检查活动。

(10)定期做好电气设备和电缆的绝缘预测,并做好电气设备的试验,经有关领导签字后备案。

(11)严禁带电检修和移动电气设备,严格执行停电、检查瓦斯、验电、放电制度,并悬挂停电警示牌,严格执行“谁停电、谁送电”制度。

(12)负责处理当班发生的机电事故,并及时向领导汇报情况,积极参加事故追查分析会。

(13)做好防爆电气设备的防潮、防腐和防火工作,及时清理设备附近的积水和杂物,保持机电设备的清洁卫生。

(14)及时到机电管理部门办理拆、接防爆电气设备的手续,禁止私拆乱接设备。

(15)搞好自主保安和互保联保,敢于制止违章作业,拒绝违章指挥,发现重大隐患及时汇报处理。

5.防灭火工岗位安全职责

防灭火工负责隧道防灭火预测预报、火区检查、防灭火措施施工等工作。防灭火工必须掌握相关专业知识并依法经过培训,熟悉隧道避灾路线,并认真执行“安全第一、预防为主、综合治理”的安全生产方针,严格遵守煤矿“三大规程”和有关安全技术措施,加强业务学习和安全知识培训,提高自主保安和业务保安能力。

1)防灭火预测预报岗位职责

(1)火区检查及气体取样。

①应掌握瓦斯检查、测风、测压及测定氧气、一氧化碳、二氧化硫、硫化氢等气体浓度的技术,熟悉通风系统,懂得必要的安全知识。

②严格按照隧道安全布置和安全技术措施要求,及时掌握隧道内火区或火区可疑地点的瓦斯、一氧化碳、温度等情况,及时发现安全隐患,为隧道制定防灭火安全措施提供可靠依据。

③在隧道内发现异常情况时,应立即退出,并设好栅栏,设置警标,汇报调度室,采取措施,进行处理。

④隧道采样时,进入采样地点前,应首先检查甲烷、一氧化碳等有害气体浓度,超限时严禁进入;若不超限时,进入采样地点后,应先检查支护情况,安全状况良好时才可取样。

⑤检查火区及可疑发火的地点时,必须两人同行,并且进入检查地点后,应先检查风流上风侧有害气体浓度,然后逐步进入下风侧,按顺风方向进入检查区域,进入火区后间隔而行,禁止不检查直接进入。

⑥隧道采样,应正确选择采取地点,认真取样,取样气体应及时送检,确保气样可靠,对因取样不准造成事故的要负直接责任。

⑦认真履行监督检查职能,认真检查巡查路线内"一通三防"安全情况,发现问题,及时汇报处理。

(2)束管系统维护。

①敷设束管应选择正确的监测点,监测点应选择在有浮煤、被压酥的煤柱等可能自燃的地点,采掘过程中有漏风和可能积热的地点,以及有丢失煤的采空区、密闭区内。

②敷设束管时,应尽量路径短、少拐弯,吊挂整齐有序,接头严密,安装高度适宜,并合理安装除水器,满足安全要求。

③安装束管要选择行人少、支护完好的巷道内,安装完毕后,要对整个系统逐一编号,并进行气压检查、气密性检查。

④定期巡查束管管路的漏风、堵塞、破坏等情况,及时排查处理管路故障,确保管路系统正常。

⑤进行安装、维修束管管路时,要注意来往车辆,进入工作地点要检查支护情况及瓦斯情况,有隐患立即处理。

⑥定期对隧道各测点的气体变化情况进行分析,发现问题要向值班领导汇报,确有发火征兆时,向矿有关领导汇报,及时采取有效措施处理。

⑦正确分析、判断和处理各种事故苗头,把事故消灭在萌芽状态;发生事故要果断正确处理,立即上报,做好记录。

(3)气体分析。

①根据防灭火工作需要,完成抽样分析及人工取样分析,保证测试数值准确及时,对数据的准确性、时效性负责。

②熟练掌握色谱仪、束管监测系统的基本原理和操作方法,能够按规定进行操作。

③操作时,出现误差时要进行认真分析,查找原因,排除故障。

④气体分析要做好详细记录,分析结果经工区领导审核签字后及时汇报上级领导。

⑤严格按照电气管理相关规定,管好用好机电设备,杜绝漏电现象发生,确保安全正常。

⑥标准气体要按规定摆放整齐,消防器材配备齐全。

⑦工作时,注意力要集中,严禁在工作中从事其他无关工作。

⑧加强设备检修保养,保证设备正常运转。

2)防灭火措施施工岗位职责

(1)制浆。

①认真按照技术操作规程操作泥浆泵等设备,保证泥浆浓度达到措施要求,制浆量达到规定要求,对本岗位发生的事故负直接责任。

②熟悉制浆站内设备运行情况、各阀门开关完好情况及供水照明情况,对现场存在的安全隐患及时处理或汇报处理,保证设备完好,供水系统、放浆系统正常。

③制浆时,要按规定使用水枪、搅拌机、回水泵,确保泥浆浓度达到要求;下浆时要提前联系,及时清理杂物,防止杂物进入管路;停浆后要冲洗管路,清理现场,清除池内杂物,做好文明施工。

④上岗时要采取防滑防跌措施,开动电动设备要持证上岗,做好防止漏电工作。

⑤认真填写设备运行记录及注浆工作记录,对制浆量及制浆浓度数据的准确性、科学性负责。

(2)制氮。

①负责操作注氮机向采空区和巷道注氮,检查、维护注氮管路系统以及注氮泵等机具。

②施工前要认真学习施工安全措施,熟知施工操作要领和维护保养及排除故障的知识,掌握注氮的正规流程、操作程序。

③不得擅自改变注氮量、注氮方式等,对施工安全和人身安全事故负全部责任。

④注氮管路系统投入使用前,必须进行压力试验,确保密封不漏气。

⑤制氮机司机必须携带甲烷、氧气检测报警仪对制氮机的氮气浓度进行校对,如果两者误差较大,应立即查明原因进行处理。

⑥用氮气防灭火时,要对管路进行检查,对管路中的积水要及时排除。

⑦处理漏气管路时,要首先关闭阀门,如果需要停气,还要通知制氮机房停供氮气,处理漏气管路时,首先检查氧气浓度,如果低于20%,不得操作。

⑧井下发现不适合注氮时,要立即打电话通知注氮机组操作人员进行停机,并向调度室和通防部门汇报。

⑨交接班时,要将当班的注氮量、火区检查情况、工作面采空区注氮的情况进行详细交接。

⑩负责对制氮机组运行情况进行记录。各种数据准确、可靠,对记录数据负全部责任。

(3)注浆、注氮。

①积极主动地做好地面注浆管路、阀门的维护与保养和清水泵的使用管理等工作,以确保注浆工作的顺利进行。

②注浆前,必须认真检查注浆管路系统、注浆钻孔的封孔质量(或注浆密闭的质量),确认无安全隐患时,方可与地面制浆站联系下浆。

③要了解井下防灭火及注氮系统的状况,熟知管路系统,注浆前后要巡查管路系统,按要求开关阀门,接好管路;注浆时要检查疏水装置,防止溃浆事故发生;洒浆时,要将胶管与输浆管连接严密牢固,洒浆过程要有专人看守管路和阀门,出现问题立即停浆处理;停浆后要冲洗管路,关闭阀门。

④注氮时,要认真检查管路系统确保管路畅通,出现问题及时处理;注氮过程,要有瓦斯检查工检查工作地点有害气体浓度,并配甲烷氧气两用仪,严防窒息事故发生。

⑤及时处理现场安全隐患,发现顶板、设备等隐患时,要先处理再生产,处理不了时要及时汇报,严禁冒险作业。

⑥注浆过程中和注浆结束后，严格按照分工要求，认真巡查注浆管路系统，密切注意观察注浆钻孔套管的承压情况或注浆密闭的承压情况，发现问题必须及时采取措施进行处理。杜绝漏浆、溃浆事故的发生。

(4)注胶、注阻化剂。

①按照工艺流程图安装好设备，将管路和水箱用清水冲洗干净后连接好管路，做好注胶或注阻化剂的准备工作。

②配制碳酸氢钠溶液时，应先加碳酸氢钠后加水，将水管头插入箱底部，放水将碳酸氢钠冲成悬浮状态进行溶解，液面离水箱檐 100mm 时停止供水，以防溶液外流影响溶液浓度。

③严格按照配比配制溶液，确保成胶效果和阻化剂的防灭火效果。

④在注凝胶过程中，如果发现顶板漏胶要及时停泵，使用锚固剂封堵。

⑤按照钻孔编号向值班人员汇报每个钻孔的注胶量、每个阻化剂施工地点使用阻化剂的量。

⑥注胶过程中要经常观测成胶效果，防止注胶的溶液和阻化剂溶液将人溅伤。

⑦每个钻孔按照注胶量注完后，拔掉小管使用锚固剂封堵好钻孔孔口。

6. 井下电钳工岗位安全职责

(1)认真学习和执行安全生产方针，遵守有关安全生产的法律、法规、规程、条例和指令。

(2)严格执行岗位作业标准和机电质量标准，做到安全生产和文明生产。

(3)遵守劳动纪律和各项管理制度，服从班组长指挥，按时参加班前会。坚持现场面对面交接班，绝不允许在工作期间脱岗、串岗。

(4)持证上岗。对本职内机电设备的运行和维修质量负责，对作业现场的安全工作负责，做到工艺安全和操作安全。

(5)必须熟悉和掌握本职内机电设备的结构、原理、性能、完好标准及常见事故处理方法。

(6)严禁甩掉漏电、过流、接地、短路等各类保护装置。

(7)检修电气设备必须严格执行停电、放电、验电制度，并悬挂标志牌，严禁带电检修和移动电气设备。严格执行“谁停电、谁送电”原则。

(8)必须对本职内机电设备进行巡回检查，发现问题及时处理，严禁设备带病运行。

(9)严格执行机电设备运行和故障处理填卡制度。

(10)搞好自主保安和互保联保，有权劝阻和纠正他人违章作业，冒险蛮干。有权拒绝违章指挥。

(11)发现重大安全隐患要及时汇报。具有预防事故和应急抢险避灾的能力。

(12)积极参加安全技术练兵、QC 小组反事故演习、合理化建议、事故分析会等活动。

7. 井下测风测尘工岗位安全职责

1)测风工的职责

(1)岗位职责

①负责全隧道通风风量、风压和漏风量的测定、调节；及时发现通风存在问题，汇报有关

部门。

②在隧道进行风机性能测定、通风阻力测定、反风演习和瓦斯等级鉴定中，负责有关风量的测定。

③负责填写测风报表、手册、隧道测风牌板和绘制通风系统图等工作。

(2)安全职责

①熟悉隧道通风系统，掌握通风设施设置地点、位置、种类用途和使用状况，要明确知道这些设施的功能、作用和重要性。

②为确保隧道风流的稳定性，所修建的通风设施都必须符合质量标准的要求，测风中发现通风设施有问题，要及时处理。不能立即处理的，要立即汇报。

③在巷道贯通时，做好通风系统的调整工作。

④当发生事故致使通风设施遭破坏时，应根据处理事故的需要，及时做好通风系统的恢复工作。

⑤熟悉局部通风机的结构、原理、性能、技术特征和一般的维修知识，掌握各掘进工作面局部通风设计和现场的使用管理状况，发现问题及时汇报和处理。

⑥局部通风机和风筒的安装和使用，都必须符合《煤矿安全规程》的规定和质量标准的要求。

2)测尘工的职责

(1)岗位职责。

①负责各井巷、采掘工作面、硐室和其他有人的工作场所空气中的粉尘浓度、粉尘分散度、游离二氧化硅含量和落尘的测定、采样和分析化验工作。

②负责防尘水源、水质和水压、流量分布情况的测定。

③负责绘制隧道防尘系统图，编制测尘报表，分析整理测尘资料和管理防尘图牌板。

(2)安全职责。

①熟悉现用测尘仪表、分析天平、水表、压力表等的工作原理、构造和维护方法及测尘、测硅用的各种化学试剂的性质、作用，并能熟练操作，正确应用。

②熟悉隧道防尘系统，掌握《煤矿安全规程》对防尘水源、水质和水压的规定和隧道防尘设计及实际的水压、流量的分布情况。发现不符合《煤矿安全规程》规定、设计标准和实际需要的问题，及时提出改进意见，向领导汇报，以确保粉尘防治工作的有效、正常进行。

③掌握《煤矿安全规程》对粉尘浓度的规定和隧道各处防尘设施的使用与管理状况、降尘效果，发现问题及时提出改进意见。

8. 通风安全监测工岗位安全职责

1)通风安全监测工岗位责任制

(1)服从队、班长的分配，积极完成各项安装检修任务。

(2)认真学习《中华人民共和国安全生产法》《中华人民共和国矿山安全法》，并熟悉《煤矿安全规程》，搞好安全工作。

(3)认真做好监控设备的检修工作，定期巡查，做到线路敷设符合规定，吊挂整齐，传感器调校准确,保证监测数据的真实性,并认真及时填写各类表格记录,以备后查。

(4)遵守各项规章制度和劳动纪律。

(5)爱护系统设备和设施,遵守治安、防火、卫生等各项规定。

(6)发现安全隐患,应及时汇报并立即处理。

(7)努力学习专业技术知识,提高调试和处理故障的能力;掌握通风监测系统的安装、设置情况。

2)监测维修工岗位责任制

(1)负责分站、传感器下井前的调试工作,确保下井后能正常运行。

(2)负责单位内各类监控设备的维修,对返修设备要认真询问故障情况,仔细检查并彻底解决,确保修复后的设备性能完好可靠。

(3)对返修设备应及时处理,保证待修率不超过20%,以提高使用率。

(4)认真学习《中华人民共和国安全生产法》《中华人民共和国矿山安全法》,熟悉《煤矿安全规程》,遵守操作规程。

(5)正确使用和保养好各种仪器仪表,合理使用元器件。

(6)注意环境卫生,经常保持室内清洁、整齐。

9. 空气压缩机司机岗位安全职责

空气压缩机(空压机)司机的岗位职责,就是各空气压缩机操作人员分内应做的工作。空气压缩机司机的安全生产岗位责任制,就是各空气压缩机司机在工作中,为了确保人身安全和设备安全运行所必须遵守的工作制度。其具体内容如下:

(1)熟知本机房主机设备和附属设备的规格、性能、作用、完好标准及操作顺序,保证设备安全运转。

(2)严格按巡回检查图表指定的路线,按时对设备进行检查,并做好记录。

(3)保证本岗位的备用设备随时都能投入运行。

(4)当设备发生不正常情况时,要及时处理,并向有关部门汇报。

(5)按规定参加设备的检修和验收工作。

(6)时刻注意设备运转中的异常声音、温度、压力及电流、电压等变化情况,注意各种安全保护装置是否灵敏可靠。

(7)负责空气压缩机房全部设备和设施以及防灭火器材的使用和保管工作。

(8)认真执行入室登记制度,闲置人员不准进入机房。

(9)坚守岗位,遵守劳动纪律,认真做好交接班工作。

(10)搞好设备及环境卫生。

10. 防突工岗位安全职责

(1)熟悉《煤矿安全规程》和《防治煤与瓦斯突出规定》中有关防治煤与瓦斯(二氧化碳)突出的规定。

(2)了解隧道通风、隧道设计和生产工艺。

(3)熟悉分管区域通风系统、瓦斯抽放系统、瓦斯监测系统及避灾路线。

(4)了解和掌握隧道煤、岩性质以及分管区域的地质资料。

(5)掌握煤与瓦斯(二氧化碳)突出预兆及防治措施。

(6)熟练使用仪器(仪表)检查瓦斯和二氧化碳浓度以及其他预测预报和效果检验的仪器。

(7)协助安装钻孔机具及各种仪表,能熟练地进行钻孔、封孔作业。

(8)准确观测钻孔流量,对煤层瓦斯压力进行读数并准确记录。

(9)协助进行现场勘查、分析、整理煤与瓦斯突出资料。

(10)严格按照防突措施的规定进行施工和操作。

(11)对在执行防突措施过程中发生的异常情况,采取紧急处理措施。

(12)发现煤与瓦斯突出预兆,及时组织人员撤出危险区。

11. 瓦斯抽放工岗位安全职责

1)瓦斯抽排管路检查工(测量工)安全责任制

(1)管路检查工每天要检查一次抽放系统,保证所到之处抽放系统完好、管路畅通。当发现管路故障时,要立即处理并汇报。

(2)管路检查工要及时回收各处所有材料,做到不乱丢乱放。

(3)管路检查工如需进入栅栏内工作,必须携带便携式甲烷报警仪,两人前后同行,并随时检查巷道内瓦斯等气体,气体超过规定时,应停止进入。

(4)防止瓦斯机受潮和在隧道内打开瓦斯机进行检查修理。

(5)经常清理和润滑抽放瓦斯管路阀门,以确保阀门使用灵活。

(6)未经批准,不得任意调整主干管路的抽放负压。

(7)抽放系统的检查与维护的主要工作有:

①检查抽放泵的运转情况,及时处理存在的问题。

②检查抽放管路有无漏气。

③检测各抽放地点的抽放参数。

④对抽放管路上的放水装置及时放水。

(8)做到抽放管路无破损、无泄漏、无积水,抽放管路要吊高或垫高,离地高度不小于0.3m。

2)瓦斯抽放泵站司机安全责任制

(1)瓦斯抽放泵站司机必须熟悉、掌握抽放设计要求及抽放设备、管路情况。

(2)严格按照泵站操作规程上岗操作。

(3)上岗前要带齐瓦斯机、记录本等工器具,并每小班测定记录一次抽放浓度、抽放负压、孔板压差等参数,确保数据准确可靠。

(4)认真做好运转设备的循环检查工作,及时排放放水器内的积水,保证管路畅通,发现问题及时汇报处理。

(5)负责保管泵站内的所有仪器仪表,做到现场交接班。

(6)瓦斯泵起动前,必须认真检查电机与泵体之间的对轮是否有阻力现象,只有无明显阻力时,方可做起动准备。

(7)起动前,必须先打开进气端管路的控制阀门。

(8)打开供水闸阀,观察泵体两端有无滴水现象,以成滴为度。

(9)当泵体内的水量达到轴线高度时,方可送电起动。

(10)调节供水阀门,使供水量接近或满足要求。

(11)瓦斯泵电机发热时,严禁用水对其进行冷却。

(12)瓦斯泵运转时,不得用手、脚触摸泵体旋转部位,或坐、靠在旋转部位。

(13)测量时,不得用嘴吸出测气胶管内的积水,当胶管内的积水较大时,采取措施进行处理后,方可测量。

(14)当瓦斯浓度测量完毕后,要将测气胶管放置正确、不漏气。

(15)防止瓦斯机受潮和在井下打开瓦斯机进行检查修理。

(16)泵站放水器内的积水经疏放后,要关紧放水器的控制闸阀。

(17)气水分离器端的放水管要放在水池(水沟)处,不得随便挪移。

(18)停泵时,必须先停泵,后停水,再关闭进出气端的闸阀。

(19)长期停泵时,必须将泵体内的积水放净。

3)钻机工安全责任制

(1)施工前,要将钻机摆放平稳,打牢压车柱。

(2)施工过程中,钻杆前后不准站人,不准用手托扶钻杆。

(3)施工过程中,人员工作服要穿戴整齐,戴好安全帽,系好矿灯,严禁卧躺,不准赤脚或穿拖鞋工作。

(4)施工过程中,能够正确使用便携甲烷报警仪,严禁瓦斯超限作业。

(5)钻机操作应由熟练钻工或带班班长操作,不准坐在电机上或钻机任一部位操作钻机,操作时,袖口要束紧或卷起,不准用脚制动运转皮带。

(6)操作人员要熟知各种钻机的结构、性能及使用方法,不得任意调节钻机的液压控制系统,钻机在出现故障时,不许带病运转。

(7)松紧立轴卡瓦时,应待立轴停止运转后进行。

(8)钻机不得在无人看管的情况下运转。

(9)在钻机正常运行时,不得任意拨动各种联动手柄,如需要变速、变向时,必须停车后进行。

(10)人工取下钻杆和装卸水龙头时,钻机的控制开关必须处在停止位置。

(11)钻机未停稳时,人员不得靠近钻杆或跨越钻杆。

(12)禁止在运转的皮带附近更换工作服和做其他工作。

(13)禁止立轴回转时丈量机上残尺或进尺长度。

(14)钻机回次进尺不得超过岩芯管的有效长度。

(15)无岩芯钻进时,发现钻头糊钻、憋泵、转速显著下降时,应立即提钻,不得随意加大压力强行钻进。

(16)钻进岩石孔时,发现孔口不返水,应立即提出钻具检查,见煤时要采取压风排渣措施。

(17)钻进煤孔时,要采取压风排渣和除尘措施。

(18)当发生埋钻事故时,在钻机无法安全固定运行的情况下,不准用钻机强行起拔钻具。

(19)孔内下套管遇阻时,严禁用钻机硬性冲击。

(20)严禁用钻头扫出扎内丢失钻具。

(21)所有人员不准用眼在孔口附近观看孔内情况，当钻孔仰角超过25°时，不准正对钻机操作。

(22)钻进过程中，工作人员要精力集中，注意观察钻进情况，严格控制钻进速度，随时注意电动机的负荷情况，不得超载。当发生火花、冒烟或转数急剧降低和发热等情况时，立即断开电路进行检查调整。

12. 井下金属焊接工岗位安全职责

井下金属焊接工安全生产责任制的内容主要有以下方面：

(1)严格遵守《煤矿安全规程》《安全操作规程》和《焊接作业操作规程》的规定。

(2)在焊接作业前应根据焊接作业的任务，正确选择所需的焊接设备和器材，做好焊接地点的安全防护工作。

(3)在焊接作业前应对焊接设备和器材进行认真的检查，在地面应做好必要的试验，以防发生漏电、短路、漏气等现象。

(4)必须穿戴或使用规定的安全防护服及其他安全设施，并设有专人监护作业。

(5)焊接参数的选择要合理，应尽量缩短作业时间。

(6)因故停业作业时，必须切断电源，关闭气阀，取出焊具。

(7)焊接作业结束后要留专人负责洒水，留专人看护现场。及时切断电源，关闭气阀，运走设备与器材。

(8)焊接过程中如焊接设备、安全防护设施和作业地点发生异常情况应立即停止作业，并立即向施工负责人或监控室报告。

(9)无特种作业人员安全资格证书不得从事焊接作业。

13. 自救器管理与维修工岗位职责和日常管理制度

1)自救器管理与维修工安全生产岗位责任制

(1)负责对自救器的发放、回收、检查和维修工作。

(2)严格遵守劳动纪律，坚守工作岗位，严格执行现场交接班制度。

(3)严格执行凭牌领取自救器的规定，发放时要轻拿轻放，不准摔碰自救器，并对其外观、保护套、封条等进行检查，发现问题严禁发放。

(4)当班清理一次所有自救器，在架上摆放整齐，并保持室内清洁卫生。

(5)认真填写自救器发放记录，交接班要了解清楚自救器的使用情况及存在问题，及时填写自救器管理台账。

(6)负责对新购自救器的验收检查及到期自救器的更换。

(7)每季度对所使用自救器的气密性、质量等进行一次检查，不符合规定要求的要立即进行更换。

2)自救器收发、检查、维修和日常管理制度

(1)自救器室负责自救器的收发、检查、维修和日常管理工作，发放室必须建立自救器使用管理台账、自救器检查记录台账和收发记录。

(2)自救器使用管理台账记录自救器的生产厂家、生产日期、编号、使用日期、报废日期、报废原因等。

(3)自救器检查记录台账,记录自救器的编号、检查日期、检查内容、检查结果等。对于到期或检查性能不合格的自救器必须及时报废注销更换。

(4)发放人员对当班发出和收回数量进行统计,收发时发现不合格自救器不准发出使用;收回自救器发现损坏、变形、漏气等问题要及时检查进行处理。

(5)自救器每月进行一次气密性检查,要求压力在 5 000Pa 以上保持 15s,压力下降值不大于 300Pa 为合格。

(6)自救器在搬运、收发过程中,要避免摔落、碰撞,以免变形、漏气。

(7)对封口条脱锡、开焊的自救器经气密性检查合格的,可进行补焊;凡开启过的自救器,无论时间长短,都必须报废,不准重复使用。

14. 瓦斯检查工岗位安全职责

(1)参加特种作业操作资格培训合格,持证上岗。

(2)熟练掌握瓦检器的使用方法,严格执行瓦斯检查制度。

(3)严格执行"一炮三检查"(装药前、放炮前、放炮后)制度。

(4)每班检查次数不得少于四次,必要时需加大检查密度,严禁空班漏检。

(5)每月 5 日前,必须将上月瓦检记录汇总后报项目部。

(6)每班进洞前,必须检查瓦斯检查仪是否良好,准确。

(7)每班工人进洞前,瓦检员必须提前对工作面、电弧焊机及其开关地点附近 20m 内风流中的瓦斯浓度和二氧化碳浓度进行检测,做好详细记录,并填挂在隧道口和工作面附近。在确认瓦斯及二氧化碳浓度未超限后,方能通知工人进入隧道作业。

(8)瓦斯检查人员必须严格执行巡回检查制度和请示报告制度,并认真填写检查记录。

(9)检查结果必须现场记入检查手册和检查地点的记录牌上,转抄入班报表。

(10)瓦斯超限时,瓦检员有权制止人员进洞作业和责令现场人员停止作业,并组织人员撤至安全地点,及时报告现场负责人,待隐患排除后,方可恢复作业。

(11)正常情况下,每两小时检查一次洞内各地点瓦斯情况。特殊情况必须加密检查频率,及时掌握瓦斯变化情况,瓦斯浓度超过规定安全值时,立即通知现场工作人员,有权责令现场人员停止工作并撤到安全地点。严禁瓦斯超限作业。

(12)洞内有放炮、电焊、切割、打磨作业时必须严格执行"一炮三检""一焊四查"制度。放炮、电焊、打磨作业时,瓦检员必须现场跟班,严禁施工人员未经同意进行施焊作业。瓦斯涌出较大,变化异常,有煤(岩)与瓦斯突出危险的作业面,瓦检员必须经常检查,随时掌握瓦斯变化情况。

(13)放炮前,必须将传感仪,记录牌撤至安全地点,并将传感器吊挂在钻爆台车上,有效监控爆后瓦斯浓度,放炮后台车就位必须挂传感器挂回监测位置。

(14)移动二衬台车、钻爆台车时,必须将传感仪器取下,理顺线路,避免线路被拉断,台车移完后,必须将传感仪器挂回原位置。

(15)认真执行交接班制度。严禁空班、漏检、假检。

(16)上班时间严禁迟到、早退、脱岗、睡觉,严禁酒后上班。

(17)按时更换瓦检器内电池和药品,按时校检瓦斯检测仪,以确保仪器的完好性、有效性和检测数据的准确性。

(18)瓦检员有事离岗前,必须向有关负责人请假,未经允许,不得擅离职守。

(19)瓦检员队长负责监督、管理、瓦检员工作和职责履行情况;及处理洞内监控系统线路故障,各种传感仪器吊挂维护;每周晚上 8～12 点组织瓦检员学习、总结并做好记录和留存照片;组织现场瓦斯异常分析现场会。

15. 防突安全管理制度

1)防突领导小组职责

(1)全面负责揭煤防突过程中生产、技术、安全管理工作的协调、指挥。

(2)防突领导小组由经理部以文件形式下发和变更,防突领导小组下设办公室,分管领导任主任、防突组长任副主任。

(3)组织揭煤前的准备工作,确保揭煤、过煤期间所需的人、材、物。

(4)组织召开揭煤工作专题会议,落实揭煤工作安全管理职责。

(5)组织揭煤方案及安全措施的贯彻、实施。

(6)负责指挥、协调揭煤期间停送电、撤人、警戒、爆破、应急抢险等工作。

(7)组织对施工作业人员进行揭煤防突安全知识教育和培训。

(8)揭煤期间负责安排技术干部现场跟班。

2)防突队队长安全生产岗位责任制

(1)在总工程师的领导下,协助总工程师、分管领导搞好瓦斯隧道防突工作,对防突工作进行全面管理落实。

(2)负责编制瓦斯隧道年度、季度、月的防突计划,并落实防突计划工作。

(3)对防突危险区域进行划分,对瓦斯实行分级管理。

(4)负责编制会同技术服务单位做好瓦斯隧道具体煤层防突专项设计方案。

(5)做好本系统防突培训工作,并对防突培训工作进行指导。

(6)经常深入一线,做好突出原始资料的收集、分析、处理和保存工作。

(7)协助技术服务单位,做好瓦斯隧道地质素描编制工作和"四位一体"综合防突工作。

(8)每月定期组织对隧道进、出口端进行区域综合防突和局部综合防突工作的全面检查,监督综合防突措施的执行和现场落实情况,并将检查结果向总经理和总工程师汇报。

(9)协助项目经理、总工程师、分管领导召开好防突办公会议,认真落实、解决防突工作中出现的问题。

(10)做好防突材料管理工作。

(11)加强钻研学习,积极推广防突新技术,摸索总结适合公路工程瓦斯隧道揭煤防突新路子。

3)防突技术员安全生产岗位责任制

(1)在总工程师、分管领导、工区长的领导下,搞好防突技术管理工作。

(2)认真做好预测预报和效果检验环节的管理工作,保证高瓦斯区域的安全生产。

(3)经常深入隧道施工现场,落实防突措施的执行情况,保证防突管理工作的正常进行。

(4)按时编制年度、季度、月份的防治突出措施和计划,总结分析突出情况,建立突出工作台账。

(5)协助安检组做好全瓦斯隧道下工作人员的防突知识培训,使职工了解并熟悉掌握井下生产过程中防突措施和突出避灾的执行内容。

(6)及时填绘"防治突出"方面的报表及图纸。

(7)收集整理所有防突工作面瓦斯地质资料:包括进尺、瓦斯涌出量、瓦斯压力检测、地质构造等情况。

(8)负责高瓦斯采掘工作面预测预报和效果检验工作。及时下达掘进通知书,监督掘进进尺,确保打钻、预报超前距离。

4)防突工安全生产岗位责任制

(1)认真学习《煤矿安全规程》《防治煤与瓦斯突出规定》及安全行业新规定、新修订,贯彻落实瓦斯隧道有关规定。

(2)了解隧道通风、隧道设计和施工流程、施工工艺,了解和掌握隧道煤、岩性质以及分管区域的地质资料。

(3)熟悉负责工区通风系统、瓦斯抽放系统、瓦斯监测系统及避灾路线。

(4)掌握煤与瓦斯突出预兆及防治措施。

(5)熟练使用仪器(仪表)检查瓦斯和二氧化碳浓度以及其他预测预报和效果检验的仪器。

(6)熟练掌握各种预测手段的操作技术,严格操作程序,保证数据准确可靠,用于指导安全生产,严格按照防突措施的规定进行施工和操作。

(7)准确观测钻孔流量,对煤层瓦斯压力进行读数并准确记录。

(8)认真填写预测报表,送交有关领导审阅并送交有关单位。

(9)定期对各掘进工作面预测工作进行总结并归档。

(10)协助安装钻孔机具及各种仪表,能熟练地进行钻孔、封孔作业。

(11)协助进行现场勘查、分析、整理煤与瓦斯突出资料。

(12)对在执行防突措施过程中发生的异常情况,采取紧急处理措施。

(13)发现煤与瓦斯突出预兆,及时组织人员撤出危险区。

5)预测预报及效果检验制度

为了保证能及时进行预测及效果检验,保证数据的准确性,用数据指导施工安全,特制定本制度。

(1)防突组接到通知后必须及时安排预测人员预测。

(2)预测(效验)人员必须尽快到达指定地点进行预测或防突措施效果检验。

(3)预测结果出来后预测人员要及时报有关部室及领导,不得影响当班施工,并填写"掘进工作面突出危险性预测记录表",经效果检验后,施工单位才能施工。

(4)若效果检验指标严重超标时,施工队跟班队长必须重新检查施工地点工程质量,确认无误后,立即进行补钻,预测员将结果汇报部长及分管领导。

(5)预测(效验)人员发现掘进工作面的预测孔施工不符合要求时,有权不进行预测,并及时向调度室、防突部汇报。

(6)在预测(效验)过程中,不论预测指标多高,每一预测循环必须把预测孔全部施工、预测完毕。

(7)在打完一轮设计钻孔后,如果效验指标仍然超限,则要分析钻孔设计及现场打钻施工情况,如钻孔设计存在问题,要求防突部技术员根据分析情况修改设计。

(8)预测指标超标,施工队必须补孔后再拆闭子。

6)压风自救管理制度

为了提高安全防护水平,确保压风自救的及时安装及正常使用,特制定本制度。

(1)安全科是压风自救的主管部门,按经理部统一安排,组织协调压风自救的安装工作,对压风管路及设施的管理有监督检查责任并定期组织检查,对查出的问题按制度进行处罚。

(2)压风自救系统所包括的管道、自救装置等材料由安全科指定专人管理,并建立专账。

(3)每月25～30日各使用单位到机料部进行对账,做到账物相符,否则,按材料差额进行处罚。

(4)压风管路及压风自救装置的回收率为100%,阀门回收率90%(每月可按自救装置总量的10%补充),螺钉螺母为50%,若有丢失或回收率达不到规定的,按材料价值对责任单位和管理人员处罚。

(5)压风自救要按《防治煤与瓦斯突出规定》规定的距离安装;压风管必须有足够的风量。

(6)跟班队长每班施工前必须检查压风自救装置完好情况,发现问题及时处理,并将汇报结果报分管领导,安全员督查。

(7)使用单位必须保证压风自救装置设施灵敏可靠及清洁卫生。

7)防治计划管理制度

(1)项目经理对防治突出工作负全面责任,应定期检查考核防突工作,解决防治突出所需的人力、财力、物力,保证防治突出工作的实施。

(2)防突办公室必须及时拟定防突所需设备、资金等计划,有关部门及分管领导审批后交物资采购部门。

(3)防突所需设备、配件,由防突办公室提供厂家、型号、功率等技术参数。

(4)生产技术部必须把年度、季度、月的防治突出措施计划列入年度、季度、月的生产建设计划。

(5)财务部、机料部、工程部、安全科必须把年度、季度、月的防治突出措施计划所需的资金、设备、劳动力相应地纳入财务、供应、劳动力计划,并及时交工程技术部随生产计划一同下发。

8)防突培训制度

为了提高技术干部预防及处理突出事故的水平,使作业工人熟悉突出预兆和防突的基本知识,增强职工安全防突意识,结合《煤矿安全规程》和《防治煤与瓦斯突出规定》,特对职工培训做出具体规定:

(1)安全科制定年度、季度、月度培训计划时,必须制定防治突出培训计划,并作为安全培训的重要内容,随生产计划一同下发。

(2)培训计划上分别对项目经理、部门负责人、工区长、班组长、岗位工人、防突专业人员和有关工作人员的培训方式、内容、时间等作出具体规定。

(3)安全科负责协同技术服务单位组织编制防突教材,组织培训师资。

(4)安全对防突培训要建立档案,档案必须正规、规范。

(5)安全对培训结果负责,工人培训合格后,方可持证上岗,培训不合格者不得发证。

(6)安全科保证防突培训费用的合理正常使用。

16. 高瓦斯隧道安全监控仪器管理制度

为了搞好高瓦斯隧道瓦斯安全监控工作,利用先进的监控系统自动监测、预警,用安全监控数据正确组织施工,确保瓦斯隧道施工安全,特制定以下措施,请相关部门、人员遵照执行。

1)适用范围

发耳隧道参建单位及人员。

2)仪器设备

监控主机(服务器、数据接口、井下分站、电源)、备用主机、打印设备、高低浓度甲烷(分子式 CH_4)传感器、一氧化碳(分子式 CO)、硫化氢(分子式 H_2S)、粉尘(汉语拼音首字母 FC)、风速(汉语拼音首字母 FS)、信号线(阻燃抗静电)、防爆声光报警器、便携式瓦斯报警仪。

3)职责

(1)进洞的全体管理人员、技术人员、作业人员均有义务自觉维护监控线路、传感器。

(2)传感器吊挂断面分别在掌子面后退 5m 处设 T_1(甲烷、一氧化碳、粉尘、硫化氢),距洞口 25m 处设 T_2(甲烷、一氧化碳、风速),二衬混凝土钢模台车前进方向 5m 处设 T_3(甲烷、一氧化碳)。

(3)瓦斯监控系统首次安装、过程延长、末次拆除由监控组负责组织落实。

(4)监控小组负责系统安装前,设备、传感器的检测、标定,未经标定的传感器严禁使用。

(5)监控人员负责每 10d 一次的断电试验和风电闭锁、瓦斯电闭锁试验,传感器每 10d 一次的标准气样校检。

(6)钻爆班组负责掌子面 T_1(甲烷、一氧化碳、硫化氢、粉尘)传感器的吊挂、临时拆离至安全爆破距离。

(7)初支班负责每 5m 在拱顶预留挂钩,二衬班负责每 5m 预留传感器挂钩,挂钩采用 $\phi8$ 以上钢筋预埋,挂钩底端距喷射面小于 10cm。

(8)监控仪表,必须按瓦斯监控的有关要求的位置和部位,由贵州兴源公司坛厂隧道瓦斯监控组进行设置和挂放,在设置和挂放仪表仪器中,隧道施工作业队应密切配合和协作此次工作。

(9)瓦斯监控仪器仪表因设置和挂放的部位均离施工面较近,为了保护好瓦斯监控仪表和仪器,每次在爆破和喷射混凝土前,施工作业队应通知瓦检监控人员进行拆除移设到安全地方,在爆破和喷混凝土结束后,再通知瓦检监控人员进行恢复和挂设。

(10)随着隧道不断的掘进,监控仪表仪器所需的电缆电线的延长应满足监控仪器仪表的要求,此次工作由工区电工负责解决。

(11)进口隧道左右幅的瓦斯监控工作,统一由经理部一工区负责协调,每天负责回收各种瓦斯监控数据的报表,并进行归档整理工作,然后每月把整理好的资料报经理部。

17. 高瓦斯隧道进洞检身制度

(1)隧道洞口设安全检身房,配备专职人员负责洞口检身工作。检身人员应由责任心强、有一定瓦斯隧道或矿井工作安全知识、经验的人员担任。

(2)所有进洞人员,在进洞前必须无条件接受洞口检身员检查。

(3)检身员对所有进洞人员进行搜身和观察,检查其是否携带烟火、喝酒或精神不振。严禁带烟火进洞,检身员有权阻止喝酒和精神不振者进洞。

(4)检身员要高度负责,对所有进洞人员不准空检、漏检。

(5)检身员检身时必须一视同仁,不分层次级别,做到认事不认人,只要进洞,必须进行身检。

(6)进洞人员要积极配合,支持检身员的工作,不得无故刁难和无故不接受检身。

(7)检身员要保管好进洞人员留下的物品,待进洞人员出洞后将所留物品如数交还。

附录12

瓦斯隧道管理表格

瓦斯隧道安全监控系统运行日志

隧道名称：　　　　　　　　　　　　　　　　　　　　　　　资料编号：

时　　间	运 行 情 况	汇报及处理情况
填表说明：时间格式按 24 小时制填写至分，交接时间必须真实，精确至分		

值班人：　　　　　　　　　　接班人：　　　　　　　　　　交接时间：

瓦斯压力测定原始记录表

隧道名称： 资料编号：

煤层		测压地点	
依据标准			

测试所用仪器设备	序号	名称	规格型号	数量	精度	备注

测压钻孔施工记录

孔号	方位（°）	倾角（°）	长度（m）	岩孔长度（m）	煤孔长度（m）	封孔长度（m）	开钻时间（min）	钻毕时间（min）	封孔时间（min）	备注

瓦斯压力测定记录

时间(d)	压力(MPa)	记录人	备注	时间(d)	压力(MPa)	记录人	备注

测定人： 校核人： 监理工程师： 日期：

瓦斯隧道钻爆作业安全检查记录表

隧道名称： 资料编号：

日期： 年 月 日 本次钻爆桩号部位：

序号	检查内容	检查结果	责任人	签名
1	超前钻孔起讫桩号		技术员	
2	钻屑指标分析许掘距离(m)		防突工	
3	钻眼前瓦斯浓度(%)		瓦检员	
4	钻眼个数(个)		班长	
5	钻眼深度(m)		班长	
6	领用炸药质量(kg)		安全员	
7	领用雷管数量(发)		安全员	
8	装药前瓦斯浓度(%)		瓦检员	
9	实际装药质量(kg)		爆破员	
10	实际领用管数量(发)		爆破员	
11	雷管脚线连接方式		安全员	
12	装药后瓦斯浓度(%)		瓦检员	
13	起爆方式		爆破员	
14	撤出洞内全部人员(人)		安全员	
15	洞口警戒(50m无人、熄灭火源)		安全员	
16	起爆时间	时 分	爆破员	
17	持续通风时间(min)		安全员	
18	炮后进洞安全检查时间	时 分	瓦检员	
19	爆破通风后瓦斯浓度(%)		瓦检员	
20	瓦解员下达作业口令	允许□ 不允许□	瓦解员	
21	班长接到允许作业口令		安全员 班长	

本表流程执行完成后由安全员保存，过程中依次传递责任人。

瓦斯检测记录表

工程名称：　　　　　　　　　　　　　　　　　　　年　月　日

检 测 时 间	桩号/部位	作业内容	CH_4 浓度(%)	CO_2 浓度(%)

交班人：　　　　　　　　接班人：　　　　　　　　接班时间：

瓦斯隧道超前探孔施工原始记录

隧道名称：　　　　　　　　　　　　　　　　　　　资料编号：

钻孔柱状剖面图：

工程名称：　　　　　　　　钻孔编号：　　　　　　　　桩号及部位：

孔号：　　　　　　　　施工时间：

进尺(m)		换层深度(m)	柱状剖面	岩性描述	岩芯轴夹角(°)	裂隙发育程度	地下水位情况(m)	围岩级别	超前地质预报验证及说明	备注
自	至									

钻孔布置示意简图：

现场负责人：　　　　记录：　　　　监理工程师：　　　　日期：

瓦斯隧道瓦斯抽放参数测定记录表

隧道名称：　　　　　　　　　　　　　　　　　　　　　　　　资料编号：

日期	地点	孔号	浓度(%)	负压(Pa)	压差(Pa)	温度(℃)	气压(Pa)	混合量(m^3/min)	纯　量(m^3/min)	标准量(m^3/min)	测定人	备注

瓦斯隧道抽放瓦斯泵房值班记录

隧道名称：　　　　　　　　　　　　　　　　　　　　　　　　资料编号：

检查时间	抽放瓦斯系统					抽放瓦斯泵房			记录人
	浓度(%)	负压(mmHg)	孔板压差(mmHg)	流量(m^3/min)	泵轴温度(℃)	气压(Pa)	瓦斯浓度(%)	室内温度(℃)	

瓦斯隧道瓦斯抽放旬报表

隧道名称： 资料编号：

序号	地点	负压（mmHg）	浓度（%）	温度（℃）	混合瓦斯量（m^3/min）	纯瓦斯量（m^3/min）	旬抽放量 M（m^3）	累计抽放时间（h）	备　注
最大									
最小									
平均									
本旬全隧道总计					m^3		全月累计量 M		m^3

工区长： 技术员： 记录人：

瓦斯隧道瓦斯抽放量月报表

隧道名称： 资料编号：

月份	泵号	运转时间	负压（mmHg）		压差（Pa）	平均流量（m^3/min）			累计抽放量 M（m^3/月）	
			最大	最小	最大	最小	混合量	纯量	混合量	纯量
各月累计抽放纯量 M									m^3	

工区长： 技术员： 记录人：

瓦斯隧道瓦斯泵停开时间记录表

隧道名称：　　　　　　　　　　　　　　　　　　　　　　资料编号：

序号	开 泵 时 间	停 泵 时 间	共计开泵时间	记 录 日 期	记 录 人	备　注

工区长：　　　　　　　　　　技术员：　　　　　　　　　　记录人：

瓦斯排放孔(排放孔)钻孔记录表

隧道名称：　　　　　　　　桩号/部位：　　　　　　　　资料编号：

孔　号	方位角(°)	倾角(°)	孔深(m)	孔径(mm)	钻孔描述
钻孔布置图					

钻孔：　　　　　　记录：　　　　　　监理工程师：　　　　　　日期：

瓦斯隧道电焊施工申请表

隧道名称：　　　　　　　　　　　　　　　　　　　　　　　　资料编号：

施焊日期			施焊部位		
施焊班组		施焊者		证件号	
瓦检员		证件号		施焊时间段	
施工内容(原因)	申请人：　　　　日期：				
现场技术员意见	签字：　　　　日期：				
现场安全员意见	签字：　　　　日期：				
工区领导意见	签字：　　　　日期：				
项目部技术负责人意见	签字：　　　　日期：				

注：此表只限当天有效，必须如实填写。

瓦斯隧道安全日常检查记录表

隧道名称：　　　　　　　　　　　　　　　　　　　　资料编号：

序　号	检 查 事 项	桩号/部位	检查情况描述
1	CH_4(%)		
2	CO_2(%)		
3	风速(m/s)		
4	洞内电缆		
5	真空电磁启动器		
6	检漏继电器		
7	防爆插销		
8	真空馈电开关		
9	综合保护装置		
10	隔爆型母线盒		
11	照明灯具		
12	安全监控线路		
13	T_1 传感仪吊挂		
14	T_2 传感仪吊挂		
15	CO 传感仪吊挂		
16	H_2S 传感仪吊挂		
17	粉尘传感仪吊挂		
18	通风筒		
19	台车运行		
20	人员遵章守纪情况		
21	排版管理		

安全员：

超前探钻孔原始班报表

隧道名称：　　桩号部位：　　________年____月____日时____至________年____月____日____时　距中心________m　孔号：

累进计次钻数	本次钻具全长（m）	使用钻杆长度（m）	孔深（m）		进尺（m）	岩芯长（m）	累计岩芯长度（m）	残留岩芯记录			采取率（%）	岩芯编号		钻头规格	钻头种类	换径深度（m）	备注
			自	至				钻头空位	石子是否卡紧	残留岩芯（m）		自	至				
地质编录																	

钻孔负责人：　　现场技术员：　　监理工程师：　　日期：

防突措施效果检验报表

隧道名称：　　　　　　　　　　　　　　　　　　　　资料编号：

<table>
<tr><td>部门</td><td colspan="2"></td><td>检测
部位</td><td colspan="3"></td><td colspan="2">检测
日期</td><td colspan="8"></td></tr>
<tr><td rowspan="2">孔号</td><td rowspan="2">方位
(°)</td><td rowspan="2">倾角
(°)</td><td rowspan="2">孔深
(m)</td><td rowspan="2">项目</td><td colspan="12">钻孔深度(m)</td></tr>
<tr><td>1</td><td>2</td><td>3</td><td>4</td><td>5</td><td>6</td><td>7</td><td>8</td><td>9</td><td>10</td><td>11</td><td>12</td></tr>
<tr><td rowspan="2"></td><td rowspan="2"></td><td rowspan="2"></td><td rowspan="2"></td><td>A 煤(kg/m)</td><td></td><td></td><td></td><td></td><td></td><td></td><td></td><td></td><td></td><td></td><td></td><td></td></tr>
<tr><td>K_1</td><td></td><td></td><td></td><td></td><td></td><td></td><td></td><td></td><td></td><td></td><td></td><td></td></tr>
<tr><td rowspan="2"></td><td rowspan="2"></td><td rowspan="2"></td><td rowspan="2"></td><td>A 煤(kg/m)</td><td></td><td></td><td></td><td></td><td></td><td></td><td></td><td></td><td></td><td></td><td></td><td></td></tr>
<tr><td>K_1</td><td></td><td></td><td></td><td></td><td></td><td></td><td></td><td></td><td></td><td></td><td></td><td></td></tr>
<tr><td rowspan="2"></td><td rowspan="2"></td><td rowspan="2"></td><td rowspan="2"></td><td>A 煤(kg/m)</td><td></td><td></td><td></td><td></td><td></td><td></td><td></td><td></td><td></td><td></td><td></td><td></td></tr>
<tr><td>K_1</td><td></td><td></td><td></td><td></td><td></td><td></td><td></td><td></td><td></td><td></td><td></td><td></td></tr>
<tr><td>钻孔布置图</td><td colspan="9"></td><td colspan="2">综合分析</td><td colspan="5">防突工：</td></tr>
<tr><td>工区长意见
同意掘进长度：</td><td colspan="3"></td><td colspan="3">监理意见
同意掘进长度：</td><td colspan="3"></td><td colspan="2">现场技术员
签　收：</td><td colspan="5"></td></tr>
</table>

注：此表必须在检测现场如实填写，当 K_1 指标达到 0.5 时，应及时采取措施，防止煤与瓦斯突出。

瓦斯超限处理记录表

隧道名称：　　　　　　　　　　　　　　　　　　　　　资料编号：

时间	超限浓度	原因分析	发现超限时间	恢复安全时间	超限时长	处理措施	记录人

瓦斯隧道监控员交接班记录

隧道名称：　　　　　　　　　　　　　　　　　　　　　资料编号：

序号	交 班 人	交 班 时 间	监控设备运行情况	接班人

注：请交接班人员认真填写此表，监控中心负责人监督落实。

瓦斯隧道电气防爆设备失爆检查记录表

隧道名称：　　　　　　　　　　　　　　　　　　资料编号：

序号	设备名称	设备编号	检查情况	处理情况	检查人	检查日期

瓦斯隧道“两闭锁”检测记录表

隧道名称：　　　　　　　　　　　　　　　　　　资料编号：

序号	闭锁事项	检测方式	检测情况	处理情况	检测人	检查日期

瓦斯隧道风速检测记录表

隧道名称：　　　　　　　　　　　　　　　　　　　　　　资料编号：

序号	检测部位/桩号	检测方式	最高风速(m/s)	最低风速(m/s)	检测人	检查日期

瓦斯隧道瓦斯传感仪校对记录表

隧道名称：　　　　　　　　　　　　　　　　　　　　　　资料编号：

序号	仪器编号	所处位置	校对前读数(%)	校对后读数(%)	校对人	校对日期

参考文献

[1] 中华人民共和国行业标准. JTG F60—2009 公路隧道施工技术规范[S]. 北京:人民交通出版社,2009.

[2] 中华人民共和国行业标准. TB 10120—2002 铁路瓦斯隧道技术规范[S]. 北京:中国铁道出版社,2003.

[3] 中华人民共和国行业标准. TB 10304—2009 铁路隧道工程施工安全技术规程[S]. 北京:中国铁道出版社,2009.

[4] 中华人民共和国行业标准. JTJ 026.1—1999 公路隧道通风照明设计规范[S]. 北京:人民交通出版社,1999.

[5] 中华人民共和国行业标准. ZT 214—2005 客运专线铁路隧道工程施工技术指南[S]. 北京:中国铁道出版社,2005.

[6] 中华人民共和国行业标准. AQ/T 1065—2008 钻屑瓦斯解吸指标测定方法[S]. 北京:煤炭工业出版社,2009.

[7] 中华人民共和国行业标准. JTJ 076—1995 公路工程施工安全技术规范[S]. 北京:人民交通出版社,1995.

[8] 国家安全生产监督管理局. 煤矿安全规程[S]. 北京:煤炭工业出版社,2011.

[9] 国家安全生产监督管理局,国家煤矿安全监察局. 防治煤与瓦斯突出规定[M]. 北京:煤炭工业出版社,2009.

[10] 中华人民共和国行业标准. AQ 1029—2007 煤矿安全监控系统及检测仪器使用管理规范[S]. 北京:煤炭工业出版社,2007.

[11] 中华人民共和国国家标准. GB/T 23250—2009 煤层瓦斯含量井下直接测定方法[S]. 北京:中国标准出版社,2009.

[12] 中华人民共和国行业标准. AQ 1026—2006 煤矿瓦斯抽采基本指标[S]. 北京:煤炭工业出版社,2006.

[13] 中华人民共和国行业标准. AQ/T 1047—2007 煤矿井下瓦斯压力直接测定方法[S]. 北京:煤炭工业出版社,2007.

[14] 国家安全生产监督管理总局,国家煤矿安全监察局. 煤矿瓦斯等级鉴定暂行办法[M]. 北京:煤炭工业出版社,2011.

[15] 中华人民共和国行业标准. AQ 1080—2009 煤的瓦斯放散初速度指标(ΔP)测定方法[S]. 北京:煤炭工业出版社,2010.

[16] 中华人民共和国国家标准. GB/T 23561.12—2010 煤和岩石物理力学性质测定方法第12部分:煤的坚固性系数测定方法[S]. 北京:中国标准出版社,2011.

[17] 中华人民共和国行业标准. AQ 1018—2006 矿井瓦斯涌出量预测方法[S]. 北京:煤炭工业出版社,2006.

[18] 国家安全生产监督管理总局. 煤矿防治水规定[M]. 北京:煤炭工业出版社,2009.

[19] 中华人民共和国行业标准. AQ 1027—2006 煤矿瓦斯抽放规范[S]. 北京:煤炭工业出版

社,2006.

[20] 中华人民共和国行业标准. TZ 204—2008　铁路隧道工程施工技术指南[S]. 北京:中国铁道出版社,2009.

[21] 金学易,等. 隧道通风及隧道空气动力学[M]. 北京:中国铁道出版社,1983.

[22] 韩直. 公路隧道通风设计的理念与方法[J]. 地下空间与工程学报,2005,1(3):464-466.

[23] 赖涤泉. 隧道施工通风与防尘[M]. 北京:中国铁道出版社出版,1994.

[24] 王德明. 矿井通风与安全[M]. 徐州:中国矿业大学出版社出版,2005.

[25] 张辉,等. 煤矿瓦斯浓度监测、控制治理与瓦斯事故应急预案编制实用手册[M]. 长春:银声音像出版社出版,2005.

[26] 刘蓉,等. 煤矿监测监控综合技术手册[M]. 吉林:吉林电子出版社出版,2004.

[27] 国家煤矿安全监察局. 防治煤与瓦斯突出规定读本[M]. 北京:煤炭工业出版社,2011.

[28] 本书编委会. 煤矿瓦斯综合治理技术手册[M]. 吉林:吉林音像出版社,2003.

[29] 刘伟洲,等. 煤矿通风综合技术手册[M]. 吉林:吉林电子出版社,2003.

[30] 张国枢,等. 通风与安全学[M]. 徐州:中国矿业大学出版社,2007.

[31] 王继达,等. 重庆地区煤与瓦斯防治技术[M]. 北京:煤炭工业出版社,2005.

[32] 程伟,等. 煤与瓦斯突出危险性预测及防治技术[M]. 徐州:中国矿业大学出版社,2010.

[33] 于不凡,等. 煤矿瓦斯灾害防治及利用技术手册[M]. 北京:煤炭工业出版社,2005.

[34] 杜计平,等. 采矿学[M]. 徐州:中国矿业大学出版社,2009.

[35] 雷升祥,等. 瓦斯隧道施工技术与管理[M]. 北京:中国铁道出版社,2011.

[36] 丁睿. 瓦斯隧道建设关键技术[M]. 北京:人民交通出版社,2010.

[37] 杨林德,等. 公路施工手册——隧道[M]. 北京:人民交通出版社,2011.

[38] 赵书田. 煤矿井下防尘供水设计[J]. 煤炭工程,1989(4).

[39] 姜国强. 浅谈独头巷道瓦斯排放的几种常用方法[J]. 科技创新导报,2008,33:201-204.

[40] 罗昭全. 白云隧道施工中硫化氢气体的预防和处治[J]. 公路交通技术,2008,4:112-115.

[41] 唐协,等. 华蓥山隧道硫化氢气体监测及综合整治研究[J]. 现代隧道技术,2011(4).

[42] 王成平,等. 玉峰山隧道硫化氢气体的预防和处治[J]. 公路交通技术,2010,2:122-124.

[43] 中铁二十三局集团有限公司,沪昆客专贵州段工程指挥部. 苗天隧道瓦斯专项方案[R],2011.

[44] 贵州省煤矿设计研究院. 贵州省六盘水至盘县高速公路法耳隧道防治煤与瓦斯突出设计[R],2010.

[45] 中国煤炭科工集团重庆研究院. 煤矿安全生产监控自动化信息化新技术[R],2012.

[46] 中国煤炭科工集团重庆研究院. 粉尘防治技术[R],2012.

[47] 中国煤炭科工集团重庆研究院. 瓦斯防治新技术及装备[R],2012.